T.M.S.

Das Zeitmanagement-System

Band 1

von

Christian H. Godefroy

und

John Clark

RENTROP VERLAG

Titel der Originalausgabe: Comment avoir plus de temps - Methode T.M.S.

(c) Copyright 1988 by Athena Copyright, London

Aus dem Französischen übersetzt von Diethard Klein

CIP-Titelaufnahme der Deutschen Bibliothek
Godefroy, Christian:
TMS: das Zeitmanagement-System/Christian H. Godefroy
und John Clark. - Bonn: Rentrop.
Einheitssacht.: TMS <dt.>
ISBN 3-8125-0137-6
NE: Clark, John:

Bd. 1 (1991)

---

1. Auflage Januar 1991
(c) Copyright 1991 by Verlag Norman Rentrop, 5300 Bonn 2

Satz: Der Verlagsservice Rita Apfeld, Bonn
Druck: ICS, Bergisch Gladbach
Umschlaggestaltung: Thomas Lutz, Bernkastel-Kues
Lektorat: Dr. Pia Heckes, Bonn
Herstellungsleitung: Karin Breuer
Objektleitung: Detlef Reich, Bonn

Verlag Norman Rentrop, Theodor-Heuss-Str. 4, 5300 Bonn 2,

Paul J. Meyer, dem ersten Meister
der Zeit, der mir den Weg gezeigt hat;

Luis Robert, der mir so oft die Augen
geöffnet hat für die Lücken in meiner
Organisation;

Marcel Cools, der mich gelehrt hat,
erst zu denken und dann zu handeln;

Marc-André Poissant, meinem groß-
zügigen und erfindungsreichen Komplizen
in der Kunst, sich das Leben leichter
zu machen;

John Clark, der vielen Formularen
dieses Lehrgangs den letzten Schliff
gegeben hat;

und Ihnen, Lieber Leser, ohne den dieser
Lehrgang niemals das Licht der Welt
erblickt hätte,

        meinen herzlichen Dank!

Nutze die Zeit für die Arbeit -
das ist die Bedingung für den Erfolg.

Nutze die Zeit, um nachzudenken -
das ist die Quelle der Kraft.

Nutze die Zeit, um zu spielen -
das ist das Geheimnis der Jugend.

Nutze die Zeit, um zu lesen -
das ist die Voraussetzung des Wissens.

Nutze die Zeit, um die Freundschaft zu pflegen -
das ist die Pforte zum Glück.

Nutze die Zeit, um zu träumen -
das ist der Weg, der zu den Sternen dich führt.

Nutze die Zeit, um zu lieben -
das ist die wahre Freude des Lebens.

Nutze die Zeit, um froh zu sein -
das ist Musik für die Seele.

(Nach einem irischen Originaltext)

Inhaltsübersicht

Einleitung
Wie man es schafft, mehr Zeit zu haben IX

Kapitel 1
Die Zeit beherrschen - der Schlüssel zum Erfolg 1

Kapitel 2
Teilen Sie Ihre Zeit besser ein! 17

Kapitel 3
Gute Gewohnheiten, um Zeit zu gewinnen 35

Kapitel 4
Der finanzielle Wert Ihrer Zeit 53

Kapitel 5
Machen Sie aus jeder Sekunde das Beste 67

Kapitel 6
Das Geheimnis der Produktivität 83

Kapitel 7
Wie man seine Ideen verwirklicht 97

Kapitel 8

Entdecken Sie die Geheimwaffe der bedeutendsten Manager 109

Kapitel 9

Nutzen Sie Ihre innere Uhr 127

Kapitel 10

Wie Sie es schaffen, alle Ihre Vorhaben durchzuziehen 139

Kapitel 11

Leiden Sie unter "Aufschiebesucht"? 149

Kapitel 12

Doppelt so schnell lesen 165

Zweiter Teil

Kapitel 13

Der größte - und verborgenste - "Zeitfresser" 189

Kapitel 14

Gestalten Sie Ihr Arbeitsumfeld richtig! 201

Kapitel 15

Verstehen Sie die neuen Technologien zu nutzen? 209

Kapitel 16

Machen Sie Ihre Sitzungen zu Werkzeugen des Erfolgs! 223

Kapitel 17

Wie man Erfolg hat, indem man anderen zu Erfolg verhilft 245

Kapitel 18

Machen Sie Ihre Kommunikation effektiver! 263

Kapitel 19

Legen Sie Hunderte von Kilometern in wenigen Sekunden zurück! 273

Kapitel 20

Besprechungen - und wie man sie erfolgreich gestaltet 297

Kapitel 21

Reisen effektiver gestalten 317

Kapitel 22

Wie man es vermeidet, im "Papierkram" zu ersticken 333

Kapitel 23

Entscheiden Sie schneller - und richtig! 351

Kapitel 24

Die Geheimnisse der großen Entscheider 365

Dritter Teil

Wie man endgültig auf dem Weg zum Erfolg bleibt 381

Kapitel 25

Lassen Sie sich von der wissenschaftlichen Methode leiten! 383

Einleitung

Kapitel 26

Wie Sie Ihre schlechten Gewohnheiten überwinden 397

Kapitel 27

Ihre fehler sind Ihre besten Freunde! 415

Kapitel 28

Schlüssel für die Konzentration 425

Zum Abschluß

Ihr wertvollster Besitz 441

Anhang

Muster und Checklisten 461

Stichwortverzeichnis 483

Inhaltsverzeichnis 495

Einleitung

Wie man es schafft, mehr Zeit zu haben

Für jeden Menschen gibt es Begegnungen, die sein Leben prägen. Für mich zum Beispiel war dies die Begegnung mit Marcel C., einem Selfmademan, Millionär und Besitzer von einundzwanzig Unternehmen, darunter zwei Banken. Das Zusammentreffen mit diesem Mann werde ich nie vergessen.

Da war zunächst schon sein Blick - durchdringend aus leuchtend blauen Augen: alle Intelligenz der Welt schien darin konzentriert.

Dann seine Stimme und seine Gesten: ruhig und gelassen, aber voll eindrucksvoller Bestimmtheit.

"Christian", sagte er zu mir, "der einzige Schlüssel für den Erfolg ist die Beherrschung der Zeit."

"Wie das?"

"Sieh mal, für alle Menschen hat der Tag ohne Unterschied vierundzwanzig Stunden. Aber einige nutzen jede Sekunde davon, während andere dieses kostbare Kapital vergeuden. Zeit ist der Grundstoff des Lebens."

Einleitung

"Und was muß man tun?"
"Das erste Geheimnis ist das einfachste. Man muß sich lediglich an die folgenden drei Grundsätze halten:
1. Entscheide, was als Wichtigstes zu tun ist.
2. Schiebe alles andere beiseite.
3. Widme dich ausschließlich, mit voller Kraft und mit ganzem Herzen dem Wichtigen."

"Das hört sich ja recht einfach an!"

"Hast du Sorgen, Christian?"

"Ja, warum?"

"Weil du Sorgen und Streß vermeiden kannst, wenn du dich an den zweiten Grundsatz hältst. Fehlt es dir oft an Zeit?"

"Ja, ich werde eigentlich nie rechtzeitig mit meiner Arbeit fertig."

"Wenn du dich an den ersten Grundsatz hältst, wirst du es lernen, zu allem Unnötigen nein zu sagen - und das wird dich von den Belastungen befreien, die dich behindern. Arbeitest du effektiv?"

"Im allgemeinen schon - aber vielleicht nicht immer."

"Wenn du dich an den dritten Grundsatz hältst, wirst du so effektiv arbeiten, wie du es dir jetzt noch gar nicht vorstellen kannst. Du hast enorme, ungeahnte Kraftquellen - und der dritte Grundsatz wird dafür sorgen, daß du sie bewußt und deinem eigenen Willen gemäß nutzen kannst."

Seit diesem Gespräch hat mich Marcel C. noch sehr viel mehr gelehrt, und ihm habe ich meinen Erfolg im Leben zu verdanken.

"Im Leben" sage ich sehr bewußt - ohne ihn nämlich hätte ich mich so voll und ganz in die Arbeit gestürzt, daß mir keine Zeit für die Freuden des Lebens geblieben wäre.

Wollen nicht auch Sie mehr Zeit haben? Wollen nicht auch Sie Herr Ihrer Zeit sein statt ihr Sklave (auch wenn Ihnen das oft gar nicht bewußt ist)?

Einleitung

Die hier aufgezeigte Methode wird Ihnen alle Geheimnisse enthüllen, die es mit der Beherrschung der Zeit auf sich hat. Zu ihrer Darlegung habe ich mich in der Erinnerung an das geschilderte Gespräch entschlossen, aber auch, weil ich fast jeden Tag auf tüchtige, fleißige und gescheite Leute treffe, die nicht den Erfolg haben, den sie eigentlich verdienen.

Und warum nicht?

Ganz einfach, weil sie nicht so wie ich das Glück haben, frühzeitig in ihrer Laufbahn zu lernen, wie man die Zeit beherrscht.

Geht es Ihnen vielleicht genauso? Oder haben Sie Ihre Zeit nur teilweise im Griff, weil Ihre entsprechenden Kenntnisse nicht ausreichen? Das hier vorgestellte Zeitmanagement-System T.M.S. vermittelt Ihnen nicht nur eine Einführung in die Problematik - es wird vielmehr zum Führer und Begleiter für Ihr ganzes Leben werden.

Das jedenfalls hoffe ich von ganzem Herzen.

Ihr

Christian H. Godefroy

Kapitel 1

Die Zeit beherrschen - der Schlüssel zum Erfolg

"Ach Gott, wenn ich bloß die Zeit hätte ..."

"Es tut mir leid, aber es geht auf gar keinen Fall, ich bin ohnehin schon zu spät dran ..."

"Ich bedaure sehr, aber ich bin völlig überlastet ..."

"Ruf mich doch bitte nächsten Monat noch mal an, ich hab' jetzt keinen Augenblick Zeit ..."

"Verdammt, jetzt muß ich schon wieder das Wochenende dranhängen für diesen Bericht, wo ich doch meiner Frau versprochen hatte, mit ihr zum Skifahren zu gehen ..."

Wie oft wohl haben Sie solche Sätze schon selbst gesagt?

Wie oft wohl haben Sie sie von anderen gehört?

Das kann im Büro gewesen sein oder im Restaurant, zu Hause oder wo auch immer.

Zu oft jedenfalls - viel zu oft!

1 - Warum sind Sie oft überlastet?

Hätten Sie gedacht, daß sich nicht weniger als 43% der Franzosen darüber beklagen, daß sie zu wenig Zeit haben, während (und das wäre eine genauere Untersuchung wert) nur 27% sich wünschen, mehr Geld zu haben?

Immerhin könnte es eine kleine Beruhigung für Sie sein, daß nicht nur Sie unter Zeitnot leiden!

Es fehlt Ihnen also an Zeit? Sie fühlen sich oft überlastet und daher reizbar, und Sie fühlen sich unter Druck, weil Ihnen die Zeit so rasch davonläuft? Nun - im Augenblick ist das weitgehend normal. Aber wenn Sie erst einmal am Ende des hier vorliegenden Lehrgangs angelangt sind, wenn Sie das in die Praxis umsetzen, was Sie hier lernen, wird alles ganz anders sein: Sie werden Ihre Zeit beherrschen, Sie werden viel mehr Freizeit haben. Sind Sie bereit? Also los!

Wollen Sie wissen, was jene Leute tun, die es immer schaffen, auf sich aufmerksam zu machen, denen es immer gelingt, groß herauszukommen? Ganz einfach: Sie bewältigen mehr in weniger Zeit. Aber das ist noch nicht alles: Sie schaffen es nicht nur, mehr zu tun, sondern sie machen es obendrein besser! Das kommt Ihnen nicht nur unglaublich vor, sondern auch ungerecht den anderen gegenüber.

Und darüber hinaus machen diese Leute auch noch länger und öfter Urlaub als die anderen. Warum aber? Weil sie einfach die Situation beherrschen und weil sie fähig sind, ihre Zeit richtig einzuteilen und sie im Höchstmaß sinnvoll zu nutzen.

Warum sind Sie oft überlastet?

Sie haben sich diese Frage auch schon gestellt? Nun, seien Sie ehrlich - so ganz nachdrücklich vielleicht doch noch nie.

Also - opfern Sie ein paar Minuten Ihrer kostbaren Zeit und fragen Sie sich:

1 - Warum sind Sie oft überlastet?

Warum bin ich überlastet?

Lesen Sie jetzt erst einmal nicht weiter, sondern denken Sie ernsthaft nach, ehe Sie hier Ihre Antwort notieren:

....

....

....

....

....

....

....

Könnte es zufällig sein, daß Sie "zu viel Arbeit haben"?

Was heißt das aber wirklich: **Zu viel Arbeit** ?

Wollen Sie damit sagen, daß Sie mehr am Hals haben als der Vorstandsvorsitzende von IBM oder der Generaldirektor von Sony oder der Bundeskanzler?

Immerhin finden selbst diese regelmäßig die Zeit für einen Urlaub oder eine Abspeckkur am Wolfgangsee, ein Wochenende in ihrem Ferienhaus, können sich mit ihren Kindern oder Enkeln beschäftigen und haben selbst noch Zeit zum Lesen ...

Und wie schafft es Ihrer Meinung nach der oberste Boß von Sony, Akio Morita, seinem eigenen Eingeständnis zufolge, sich soviel Freizeit zu gönnen wie irgend möglich und so wenig zu arbeiten wie nur möglich?

Muß man vielleicht der geborene Müßiggänger sein, um seine Zeit im Griff zu haben und trotzdem glänzende Erfolge zu erringen?

Wenn Sie nie Zeit haben für das, was Ihnen wirklich Spaß macht, und wenn Sie sich oft überlastet fühlen, dann liegt das vielleicht doch nicht hauptsächlich daran, daß Sie zu viel Arbeit haben. ... Denn wie sollten es sonst jene schaffen, die Tag für Tag eine ungeheure Last von Aufgaben bewältigen müssen?

Das Geheimnis der beiden Direktoren

Vor einiger Zeit hatte ich einmal im Verlaufe einer Woche mit zwei Direktoren je eine Besprechung. Der eine ist Chef eines kleinen Verlags mit acht Angestellten, der andere steht an der Spitze eines Unternehmens mit gut 4.500 Mitarbeitern.

Der eine von ihnen hatte mir einen Termin von einem auf den anderen Tag gegeben, beim anderen hatte ich mich zwei Wochen vorher anmelden müssen ...

Was glauben Sie wohl, welcher von beiden mir so kurzfristig für ein Gespräch zur Verfügung stand? Richtig: der Chef des Großbetriebs! Seine Sekretärin hatte mir zwar klargemacht, daß er mehr als fünfzehn Minuten für dieses Gespräch nicht erübrigen könne und hatte mir äußerste Pünktlichkeit eingeschärft, aber er fand schon am Tag nach meinem Anruf Zeit. Bei dem anderen dagegen waren drei Telefonanrufe nötig gewesen, um überhaupt einen Termin zu bekommen, und obendrein mußte ich vierzehn Tage darauf warten.

Nun werden Sie vielleicht einwenden: "Das ist doch ganz normal - der Chef der kleinen Firma hat nur ein paar Leute und muß sehr viel selbst machen."

Aber da widerspreche ich Ihnen! Der Chef des Großunternehmens muß sicher nicht weniger Arbeit bewältigen als sein Kollege. Und wenn er von einem Tag zum anderen am Platz seines Kollegen im Verlagswesen wäre, dann wäre dieser Mann gleichermaßen kurzfristig erreichbar wie vorher an der Spitze des Großbetriebs ...

Und genau aus diesem Grund ist er auch Direktor dieses großen Unternehmens geworden - aus diesem Grund und aus keinem anderen.

Er hat gelernt, verfügbar zu bleiben, indem er Verantwortlichkeiten an seine Mitarbeiter delegiert und sich damit die Fähigkeit bewahrt, die wirklich wichtigen Entscheidungen zu treffen und lohnende Gelegenheiten am Schopf zu packen. Kurz: <u>weil er gelernt hat, seine Zeit richtig einzuteilen und sinnvoll zu nutzen</u>. Und was nun den Chef des kleinen Unternehmens betrifft, so wird folgendes eintreten, wenn nicht auch er lernt, seine Zeit sinnvoll einzuteilen:

1. Seine Firma wird sich nicht so entwickeln, wie er das gerne hätte.

2. Er wird wahrscheinlich niemals Chef eines bedeutenden Unternehmens werden.

3. Er wird wohl nie die "Stufe seiner Inkompetenz" überwinden.

Nach dem sogenannten Peter-Prinzip nämlich neigt jeder dazu, bis zur "Stufe seiner Inkompetenz" oder Unfähigkeit aufzusteigen oder, mit anderen Worten, in der Hierarchie eines Unternehmens jene Stufe zu erreichen, wo er nicht mehr weiterkommt, weil sich dort seine Unfähigkeit erweist. Man müsse also, wieder nach Peter, auf der nächstniedrigeren Stufe verbleiben und auf einen möglichen Aufstieg verzichten, damit die Inkompetenz nicht sichtbar wird ....

> **Glücklicherweise ist der Mensch vervollkommnungsfähig!**

Und derjenige, der wirklich bereit ist, sich zu verbessern, kann die "Stufe seiner Inkompetenz" fast unbegrenzt immer weiter nach oben schieben ...

Einer der besten Wege dazu ist, sich das Zeitmanagement-System zunutze zu machen. Das Beispiel von Tausenden amerikanischer Geschäftsleute hat zweifelsfrei bewiesen, daß es einer der wesentlichen Schlüssel für den Erfolg ist.

In seinem Bestseller "Der Schlüssel zum Erfolg" schreibt Clément Stone:
> *"Über lange Jahre hinweg konnten die Firmen dank dieser Methode großartige Erfolge verzeichnen. Aber heute sind die Unternehmen,*

die dieses System anwenden, selten geworden. Warum das? Dieser Geschäftszweig verspricht tatsächlich keine Gewinne mehr, die Unternehmen machen sogar Verluste. Es stellt sich also die Frage, ob das System als solches nicht wirklich erfolgreich ist, oder ob, wenn das doch einmal der Fall war, sein Geheimnis verlorenging ...

Welche Gruppen aber machen dabei eine Ausnahme? Genau jene, die ich leite. Und wieder stellt sich die Frage: wieso das? Ganz einfach deshalb, weil ich ein System perfektioniert habe, das unweigerlich zum Erfolg führt und das mich in die Lage versetzt, innerhalb einer Woche mehr Versicherungsabschlüsse zu tätigen, als andere in einem Monat schaffen, weil sie nämlich ohne Methode arbeiten. Der Grund ist also sehr einfach: <u>Ich teile meine Zeit richtig ein.</u>"

Wie sichern die amerikanischen Senatoren ihre Wiederwahl?

In seinem Buch "Effizienz bei der Arbeit" schreibt Edwin C. Bliss, einer der bekanntesten amerikanischen Spezialisten auf dem Gebiet der Zeitplanung:

"Mein besonderes Interesse am Umgang der Menschen mit der ihnen zur Verfügung stehenden Zeit setzte vor einer Reihe von Jahren ein, als ich - damals Assistent eines US-Senators - beeindruckt war von der Übereinstimmung in den Arbeitsmethoden unter den bedeutendsten Mitgliedern des Kongresses.

<u>Sie alle arbeiten konsequent nach dem Prinzip, aus einem minimalen Einsatz von Zeit ein Maximum an Ergebnissen herauszuholen.</u>

<u>Sie haben gelernt, sich auf die wirklich wichtigen Dinge zu konzentrieren und Unwichtiges nachdrücklich auszugrenzen.</u>

1 - Wie sichern sich die amerikanischen Senatoren ihre Wiederwahl?

Jene aber, die das nicht lernen, werden auch nicht wiedergewählt!"

Nun, Sie sind nicht amerikanischer Kongreßabgeordneter, Sie haben weniger am Hals, und wahrscheinlich ist auch Ihr Verantwortungsbereich geringer.

Was aber geschieht, wenn Sie den amerikanischen Senatoren nacheifern, indem Sie nämlich

1. sich Techniken aneignen, die es Ihnen ermöglichen, aus einem minimalen Einsatz von Zeit ein Maximum an Ergebnissen herauszuholen;

2. es lernen, sich auf die wirklich wichtigen Dinge zu konzentrieren und Unwichtiges nachdrücklich auszugrenzen;

3. lernen zu delegieren?

Sie werden auftreten wie ein Gewinner und handeln wie ein Unternehmer; Sie werden die Aufmerksamkeit auf sich ziehen; Sie werden sich neu bietende Gelegenheiten beim Schopf packen und höhere Verantwortlichkeiten übernehmen können; Sie werden das erreichen, was Sie sich schon so lange gewünscht haben ...

Das klingt wunderbar, meinen Sie? Unvorstellbar? Aber keineswegs - wer oder was soll sich denn Ihrem Aufstieg entgegenstellen, wenn Sie die gleichen Techniken nutzen wie jene, die schon oben auf der Erfolgsleiter angekommen sind und glänzend ihren Weg gemacht haben. Tun Sie es ihnen nach - <u>werden Sie ein Gewinner, indem Sie Ihre Zeit richtig nutzen!</u>

Ihr Tag wird nicht mehr an ein planloses, zielloses Herumirren auf uferlosem Meer erinnnern. Sie werden genau wissen, was jede Woche bringt und was Sie im Laufe des Monats bewältigen werden und was im kommenden Jahr. Ja, Sie werden bald mit einem klaren Fünfjahresplan arbeiten!

Aber vorher heißt es natürlich erst einmal: An die Arbeit!

Schenken Sie mir einige Minuten Ihrer Zeit?

1 - Warum brauchen Sie das Zeitmanagement-System

Zunächst einmal - können Sie mir sagen, was Sie im Laufe dieser Woche alles tun müssen? Ja - jetzt sofort! Es fällt Ihnen schwer? Nun, dann will ich Ihnen etwas helfen, indem ich Ihnen ein paar Fragen dazu stelle:

1. Was sind Ihre Zielvorgaben für diese Woche?

....

....

2. Welchen Beitrag zur Erreichung Ihrer Monats- und Jahresziele stellen sie dar?

....

....

3. Was ist Ihr Hauptziel?

....

....

Wenn Ihnen die Antworten Schwierigkeiten bereiten, werden Ihnen die nun folgenden Kapitel den Weg dazu weisen.

Warum brauchen Sie das Zeitmanagement-System?

Wollen Sie mehr Geld verdienen, öfter in Urlaub gehen, sich das leisten, was Ihnen Spaß macht, entspannter und kreativer sein und sowohl im Privat- wie im Arbeitsleben erfolgreich sein? Kurz: wollen Sie Erfolg haben?

Ja? Nun, was hindert Sie denn daran? Sie haben es schon versucht und versuchen es immer wieder, aber Sie haben Probleme dabei?

Was sind das für Probleme? Meinen Sie nicht auch, daß sie etwas mit Ihrer Zeiteinteilung zu tun haben? Nein - Sie finden, daß es ganz andere Gründe für Ihre Überlastung gibt?

Ihr Chef nämlich ist ein furchtbarer Tyrann, und obendrein in Ihren Augen auch noch faul - denn statt daß er selbst jene Arbeit macht, die nun einmal überall auf der Welt die Sache des Chefs ist, stürzt er dauernd in Ihr Büro und hängt Ihnen eine neue dringliche Aufgabe an.

Und diese Aufgabe kommt noch zu all jenen hinzu, die er Ihnen - ungerechtfertigterweise! - zum Teil schon vor drei Wochen aufgehalst hat und für die Sie ja schon bisher nicht die nötige Zeit hatten ...

Was also Zeitplanung anbetrifft, so hat die Ihr Chef nötig - aber doch nicht Sie ...

Wie aber, wenn Sie dem Geheimnis auf die Spur kommen könnten, wie Ihr Chef "zur Vernunft zu bringen" ist, damit er Sie nicht immer wieder aufhält, Ihnen mit widersprüchlichen Weisungen die Zeit stiehlt und Sie mit immer neuen, angeblich so dringenden Aufgaben überhäuft?

Wie wäre denn das?

Ziehen Sie den Erfolg auf sich!

Man glaubt oft, daß erfolgreiche Leute ihr Familienleben ihrem Erfolg opfern mußten.

Weit gefehlt! Mit Hilfe des Zeitmanagement-Systems können, ja _werden_ Sie beides in Einklang bringen können. Gerade darin liegt ja der höchste Wert und Sinn dieses Systems - es wird Sie insgesamt zum Erfolg führen!

Denn mit dem Zeitmanagement-System werden Sie das Doppelte in der halben Zeit leisten können. Sie werden Ihre Kollegen, Ihre Kunden, Ihre Angehörigen und Ihren Chef damit verblüffen, daß Sie nicht nur doppelt, sondern drei-, vier-, fünf-, ja zehnmal so effektiv sind wie vorher! Und selbst das wird nur der Anfang sein, denn die Möglichkeiten dieses Systems sind unbegrenzt. <u>Nur Sie selbst sind es, Sie ganz allein, der Ihre Grenzen bestimmt.</u>

Von allen Seiten wird man Sie wegen Ihrer spektakulären Leistungen beneiden.

Und warum? Weil Sie viel entspannter sein werden als vorher, sich immer gelassen völlig in der Hand haben und viel kreativer sein werden als je zuvor. Und im übrigen entwickeln nicht selten jene, die sich an das Zeitmanagement-System halten, ein gefestigtes und bejahendes Persönlichkeitsbild, das man vorher an ihnen nicht kannte ...

Und Sie werden sehen, daß das Zeitmanagement-System in keiner Weise ein Zwangssystem ist - ganz im Gegenteil wird es sich als eine sanfte Methode erweisen. Aber trotzdem sind seine Ergebnisse einfach umwerfend!

Befreien Sie sich!

Tatsächlich sind wirklich freie Menschen sehr selten. Rousseau schrieb in seinem "Gesellschaftsvertrag": "Die Menschen sind frei geboren und doch sind sie in Ketten."

Diese Ketten aber haben die Menschen sich hauptsächlich selbst geschaffen, und die meisten ertragen sie freiwillig ... aus Anpassung, Unterwürfigkeit, Bequemlichkeit, Furcht und so weiter.

Kaum zu glauben, daß die Menschen es vorziehen, in Ketten zu leben statt frei zu sein!

Tatsächlich aber verfügen die meisten Menschen nicht über die Mittel, ihre Freiheit zu erobern oder sie sich zu organisieren - oder aber sie verschaffen sie sich nicht.

> **Die Freiheit aber muß man sich erobern!**

Ja - die Freiheit will, wie das Glück, erobert sein.

Und die erste Voraussetzung dafür ist, daß man sie will, daß man sie begehrt, ja sogar sehr heftig begehrt!

Stellen Sie sich also die Frage: wollen Sie ernsthaft Ihre Zeit in den Griff bekommen und dadurch sich jene Freiheit erobern, auf welche die meisten Menschen offenbar verzichten müssen?

Ja? - Bravo!

Jetzt nämlich wird sich, nachdem Sie sich für Ihren Weg entschieden haben, im Laufe der kommenden Seiten Ihr Leben verändern ...

Sie haben den ersten Schritt zu einem neuen Leben gemacht

Ja, Sie haben gerade, ohne es recht zu merken, den ersten Schritt zu einem neuen Leben gemacht, wo bald Freiheit und Selbstverwirklichung an die Stelle der Frustration und des Gefühls treten werden, stets überlastet und damit fern von jenen Chancen zu sein, die den großen Erfolg verbürgen.

Die zweite Voraussetzung für die Erringung der Freiheit ist der richtige Einsatz der dazu geeigneten Mittel!

Denn leider reicht dafür noch so viel guter Wille allein nicht ... Selbst wenn ich schon oft feststellen konnte, daß man ein Ziel tatsächlich dann erreicht, wenn man es mit aller Kraft zu erreichen wünscht ...

Es ist ja auch kein Zufall, daß Sie gerade dabei sind, das Zeitmanagement-System für sich zu entdecken - es gibt keinen Zufall - niemals. Vielmehr ist es Ihr Wunsch nach Freiheit, der Ihre Begegnung mit diesem System veranlaßt hat, mit dem ich Sie nun vertraut machen werde.

Und ich bin darüber sehr glücklich. Sie haben den ersten Schritt auf einem wichtigen Weg getan, und ich verspreche Ihnen, Sie dabei nach Kräften zu unterstützen, indem ich Ihnen meine Geheimnisse anvertraue und meine Tricks verrate. Diese und nichts anderes sind es, die es Managern, Vorstandsvorsitzenden und Chefs großer Unternehmen ermöglicht haben, das zu werden, was sie geworden sind, und ihre Kollegen hinter sich zu lassen, die nicht weniger begabt waren - aber die sich einfach "weniger gut organisiert haben"!

Es gibt Leute, die die Anwendung des Zeitmanagement-Systems ablehnen mit dem Argument, daß sie nicht "Sklaven ihrer Planung" werden wollen!

Aber Sie sollten jetzt einmal Bilanz ziehen - und Sie werden Ihr blaues Wunder erleben!

Sie verplempern 97 Prozent Ihrer Zeit!

Ein amerikanischer Experte, Professor De Woot, hat eine sehr gründliche Untersuchung über die Arbeitszeitverteilung leitender amerikanischer Angestellter durchgeführt.

Hier ist das Ergebnis:

Arbeitszeitverteilung leitender Angestellter

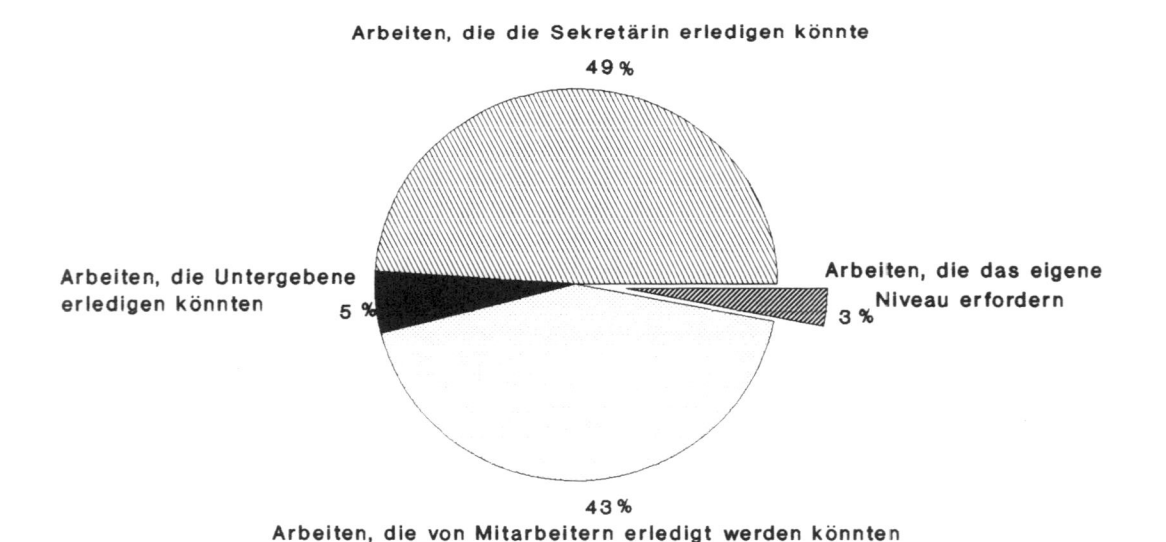

- Arbeiten, die die Sekretärin erledigen könnte: 49 %
- Arbeiten, die Untergebene erledigen könnten: 5 %
- Arbeiten, die das eigene Niveau erfordern: 3 %
- Arbeiten, die von Mitarbeitern erledigt werden könnten: 43 %

1 - Sie verplempern 97 % Ihrer Zeit!

Für denjenigen, der sich noch nicht intensiv mit den Problemen der Zeiteinteilung beschäftigt hat, sind die Ergebnisse dieser Untersuchung außerordentlich überraschend. Tatsächlich hat De Woot bei jenen leitenden Angestellten, die noch niemals einer Zeitplanungsschulung unterworfen worden waren (und das war die übergroße Mehrheit), folgende durchschnittliche Verteilung ihrer Arbeitszeit festgestellt:

O   49 % ihrer Arbeitszeit verwandten sie auf Aufgaben, die von ihrer Sekretärin hätten erledigt werden können;

O   5 % auf Arbeiten, die sie Angestellten auf unterer Stufe hätten anvertrauen können;

O   43 % auf Aufgaben, die sie unmittelbaren Mitarbeitern hätten überlassen können;

O   und nur 3 % auf Aufgaben, für die tatsächlich ihr eigenes Niveau erforderlich war.

Ja, Sie haben tatsächlich richtig gelesen: die leitenden Angestellten, die noch keine Zeitplanungsschulung mitgemacht hatten, **haben wirklich nicht mehr als 3 % ihrer Arbeitskraft den Aufgaben gewidmet, für die ihr Ausbildungsniveau erforderlich war.** Anders gesagt: sie haben aus Unkenntnis einer gezielten Zeiteinteilung **97 % ihrer Arbeitskraft vergeudet.**

Wie also sollen sich solche Leute auszeichnen, Erfolg haben, es schaffen, nicht mehr überlastet zu sein, um Gelegenheit zu haben, neue Chancen am Schopf zu packen und erweiterte Verantwortung zu übernehmen? Das ist unter solchen Umständen ausgeschlossen.

Ganz zu schweigen von der Tatsache, daß dem Unternehmen hohe Verluste entstehen durch zu hohe Lohnzahlungen. Denn für 49 % der Arbeit des leitenden Angestellten zahlt es die Differenz zwischen seinem Gehalt und dem seiner Sekretärin, für 43 + 5 = 48 % die Differenz zwischen seinem Gehalt und dem irgendwelcher Mitarbeiter.

Nehmen wir an, daß der leitende Angestellte 60.000 DM jährlich verdient und seine Sekretärin und die anderen Mitarbeiter im Durchschnitt 30.000 DM, dann ergibt sich daraus ein Verlust von über 29.000 DM pro Jahr und leitendem Angestellten, wobei die Lohnnebenkosten noch gar nicht berücksichtigt sind!

Wenn Sie sich diese Zahlen anschauen, werden Sie wohl nicht mehr daran zweifeln, daß Sie mit dem Zeitmanagement-System ein großartiges Hilfsmittel haben, um erheblich an Produktivität zu gewinnen. Es kommt hinzu, daß Sie in der neu gewonnenen Zeit wiederum Ihre Mitarbeiter in diesen neu erlernten Techniken unterweisen und daraus weiteren Vorteil ziehen können ...

Und die Freizeit?

Ja natürlich, da haben Sie recht: diese Techniken lassen sich selbst- verständlich auch auf das Alltagsleben anwenden und insbesondere auf die Gestaltung Ihrer Freizeit, und das wird dazu führen, daß Sie mehr Freizeit haben und mehr von Ihrer Freizeit haben ...

Nun gut - aber zunächst einmal müssen diese Techniken ja erlernt werden.

Wie - Sie haben keine Zeit dafür? Und Sie haben es eilig? Schenken Sie mir trotzdem ein paar Minuten, damit ich Ihnen das Paradoxon des Menschen in Zeitnot erläutere ...

Der Mensch in Zeitnot   -   ein Paradoxon

Ein Freund von mir in den USA, Denison Woods, hatte sich vor einiger Zeit einmal einen VHS-Rekorder gekauft, mit dem man unter anderem auch Videokassetten überspielen konnte.

Er stürzte sich auf den Apparat, packte ihn eilends aus und wollte ihn sofort in Betrieb nehmen. Natürlich sah er die Gebrauchsanweisung und das Begleitheft, aber er sagte sich: "Das brauche ich nicht, ich habe ja schon mit Kassettenrekordern gearbeitet, das wird hier auch nicht anders sein ... Schließlich bin ich ja nicht auf den Kopf gefallen, also wird's da keine Probleme geben ... Und außerdem habe ich jetzt einfach keine Zeit dazu!"

Ohne weiter Zeit zu verlieren, machte er sich also daran, seine erste Kassette zu überspielen ... Aber das klappte zunächst einmal nicht, und auch ein weiterer Versuch schlug fehl. Er spielte ein bißchen an den verschiedenen Knöpfenherum, aber noch immer funktionierte es nicht. Also fing er noch einmal von vorne an, Schritt für Schritt. Er bemühte sich, sich etwas einfallen zu lassen und seine Intelligenz zu beweisen ... Aber es klappte weiterhin nicht, und allmählich wurde er ungeduldig.

Fast eine halbe Stunde widerstand diese "blödsinnige Maschine" all seinen Bemühungen, all seiner Intelligenz und all seinen klugen Einfällen. Schließlich entschied er sich doch, Gebrauchsanweisung und Begleitheft zur Hand zu nehmen. Es vergingen keine drei Minuten mehr, und die Überspielung konnte erfolgreich starten ...

Nehmen Sie sich die Zeit, die Sie brauchen - um Zeit zu gewinnen!

Halten Sie sich vor Augen, was meinem Freund da passiert ist: Es war im Grunde ganz simpel, man mußte einfach zwei Knöpfe gleichzeitig drücken. Aber das war ihm nicht eingefallen, und er hätte vielleicht noch Stunden damit verbringen können, durch bloßen Zufall die richtige Lösung zu finden. Vielleicht hätte er schließlich wütend ganz zufällig die beiden Knöpfe gleichzeitig gedrückt - wobei freilich immer die Gefahr bestand, daß er den Rekorder beschädigte.

Sind Sie jetzt überzeugt? Mit dem Zeitmanagement-System ist das ganz genauso: <u>Investieren Sie Ihre Zeit in das Erlernen der entsprechenden Techniken, und Sie werden Ihr ganzes Leben lang Nutzen daraus ziehen.</u> Eine bessere Investition kann man sich kaum vorstellen!

Um so mehr sollten Sie sich vor allem drei Dinge einprägen:

1. <u>Zeit kann man nicht kaufen:</u>
   sie steht jedem von uns ganz gleich und demokratisch zur Verfügung, und die Unterschiede ergeben sich nur daraus, ob man sie vergeudet oder klug mit ihr umgeht ...

2. <u>Zeit kann man nicht aufsparen:</u>
   sie verstreicht unaufhaltsam - jede Sekunde macht Sie ein bißchen älter, und Sie können die Zeit nicht "horten" ...

3. **Die Zeit läßt sich nicht anhalten:**
   abgelaufene Zeit läßt sich nicht wieder zurückholen, und
   dies ist wohl das grausamste Gesetz ...

Nun, können Sie sich wirklich noch länger den Vorteilen verschließen, die das Zeitmanagement-System zu bieten hat? Sind Sie bereit, Ihre Zeit in das Zeitmanagement-System zu investieren?

Na, dann los!

Im Wort Organisation steckt die griechische
Wurzel ORGANON - Werkzeug, Hilfsmittel.
Nutzen wir also das Hilfsmittel Zeitmanagement-System,
um unsere Arbeit zu organisieren!

Kapitel 2

Teilen Sie Ihre Zeit besser ein!

Wie gehen Sie mit Ihrer Zeit um?

Der richtige Umgang mit der Zeit wird einem nicht in der Schule beigebracht, obwohl alle, die ihn einmal erlernt haben, davon überzeugt sind, daß er eine der wichtigsten Fähigkeiten ist, um im Leben Erfolg zu haben.

Es ist schade: die meisten Menschen haben nur eine sehr vage Vorstellung davon, was Zeit eigentlich ist. Sie machen sich auch kaum Gedanken darüber, welches Verhältnis sie selbst zu ihr haben.

Und sie wissen auch nicht, ob sie guten, mittelmäßigen oder schlechten Gebrauch von ihr machen.

Und Sie? Wie gehen Sie mit Ihrer Zeit um?

Um das festzustellen, ist es wohl am einfachsten, sich ein Bild davon zu machen, wie schlechter Umgang mit der Zeit aussieht - dessen Merkmale sind nämlich sehr augenfällig.

Hier die zwölf typischen Merkmale für schlechten Umgang mit der Zeit:

O 1. Ständig überfüllter Terminkalender; mehr als 55 Stunden Arbeitszeit wöchentlich; häufig Überstunden am Abend und am Wochenende; nie oder fast nie Urlaub.

2 - Wie gehen Sie mit Ihrer Zeit um?

O 2. Nichteinhaltung von Terminen; ständige Verspätungen; ständiges Gefühl, auf- und nachholen zu müssen.

O 3. Mangelnde Gründlichkeit bei der Auslotung von Problemen.

O 4. Überstürzte Entscheidungen trotz der Risiken, die diese bergen.

O 5. Furcht, zu delegieren, und Ablehnung von Hilfeangeboten anderer.

O 6. Ständige Konzentration auf kurzfristig drängende Termine unter Vernachlässigung der mittel- und langfristigen; ständige "Feuerwehreinsätze" und Krisenmanagement.

O 7. Unfähigkeit, neue Aufgaben abzulehnen.

O 8. Zweimonatsfrist für einen zu vereinbarenden Termin (selbst Einmonatsfrist ist bereits extrem, sofern Sie nicht ganz ungewöhnliche Verantwortung tragen müssen, wie etwa der Bundeskanzler, und selbst der ...).

O 9. Gefühl, die Situation nicht im Griff zu haben und seine Ziele und Prioritäten aus dem Blick zu verlieren.

O 10. Perfektionismus.

O 11. Streß und Überlastung.

O 12. Wenig oder gar keine Zeit für die Familie, gesellschaftliche Verpflichtungen und Freizeit.

2 - Wie gehen Sie mit Ihrer Zeit um?

Treten diese Symptome bei Ihnen auf?

Um das genauer überprüfen zu können, schlage ich Ihnen das Ausfüllen der folgenden Checkliste (nach E. Bliss) vor:

TEST	JA	NEIN
1. Habe ich mir eine Reihe von Zielen gesetzt, die ich im Laufe meines Lebens erreichen will?		
2. Habe ich mir kurzfristige Ziele gesetzt, die ich zum Beispiel innerhalb der nächsten sechs Monate erreichen will?		
3. Habe ich heute irgendwelche konkreten Schritte unternommen, die mich meinen kurzfristigen Zielen näherbringen - oder meinen längerfristigen?		
4. Habe ich eine genaue Vorstellung davon, was ich in der kommenden Woche erledigen und erreichen will?		
5. Kenne ich tatsächlich genau jene Tagesstunden, in denen ich am produktivsten bin?		
6. Habe ich die wirklich wichtigen Aufgaben schon erledigt, oder bin ich gerade dabei?		
7. Bewerte ich meine Arbeitsleistung nach den dabei erreichten Ergebnissen (Zielen) oder nach dem Arbeitsaufwand (der Arbeitsweise)?		

2 - Treten diese Symptome bei Ihnen auf?

	JA	NEIN
8. Richtet sich mein System der Prioritätenfestsetzung nach der <u>Wichtigkeit</u> oder nach der <u>Dringlichkeit?</u>		
9. Delegiere ich Aufgaben an meine Untergebenen?		
10. Delegiere ich in gleichem Umfang interessante Aufgaben und Routineaufgaben?		
11. Trete ich bei der Delegierung von Aufgaben in gleichem Umfang wie die damit verbundene <u>Verantwortlichkeit</u> auch die entsprechende <u>Entscheidungsbefugnis</u> ab?		
12. Habe ich Wege gefunden, um meine Untergebenen davon abzuhalten, Aufgaben, die sie als schwierig empfinden, wieder nach oben zu delegieren?		
13. Habe ich in letzter Zeit Maßnahmen getroffen, um zu verhindern, daß mir unnütze Informationen (Veröffentlichungen, Berichte u.ä.) auf den Schreibtisch kommen?		
14. Habe ich mir angewöhnt, die Aufnahme aller irgendwie entbehrlicher Unterlagen in die Ablage zu vermeiden?		
15. Bin ich bei Sitzungen derjenige, der klar die Lage darstellen, die zu besprechenden Punkte herausarbeiten, die zu treffenden Entscheidungen formulieren und die zu erfüllenden Aufgaben nennen kann?		

2 - Treten diese Symptome bei Ihnen auf?

	JA	NEIN
16. Nutze ich bewußt und systematisch das Telefon, wenn es um die Lösung von Problemen geht, und erledige ich Dinge schriftlich nur dann, wenn das unbedingt notwendig ist?		
17. Nutze ich sinnvoll die Zeit, die ich für meinen Weg zum Arbeitsplatz brauche?		
18. Versuche ich, mir außerhalb der Arbeitszeit den Kopf von Gedanken an die Arbeit freizuhalten?		
19. Bemühe ich mich, Entscheidungen von untergeordneter Bedeutung rascher zu treffen?		
20. Ziehe ich, wenn eine Krisensituation gerade überwunden werden konnte, daraus die Lehren, indem ich die notwendigen Maßnahmen ergreife, um die nächste zu verhindern?		
21. Bin ich bemüht, feste Fristen und Termine für mich selbst ebenso wie für andere festzulegen?		
22. Widme ich der Planung meiner Arbeit ausreichend Zeit?		
23. Ist es mir gelungen, Schluß zu machen mit Arbeitsmethoden, die ich als völlig uneffektiv erkannt habe?		
24. Nutze ich auf einer Geschäftsreise oder beim Warten auf einen Gesprächspartner meine Zeit sinnvoll, indem ich stets dafür notwendige Unterlagen mit mir führe?		

2 - Treten diese Symptome bei Ihnen auf?

	JA	NEIN
25. Zwinge ich mich, in der Gegenwart zu leben, indem ich mich auf das konzentriere, was im Augenblick zu tun ist, anstatt mich gedanklich ewig mit Erfolgen und Mißerfolgen der Vergangenheit zu beschäftigen oder mir Sorgen um die Zukunft zu machen?		
26. Überprüfe ich regelmäßig anhand meines Terminkalenders die Nutzung meiner Zeit, um diesbezügliche Mängel auszumerzen und die Wiederholung unproduktiver Abläufe zu vermeiden?		
27. Ist mir der <u>finanzielle</u> Wert meiner Zeit richtig bewußt?		
28. Bin ich nachdrücklich und regelmäßig darum bemüht, mir ein Verhalten anzugewöhnen, das mich effektiver in der Nutzung meiner Zeit macht?		
29. Wende ich das Pareto-Prinzip an, wenn ich mich einer gewissen Anzahl unterschiedlicher Aufgaben gegenübersehe, die zu bewältigen sind?		
30. Bin ich, alles in allem, "Meister meiner Zeit"? Bin ich jemand, der selbst die Nutzung seiner Zeit bestimmt, anstatt sie von anderen oder von den Umständen bestimmen zu lassen?		
Gesamtzahl der Punkte (pro "JA" ein Punkt):		

2 - Treten diese Symptome bei Ihnen auf?

Und nun die Auswertung

O <u>25 bis 30 Punkte:</u> Alle Hochachtung! Sie sind bereits sehr gut, wenn nicht sogar ausgezeichnet, was die sinnvolle Nutzung Ihrer Zeit betrifft. Bei der Beschäftigung mit der hier vorgestellten Methode des Zeitmanagements werden Sie zweifellos auf Techniken stoßen, die Ihnen schon geläufig sind, aber ihre dynamische, umfassende und systematische Form wird Ihnen gefallen. Denn Sie können, wenn es einmal nötig ist, leicht darauf zurückgreifen, und sie wird ihren Nutzen für Sie wohl dann erweisen, wenn Sie sich selbst noch vervollkommnen wollen, als auch insbesondere, wenn es um die Schulung Ihrer nächsten Mitarbeiter geht.

O <u>10 bis 25 Punkte:</u> Das ist schon recht ordentlich. Sie halten sich bereits an eine Reihe sehr vernünftiger Prinzipien, um Ihre Zeit besser zu nutzen. Die vorliegende Methode wird Sie dazu bringen, Ihre Zeit sozusagen nach wissenschaftlichen Methoden einzuteilen, und das wird Ihnen dazu verhelfen, daß Sie mehr Freizeit haben und aus dieser größeren Gewinn ziehen.

O <u>Weniger als 10 Punkte:</u> Sie sollten keine Minute mehr verlieren! Stürzen Sie sich sofort mit aller Kraft auf das hier vorgestellte Zeitmanagement-System und seien Sie dabei so aufmerksam wie nur irgend möglich: Sie müssen noch sehr viel lernen, aber Ihre Fortschritte werden dafür umso eindrucksvoller sein.

Vielleicht bricht gerade jetzt ein völlig neues Leben für Sie an, viel reicher und viel glücklicher, in dem Sie zeigen können, was alles in Ihnen steckt, und das Sie alle Ziele erreichen läßt, die Ihnen am Herzen liegen ... Ans Werk also! Alles was Sie dazu brauchen, erwartet Sie auf den folgenden Seiten!

Zum Einstieg

Sie haben nun die wesentlichen Kennzeichen einer schlechten Nutzung der Zeit kennengelernt und einen Test gemacht, der Ihnen sicherlich die eigenen Schwachpunkte verdeutlichte und zugleich klarmachte, welchen Gewinn Ihnen das Zeitmanagement-System verschaffen kann. Gehen wir nun einen Schritt weiter ...

Opfern Sie je hundertachtzig Sekunden, um die beiden folgenden Fragen zu beantworten:

1. Wo liegen meine Schwerpunkte im Umgang mit der Zeit?
   (3 Minuten)

2. Wo liegen dabei meine Stärken? (3 Minuten)

Seien Sie dabei so ehrlich wie irgend möglich, gebnen Sie sich aufrichtig Rechenschaft. Probleme mit der Antwort? Kein Zaudern - antworten Sie zügig!

Meine Probleme im Umgang mit der Zeit

Beispiel einer Antwort:

Ich fange oft mit einer Arbeit an, ohne sie zu Ende zu führen. Ich unterbreche mich dabei, um mich mit einem plötzlich aufgetauchten Problem zu beschäftigen. Ich denke dabei nicht darüber nach, ob dieses Problem wirklich wichtig ist. Ich glaube, daß der Hauptgrund für diesen Mangel an Disziplin meine impulsive Veranlagung ist.

Eine Folge davon ist wiederum, daß ich mich nicht an meine Prioritätenliste halte.

Ich neige dazu, mir eine zu umfangreiche Prioritätenliste zu machen beziehungsweise den für die Erledigung der jeweiligen Aufgaben erforderlichen Zeitaufwand nicht richtig einzuschätzen, was wiederum dazu führt, daß ich nie alle Aufgaben bewältige.

2 - Treten diese Symptome bei Ihnen auf?

Als Konsequenz daraus ergibt sich, daß ich mich am Ende eines Arbeitstages oft frustriert fühle, und dies wiederum führt zu anhaltenden Schuldgefühlen.

Ich lasse zu leicht Unterbrechungen meiner Arbeit zu, und dies vielleicht wieder aus dem unbewußten Gefühl heraus, daß das, was ich gerade tue, nicht wirklich wichtig ist. Jedenfalls fällt es mir schwer, nein zu sagen, vor allem wenn die Störungen durch Freunde oder Verwandte erfolgen.

Ich glaube, daß die Leute sich ein falsches Bild von mir machen. Ich wirke offenbar so, als ob ich immer Zeit hätte. Als ich kürzlich einmal nachgerechnet habe, stellte ich fest, daß ich im Laufe eines Tages wohl eine gute Dreiviertelstunde mit unnützen Gesprächen vertan habe - zumindest für mich unnütz.

Ich muß die Sekretärin mit meinem Chef teilen und stehe dabei immer an zweiter Stelle. Ich muß einen Weg finden, daß die Dinge trotzdem zeitgerecht erledigt werden.

Meine Neigung, alles selbst zu machen und so wenig wie möglich zu delegieren, und die Tatsache, daß ich bei der Sekretärin stets erst an zweiter Stelle komme, führen dazu, daß ich mich mit einer Menge Kleinkram beschäftige, der eigentlich von der Sekretärin oder einer Assistentin erledigt werden könnte.

Dazu eine gute Idee: Ich werde meinem Chef den mit Zahlen belegten Vorschlag machen, einen Assistenten oder eine Assistentin für mich einzustellen. Dann könnte ich meine Arbeitskraft im Interesse des Unternehmens auf die Erledigung der wirklich lohnenden Dinge konzentrieren, wofür ich ja im übrigen auch angestellt worden bin.

Wenn die Sekretärin fehlt oder wegen anderweitiger Arbeiten nicht verfügbar ist, verliere ich oft viel Zeit mit der Suche nach Unterlagen. Man muß dafür eine Regelung finden, oder ich muß mir von ihr ihr Ablagesystem erläutern lassen.

Dabei frage ich mich übrigens, ob dieses Ablagesystem wirklich sinnvoll ist, oder ob es nicht einer Änderung bedarf, um es wirklich effektiv und für jeden verständlich zu machen ...

Ich schufte oft sechzig Stunden die Woche. Am Anfang machte es mir ja nichts aus, mich so hineinzuhängen; aber allmählich scheint es mir doch unangemessen, daß das zur Gewohnheit wird.

Jetzt dauert dieser unschöne Zustand schon fünf Jahre an. Gut, ich bin dabei ganz schön weitergekommen, aber ich frage mich doch, ob ich nicht in Gefahr bin, dabei "um mein Leben zu kommen", denn ich habe meinem Erfolg vieles geopfert - und vielleicht ein wenig zuviel.

Ist das im übrigen wirklich ein Erfolg? Oder verrenne ich mich da in etwas und lasse mich ködern? Ich habe immer weniger Zeit für meine Familie. Ich muß befürchten, daß es zur Entfremdung zwischen meiner Frau und mir kommt. Immer öfter empfinde ich es als "Störung", wenn sie von mir erwartet, daß ich mir mehr Zeit für sie nehme. Dabei liebe ich sie doch. Ich muß mich einfach mehr auf das eigentliche Leben besinnen, solange noch Zeit dafür ist ...

Meine Stärken im Umgang mit der Zeit

Beispiel einer Antwort

Ich bewältige einen Haufen Arbeit, wenn ich dabei nicht gestört werde. Leider aber kommt es viel zu häufig vor, daß Leute im falschen Moment hereinschneien.

Nach einer Störung kann ich mich rasch wieder auf die Arbeit konzentrieren (doch ist das wahrscheinlich auch einer der Gründe dafür, daß ich mich zu wenig gegen solche Störungen wehre, denn ich weiß ja, daß ich mich anschließend sozusagen sofort wieder hineinknien kann). Zu leicht vergesse ich dabei, daß ich dennoch zehn oder fünfzehn Minuten verloren habe ... und das ist es, was zählt.

Ich verkrafte Streß recht gut, selbst in Krisensituationen. Ich brauche kaum einen Ausgleich, zum Beispiel durch Sport, um trotzdem lebensfähig zu bleiben.

Ich mache mir für jeden Tag eine Liste der zu bewältigenden Aufgaben, selbst wenn ich dazu neige, sie zu überladen.(Immerhin - ich habe eine Liste ...)

Ich denke gründlich nach, bevor ich eine Entscheidung treffe. Ich lasse mich dabei durch Streß nicht aus der Ruhe bringen. Ich bemühe mich dabei, alle Vorgaben zu berücksichtigen.

Die Berichte, die ich formuliere, sind präzise und schlüssig. (Wenn ich aber richtig darüber nachdenke, kann das ein Fehler sein. Ich muß mich fragen, ob wirklich die Betreffenden das alles zur Kenntnis nehmen und ob ich nicht vielleicht wöchentlich drei bis vier Stunden mit der sorgfältigen Abfassung vergeude. Man hat mir gesagt, daß Worte vergänglich, Geschriebenes aber bleibend sei, aber ich werde diesbezüglich vielleicht eine Entscheidung treffen müssen.)

Ein Trick, um rasch und leicht zu Antworten zu kommen

Sie sehen, daß es nicht allzu schwierig ist. Sie schreiben einfach einmal alles auf, was Ihnen in den Sinn kommt. Wenn Sie Schwierigkeiten dabei haben (es gibt gelegentlich erhebliche Hemmungen, weil man sich bestimmte unangenehme Wahrheiten nicht eingestehen will),

2 - Einige Fragen zur Vorbereitung

können Sie sich mit dem folgenden kleinen Trick helfen.

Tun Sie so, als seien Sie bereits ein angesehener Experte auf dem Gebiet des Zeitmanagements (was Sie am Ende unseres Lehrganges dann ja auch tatsächlich sein werden), und als ob Sie das Verhalten von <u>irgend jemandem</u> untersuchen müßten, auch wenn das nun Sie selbst sind. Der "Trick" besteht darin, einen gewissen Abstand zu sich selbst zu finden - den Abstand, der Ihnen sonst vielleicht fehlt, um ganz objektiv über sich selbst zu urteilen ...

Je ehrlicher das Bild ist, das Sie von sich entwerfen, desto größeren Gewinn können Sie aus dem Zeitmanagement-System ziehen. Sie brauchen dazu mehr als drei Minuten? Um so besser: je genauer Sie sich selbst überprüfen, desto rascher werden Sie Fortschritte machen!

Einige Fragen zur Vorbereitung

Sie sind sich noch nicht ganz sicher, ob Sie Ihr Problem richtig erfaßt haben oder ein wirklich getreues Bild von sich selbst entwerfen können? Dann benutzen Sie den folgenden ausführlichen Fragebogen, der Ihnen dabei helfen wird:

1. Verbringen Sie Ihre Zeit so, wie Sie sich das wünschen?

2. Arbeiten Sie allwöchentlich sehr viele Stunden? Wieviele? Stundenzahl:

3. Nehmen Sie sich mehr als einmal pro Woche abends Arbeit mit nach Hause?

4. Empfinden Sie Streß bei der Arbeit, regelmäßig und auch dann, wenn es kein schwerwiegendes Problem oder eine Krisensituation gibt?

2 - Einige Fragen zur Vorbereitung

5. Fühlen Sie sich schuldig, weil Sie nicht so viel leisten, wie Sie eigentlich möchten? Oder wie Ihr Chef von Ihnen erwartet?

6. Konzentrieren Sie sich auf Ihre kurz- und mittelfristigen Ziele?

7. Macht Ihnen Ihre Arbeit Spaß?

8. Vermittelt Ihnen Ihre Arbeit ein Gefühl der Befriedigung?

9. Nehmen Sie sich Zeit dafür, in Form zu bleiben?

10. Können Sie sich innerhalb einer Minute von irgendeinem Schriftstück auf Ihrem Schreibtisch trennen?

11. Prüfen Sie bei Ihren Mitarbeitern, ob diese sich an ihre Planung halten?

12. Befinden sich auf Ihrem Schreibtisch schon seit mehreren Tagen Unterlagen, die Sie nicht unmittelbar für die Arbeit brauchen, mit der Sie sich gerade beschäftigen?

13. Passiert es Ihnen, daß Sie Briefe oder Aktennotizen erhalten, die sinngemäß mit dem Satz beginnen:"Da wir noch immer ohne Antwort auf unser Schreiben vom ... sind ..."?

14. Unterbricht man Sie mitten in einer wichtigen Arbeit?

2 - Einige Fragen zur Vorbereitung

15. Kommen Ihre Kollegen zu jeder beliebigen Zeit in Ihr Büro, oder könnten sie das jedenfalls?

16. Nehmen Sie sich mehr als zwei Stunden Zeit für Ihr Mittagessen, obwohl oft eine Stunde bei weitem ausreichen würde?

17. Schlingen Sie am Schreibtisch selbst einen Happen in sich hinein?

18. Haben Sie im vergangenen Monat ein geplantes Gespräch, ein Zusammentreffen oder einen wichtigen Termin vergessen?

19. Schieben Sie oft die Ausführung einer wichtigen Arbeit so lange vor sich her, bis der Ablieferungstermin schon fast vor der Tür steht, was Sie dann dazu zwingt, unter absolutem Hochdruck zu arbeiten und gelegentlich auch mal eine ganze Nacht dranzuhängen?

20. Finden Sie leicht Ausreden, um die Erledigung unangenehmer Arbeiten auf die lange Bank zu schieben?

21. Haben Sie Zeit genug, um sich die verlängerten Wochenenden und den längeren Urlaub zu gönnen, von dem Sie träumen?

22. Können Sie sich ausreichend Zeit für Ihr Lieblingshobby nehmen, finden Sie Zeit genug für ein gutes Buch oder um ins Kino oder ins Konzert zu gehen?

2 - Einige Fragen zur Vorbereitung

23. Können Sie in ausreichendem Maß über freie Zeit verfügen?

24. Können Sie das "Hier und Jetzt" genießen?

25. Haben Sie das Gefühl, ständig etwas tun zu müssen, um sich ausgefüllt zu fühlen?

26. Haben Sie Schuldgefühle, wenn Sie sich einmal eine längere Verschnaufpause gönnen?

27. Lesen Sie ausführlich alles, was Ihnen auf den Tisch kommt?

28. Sind Sie mit der Durchsicht der Zeitschriften und Informationsdienste, die auf Ihrem Tisch landen, erheblich im Rückstand?

29. Halten Sie es für notwendig, die von Ihren Mitarbeitern abgelieferte Arbeit zu überprüfen und zu verbessern?

30. Sind Sie mit der Klärung von Detailproblemen so stark beschäftigt, daß Sie dadurch die übergeordneten Ziele Ihres Unternehmens aus dem Auge verlieren? Geht Ihnen die Zusammenschau Ihrer Aufgaben verloren und das Gefühl dafür, daß Sie insgesamt Ihren Bereich voranbringen müssen? Finden Sie Zeit dafür, Ihre Arbeitsweise einer regelmäßigen Überprüfung mit dem Ziel der Verbesserung zu unterziehen? Alles in allem: Haben Sie das Gefühl, die Situation zu <u>beherrschen</u> - oder scheint es Ihnen eher, daß Sie von der Situation <u>beherrscht werden?</u>

So, das sollte nun aber wirklich genügen, um Ihnen auf die Sprünge zu helfen. Und nun an die Arbeit!

Meine Schwächen im Umgang mit der Zeit:

Meine Stärken im Umgang mit der Zeit

....

....

....

....

....

....

....

....

....

....

....

....

....

....

....

....

....

....

....

Umgang mit der Zeit als Spiegel der Persönlichkeit

Wenn Sie die beiden vorstehenden Seiten ausgefüllt haben, wird Ihnen Ihr eigenes Verhältnis zur Zeit schon viel klarer sein. Was aber noch wesentlicher ist - Sie wissen wahrscheinlich sogar noch besser über sich selbst Bescheid!

Denn die Art, wie Sie mit Ihrer Zeit umgehen, spiegelt sehr getreu Ihr Persönlichkeitsbild wider:

> **Sage mir, wie Du mit Deiner Zeit umgehst,
> und ich sage dir, wer Du bist ...**

Verlieren wir also nicht länger Zeit, sondern stürzen wir uns auf das nächste Kapitel, in dem es darum geht, wie man sich einen besseren Umgang mit der Zeit angewöhnen kann.

Kapitel 3

Gute Gewohnheiten, um Zeit zu gewinnen

Die Macht der Gewohnheit - eine starke Hilfe

Im vorhergehenden Kapitel haben Sie sich selbst Rechenschaft abgelegt über Ihren Umgang mit der Zeit, und das war der erste Schritt.

Als nächstes werden wir uns der Frage zuwenden, in welchem Ausmaß Ihr Verhältnis zur Zeit - Ihre diesbezüglichen Schwächen und Stärken - bestimmt wird von einem sehr versteckten, aber außerordentlich einflußreichen Faktor: der Macht der Gewohnheit!

Der französische Philosoph Pascal sagte, die Gewohnheit sei wie eine zweite Natur.

Das ist sehr schön - aber eben nur, wenn es sich um eine gute Gewohnheit handelt!

Denn die meisten unserer Gewohnheiten sind so fest in uns verankert, daß sie uns oft gar nicht mehr bewußt werden ...

Was aber schlimmer ist - sie führen dazu, daß wir uns einreden, das Leben sei nun einmal so ... und man könne das ja ohnehin nicht ändern ... und man müsse sich eben damit abfinden!

So haben Sie sich wahrscheinlich längst damit abgefunden, daß Sie niemals Ihre Termine einhalten, daß Sie ständig Ihre Arbeit zu spät abliefern, denn es ist nun einmal immer so ...

Und Sie bleiben resigniert mehrere Male in der Woche sehr viel länger im Büro, obwohl Sie sich geschworen hatten, daß damit Schluß sei ...

Und einmal mehr lassen Sie sich - während alle Kollegen sich davor mit irgendeinem Vorwand drücken - etwas aufhalsen, weil Sie natürlich sowieso der einzige Mensch sind, der das ordentlich machen kann ...

Das ist doch genau das, was Ihnen immer wieder passiert - oder nicht?

Nun, und immer spielt dabei die Macht der Gewohnheit eine Rolle ...

Innere Befehle, die Sie antreiben

Die Experten der sogenannten Transaktionsanalyse erklären uns, daß sehr viele solcher Gewohnheiten auf "Botschaften" oder "Motivatoren" zurückgehen, die wir schon seit unserer Kindheit unbewußt verinnerlicht haben.

Sie unterscheiden dabei die folgenden fünf Grundtypen solcher "Antriebs-Botschaften":

1) **"Sei perfekt"** - wenn Sie sich in Ihrem Inneren stets selbst sagen "Du mußt es besser machen", wenn Sie oft Ausdrücke verwenden wie "selbstverständlich", "aber sicher", "alles klar", "keine Frage";

2) **"Streng dich an"** - wenn Sie sich selbst oft sagen "Du mußt härter arbeiten" oder Formulierungen verwenden wie "Das ist schwer", "Ich schaff' es nicht", "Ich will's versuchen" und Sie insgesamt eher ungeduldig sind;

3) **"Mach Freude"** - wenn Sie sich selbst einreden, Sie müßten noch gefälliger und netter sein, und Ihre Sätze beginnen häufig mit "Ach, wissen Sie ...", "Könnten Sie nicht vielleicht ..." oder "Es wäre sehr freundlich von Ihnen ...";

4) **"Beeil dich"** - wenn Sie sich selbst oft sagen "Wie soll ich das denn schaffen?" oder "Wann werd' ich denn damit bloß fertig werden?" oder sich selbst immer wieder zur Eile antreiben;

5) **"Sei stark"** - wenn Ihre Devise ist "Bloß keine Schwäche zeigen", wenn Sie oft Ausdrücke wie "schon gut" oder "macht nichts" verwenden und sich vielleicht einen harten, undurchdringlichen Gesichtsausdruck angewöhnt haben.

Unter dem Einfluß solcher, Ihr Unterbewußtsein beherrschender Botschaften richten Sie Nutzung und Einteilung Ihrer Zeit danach aus und gehorchen damit derartigen Botschaften wie ein Sklave.

Das Arbeitstier

Das bekannteste und klassische Beispiel dafür ist das "Arbeitstier" - ein Mensch, der sich unter dem Zwang gleich mehrerer solcher Botschaften nicht wohl fühlt, sich nicht nützlich vorkommt, sich keine Verdienste zuzuschreiben getraut, wenn er nicht überlastet ist, sich ohne einen Blick nach rechts oder links in "seine" Arbeit stürzt und völlig darin aufgeht.

Ein derartiges Verhalten ist das Unvernünftigste, was man sich nur vorstellen kann: mit all seiner fieberhaften Betriebsamkeit wird das Arbeitstier niemals seine Ängste stillen und seine Befürchtungen ausräumen können, denn die Wurzeln seiner Probleme liegen ja ganz woanders. Von der rastlosen Arbeit ist sein ganzes Denken und Fühlen so in Beschlag genommen, daß er niemals den notwendigen Abstand und die nötige Zeit dafür finden wird, um darüber nachzudenken, wie er aus der Tretmühle herauskommen kann. Noch schlimmer aber ist es, daß das Arbeitstier sich ja geradezu in seine Betriebsamkeit flüchtet, um sich nur ja nicht den Fragen stellen zu müssen, die die wahren Probleme aufdecken würden.

Woher kommen solche Botschaften?

Diese "Antriebs-Botschaften" stammen aus Ihrer Kindheit, und die Verantwortung dafür tragen Ihre Eltern.

O   Wenn sie lauten "Sei perfekt"; dann waren nämlich diese nur selten mit sich selbst zufrieden.

O   Heißt die Parole "Streng dich an", dann haben die Eltern nur dem wirklich Wert beigemessen, was tatsächlich sehr schwer zu erreichen war. Wahrscheinlich haben sie oft Dinge nicht beendet, die sie in Angriff nehmen, oder haben ihre Ziele nicht oder nur sehr schwer erreicht.

O   Lautet der Befehl "Mach Freude", so deutet das darauf hin, daß Ihren Eltern meist die Meinung anderer wichtiger war als die eigene.

O   Heißt die Botschaft "Beeil dich", dann muß man annnehmen, daß sie sich nie genug Zeit für sich selbst genommen haben.

O   Und wenn "Sei stark" der innere Befehl ist, dann ist anzunehmen, daß Ihre Eltern stets Angst hatten, sich als schwach zu erweisen.

Denken Sie einmal selbst darüber nach, welches die Antriebs-Botschaften sind, von denen Sie selbst beherrscht werden. Versetzen Sie sich zurück in Ihre Kindheit und versuchen Sie sich an die Weisungen zu erinnern, die Sie von Ihren Eltern erhielten; notieren Sie sie auf den folgenden Zeilen:

....
....
....
....
....

3 - Wie löst man sich von Antriebs-Befehlen?

....
....
....
....
....
....
....
....
....

Sie meinen, daß derartige "innere Antriebs-Befehle" nicht so wichtig seien? Hier das Ergebnis der allermeisten Beobachtungen der Transaktionsanalyse:

> **Wir verbringen 80% unserer Zeit damit,
> solche "Antriebs-Botschaften" zu befolgen!**

Wenn Sie aus der Beschäftigung mit diesem ganzen Komplex nur einen einzigen Schluß ziehen wollen, dann halten Sie sich wenigstens an diesen einen Rat: Befreien Sie sich von diesen Antriebs-Befehlen, und Sie werden eine Menge Zeit gewinnen!

Wie löst man sich von Antriebs-Befehlen?

Sie müssen in Ihrem Bewußtsein diese zwanghaften Botschaften ersetzen durch R E C H T E - Sie müssen sich das Recht einräumen, **Sie selbst** zu sein!

3 - Wie löst man sich von Antriebs-Befehlen?

Hier die "Rechte", die sich als Gegenwehr gegen die Sie beherrschenden Antriebs-Botschaften selbst immer wieder einhämmern müssen:

"SEI PERFEKT"

> Ich habe das Recht, ich selbst zu sein.

> Ich habe das recht, Fehler zu machen.

> Irren ist menschlich - und ich bin ein Mensch

> Die Sucht nach Perfektion führt zur Lähmung

"STRENG DICH AN"

> Ich habe das Recht, das zu beenden, was ich angefangen habe.

> Ich habe das Recht, zu gewinnen.

> Ich habe das Recht, etwas zu verwirklichen.

"MACHE FREUDE"

> Ich habe das Recht, mich nicht verantwortlich zu fühlen für die Empfindungen anderer.

3 - Wie löst man sich von Antriebs-Befehlen?

> Ich habe das Recht, mir selbst Aufmerksamkeit und Wertschätzung zu zollen.

> Ich habe das Recht, mich um meine eigenen Gefühle zu kümmern.

"BEEIL DICH"

> Ich habe das Recht, in der Gegenwart zu leben.

> Ich habe das Recht, mir Zeit zu nehmen.

> Ich habe Zeit, um das zu verwirklichen, was mir am Herzen liegt.

"SEI STARK"

> Ich habe das Recht, meine Gefühle auszudrücken.

> Ich habe das Recht zur Vertraulichkeit mit jemand, den ich mag.

> Ich habe das Recht, nicht stark zu sein.

> Ich habe das Recht, anderen gegenüber offen zu sein.

3 - Wie löst man sich von Antriebs-Befehlen?

Und wie sieht es nun mit den anderen Gewohnheiten aus?

Im folgenden ein kleines Beispiel, das Ihnen die erstaunliche, weil unvermutete Macht der Gewohnheit im täglichen Leben zeigen wird.

Schauen sie sich die Punkte unten an, und verbinden Sie ohne eine Unterbrechung mit höchstens vier Strichen alle Punkte miteinander, ohne einen zweimal zu berühren - aber ohne die nächste Seite mit der Lösung anzuschauen, sonst verliert dieser kleine Test seinen Sinn.

Sind Sie bereit?

Also los!

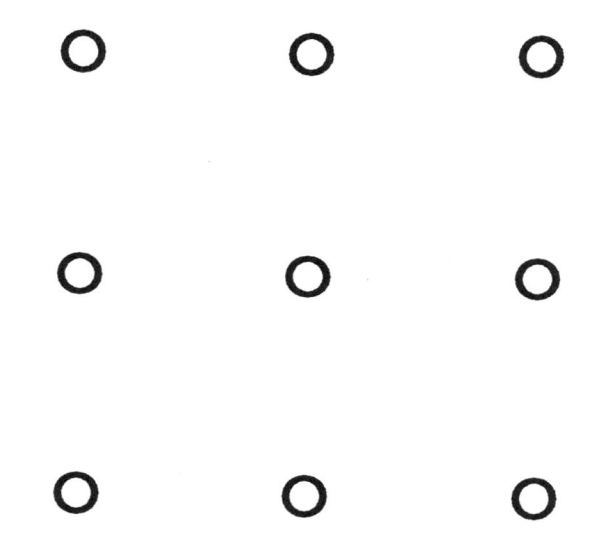

O   O   O

O   O   O

O   O   O

Die Auflösung findet sich auf der nächsten Seite - aber mogeln Sie nicht und schauen Sie nicht vorher nach!

Haben Sie es geschafft?

Bravo!

3 - Wie löst man sich von Antriebs-Befehlen?

Wenn Sie es jedoch nicht geschafft haben, ist dies wiederum auch nicht so schlimm. Sie haben vielleicht nur ein bißchen zu rasch aufgegeben, ... die meisten Leute brauchen immerhin bis zu einer Stunde, ehe sie die richtige Lösung finden. Vielleicht ist aber in Ihnen auch einfach die Macht der Gewohnheit zu stark.

Sie sind dann nämlich einfach von dem Prinzip ausgegangen, daß eine Linie einen Anfang und ein Ende haben muß, haben sich ein Quadrat vorgestellt, das von den einzelnen Punkten begrenzt wird, und haben sich nicht getraut, mit Ihren Linien über die Begrenzung dieses Quadrats hinauszugehen.

Dabei ist die Lösung sehr einfach - wenn man sie kennt! Es kommt lediglich darauf an, daß man sich nicht davor scheut, den von der Gewohnheit gesetzten Rahmen zu durchbrechen.

Hier also die Lösung:

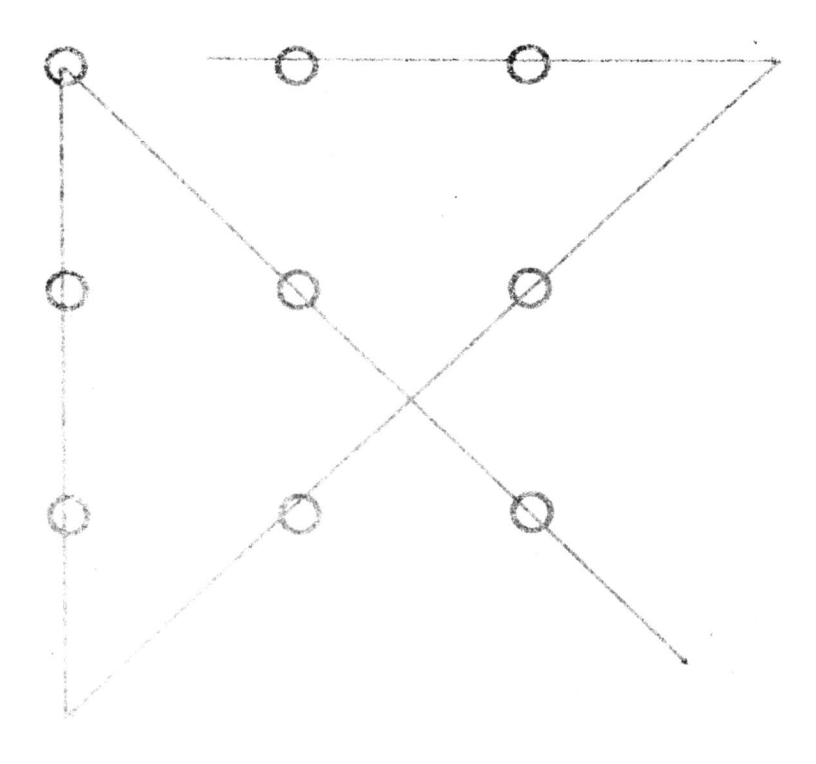

Es gibt aber noch eine weitere richtige Lösung, und für diese brauchen Sie sogar nur drei Striche! Denn die "Punkte" sind ja tatsächlich Kreise mit einem gewissen Durchmesser. Sie können also Ihre erste Linie so ziehen, daß diese am höchsten Punkt des kleinen Kreises links oben ansetzt, den Kreis rechts daneben etwa in der Mitte schneidet und den dritten Kreis in dieser Reihe ganz unten berührt. Dann müssen Sie diese Linie nur weit genug seitlich weiterführen, um mit Ihrem zweiten Strich so zurückkehren zu können, daß Sie den Kreis ganz rechts in der zweiten Reihe oben, den links daneben in der Mitte und den ganz links am unteren Rand berühren. Entsprechend muß diese Linie dann weit genug nach links weiterlaufen, damit Sie mit Ihrem letzten Strich wieder nach rechts zurückkehren und in einer leichten Neigung die drei Punkte wieder wie schon oben an den jeweiligen Stellen berühren.

Was sind Ihre schlechten Gewohnheiten?

Sie wissen nun, welchen (meist negativen) Einfluß Gewohnheiten auf uns ausüben.

Der obige kleine Test hat Ihnen gezeigt, wie die Gewohnheit Sie davon abhält, bestimmte Dinge auch einmal anders zu sehen, und vor allem (und das ist es ja, was uns beschäftigt)

sich anders zu verhalten!

Doch das darf kein Hindernis sein!

Sie haben jetzt den ersten Schritt schon geschafft.

Im zweiten geht es nun darum, so genau wie nur irgend möglich die Angewohnheiten zu umreißen, die Sie an der Entfaltung Ihrer vollen Effektivität und an der Verwirklichung Ihrer wahren Möglichkeiten hindern!

Unterschätzen Sie nicht die Bedeutung einer solchen ehrlichen und objektiven Bestandsaufnahme der Gewohnheiten, die Sie ändern wollen - Sie würden damit die Wirksamkeit unserer Methode erheblich schmälern. Das wäre sehr schade, und es ist ja außerdem nicht schwer.

3 - Was sind Ihre schlechten Gewohnheiten?

Hier die sieben Schritte dazu:

1. Notieren Sie die Gewohnheit, die Sie ändern wollen:

....

....

....

2. Schreiben Sie jetzt Ihr Ziel bezüglich dieser Gewohnheit auf:

....

....

....

Vergessen Sie nicht, sich dafür eine bestimmte Frist zu setzen - das macht Ihre Absicht zum handfesten Vorsatz. Sie werden Sich verpflichtet fühlen, Ihr Vorhaben ganz konkret in Angriff zu nehmen, und das wird wesentlich zu Ihrem Erfolg beitragen!

Ein Beispiel gefällig? Wenn Sie davon träumen, Ihr uneffektives Ablagesystem zu reformieren und es versäumen, einen Termin für die Inangriffnahme der notwendigen Maßnahmen und einen weiteren für deren Abschluß zu setzen, bringen Sie sich in Gefahr, die Verwirklichung dieses doch so wichtigen Ziels ständig vor sich herzuschieben.

Nehmen Sie sich also zum Beispiel vor: "Noch heute werde ich damit anfangen, mich mit den notwendigen Schritten für ein effektiveres Ablagesystem zu beschäftigen, und in einem Monat, also am ...., muß die neue Ordnung stehen."

P.S.: Vergessen Sie auch nicht, die einzelnen Schritte für Ihren Angriffsplan festzulegen! Das ist ganz entscheidend. Für jeden dieser Schritte sollten Sie einen verbindlichen Termin festlegen - das ist oft der einfachste und schnellste Weg, um etwas in die Tat umzusetzen.

3 - Was sind Ihre schlechten Gewohnheiten?

3. Stellen Sie eine Liste aller Unzulänglichkeiten auf, die durch Ihre schlechte Gewohnheit verursacht werden:

....

....

....

....

4. Stellen Sie eine Liste aller Vorteile auf, die sich aus einer Änderung dieser Gewohnheit ergeben:

....

....

....

....

5. Lassen Sie keine Lässigkeit zu, vor allem nicht am Anfang.

Sie müssen streng mit sich selbst sein, vor allem ganz unbedingt am Anfang. Wenn Sie sich bei einer Nachlässigkeit ertappen, müssen Sie sich sofort zur Ordnung rufen.

6. Übertreiben Sie am Anfang ruhig.

Wenn Sie zum Beispiel bei Verabredungen regelmäßig zu spät kommen, sollten Sie sich während des ersten Monats dazu zwingen, grundsätzlich fünfzehn Minuten zu früh da zu sein.

Sie werden sehen, daß sich das dann früher oder später schon von allein einpendelt. Man muß manchmal nach einer Seite hin übertreiben, damit die Dinge nach dem Gesetz der Waage wieder ins Lot kommen...

7. Ziehen Sie andere ins Vertrauen.

Sprechen Sie zum Beispiel mit Ihrer Sekretärin über Ihre Vorsätze. Bitten Sie sie, Ihnen bei der Verwirklichung zu helfen. Das bringt noch einen weiteren Vorteil: Indem Sie zu anderen von Ihren Absichten sprechen, verpflichten Sie sich selbst stärker, Sie wahrzumachen.

Lassen Sie sich kein Hintertürchen offen - man würde Sie sonst für jemanden halten, den man nicht ernst nehmen kann ...

Suchen Sie sich ein Vorbild!

Einer der besten Wege im Kampf um gute Gewohnheiten zwecks vernünftiger Nutzung der Zeit ist es, sich ein Vorbild zu suchen.

Natürlich kann das nicht heißen, sklavisch jemanden nachzuahmen.

Aber vergessen Sie nicht, daß die meisten Großen dieser Welt, die meisten der Erfolgreichen gewöhnliche Menschen waren wie Sie und ich. Die allermeisten von ihnen aber hatten die Fähigkeit, um nicht zu sagen die wertvolle Gabe, <u>bewundern</u> zu können.

Bevor sie den Aufstieg schafften, haben fast alle diese erfolgreichen Leute sich erst einmal ein Vorbild gesucht, dem sie nacheifern und das sie möglichst übertreffen wollten.

So hat etwa der französische Dichter Victor Hugo mit zwanzig Jahren gesagt:
"Ich will sein wie Chateaubriand - oder gar nichts!"

Nun, und geworden ist er schließlich - Victor Hugo!

Er hat nichts anderes getan, als was auch ich Ihnen empfehle: Er hat sich ein Vorbild genommen. Das muß im übrigen, das sollten Sie sich einprägen, keineswegs eine berühmte Persönlichkeit sein.

Andererseits ist das natürlich auch nicht verboten. Das Unpraktische an berühmten Leuten ist nur leider, daß man kaum einmal - es sei denn, man gehört schon selbst dazu! - Gelegenheit hat, sie tatsächlich aus nächster Nähe zu beobachten; meist sieht man sie nur im verzerrenden Spiegel ihrer Einschätzung ...

Als Vorbild könnte Ihr Chef dienen oder ein besonders tüchtiger Kollege oder ein Freund oder Ihr Vater ...

In seinem Bestseller "Rogers Rules for Success" schreibt der US-Autor Henry C. Rogers hierzu:

Zeit für alles haben

"Sie erhalten eine Antwort auf Ihre Frage vielleicht, indem Sie sich einmal unter den Leuten umschauen, denen Ihre Bewunderung gilt. Ihr Chef? Ihre Frau? Ihr bester Freund?

Reden Sie mit ihnen; stellen Sie ihnen Fragen; beobachten Sie sie; versuchen Sie, hinter ihre Geheimnisse zu kommen.

Eine alte Weisheit lautet: 'Wenn du willst, daß etwas wirklich erledigt wird, dann beauftrage damit jemanden, der schon sehr viel zu tun hat!'

Jeden Tag sozusagen stoße ich auf Beweise dafür, daß das richtig ist.

Was ist das Geheimnis dabei?

Diese Leute haben einfach ihr Leben besser organisiert als andere. Sie verschwenden keine Zeit. Sie verbringen nicht drei bis vier Stunden täglich vor dem Fernseher.

Sie haben gelernt, daß man zunächst einmal die wichtigen Dinge erledigen muß. Sie teilen sich die vierundzwanzig Stunden eines Tages so ein, daß sie die Zeit haben, alles zu tun, was sie wollen.

Und die Chefs der großen Unternehmen sind die besten Beispiele dafür, daß gerade sehr stark beschäftigte Menschen immer noch die

3 - Zeit für alles haben

Zeit finden, eine zusätzliche Aufgabe zu übernehmen, wenn diese im Rahmen ihrer allgemeinen Ziele liegt."

Und Sie selbst? Zählen Sie vielleicht zu jenen ohnehin schon stark belasteten Leuten, denen man trotzdem noch zusätzlich eine Aufgabe anvertrauen kann, von der man sicher sein will, daß sie gut erledigt wird?

Wenn das nicht - noch nicht! - der Fall ist, wen in Ihrer Umgebung könnten Sie sich als Vorbild wählen?

Übung

Unterbrechen Sie für einen Augenblick die weitere Lektüre und stellen Sie eine kleine Liste von wenigstens drei Personen zusammen, die die Gabe zu haben scheinen - wobei gleich gesagt sei, daß dies im allgemeinen keine Gabe ist, die einem geschenkt wird, sondern allenfalls eine gewisse Veranlagung, die nachdrücklicher Förderung bedarf -, ihre Zeit sinnvoll einzuteilen und Ihnen damit zum Vorbild dienen könnten:

1. ....

2. ....

3. ....

Fertig?

Nun, wenn Ihre Liste steht, sollten Sie die folgenden Fragen dazu beantworten:

1. Über welche Fähigkeiten der Zeiteinteilung verfügen diese Leute?

....

....

3 - Zeit für alles haben

....
....
....

2. Welche Charakterzüge ergänzen diesen besonderen Sinn für kluge Zeiteinteilung (Beispiele: Gelassenheit, Entspanntheit, Energie, Tatkraft, ausgeglichene Lebensart, die auch Platz für Familienleben und Freizeit läßt):

....
....
....
....
....
....
....
....

3. Welche Fähigkeiten mangeln mir am stärksten, um mich (innerhalb vernünftiger Grenzen) mit diesen Leuten messen zu können?

....
....
....
....

Und nun stellen Sie sich zum Schluß die folgende Frage - wohl die wichtigste überhaupt:

"Warum bin ich nicht so wie sie?"

....
....
....
....
....
....
....
....

Das liegt keineswegs daran, daß Sie keine Fähigkeiten und keine Leistungen aufzuweisen hätten - überhaupt nicht. Es liegt einzig und allein daran, daß Sie nicht den gleichen Sinn für die Organisation der Zeit haben wie sie. Diese Leute haben ihn - aber das Zeitmanagement-System wird auch Ihnen zu dieser besonderen Fähigkeit verhelfen, gar keine Frage.

In diesem Zusammenhang - wie setzen Sie Ihren "Stundenlohn" an? Anders gesagt, zu welchem Preis würden Sie mir Ihre Zeit verkaufen, welchen Stundensatz würden Sie mir berechnen? Nun, kalkulieren Sie einmal..... Wir werden uns im nächsten Kapitel ausführlicher mit dieser Frage beschäftigen.

> "Perfektion heißt für mich nichts anderes als Lähmung."
> Winston Churchill

Notizen

Kapitel 4

Der finanzielle Wert Ihrer Zeit

Was ist eine Stunde Ihrer Zeit tatsächlich wert?

Wenn man sich mit dem Leben von erfolgreichen Unternehmern oder bedeutenden Politikern beschäftigt, dann zeigt sich stets, daß sie eindrucksvolle Fähigkeiten im Umgang mit der Zeit entwickelt haben.

Welche Gewohnheit steht dabei wohl an erster Stelle?

Richtig - die Gewohnheit, sich in regelmäßigen Abständen Rechenschaft abzulegen über den genauen Wert seiner Zeit und sich damit dieses Wertes stets bewußt zu sein!

Haben Sie sich das auch schon angewöhnt?

Haben Sie diese Fähigkeit, die so entscheidend ist für den Erfolg, auch schon so weit wie nur irgend möglich entwickelt?

Ärzte, Psychiater, Rechtsanwälte, Unternehmensberater, kurz alle, die auf die eine oder andere Weise ihren Kunden ihren Arbeitsaufwand nach Zeit in Rechnung stellen, müssen sich perfekt auf die angemessene Bewertung ihrer so rasch enteilenden Zeit verstehen ...

Und Sie? Wissen Sie genau, was ein viertelstündiges Telefongespräch Sie kostet (nicht an Gebühren!)?

Natürlich kann Geld nicht - und bei weitem nicht - der einzige Maßstab für die Bewertung von Zeit sein. Aber wenn man eine solche Bewertung vornimmt, wird man so manche Überraschung erleben ...

Ganz sicher arbeiten Sie nicht allein, um Ihr Gehalt dafür zu bekommen. Ganz sicher schließen Sie ein Geschäft nicht nur im Hinblick auf die Provision ab, die Sie dafür erwarten können ...

Ein Brief für hundert Mark

Nun gut - aber die Entlohnung oder die Hoffnung auf finanziellen Gewinn sind nun einmal objektive Faktoren, die weitgehend unser Handeln bestimmen.

Einen Brief zu schreiben, kostet mich hundert Mark. Und Sie?

Als eines Tages meine Sekretärin nicht da war, mußte ich einen dringenden Brief selbst zur Post bringen. Nach der Rückkehr habe ich mir eine Frage gestellt, die ich mir eigentlich schon vorher hätte stellen sollen: "Kann ich mir das überhaupt leisten, mich mit so etwas zu beschäftigen?!"

Nun, ich habe nachgerechnet. Allein die Zeit, die ich dafür opfern mußte, kostete mich an die hundert Mark. Ja, hundert Mark nur dafür, diesen Brief auf die Post zu bringen. Entsprach die Dringlichkeit wirklich einem Gegenwert von hundert Mark? Nach einigem Nachdenken mußte ich das verneinen. Trotzdem hatte ich mich durch meinen Übereifer und einen Mangel an Überlegung dazu hinreißen lassen.

Ich habe mir aber in meinem Notizbuch, das ich immer dabeihabe, mein Rechenexempel eingetragen und weiß nun für alle Zukunft, daß es mich hundert Mark kostet, wenn ich einmal auf die Post gehe ...

Es gibt Leute, die sich energisch darum bemühen, in sehr konkreten Bereichen wie der Produktion, dem Energieverbrauch, bei den Gehältern die Kosten zu drücken, aber es wäre besser, wenn sie bei der Bewertung ihrer eigenen Arbeitskraft und der ihrer Mitarbeiter anfangen würden die Möglichkeiten zur Produktivitäts- und Gewinnsteigerung sind in bezug auf die entsprechende Arbeitszeit nahezu unbegrenzt, wenn man sich erst einmal die Mühe macht (was ja gar nicht so schwer ist), sie rationeller zu nutzen.

Um zu einer realistischen Bewertung einer Stunde meiner Arbeitszeit zu kommen, muß ich zahlreiche andere Ausgaben berücksichtigen. Auch Sie müssen genau dies tun.

Selbst wenn Sie dabei einmal Kosten wie die Verzinsung der Gestehungskosten des Betriebsgebäudes oder eine entsprechende Miete einmal beiseite lassen und auch eine erwünscht hohe Gewinnspanne erst einmal weglassen ...

Einige Fachleute sind übrigens der Meinung, bei einer korrekten Bewertung des tatsächlichen persönlichen Stundensatzes müsse man auch das Gehalt der Sekretärin und das aller Mitarbeiter berücksichtigen - und ebenso alle zusätzlichen Leistungen, die sie erhalten, und sämtliche Lohnnebenkosten ...

Sollten wir nicht einmal, nur so aus Neugierde, Ihren Stundensatz kalkulieren?

Berechnen Sie in zwölf Schritten Ihren Stundensatz

"Time is money", sagen die Amerikaner. Bei der folgenden Übung werden Sie feststellen, wieviel Geld Ihre Zeit wert ist. Vielleicht viel mehr, als Sie glauben. Lassen Sie sich überraschen ...

1. Ihr Jahresgehalt

2. Weitere Ihnen zustehende Leistungen des Unternehmens (Zuschüsse zu Krankenkassen und Versicherungen, Urlaubsgeld, Prämien, Gewinnbeteiligung, Belegschaftsaktien, Sachbezüge usw.)

3. Fixkosten für Ihren Arbeitsplatz (Miete, Ausstattung und Büromaterial, Heizung, Strom usw.)

4. Weitere Kosten (Reisekosten, Repräsentation, Seminare und Kongresse usw.)

5. Jährlicher Kostenaufwand für Ihre Position insgesamt

6. Wert einer Woche Ihrer Arbeitszeit (teilen Sie die Gesamtsumme obiger Positionen 1 - 4 durch 47, wenn Sie fünf Wochen Urlaub jährlich haben, sonst eben entsprechend)

7. Wert einer Stunde Ihrer Arbeitszeit (teilen Sie obige Summe durch die Zahl Ihrer wöchentlich geleisteten Arbeitsstunden)

8. Wert einer Minute Ihrer Arbeitszeit (teilen Sie obige Summe durch 60)

9. Gesamtsumme der Jahresgehälter Ihrer Mitarbeiter (sämtlicher)

10. Summe der sonstigen betrieblichen Leistungen für diese Mitarbeiter (vgl. oben 2.)

11. Summe der sonstigen Aufwendungen (vgl. oben 3. und 4.) für Ihre Mitarbeiter

12. Wert des auf Ihre Position bezogenen Stundensatzes (teilen Sie die Summe der Positionen 1 - 4 sowie 9 - 11 zunächst durch 47 (die Zahl Ihrer tatsächlichen Arbeitswochen) und dann nochmals durch die Anzahl Ihrer wöchentlichen Arbeitsstunden.

Verblüffende Ergebnisse, nicht wahr? Ihre Zeit ist viel mehr wert, als Sie zunächst dachten! Sogar sehr viel mehr!

Seien Sie sich der Höhe Ihres Stundensatzes bewußt

Ich habe in meinem Bekanntenkreis einen Englischlehrer, der an einem Privatinstitut unterrichtet. Er hat ein festes Gehalt. Seine Frau ist nicht berufstätig, sie haben zwei Kinder, und er beklagt sich darüber, daß er nicht die etwa 75 DM aufbringen könne, die er pro Woche für eine Zugehfrau aufwenden müsse.

"Ich sehe nicht, wo da das Problem liegt", sagte ich zu ihm.

"Das Problem liegt einfach darin, daß wir uns das nicht leisten können. Meine Frau ist nicht berufstätig, und ich habe schließlich nicht dein Einkommen."

"Warum bemühst du dich denn nicht darum, einmal in der Woche nebenher Stunden zu geben?"

Ich weiß auch nicht warum, aber meinem Bekannten war das einfach nicht eingefallen ...

Er unternahm nun entsprechende Schritte, und durch Zufall bedurfte es nur eines Telefongespräches mit einem ehemaligen Kollegen, der ihm sagen konnte, daß man gerade einen Englischlehrer suche, um einen unerwartet ausgeschiedenen Kollegen zu ersetzen.

Und schon von der nächsten Woche an erteilte er nebenberuflich jeden Dienstagabend drei Stunden Englischunterricht, was ihm 60 Mark pro Stunde einbrachte!

Er konnte also sein Einkommen um wöchentlich 180 Mark aufbessern, wovon ihm nach Abzug der Steuer 135 Mark verblieben. Davon konnte er nicht nur die Zugehfrau bezahlen, um seine Gattin zu entlasten, sondern es blieben noch 60 Mark pro Woche übrig, also monatlich mehr als 250 Mark!

Natürlich ist das nur ein Beispiel. Aber man vergißt doch allzu oft, daß man sich von undankbaren Aufgaben befreien kann, indem man sich nur zusätzlich ein oder zwei Stunden lang mit Arbeiten beschäftigt, die man gerne tut. Denken Sie gründlich darüber nach!

Was kostet Sie ein unnützes Telefongespräch?

Wenn Sie den tatsächlichen Wert Ihrer Arbeitszeit kennen, wird Ihnen das zu neuer Freiheit verhelfen und Ihre Zeit rentabler und produktiver machen ... Das wird außerdem dazu beitragen, daß Sie

4 - Was kostet Sie ein unnützes Telefongespräch?

die Einteilung Ihrer Zeit stärker unter rationellen Gesichtspunkten sehen.

Leisten Sie sich doch einmal den Spaß, auf der Basis Ihres Stundensatzes auszurechnen, was Sie oder Ihr Unternehmen die folgenden Dinge kosten:

1. Eine Kaffeepause, die um 15 Minuten verlängert wird.

2. Die fünfminütige Suche nach einer wichtigen Unterlage.

3. Ein unnützes Telefongespräch von 20 Minuten.

4. Eine unvorhergesehene Arbeit, die eine halbe Stunde fordert.

5. Eine Arbeit von zwei Stunden, die auch Ihr Assistent hätte erledigen können, unter Berücksichtigung der Tatsache, daß er 30 Prozent weniger verdient als Sie.

Haben Sie diese kleinen Rechenexempel durchgespielt?

Ziemlich verblüffend, nicht wahr?

Und dennoch - das sind ja nur die Verluste pro Tag. Verfünffachen Sie nun einmal den Betrag, auf den Sie gekommen sind.

Auf welche Summe kommen Sie nun?

Summe: ....

So, nun wissen Sie genau, was Ihnen pro Woche dadurch verloren geht.....

Machen wir konsequent weiter.

Multiplizieren Sie jetzt die Summe der wöchentlichen Verluste mit 47.

Das Ergebnis: ....

Das ist doch eine enorme Summe, oder nicht?

Und doch verlieren Sie eine solch bedeutende Summe alljährlich nur deshalb, weil es Ihnen nicht bewußt oder gleich war, was ein paar Minuten verlorener Zeit hie und da Sie tatsächlich kosten! Und dabei ist das ja nur ein Durchschnitt: Einer meiner Schüler hat am Ende des Lehrgangs einmal ausgerechnet, was er (und ich würde dies als Rekord bezeichnen) auf diese Weise allein im letzten Jahr verloren hat. Er hat es sehr genau nachgerechnet und kam auf nicht weniger als hunderttausend Mark!

Ich höre schon, daß Sie erneut einwenden: Es kann ja nicht nur das Geld zählen. Und außerdem hätten Sie es ja nicht wirklich verloren, es handle sich dabei ja nur theoretisch um Geld, um Geld auf dem Papier sozusagen ...

Nun, das stimmt natürlich irgendwie.

Ein vernünftiger und realistischer Ansatz für die Nutzung Ihrer Zeit

Aber das Geld, das Sie auf diese Weise verloren haben, und die Zeit, die Ihnen abhanden kam, hätten sich verwandeln lassen in sinnvolle Freizeit oder in zusätzliche Einkünfte - und diese wären nun tatsächlich ganz reell und sehr angenehm gewesen.

Das soll nun allerdings auch wieder nicht heißen, daß Sie in Zukunft jede Minute, die verstreicht, zählen und sie in harte Mark umrechnen sollen. Als kalte Rechenmaschine ohne menschliche Regungen, die sich keine zehn Minuten Zeit nimmt für einen Schwatz oder Gedanken an das Leben, das da so abläuft ...

Keine Rede davon - Sie sollen lediglich einen vernünftigen und realistischen Ansatz für Ihre Zeiteinteilung insgesamt finden, der Ihnen gestattet, den Wert Ihrer Zeit richtig einzuschätzen und sie

4 - Ein vernünftiger und realistischer Ansatz für die Nutzung Ihrer Zeit

bestmöglich zu nutzen - indem Sie zum Beispiel sich erheblich mehr Freizeit gönnen, einen größeren Teil Ihrer Zeit darauf verwenden, der Kreativität und der Zukunftsplanung Raum zu geben.

Einverstanden? Nun, dann sollten Sie sich, mit diesen Wertansätzen für Ihre Zeit im Hinterkopf, so regelmäßig wie möglich die Frage stellen:

Was ist die produktivste Nutzung meiner Zeit für jede Stunde meines Arbeitstages?

Wollen wir's wieder einmal gemeinsam versuchen?

Bewerten Sie im folgenden einmal Ihre häufigsten Tätigkeiten nach Ihrem Stundensatz:

Tätigkeit	Zeit-aufwand	Stunden-satz	Kosten
1.			
2.			
3.			
4.			
5.			
6.			
7.			
8.			
9.			

4 - Ein vernünftiger und realistischer Ansatz für die Nutzung Ihrer Zeit

Tätigkeit	Zeit-aufwand	Stunden-satz	Kosten
10.			
11.			
12.			
13.			
14.			
15.			
16.			
17.			
18.			
19.			
20.			

Und nun zu den Tätigkeiten im einzelnen - stellen Sie sich bei jeder die Frage:

"Könnte ich sie nicht jemandem übertragen, der weniger kostet als ich?"

In einem gesonderten Kapitel, das sich mit der Delegierung beschäftigt, werden wir dann feststellen, daß man grundsätzlich eine Aufgabe jener Person zuweisen sollte, die auf der niedrigstmöglichen Stufe einer Hierarchie zu ihrer effektiven Lösung in der Lage ist.

Wenn man eine Aufgabe auf zu hohem Niveau überträgt, zum Beispiel einem Direktor statt einem Produktionsleiter, riskiert man oft einen durchaus nicht unerheblichen Verlust.

Vorausgesetzt natürlich, daß der fragliche Direktor nicht seinerseits mit den Prinzipien des Zeitmanagement-Systems vertraut ist - denn sonst wird er selbst die Aufgabe auf eine Stufe delegieren, auf der sie optimal gelöst werden kann.

Überprüfen Sie regelmäßig die Höhe Ihres Stundensatzes.

Jedesmal, wenn Ihr Einkommen steigt, oder Sie befördert werden, müssen Sie natürlich eine Neubewertung Ihres Stundensatzes vornehmen.

Und ziehen Sie rasch die Schlüsse, die sich daraus ergeben.

Es könnte zum Beispiel bestimmte Aufgaben geben, die Sie sich einfach nicht mehr "leisten" können, weil Sie nun zu teuer dafür geworden sind!

Vielleicht haben Sie es bisher vorgezogen, Statistiken selbst auszuwerten, statt dies einem Spezialisten zu überlassen. Das kostet Sie vielleicht so an die zehn Stunden monatlich.

Nachdem aber jetzt Ihre Einkünfte gestiegen sind, wird sich vielleicht herausstellen, daß die 75 Mark die Stunde, die man für einen Spezialisten in dieser Disziplin rechnen muß, eine echte Ersparnis bedeuten, wenn der Wert Ihrer eigenen Arbeitsstunde inzwi- schen bei fast dem Doppelten liegt!

Im allgemeinen sparen Sie durch den Einsatz wirklicher Spezialisten immer Geld, erhöhen also den Gewinn.

Zögern Sie also nie, deren Dienste in Anspruch zu nehmen.

Am Anfang ist man immer in Versuchung, möglichst viel selbst zu machen, um dadurch Geld zu sparen. Das kann am Anfang tatsächlich noch ganz sinnvoll sein, aber diese Angewohnheit kann sich auf Dauer sehr schnell zum Verlustgeschäft entwickeln.

Bewerten Sie daher Ihren Stundensatz in regelmäßigen Abständen neu. Und wenn Sie dabei nicht schnell genug eine steigende Entwicklung feststellen können, sollten Sie sich fragen, ob es sich nicht empfiehlt, alle Ihre Energie und all' Ihre Zeit auf das zu konzentrieren, was am meisten einbringt. Sie werden unter Garantie mit erstaunlichen Erfolgen rechnen können, ja werden wahre Wunder erleben!

Stellen Sie sich also so oft wie nur möglich folgende Frage:

"Was wird geschehen, wenn ich nicht nur die Hälfte oder ein Drittel meiner Zeit, sondern - ohne auch nur eine Minute zu verlieren - all' meine Zeit den Aufgaben widme, die wirklich meinen Fähigkeiten entsprechen?"

Die richtige Antwort wird nicht ausbleiben....

Wieviel Stunden am Tag leben Sie eigentlich?

Was ich damit sagen will: Was eigentlich bleibt Ihnen tatsächlich pro Tag an Zeit, über die Sie wirklich frei verfügen können? Nun, ich höre .... Also gut, rechnen wir's mal zusammen durch ...

Die Lebensnotwendigkeiten, richtige Zeitfresser, erfordern mindestens 40 Prozent unserer Zeit:

Wir setzen an:

O acht Stunden Schlaf (gerechnet vom Zubettgehen bis Aufstehen);

O zwei Stunden fürs Essen (einschließlich der Zeit drumherum);

O eine Stunde für Körperpflege sowie An-, Aus- und Umkleiden - und das allein gibt schon elf Stunden!

Dazu kommt dann der Zeitaufwand für die Sicherung des Lebensunterhalts, also Nahrung, Kleidung, Wohnung, Heizung, ärztliche Versorgung usw., gegebenenfalls für die ganze Familie. Kurz, um leben zu können, muß man arbeiten.

Dafür ergeben sich im Durchschnitt:

O acht Stunden täglich als reine Arbeitszeit, und dazu

O eine Stunde für den Weg zur Arbeit (als Mittelwert natürlich).

Das macht also neun Stunden.

Rechnen wir sie mit den obigen elf Stunden zusammen, sind wir insgesamt schon bei zwanzig Stunden! Tatsächlich - volle zwanzig Stunden! Finden Sie nicht auch, daß das ungeheuer viel ist?

Was bleibt Ihnen also noch an täglicher Zeit, um sich mit sich selbst zu beschäftigen, frei zu sein, etwas anderes zu tun, als zu schlafen und den Lebensunterhalt zu sichern - kurz, um wirklich zu leben?

Nur vier Stunden täglich für das wirkliche Leben

Wenn nicht die Arbeit Ihre wahre Leidenschaft ist, bleiben Ihnen also nur vier magere Stunden täglich, um sich zu entspannen und zu entfalten, sich mit Freunden zu treffen, das Familienleben zu genießen und das zu tun, was Ihnen Spaß macht ...

Musik zu hören, eine Fremdsprache zu lernen, ein gutes Buch zu lesen, zum Skifahren zu gehen oder Golf zu spielen ...

Nicht mehr als vier Stunden täglich für das wahre Leben!

Und im übrigen stimmt meine Rechnung noch nicht einmal - tatsächlich sieht es noch schlimmer aus. Denn diese vier Stunden gehören Ihnen ja nicht einmal gänzlich ... Da sind die Kinder, die Sie in Anspruch nehmen - sicher, das ist oft sehr nett, aber doch gelegentlich auch lästig und einschränkend.

Und dann gibt es Tage der Krankheit oder Erschöpfung, Tage mit Migräne und Kater oder Tage, an denen man grantig ist und einem alles zum Halse heraushängt ...

Aber, oh Glück, es gibt natürlich auch noch das Wochenende!

Was aber, wenn es mir nicht gelingt, mich am Wochenende wirklich frei zu fühlen ... Wenn ich nicht die Kraft dazu habe, weil die Arbeitswoche mich völlig geschlaucht hat ... Wenn es wieder Pflichten gibt im Haus und rund ums Haus ...

Die teuerste Zeitverschwendung der Welt

Aber warten Sie ab - es kommt noch schlimmer, ja der Höhepunkt folgt erst noch!

Die Untersuchung einer Fernsehzeitschrift ergab, daß die Franzosen im Durchschnitt mehr als 20 Stunden pro Woche vor dem Fernseher verbringen (und in Deutschland wird es kaum anders sein). Rechnen Sie mit: Nehmen wir an, daß Sie 16 Stunden täglich wach sind und 20 x 52 = 1.040 Stunden pro Jahr vor dem Fernseher verbringen. 1.040 : 16 = 65 - 65 volle Tage (d.h. Tage ohne die übliche Schlafenszeit) pro Jahr! Können Sie sich vorstellen, was Sie alles unternehmen würden, wenn Sie fünfundsechzig zusätzliche Urlaubstage pro Jahr hätten?

Versuchen Sie schon der Versuchung zu widerstehen, überhaupt einen Blick in das Fernsehprogramm zu werfen. Und sagen Sie sich, daß Sie für einen guten Film oder eine tolle Sendung, die Sie vielleicht verpaßt haben, 40 oder gar 60 Stunden an Freizeit, an Freiheit gewonnen haben. Ja, an Freiheit - mit der Chance, sich zu entfalten und ohne Einschränkung das zu tun, was Sie glücklich macht.

Was soll man denn von Leuten halten, die sich aus Gewohnheit oder Langeweile vor ihren Fernsehapparat hocken, selbst dann, wenn eigentlich "nichts Sonderliches zu erwarten ist diesen Abend", oder tatsächlich eine abgrundtief blöde amerikanische Serie nur deshalb zu verfolgen, "damit sie wenigstens nicht nachdenken müssen" ...

Wählen Sie die Freiheit

Wählen Sie das wahre Leben, wählen Sie die Freiheit und gewinnen Sie 65 freie Tage jährlich!

Diese Zahlen sollen Ihnen zu der Einsicht verhelfen, daß unser Kapital an Zeit das Wertvollste überhaupt ist, was wir haben, viel wertvoller als Geld, und zwar deshalb, weil es begrenzt ist. Und wenn wir es nicht sinnvoll nutzen, dann schrumpft es zusammen wie alte Haut, die eintrocknet.

Als nächstes werden wir eine Entdeckung machen, die Sie vielleicht überrascht ...

**Das wertvollste Kapital,
das Sie haben,
ist Ihre Zeit.**

Kapitel 5

Machen Sie aus jeder Sekunde das Beste

Erhöhen Sie den Wert Ihrer aufgewendeten Zeit

Wie man das macht?

Indem man die Grundprinzipien der Psychologie anwendet, seine Zeit vernünftig einteilt und sich bewußt macht, daß man fast immer das Doppelte, Dreifache, Fünffache und Zehnfache in der gleichen Zeit bewältigen kann.

Um das zu schaffen, muß man damit beginnen, sich einige Fragen zu stellen - und sie, wohlgemerkt, richtig zu beantworten.

Hier die erste Frage:

Nach welchen Grundsätzen schätzen Sie Ihren Zeitaufwand ab?

Haben Sie sich diese Frage überhaupt schon einmal gestellt?

5 - Nach welchen Grundsätzen schätzen Sie Ihren Zeitaufwand ab?

Nun, jetzt jedenfalls ist der richtige Augenblick dafür ...

Nehmen Sie sich drei Minuten Zeit, um wenigstens zwei Grundsätze zu formulieren (seien sie nun bewußt oder unbewußt, das spielt keine Rolle) nach denen Sie vorgehen, wenn es um die Abschätzung des voraussichtlichen Zeitaufwands für die Erledigung einer Arbeit geht.

Übung

Erster Grundsatz:

....
....
....

Zweiter Grundsatz:

....
....
....

Wir führen im folgenden einige der Grundsätze (oder auch Bemessungsgrundlagen, Maßstäbe) auf, die am häufigsten vorkommen. Dabei gilt es zwei Arten von Kriterien zu unterscheiden: jene, die sich aus Zwängen und Einflüssen von außen ergeben, und jene, an die Sie sich aus eigenem inneren Antrieb halten.

1. Da kommt zum Beispiel Ihr Chef am Morgen ins Büro, legt Ihnen einen Stapel von Unterlagen über einen möglichen Geschäftsabschluß auf den Schreibtisch und will von Ihnen bis zum Abend ein Gutachten darüber haben.

2. Sie haben eine Routinearbeit zu erledigen, zum Beispiel Vorbereitung der Lohnauszahlung, und wissen, daß Sie gewöhnlich drei Stunden dafür brauchen. Das nämlich ist, wenn man einmal von der Einarbeitungszeit absieht, genau die Zeit, die Sie immer dafür benötigt haben.

3. Sie stehen vor einer zumindest teilweise neuen Aufgabe, und es geht für Sie darum, unter Berücksichtigung verschiedener Kriterien den erforderlichen Zeitaufwand abzuschätzen.

Daher bemühen Sie sich zum Beispiel zunächst einmal darum, die möglichen Schwierigkeiten herauszufinden, die Sie Zeit kosten werden. Außerdem suchen Sie nach Teilbereichen, die Ihnen schon geläufig sind, also nach jenen Anteilen der Aufgabe, die aus Arbeiten bestehen, die Sie schon einmal gemacht haben - und für die Sie dann eben den zu erwartenden Zeitaufwand kalkulieren können. Dann werden Sie vielleicht erst einmal eine Stunde arbeiten, um zu sehen, was sie in dieser Zeit bewältigt haben, um dann den Gesamtzeitaufwand hochzurechnen. Alles in allem werden Sie dann einen Sicherheitszuschlag berücksichtigen für die Unwägbarkeiten, die eben nicht vorhersehbar sind.

4. Schließlich könnten Sie auch einen Bekannten oder Kollegen um Rat fragen bzw. diesen bitten, seinerseits den Zeitaufwand zu schätzen.

Nun, entspricht eine der vorstehenden Methoden Ihrem Vorgehen beim Abschätzen eines voraussichtlichen Zeitaufwands?

Sicherlich.

Entdecken Sie die "mentale Zeit"

Entscheidend dafür, welche Methoden Sie bei der Zeitabschätzung anwenden, sind fast immer Ihre bisherigen Erfahrungen.

Warum ist das entscheidend?

Weil auf Ihren bisherigen Erfahrungen die Macht der Gewohnheit beruht, die um so mehr Gewicht hat, als sie oft unbewußt ist.

Aus dieser Macht der Gewohnheit ergibt sich nämlich:

5 - Entdecken Sie die mentale Zeit

> "Die Zeit, die wir uns für die Bewältigung
> einer Aufgabe zubilligen, wird gewöhnlich
> durch einen 'mentalen Rahmen' bestimmt."

Wer sagt Ihnen denn, daß sie tatsächlich drei Stunden brauchen, um eine bestimmte Arbeit zu erledigen?

Das ist eine Sache Ihres "mentalen Rahmens", der unterschwelligen Festlegung, weil Sie ganz einfach immer der Überzeugung waren, daß man eben drei Stunden für diese Arbeit braucht, die Sie schon immer innerhalb von drei Stunden erledigt haben.

Sie können fast nicht glauben, daß Sie sich von "mentalen Begrenzungen" im Hinblick auf diese oder jene Aufgabe leiten lassen?

Nun, dann gestatten Sie mir, Ihnen aufzuzeigen, was es mit der "mentalen Zeit" auf sich hat, also mit der Zeit, wie man sie sich vorstellt, wie sie geistig wirkt - im Gegensatz zur wirklichen Zeit.

Wenn Ihnen das nächste Mal eine Frau, die sich für einen geselligen Abend richtet, sagt: "Ich bin in fünf Minuten fertig!", dann lassen Sie sich von ihr versprechen, daß sie sich tatsächlich an diese fünf Minuten hält. Dann schauen Sie auf Ihre Uhr - sechs, sieben, acht, zehn, zwölf, fünfzehn oder auch zwanzig Minuten später wird die Dame erscheinen mit einem "Ach wirklich ... ich hätte nie gedacht ..." (Wir wollen einmal annehmen, daß nicht Sie selbst es sind, der, wenn das Essen auf dem Tisch steht, ruft: "Ich bin schon da!" und dann erst fünf Minuten später auftaucht!).

Was wird Ihnen länger vorkommen - fünf Sekunden, während derer Ihre Finger in eine Tür eingeklemmt sind, oder fünf Minuten unter der Dusche bei Ihrer Wunschtemperatur? Eine Liebesnacht oder dreißig Minuten Wartezeit vor einem Schalter?

Wann hatten Sie am ehesten das Gefühl, "wirklich mal Zeit zu haben" - zu Beginn Ihres letzten Urlaubs oder zwei Tage vor der Rückreise? Erinnern Sie sich: Am Anfang waren Sie voller Pläne, wollten alles ausprobieren und eine Unmenge unternehmen; gegen Ende haben Sie schon fast die Stunden Ihrer Freiheit gezählt und hatten nur noch zwei oder drei Dinge vor ...

Verstehen Sie nun? Es gibt verblüffende Unterschiede zwischen der Realzeit, der wirklichen Zeit, und der "mentalen Zeit", der Zeit, wie wir sie empfinden. Die Echtzeit ist feststehend, unverrückbar. Die "mentale Zeit" dagegen ist "weich" und dehnbar in Abhängigkeit von unseren Bedürfnissen, Wünschen, Empfindungen, Vorurteilen usw.

Was heißt das also? Nun, zunächst einmal: Vorsicht vor Parkinsons Gesetzen!

Achten Sie auf Parkinson!

Das Prinzip vom mentalen Rahmen der Zeit sollte uns zunächst einmal das erste Gesetz Parkinsons ins Gedächtnis rufen, das da lautet:

> **"Die Arbeit dehnt sich aus, bis sie die Zeit ausfüllt, die ihr für ihre Ausführung zur Verfügung steht".**

Interessant, nicht wahr?

Wenn zum Beispiel Ihr Chef Ihnen eine Woche für eine bestimmte Arbeit zubilligt, werden Sie sehr wahrscheinlich auch annähernd eine Woche zu ihrer Erledigung brauchen.

Bestimmt. Und wenn Sie mehr Zeit dafür hätten, sagen wir zwei Wochen nach der Vorgabe Ihres Chefs, dann würden Sie eben zwei Wochen statt einer für die gleiche Arbeit brauchen.

Auf unsere Untersuchung hier angewendet, lautet eine Folgerung aus dem ersten Gesetz Parkinsons:

> **"Zur Erledigung einer Aufgabe nehmen wir immer die ganze Zeit in Anspruch, die uns dafür zugebilligt wird."**

In seinem berühmt gewordenen Buch erzählt C. Northcote Parkinson die Geschichte einer Gräfin, die einen ganzen Tag braucht, um einen Brief zu schreiben.

Zunächst braucht sie eine Stunde, um Papier zu kaufen. Dann kehrt sie nach Hause zurück und macht einen Rohentwurf für ihren Brief, was sie wieder eine Stunde kostet. Dann korrigiert sie ihren Entwurf, was eine weitere Stunde erfordert.

Sie gönnt sich anschließend eine Stunde Mittagspause und widmet sich dann wieder ihrem Brief.

Sie liest ihn erneut durch, ist aber nicht zufrieden damit. Sie formuliert ihn also neu, was sie während der ersten Hälfte des Nachmittags beschäftigt.

Nun kommt sie schon unter Zeitdruck - das Postamt schließt ja bereits um fünf ... Und jetzt hat sie auch noch die Adresse der Empfängerin vergessen - wie unangenehm!

Verzweifelt sucht sie nun die Adresse - und findet sie zum Glück auch endlich. Jetzt bleiben ihr gerade noch fünfzehn Minuten für den Gang zur Post, wo sie es mit knapper Not noch schafft, den Brief aufzugeben.

Ganz erschöpft kehrt sie nach Hause zurück, aber doch auch glücklich - befriedigt vom Gefühl, eine Aufgabe erledigt und einen Tag sinnvoll genutzt zu haben ...

Sind Sie, ohne es zu wissen, wie Parkinsons Gräfin?

Und da glaubt man, das Leben einer Gräfin sei leicht, sagte diese und fügte in ihrem Innern dazu: "Die Leute haben einfach keine Ahnung ..."

Warum braucht die Gräfin einen ganzen Tag zur Bewältigung dieser im Grunde doch nicht sehr schweren Aufgabe?

5 - Sind Sie, ohne es zu wissen, wie Parkinsons Gräfin?

Weil sie besonders langsam wäre vielleicht?

Nun, in gewissem Sinne ist sie das natürlich schon, aber das ist nicht der Hauptgrund.

Oder hat der Brief, den sie abfassen muß, vielleicht an die zwanzig Seiten?

Nein, auch nicht - er umfaßt kaum zweieinhalb Seiten.

Nun, könnte es dann vielleicht daran liegen, daß dieser Brief von ungeheurer Wichtigkeit ist, gerichtet an eine bedeutende Persönlichkeit, etwa den Ministerpräsidenten persönlich?

Keineswegs - die Empfängerin des Briefes ist eine alte Freundin.

Warum aber braucht die Gräfin einen ganzen Tag, um einen solchen ganz normalen Brief an eine Freundin zu schreiben?

Ganz einfach <u>aufgrund des Parkinsonschen Gesetzes</u>. Weil nämlich der Gräfin der ganze Tag zur Verfügung steht, um diesen Brief zu schreiben, braucht sie auch genau den ganzen Tag dafür. Das ist alles.

Das ist auch der Grund dafür, daß ein Mensch, der sehr viel am Hals hat, viele Dinge erledigen kann und obendrein immer noch Zeit zu finden scheint, eine zusätzliche Aufgabe zu übernehmen.

Aber jetzt muß ich Ihnen eine Frage stellen:

"Steckt nicht in jedem von uns, ohne daß er sich dessen bewußt ist, eine solche Gräfin?"

Wenn Sie überlastet sind - und ich weiß ja, daß dies der Fall ist -, liegt das dann nicht vielleicht daran, daß Sie sich <u>ganz systematisch zu viel Zeit nehmen für das, was Sie zu tun haben</u>?

Und wenn Sie sich tatsächlich zu viel Zeit nehmen, liegt das nicht wiederum daran, daß Sie glauben, so viel Zeit dafür zu brauchen, und sich infolgedessen zu viel Zeit zubilligen?

Wie Sie Ihre Leistung verdoppeln

Im Anfang meiner Laufbahn habe ich die Erfahrung gemacht, die buchstäblich mein Leben verändert hat - und mein Einkommen. Ein Kunde hatte mich gebeten, ihm von einem Tag zum anderen eine Werbekonzeption zu entwickeln ...

Im allgemeinen sind die Leute in der Werbebranche immer in Zeitdruck. Wenn sie es nicht sind, gehören sie eigentlich nicht in die Branche.

Eine derartige Situation kommt also sozusagen jede Woche einmal im Werbegeschäft vor.

Im allgemeinen hatte ich keine Probleme, auch mit solchen dringenden Fällen fertig zu werden. Aber an diesem Tag war ich erkältet. Daher bat ich einen der besten freiberuflichen Texter unseres Teams, alles andere liegen zu lassen und zu mir zu kommen.

Ich setze ihm also auseinander, was ich will (d.h., was der Kunde will), und mache ihm klar, daß die Geschichte zeitlich außerordentlich eng ist.

Da unterbricht mich mitten in der Unterhaltung ein Kollege. Er hat einen anderen dringenden Fall und muß mich unbedingt für ein paar Minuten sprechen.

Ich entschuldige mich also, biete dem Texter einen zweiten Kaffee an, den er gerne annimmt, und gestatte ihm auf eine entsprechende Frage gerne, mein Büro zu benutzen, während ich in das des Kollegen gehe. Jede Minute ist wertvoll, nicht wahr?

Nach gut zwanzig Minuten komme ich in mein Büro zurück, wo mich der Texter lächelnd empfängt. Er räumt meinen Stuhl und drückt mir das in die Hand, was er während meiner Abwesenheit geschafft hat - drei volle Seiten, und das ohne jede Streichung!

Ich lese es eilends durch und bin begeistert!

Das ist ausgezeichnet - man muß es vielleicht noch etwas glätten, aber als ersten Entwurf habe ich selten so etwas Ordentliches gesehen.

Man könnte meinen, der Texter hätte die Sache vorbereitet, um mich zu verblüffen - aber davon konnte ja nun wirklich gar keine Rede sein.

Bei einem kleinen Gespräch stellte sich dann heraus, daß dieser Texter, der sich als Freiberufler sein Geld verdient, es sich angewöhnt hatte, stets sehr rasch und ohne Korrekturen seinen ersten Entwurf zu schreiben.

Schreiben Sie in einem Zug, ohne Zögern und ohne Korrektur

Er hat mir klargemacht, daß er das gar nicht anders halten könne, wenn er zu etwas kommen wolle, denn er werde ja sozusagen "pro Stück" bezahlt ...

Als ich dann wieder allein in meinem Büro saß, diesen vorzüglichen Entwurf vor mir, habe ich mir ein paar Gedanken gemacht. Ich gab mir selbst Rechenschaft über folgendes:

1. Ich war unterschwellig so programmiert, daß ich niemals etwas auf einen Wurf schrieb.

2. Ich hatte stets geglaubt, daß es immer zwei Fassungen bräuchte, damit etwas Ordentliches herauskommt.

Natürlich werden Sie mir jetzt wahrscheinlich entgegenhalten, daß selbst die bedeutendsten Schriftsteller zahllose Korrekturen vornahmen (denken wir etwa an Balzac, der berüchtigt dafür war, selbst in den Fahnenabzügen noch umfangreiche Korrekturen vorzunehmen, womit er selbst einige Verleger zum Wahnsinn brachte).

Aber ich halte dagegen, daß Balzac ganz bestimmt sich sehr gut ausgerechnet hatte, was er in einer Stunde leisten könne, denn er schaffte es ganz regelmäßig, Romane von dreihundert Seiten in nicht mehr als ... zwei Wochen zu schreiben!

Meine Begegnung mit diesem Texter hat dazu geführt, daß ich meine Art zu schreiben vollkommen umgekrempelt habe.

Natürlich kommt es vor, daß ich bei einem Werbetext, den ich zu schreiben habe, mehrere Stunden brauche, um ihn neu zu fassen. Aber andererseits gibt es eine ganze Menge von Texten, die ich in einem Zug geschrieben habe, ohne jede Änderung des ersten Entwurfs.

Gar nicht zu reden von meiner Korrespondenz oder von Stellungnahmen und Berichten ...

Tatsächlich habe ich meine Schreibgeschwindigkeit ganz einfach verdoppelt - einzig und allein dadurch, daß ich mich "neu programmiert" habe.

Verdoppeln und verdreifachen Sie Ihre Produktivität!

Unterziehen Sie sich der folgenden kleinen Übung. Sie werden sehen, daß sie höchst instruktiv ist.

Fragen Sie sich:

"Was würde geschehen, wenn ich nur halb so viel Zeit zur Bewältigung einer Aufgabe hätte wie ursprünglich vorgesehen?"

Stellen Sie sich dabei eine Arbeit vor, die Sie regelmäßig zu erledigen haben, und suchen Sie nach einer Lösung.

Ihre Antwort:

....
....
....
....
....
....

Natürlich gibt es mehr als eine richtige Lösung.

Wichtig ist vor allem, daß Sie den Prozeß des Nachdenkens in Gang gesetzt haben. Denn genau das ist oft genug eine Tätigkeit, die uns den meisten Zeitgewinn bringt.

Es gibt eine ganze Reihe möglicher Antworten, aber was man im allgemeinen nicht erkennt, ist die Tatsache, daß wir selten die ganze uns zugestandene Zeit mit wirklicher Arbeit verbringen; wenn wir dies andererseits tun, ist es nur ein kleiner Teil dieser Zeit, der auf wirklich produktive Art genutzt wird.

So kommt es oft vor, daß in Wahrheit nur die letzte Stunde eines Tages, der uns für die Bewältigung einer Aufgabe zur Verfügung steht, wirklich produktiv ist. Zumindest ist diese letzte Stunde sehr oft die produktivste überhaupt, bei weitem produktiver als alle anderen ...

Während der ersten Stunden beschäftigen wir uns mit Dingen, die nicht unbedingt wichtig sind, wir trödeln herum, gestatten uns Unterbrechungen, lassen uns auf alle erdenkliche Weise ablenken von der eigentlichen Arbeit - bis schließlich der Endtermin immer näher heranrückt ...

Wenn Sie nur noch zwanzig Wochenstunden hätten ...

Stellen Sie sich die Frage: Was würde geschehen, wenn Sie nur noch zwanzig Stunden pro Woche hätten, um die Arbeit zu bewältigen, die Sie derzeit im Büro erledigen? (Greifen Sie dabei gegebenenfalls auf die Antworten zurück, die Ihnen bereits eingefallen sind zur Frage: "Was würde geschehen, wenn ich nur halb soviel Zeit zur Bewältigung einer Aufgabe hätte wie ursprünglich vorgesehen?")

Übung

....
....
....
....
....
....

Wenn Sie nur noch zwanzig Wochenstunden hätten

....
....
....
....

Sind Sie auf interessante Lösungen gekommen?

Eine der Antworten, die hier stehen könnten, wäre vielleicht, daß Sie nicht verpflichtet sind, noch mehr zu schuften! (Lassen Sie das aber Ihren Chef lieber nicht lesen.)

Dabei hat diese Antwort durchaus ihre Berechtigung. Denn selbst effektiv arbeitende leitende Angestellte widmen allenfalls ein Drittel bis die Hälfte ihrer Arbeitszeit den Aufgaben, die wirklich ihrer Position entsprechen.

Wenn solche Leute plötzlich nur noch über die Hälfte ihrer Zeit verfügen könnten, würden sie ihr Problem leicht dadurch lösen, daß sie nur noch das tun, was sie eigentlich tun sollten!

Und wie sieht das bei Ihnen aus? Nutzen Sie wirklich effektiv die Zeit, die Ihnen zur Verfügung steht?

Aber kehren wir erst einmal zu unserer kleinen Übung zurück. Sie haben also nur noch halb soviel Zeit für eine Arbeit. Was tun Sie? Sie können sich ja verschiedene Maßnahmen einfallen lassen, müssen aber jedenfalls bestimmte Schritte tun.

1. Bewerten Sie die wirkliche Wichtigkeit jeder Einzelaufgabe neu, und zwar unter Berücksichtigung des folgenden Prinzips:

> "Alles, was nicht unerläßlich ist, ist unnötig."

Sie sollten nicht zögern, alles auszumerzen, was unnötig ist.

Es wird Ihnen dabei übrigens bewußt werden, daß bestimmte, sozusagen nebensächliche (und damit genaugenommen unnötige) Arbeiten ausgesprochene Zeitfresser sind.

2. Berechnen Sie die Zeit neu, die tatsächlich notwendig ist für die Ihnen übertragenen Aufgaben. Denken Sie dabei an Ihre "mentalen Begrenzungen"!

3. Gehen Sie mit Ihren diesbezüglichen Vorstellungen an die äußerste Grenze. Was würden Sie tun, wenn Ihnen nicht einmal mehr die Hälfte, sondern sogar nur noch ein Drittel der bisherigen Zeit zur Verfügung stünde?

Sind Ihnen beim Nachdenken bestimmte Dinge klargeworden? Werden Sie bestimmte Maßnahmen ergreifen?

Die ganz entscheidende Erkenntnis ist diese: All jene, die Erfolg haben und rasch die Leiter hinaufklettern, schneller als alle anderen, stellen sich immer wieder die Frage:

"Was kann ich innerhalb einer Stunde leisten?"

Und vor allem: Sie finden die richtigen Antworten auf diese Frage.

Sie wissen nämlich, wie entscheidend das Wissen darüber ist, was man in einer Stunde leisten kann, und wie kostbar eine Stunde ist. Ein arabisches Sprichwort lautet:

"Für den, der sie zu füllen weiß, hat ein Tag Tausende von Taschen."

Machen Sie es also wie die wahren Gewinner und halten Sie sich an deren Philosophie:

1. Denken Sie stets an das Gesetz von Parkinson!

Gehen Sie von den Zeitvorgaben aus, die Sie bisher zugrunde gelegt haben, und reduzieren Sie sie auf die Hälfte. Achten Sie auf die Ergebnisse.

Wenn immer noch "Platz bleibt", verfügbare Zeit, dann gehen Sie ruhig noch weiter. Tun Sie so, als ob es die Situation tatsächlich erfordere.

Wenn Sie natürlich die Fristen so stark einschränken, daß es zu Dauerstreß für Sie kommt, dann zeigt das, daß Sie zu weit gegangen sind. Das ist aber normal und braucht Sie nicht zu beunruhigen. Am Anfang steht immer eine bestimmte Periode der Anpassung.

Betrachten Sie die Verkürzung der Fristen als ein Spiel. Nehmen Sie sie ernst bis zu einem gewissen Punkt, aber vergessen Sie trotzdem nicht, daß es vor allem erst einmal ein Spiel ist.

Erfolgreichen Menschen gelingt es immer, in bezug auf ihre Arbeit eine gewisse Distanz zu wahren. Dies ist zweifellos eines der Geheimnisse der Ausgeglichenheit ... und des Erfolgs, denn das eine ist ohne das andere nicht vorstellbar.

Trotzdem: Sobald Sie es können, sollten Sie erneut versuchen, die Fristen, die Sie sich selbst zubilligen, um fünfzig Prozent zu reduzieren. Sie werden feststellen, daß Sie höchst angenehme Überraschungen erleben. Welche Fortschritte zeichnen sich für Sie ab!

2. Denken Sie auch an das Pareto-Prinzip!

Wenn Sie von weniger Zeit für die Bewältigung einer Aufgabe ausgehen, weil Sie sich nun einmal entschlossen haben, eine Zeitverkürzung sozusagen zu "testen", warum sollten Sie nicht den eleganten Weg wählen, nur noch jene zwanzig Prozent der Zeit aufzuwenden, durch die achtzig Prozent des Erfolgs gewährleistet werden?

Das Pareto-Prinzip besagt nämlich im Hinblick auf die Zeit, daß zwanzig Prozent Ihres Zeitaufwandes über achtzig Prozent dessen entscheiden, was Sie verwirklichen. Warum das so ist, werden Sie im nächsten Kapitel erfahren.

Unter Berücksichtigung (unter anderem) des ersten Gesetzes von

5 - Denken Sie auch an das Pareto-Prinzip!

Parkinson und des Pareto-Prinzips ist uns aufgegangen, daß wir sehr viel mehr innerhalb der gleichen Zeitspanne leisten können.

Und damit sind wir schon, ohne die Begriffe gebraucht zu haben, beim Kern der Sache - dem schwierigen Problem von Effektivität und Effizienz!

Sie fragen nach Techniken, nach Tricks, um effektiver zu werden, nach Methoden, um Ihre Effektivität zu vervielfachen? Im nächsten Kapitel zeige ich sie Ihnen.

**Je mehr Zeit man zur Erledigung einer Aufgabe hat,
desto mehr Zeit wird diese Aufgabe auch erfordern.**

Alles, was nicht unerläßlich ist,
ist unnötig.

Persönliche Anmerkungen:

Kapitel 6

Das Geheimnis der Produktivität

Sind Sie effektiv oder effizient?

Peter Drucker, der berühmte Management-Papst, schreibt:

> "Wichtiger, als die Dinge richtig zu machen,
> ist es, die richtigen Dinge zu machen!"

Dieser kleine Satz macht bereits den ganzen Unterschied zwischen Effektivität und Effizienz klar.

Effektiv ist jener, der die Dinge richtig macht. Wer effizient ist, macht die richtigen Dinge.

Sie verstehen den Unterschied?

Strengen Sie nun Ihr Gedächtnis an: Können Sie einige typische Beispiele für Effektivität und Effizienz geben? Halten Sie beide gut auseinander.

Drei Beispiele für Effektivität:

1. ....
2. ....
3. ....

Drei Beispiele für Effizienz:

1. ....
2. ....
3. ....

Sind Sie sich nicht sicher, ob Sie die passenden Antworten gefunden haben?

Nun, hier ein Beispiel, das Ihnen vielleicht weiterhilft.

Einer meiner Freunde, dem der Unterschied zwischen diesen beiden Begriffen noch nicht aufgegangen war, wurde von einem großen Verlag beauftragt, zwanzig Titel jährlich herauszubringen. Mit dem nahezu fieberhaften Eifer des Anfängers machte er sich an die Erfüllung seiner Aufgabe.

Und er schaffte es; er war glücklich; er war "erfolgreich" gewesen!

Als dann jedoch die Jahresabschlußbilanz erschien, verlor er auf einen Schlag all seine Illusionen. Grauenhaft - sein Verlagsbereich wies einen Verlust von mehreren Millionen aus!

Er wußte nicht, wie ihm geschah. Er hatte das Ziel erreicht, das man ihm gesetzt hatte, aber hatte Effektivität und Effizienz verwechselt. Er hatte sich als effektiv erwiesen - aber <u>effizient war er eben nicht gewesen!</u>

Eine interessante Geschichte um Dollars

In dem amerikanischen Buch "Time management made easy" (etwa "Zeitplanung leicht gemacht") bringen die Autoren ein höchst interessantes Beispiel zur Verdeutlichung des Unterschieds zwischen Effektivität und Effizienz.

"Nehmen wir an, daß ich 100 Geldscheine in der Hand habe, und zwar 98 Ein-Dollar-Scheine und zwei Einhundert-Dollar-Scheine, und daß mir dann in dem Raum, in dem wir uns befinden, ein plötzlicher Luftzug diese Geldscheine aus der Hand reißt - wie würden Sie sich beim Wiedereinsammeln verhalten?"

Ein wichtiges Detail noch: Es ist eine weitere Person im Raum, die es ebenso wie Sie selbst darauf abgesehen hat, so viel von dem Geld wie möglich an sich zu bringen ...

Ihre Antwort:

....
....
....
....

Erteilen wir wieder den Autoren des genannten Buches das Wort: "Wenn Sie nach den Grundsätzen der Effizienz handeln, müssen Sie sich jetzt die Frage stellen:

'Wo sind die beiden Hundert-Dollar-Scheine?'

Und Sie müssen sich auf die Jagd nach diesen beiden Scheinen begeben, auch wenn sie der Luftzug ganz auf die andere Seite des Raumes gewirbelt hat.

Natürlich könnte es geschehen, daß Sie nur diese beiden Scheine erwischen, die andere Person im Raum jedoch alle anderen!

Trotzdem würde das bedeuten, daß die andere Person nur 98 Dollar in ihren Besitz gebracht hat, Sie aber 200.

Obendrein kann es ja sein, daß Sie, nachdem Sie die beiden Hundert-Dollar-Scheine erwischt haben, sich auch noch einen Teil der Ein-Dollar-Scheine sichern können."

Verlieren Sie nicht die Ziele aus den Augen!

Haben Sie den Unterschied jetzt begriffen?

Tatsächlich widmen sich ganz unbewußt die allermeisten Menschen der Jagd auf die Ein-Dollar-Scheine!

Das ist im übrigen nicht nur immer eine Frage des Geldwertes. Was für ein Ziel es auch immer sei, das Sie erreichen wollen: Lassen Sie sich nicht ablenken durch Routineprobleme - Sie würden dabei nur Ihr Ziel aus den Augen verlieren. Und dadurch würden Sie es schließlich auch nicht erreichen.

Das Geheimnis des Erfolgs

Einem amerikanischen Millionär verdanken wir eine äußerst geistreiche Definition von Reichtum und Armut:

"Armut ist ein Maximum an Anstrengungen gegenüber einem Minimum an Ergebnissen;

Reichtum hingegen ist ein Minimum an Anstrengungen gegenüber einem Maximum an Ergebnissen."

Und wofür haben Sie sich entschieden?

Vielleicht kennen Sie auch schon die amerikanische Maxime:

> **Don't work harder, work smarter!**

(Nicht härter arbeiten, sondern mit mehr Verstand!)

Der, welcher schneller die berufliche Stufenleiter hinaufklettert als die übrigen; der, welcher schneller reich wird als die anderen; der, welcher berühmt wird und sich einen Namen macht - sie alle gehören einer bestimmten Gruppe von Menschen an: jenen, die aus jeder Stunde das äußerst Mögliche herausholen. Bei minimalem Aufwand erzielen sie maximale Ergebnisse!

In seinem berühmten Buch über "Die dreizehn schlimmsten Fehler der Manager - und wie sie sich vermeiden lassen" berichtet W. Steven Brown, Vorstandsvorsitzender der Fortune-Gruppe, die um das bedeutendste Wirtschaftsmagazin der USA entstand:

Das Geheimnis des effizienten Kartenspielers

"Einer meiner Kunden sagte mir eines Tages: 'Ich möchte Sie bitten, einmal mit einem unserer Manager zu reden, der eine unserer 28 Abteilungen leitet. Es scheint, daß die Tätigkeit in unserer Gesellschaft nicht seiner Neigung entspricht. Unsere Gesellschaft scheint ihn vielmehr außerordentlich zu langweilen. Das einzige, was ihn zu interessieren scheint, ist das Kartenspiel.'

Ich drängte ihn, mir mehr Einzelheiten zu verraten und er vertraute mir an:

'Er kommt morgens ins Büro, bleibt aber dort nicht länger als vielleicht anderthalb Stunden, ehe er in einen Club auf der gegenüberliegenden Straßenseite geht, wo er stundenlang Karten spielt. Gegen Ende des Nachmittags taucht er wieder im Büro auf, bleibt aber dort nur eine gute Stunde und geht dann nach Hause.'"

Nachdem Brown seinem Kunden noch eine Reihe weiterer Fragen gestellt hatte, stellte er schließlich fest, daß die Abteilung dieses Mannes in jeder Hinsicht die herausragende des ganzen Unternehmens war und weit vor allen anderen lag!

Es kam hinzu, daß dieser Abteilungsdirektor von allen Mitarbeitern außerordentlich geschätzt wurde und daß es in seiner Abteilung so gut wie keine Personalfluktuation gab!

Trotzdem fragte ihn sein Kunde, obwohl doch die Dinge nicht besser hätten stehen können:

> *"Was sollen wir denn Ihrer Meinung nach tun?"* Worauf ihm Brown antwortete: *"Sie brauchen lediglich siebenundzwanzig andere Manager wie ihn zu finden - denn er ist zweifellos der beste von allen!"*

Diese Anekdote, deren Echtheit absolut verbürgt ist, sollte uns doch sehr zu denken geben ...

Die Arbeit kann eine sehr gefährliche Droge sein

Statt daß wir uns bemühen, wirklich effektiv zu sein (wir werden später die Grundsätze echter Effektivität behandeln), versuchen wir oft, möglichst viel Arbeit zu bewältigen, möglichst viel Arbeitsaufwand nachzuweisen.

Wir verbringen so viele Stunden mit Arbeit, daß wir unsere eigentlichen Ziele aus den Augen verlieren und es versäumen, unsere Methoden in Frage zu stellen.

Am erfolgreichsten ist jener, der methodisch arbeitet, der die hohe Kunst des Raffens und Straffens beherrscht und der aus jenen, die ihn unterstützen und ihm zuarbeiten, ein Maximum herausholt, ohne sie doch übertrieben zu überwachen und unter Druck zu setzen.

Merzen Sie alles aus, was nicht wirklich lohnend ist

Sie sollten ständig Ihre täglichen Aktivitäten überprüfen und so weit wie möglich auf solche Aktivitäten verzichten, die nicht profitabel, nicht lohnend sind - und das heißt, Sie nicht wirklich oder rasch genug Ihrem HAUPTZIEL näherbringen. Das gilt für Ihr Berufsleben gleichermaßen wie für den privaten Bereich.

6 - Merzen Sie alles aus, was nicht wirklich lohnend ist

Entwickeln Sie etwas Phantasie und fragen Sie sich, was geschehen würde, wenn Sie von einem zum anderen Tag vor folgendes Problem gestellt wären:

"Ich habe nur noch halb soviel Zeit wie bisher für die gleiche Arbeit!"

Was wird dann tatsächlich geschehen? Sie werden ganz einfach gezwungen sein, sich bestimmter Aufgaben zu entledigen, mehr zu delegieren - mit einem Wort: reinen Tisch zu machen!

Im folgenden eine kleine Übung, die Ihnen dabei helfen kann, so weit zu kommen. Denken Sie daran - Sie haben nur noch zwanzig Stunden pro Woche, um all das zu tun, wofür Ihnen bisher vierzig Stunden wöchentlich zur Verfügung standen.

Wenig lohnende Aktivitäten	Mögliche Maßnahmen zu ihrer Verringerung/ ihrem Wegfall
1.	....
2.	....
3.	....
4.	....
5.	....

Stellen Sie sich die entsprechenden Fragen nicht nur in bezug auf das Arbeitsleben, sondern auch im Hinblick auf den privaten Bereich.

Natürlich können Sie sich im Berufsleben mehr Zeit lassen, um sich zu entspannen, zu dösen, zu träumen.

Aber im allgemeinen habe ich doch festgestellt, daß die Leute, die ihr Berufsleben schlecht planen, gleichermaßen auch ihr Privatleben schlecht planen. Das kann im übrigen nur auf den ersten Blick überraschen. Denn wenn es Ihnen dank persönlicher Disziplin und Intelligenz erst einmal gelungen ist, einen gewissen Sinn für Organisation zu entwickeln, dann lassen Sie diesen nicht plötzlich zurück, wenn Sie die Tür Ihres Büros hinter sich schließen!

Dieses Gefühl für Organisation begleitet Sie vielmehr, zumal es, wie wir ja schon gesehen haben, vor allem eine Frage der Gewohnheit ist. Es ist inzwischen zum Teil Ihrer Persönlichkeit geworden. Sie sind eine "organisierte Persönlichkeit" und haben daher viel mehr vom Leben. Sie haben mehr Zeit, um Sport zu treiben, um kulturelle Veranstaltungen zu besuchen, sich mit Freunden zu treffen und so weiter.

Das Geheimnis von Pareto

Das Pareto-Prinzip ist nach seinem Entdecker benannt - dem Wirtschaftswissenschaftler Vilfredo Pareto, der es gegen Ende des vergangenen Jahrhunderts formulierte.

Er hatte festgestellt, daß zwanzig Prozent der Italiener über achtzig Prozent der Reichtümer des Landes verfügten. Dieses Verhältnis von 20 % zu 80 % wurde von einer ganzen Reihe von Spezialisten aufgegriffen und auf andere Lebensbereiche übertragen. Diese haben dann zum Beispiel folgendes festgestellt:

o 20 % der Kunden erbringen 80 % des Umsatzes

o 20 % der Kunden bringen 80 % der Beschwerden vor

o 20 % der Mitarbeiter erledigen 80 % der Arbeit

o 20 % einer Zeitung enthalten 80 % der Nachrichten

o 20 % eines Buches vermitteln 80 % der Information

o 20 % Ihrer Prioritäten sorgen für 80 % der Ergebnisse, mit denen Sie rechnen können

o auf 20 % der Fläche eines Haushalts konzentrieren sich 80 % des anfallenden Schmutzes

Das Pareto-Prinzip trifft auf Dutzende und aber Dutzende weiterer Fälle gleichermaßen zu.

Natürlich könnten Sie jetzt einwenden: "Warum denn gerade 20 % und nicht 18 % oder 32 %?" - Aber es hat sich tatsächlich als ein allgemeines Prinzip erwiesen, wobei minimale Abweichungen ganz unerheblich sind. Was zählt, ist die Tatsache, daß stets dieses Verhältnis von 20 : 80 annähernd gegeben ist.

Denken Sie ruhig ein wenig darüber nach.

Schauen wir einmal, wie sich dieses Pareto-Prinzip (man spricht auch vom 20/80 - Gesetz) in Ihrem Berufs- und Privatleben auswirkt.

Übung

Beispiele für das Pareto-Prinzip in meinem Leben

1. ....
2. ....
3. ....
4. ....
5. ....

Nutzen Sie systematisch das Pareto-Prinzip!

Sie werden es schon bemerkt haben - die Effizienz steht in engem Zusammenhang mit dem Pareto-Prinzip.

Wer das Pareto-Prinzip nicht bewußt zur Kenntnis nimmt, wird kaum zu echter Effizienz gelangen.

Eine der nützlichsten (und dennoch eine der am wenigsten verstandenen) Anwendungen des Pareto-Prinzips ist folgende:

20 % der Anstrengungen bewirken 80 % des Effekts!

Nehmen wir an, Sie haben einen Werbebrief oder einen Bericht zu schreiben. Im allgemeinen sind es schon die ersten paar Minuten oder die ersten Stunden, die Sie auf die Formulierung verwenden, die 80 % der Gesamtleistung ausmachen, vor allem aber 80 % des Endeffekts.

Und da gibt es Leute, die dieses Prinzip als "intellektuellen Humbug" abtun wollen!

Zu Beginn meiner beruflichen Laufbahn hatte ich oft mit dem Einsatz von Textern zu tun. Und gerade bei ihnen zeigte sich treffend die Richtigkeit des Pareto-Prinzips. Nicht in dem Sinne freilich, daß nur 20 % der Texter 80 % der Arbeit machen!

Das nicht. Aber es fiel mir auf, daß die allermeisten Texter ziemlich rasch ihren ersten Entwurf fertigstellen, dann aber viele Stunden damit verbringen, ihn zu überarbeiten: unproduktive Stunden sozusagen, die nur wenig zum Gesamtergebnis beitragen, denn 80 % von diesem wurden schon durch den anfänglichen Zeitaufwand erbracht, der nur 20 % der Gesamtzeit ausmachte.

Die Falle des Perfektionismus

Natürlich haben Perfektionisten die allergrößte Mühe, das Pareto-Prinzip anzuerkennen, denn es steht in Widerspruch zu all ihren alten Gewohnheiten.

Die Weigerung, sich dem Pareto-Prinzip zu unterwerfen, führt übrigens nur zu geringerer Produktivität.

Nehmen wir zum Beispiel einmal an, daß Sie einem Kunden einen Werbetext vorlegen sollen. Der Texter, den Sie beauftragt haben, macht einen ersten Entwurf und nimmt dann eine erste Überarbeitung vor. Dann lehnt er es ab, Ihnen den Entwurf sofort zu übergeben - er will noch daran herumfeilen ... Es ist durchaus lobenswert, daß er ordentliche Arbeit abliefern will, aber er vernachlässigt, wie das die Leute oft tun, dabei den Faktor Zeit.

Der Faktor Zeit aber ist wesentlich. Mehr als das - er ist entscheidend.

Kehren wir zu unserem Beispiel zurück und nehmen wir an, unser Werbetexter treibt seinen Wunsch nach Verbesserung seiner Arbeit auf die Spitze. Was kommt dann dabei heraus?

Wenn er es auf die Spitze treibt, wird dieser Texter ... überhaupt nie seinen Entwurf abliefern. Sein übertriebener Eifer wird also zur Null-Produktivität führen!

Ein Trick, um dem Hang zur "Verbesserung" zu widerstehen

Ich persönlich habe einen kleinen Trick gefunden, um dieser Neigung zu entgehen. Statt nach einer Formulierung zu suchen, die einer Klassikerausgabe würdig ist, stelle ich mir, sobald ich die entsprechenden Unterlagen und Stichworte zusammen habe, einfach vor, ich würde jetzt meinem Chef gegenübersitzen oder eben der Person, an welche sich das richtet, was ich ihm zu schreiben habe. Und dann tue ich so, als müsse ich ihm das auf möglichst einfache und verständliche Weise erklären.

Das erleichtert die Formulierungsprobleme ganz erheblich. Denn man kann ja Probleme beim Schreiben haben, aber doch sehr viel weniger beim Sprechen ...

Wenn Sie schreiben, wie Sie sprechen, bekommen Sie dadurch gleich zwei Probleme in den Griff:

    1. Ihr eigenes Problem der Formulierung
    2. das Verständnisproblem des Lesers, dem die "gesprochene" Formulierung sicher gefällt

Da haben wir schon eine der praktischsten Anwendungen des Pareto-Prinzips. Wenn Sie den Gesprächston verwenden, so als ob Sie Ihrem Freund das erklären wollten, was es zu sagen gilt, können sie sich mit 20 % der Anstrengung begnügen, um 80 % des Erfolgs zu erreichen (was umso mehr ins Gewicht fällt, je schwieriger schriftliches Formulieren für Sie ist).

In diesem Fall aber werden Sie noch mehr als 80 % des Erfolgs bewirken, nämlich annähernd 100 %!

6 - Wie verfährt man am besten?

Wie verfährt man am besten?

Verwenden Sie einfache Sätze und kurze Worte. Schreiben Sie also nicht:

"Die aktuelle Konjunkturabflachung und der progressive Produktivitätsrückgang haben unser Unternehmen in eine Phase der rückläufigen Absatzentwicklung geführt."

Formulieren Sie besser so: "Der Absatz ist um 18 % zurückgegangen. Warum? Meiner Meinung nach aus zwei Gründen:

    1. Schlechte allgemeine Wirtschaftslage,
vor allem aber:
    2. **Abnahme der Produktivität unserer Mitarbeiter.**"

Finden Sie nicht auch, daß eine solche Formulierung die Dinge viel klarer beim Namen nennt? Wir werden unter dem Stichwort "effektive Kommunikation" auf diesen Punkt in einem eigenen Kapitel näher eingehen.

Das Pareto-Prinzip ist von grundlegender Bedeutung, und wir werden in weiteren Abschnitten unseres Zeitmanagement-Lehrgangs noch oft Gelegenheit haben, darauf zurückzukommen. Aber versuchen Sie gleich von jetzt an, es immer im Hinterkopf zu behalten.

Wie ein Signal muß in Ihrem Hirn immer wieder die plakative Frage aufleuchten:

**Bin ich mir in diesem Augenblick
des Pareto-Prinzips bewußt?**

**Erforschen Sie immer wieder Ihr Gewissen mit der Frage
nach dem Pareto-Prinzip. Und zögern Sie nicht, das
eher zu übertreiben!**

Wenn nachweislich nur 20 % Ihrer Kunden für 80 % Ihres Umsatzes sorgen, sollte man ihnen dann nicht auch die entsprechende Zeit widmen?

6 - Wie verfährt man am besten?

Oft genug aber widmet man die gleiche Zeit, wenn nicht sogar mehr, solchen Kunden, die nichts als eine Quelle von Ärger und Beschwerden sind, wenn nicht gar von Geldverlusten.

Wenn Sie wirklich etwas vom Leben haben wollen, wirklich aus einer Neuorganisation Ihrer Zeit Nutzen ziehen wollen, dann müssen Sie sich fragen, was eigentlich geschieht, wenn Sie

   a) **diesen schlechten Kunden nur noch die Zeit widmen, die sie verdienen, oder**

   b) **auf derartige Kunden verzichten und sich lieber Ihren wirklich guten Kunden verstärkt widmen.**

Wenn 20 % Ihres Personals 80 % der Arbeitsleistung erbringen - muß man da nicht an eine Neuverteilung der Arbeit denken, oder selbst an gewisse Zurückstufungen?

Und wenn Sie 80 % Ihrer Befriedigung aus nur 20 % Ihrer Aktivitäten ziehen - warum dann nicht die anderen einschränken oder völlig darauf verzichten?

Die gründliche Analyse Ihrer künftigen Zeiteinteilung wird sehr erleichtert werden, durch den ständigen Rückgriff auf das Pareto-Prinzip.

Bei vernünftiger Anwendung wird Ihnen dieses Prinzip eine ganz erhebliche Erhöhung Ihrer Effizienz ermöglichen. Aber Sie werden niemals wirklich vollkommen effizient sein, wenn Sie nicht mit dem Anfang beginnen, das heißt, wenn Sie nicht wirklich genau wissen, was Sie eigentlich aus Ihrem beruflichen, privaten, gesellschaftlichen Leben machen wollen.

Mit einem Wort - wenn Sie nicht ein bestimmtes "Geheimnis" kennen, das Sie im nächsten Kapitel kennenlernen werden ...

Also rasch - blättern Sie um!

6 - Wie verfährt man am besten?

> Das Ziel heißt nicht, MEHR zu arbeiten,
> sondern BESSER zu arbeiten!

Persönliche Anmerkungen:

Kapitel 7

Wie man seine Ideen verwirklicht

Wählen Sie Ihren Lebensstil

Warum sind Sie heute morgen aufgestanden?

Weil man seinen Lebensunterhalt verdienen und zur Arbeit gehen muß?

Aber warum gerade zu dieser Arbeit und nicht zu einer anderen?

Und warum nicht, statt zu arbeiten, lieber seine Zeit in den Bergen verbringen oder auf einem Atoll im Pazifik?

Solche Vorstellungen mögen Ihnen vielleicht extrem erscheinen, aber nicht wenige Menschen haben sich dafür entschieden. Und auch Sie könnten dazu gehören, wenn Sie die gleiche Wahl getroffen hätten wie diese Leute. Denn im allgemeinen hatten sie, jedenfalls zunächst, auch nicht mehr als Sie.

Wenn ich Ihnen solche Fragen stelle, dann geht es mir dabei ganz einfach darum, daß Sie sich bewußt werden, daß alles, was Sie tun, das Ergebnis einer Entscheidung, einer Wahl ist.

Einer Wahl, die Sie getroffen haben, sei es nun bewußt oder unbewußt. Jedenfalls einer Wahl, die Sie nun einmal getroffen haben.

Einer Wahl, die über jedes Ereignis Ihres Lebens entscheidet. Und

7 - Sie müssen wissen, was Sie wirklich wollen

<u>all diese Entscheidungen machen Ihr Leben aus</u>. Lassen Sie mich Ihnen also nochmals die gleiche Frage stellen:

"Warum sind Sie heute morgen aufgestanden?"

Nehmen Sie sich nun bitte ein paar Minuten Zeit, um über diese sehr wesentliche Frage nachzudenken. Und dann schreiben Sie bitte hier Ihre Antwort auf:

....
....
....
....
....
....
....
....
....
....
....
....
....
....
....

Wenn Sie Schwierigkeiten mit der Beantwortung der Frage hatten, warum Sie eigentlich heute morgen aufgestanden sind, müssen Sie sich einer wichtigen Übung zum Nachdenken unterziehen.

Warum?

Weil allein jene, die wirklich <u>genau</u> sagen können, und dies ohne jeden Schatten eines Zweifels, warum sie jeden Morgen aufstehen, wirklich Erfolg haben können.

Sie müssen wissen, was Sie wirklich wollen

Zu wissen, was man wirklich will, ein genau umrissenes Lebensziel zu haben, ist der Grundpfeiler unseres ganzen Lebensgebäudes.

Wenn Sie nicht wissen, warum Sie etwas bestimmtes tun oder eine ganze Reihe bestimmter Dinge, dann können Sie sich auch nicht weiterentwickeln, können nicht Ihre Prioritäten festlegen. Ihr Handeln wird nicht schlüssig und folgerichtig sein. Denn wenn eine Handlung folgerichtig sein soll, muß sie nach einem Plan erfolgen.

Ein Mensch ohne Ziel ist wie ein Schiff ohne Ruder.

Wie wollen Sie denn wissen, ob Sie diesen Posten lieber als jenen annehmen sollen oder eine Beförderung akzeptieren, wenn Sie nicht wissen, wohin Ihre Lebensreise gehen soll und was Sie aus Ihrem Leben machen wollen?

Was wollen Sie in fünf Jahren sein?

Ein anderer Weg zur Bestimmung seines Lebensziels ist die Antwort auf die Frage:

Was möchte ich beruflich in fünf Jahren sein?

....
....
....
....
....
....
....
....
....
....
....
....
....
....

Wie sähe mein idealer Tagesablauf aus?

....
....
....
....
....
....
....
....
....
....
....
....
....
....
....
....

Denken Sie an die verschiedenen Aspekte Ihres Lebens und versuchen Sie, diesen für Sie erstrebenswerten Tagesablauf zu beschreiben.

Welche Position würden Sie gerne einnehmen? Verkaufsleiter? Geschäftsführer? Stellvertretender Vorstandsvorsitzender? Oder warum nicht gleich Vorstandsvorsitzender?

Oder würden Sie lieber gleich ganz den Beruf wechseln? Vielleicht lieber Geschäftsmann sein, oder Künstler, oder Jurist? Hätten Sie gerne eine eigene Firma?

Welcher Lebensstil schwebt Ihnen vor? Möchten Sie viel mehr reisen? Oder viel mehr Zeit Ihrer Familie oder Ihren heranwachsenden Kindern widmen können? Oder über ein hübsches Sümmchen verfügen, das es Ihnen erlaubt, für ein volles Jahr aus dem Erwerbsleben auszusteigen oder Ihnen Gewähr dafür bietet, nie mehr Not leiden zu müssen?

Sind Sie fertig mit der Übung? Ähnelt Ihr idealer Tagesablauf weitgehend Ihrem wirklichen? Wenn das der Fall ist, beweist das, daß

Ihr Gefühl für Folgerichtigkeit sehr gut entwickelt ist. Ihr langfristiges Lebensziel liegt klar vor Ihnen, und Sie wissen, welche Maßnahmen Sie ergreifen müssen, um ans Ziel zu kommen.

Wenn es gewisse Abweichungen gibt zwischen dem, was Sie tatsächlich tun, und jenem, was Sie eigentlich gerne tun würden, es aber immerhin auf der gleichen Linie liegt, zeigt das, daß Sie zumindest auf dem richtigen Weg sind. Sie sind jedenfalls fähig, Ihre Ziele zu bestimmen und folgerichtig die dafür notwendigen Maßnahmen festzulegen.

Wenn Sie jedoch große Schwierigkeiten haben, sich vorzustellen, wie ein für Sie idealer Tagesablauf in fünf Jahren aussehen wird, oder wenn ein solcher Tagesablauf sich völlig von dem unterscheidet, was Sie heute tun, müssen Sie dringend Schritte unternehmen, um ihre Träume Wirklichkeit werden zu lassen.

Eines jedenfalls ist sicher dabei: Wenn Sie lediglich damit fortfahren, das zu tun, was Sie jetzt immer tun und nichts weiter unternehmen, werden Sie einen solchen idealen Tagesablauf nie erleben. Die Dinge werden sich nicht von allein ändern, wenn Sie nicht ganz konkrete Maßnahmen ergreifen, wenn Sie nicht klare Entscheidungen treffen, die ihrerseits wieder nachdrücklich Ihre Ziele bestimmen.

Legen Sie Ihre Ziele schriftlich nieder

Der beste Weg - und obendrein der einfachste - ist es, diese Lebensziele schriftlich zu formulieren. Es wird vielleicht nicht ganz leicht sein, das schriftlich niederzulegen, aber es zwingt Sie, eine Menge Dinge ganz klar zu formulieren.

Das ist schon ganz allgemein beim Schreiben so, und wenn es jetzt um die Ausrichtung Ihres Lebens geht, gewinnt es ganz besonders an Gewicht.

Die schriftliche Formulierung Ihrer Lebensziele mit möglichst vielen Details gestattet Ihnen vor allem, sie stets vor Augen zu haben und sie sich immer wieder neu einzuprägen.

Wenn diese Vorstellung Ihres künftigen Lebens sehr weit abweicht von dem, was Sie heute tun, wird gerade das wiederum es Ihnen erleichtern, damit vertraut zu werden, ein solches Leben weniger unerreichbar erscheinen zu lassen und Ihr Unterbewußtsein darauf zu programmieren.

Lassen Sie Ihre Träume Wirklichkeit werden!

Je mehr sich die Beschreibung Ihres idealen Tagesablaufs unterscheidet von Ihrem jetzigen Alltag, um so mehr werden Sie sich vermutlich fragen, wie Sie es anstellen sollen, so weit zu kommen.

Wird dieser ideale Tagesablauf immer nur der Welt der Phantasie, dem Reich der Träume angehören? Oder ist er wirklich erreichbar? Machen Sie es sich bewußt: Von dem Augenblick an, in dem Sie daran glauben, daß Ihr Traum Wirklichkeit werden kann, können Sie ihn auch verwirklichen.

Wenn Sie aber nicht daran glauben, werden Sie auch nicht Ihre inneren Energien mobilisieren können, werden Sie nicht beharrlich den Widrigkeiten trotzen und andere beeindrucken und mitreißen können.

Das Leben respektiert unsere inneren Überzeugungen

Wenn Sie daran glauben, werden die Umstände auf geheimnisvolle Weise dafür sorgen, daß Ihr Traum Wirklichkeit wird, denn das Leben respektiert immer unsere innere Überzeugung.

Wenn Sie das Bild Ihres Wunsch-Tagesablaufs entwerfen, muß Ihnen bewußt sein, daß Sie daran <u>glauben</u> müssen. Lassen Sie sich dabei nicht von den pessimistischen Auffassungen anderer und schon gar nicht von eigenen Bedenken beeinflussen. Sie müssen lernen, an Ihren Traum zu glauben, und sich mit Hilfe der Autosuggestion, der Selbstbeeinflussung also, nötigenfalls innerlich wandeln.

Dies ist um so notwendiger, als Untersuchungen ergeben haben, daß die Menschen zumeist eine Aufgabe überhaupt nur dann anpacken, wenn sie sicher sind, sie auch vollenden zu können.

Das gilt gleichermaßen auch für Ihre Lebensziele. Wenn Ihnen die Überzeugung fehlt, sie verwirklichen zu können, werden Sie auch nichts zu ihrer Erreichung tun. Sofern Sie jedoch glauben, daß Ihr Traum Wirklichkeit werden könne, und dennoch nichts tun, um ihn zu erreichen, müssen Sie sich diese Frage stellen:

"Glaube ich <u>tatsächlich</u> an meinen Traum?"

Vielleicht müssen Sie dann zugeben, daß Sie nicht wirklich daran glauben, eben nicht ganz fest. Dann müssen Sie bestimmte Maßnahmen ergreifen. Denn es ist sicher nicht sinnvoll, seine Zeit zu verplempern, indem man verschwommene Träume nährt, an die man nicht einmal selbst ernsthaft glaubt.

Wenn sie aber andererseits wirklich an Ihre Träume glauben, was gilt es dann zu tun, um sie Wirklichkeit werden zu lasen?

Setzen Sie Ziele in Aufgaben um, die Sie bewältigen wollen

Machen Sie sich daran, jedes einzelne Ihrer Ziele in ganz bestimmte, dafür geltende Aufgaben umzusetzen.

Wenn Sie zum Beispiel in fünf Jahren Verkaufsleiter sein wollen (und wenn Sie energische Schritte unternehmen, wird das viel schneller gehen, als Sie heute glauben), dann müssen Sie sich als erstes eine Reihe wesentlicher Fragen stellen. Welche Maßnahmen genau muß ich ergreifen? Welche Ratschläge brauche ich dafür? Von wem kann ich sie bekommen?

Müssen Sie vielleicht einen Kurs belegen, um Ihr Englisch zu verbessern? Wenn ja, sollten Sie dieses Ziel sofort in eine bestimmte Aufgabe umsetzen, indem Sie umgehend einen festen Termin vereinbaren, zu dem Sie mit einem entsprechenden Kurs beginnen.

Müssen Sie sich vielleicht auf dem Gebiet der Informatik und Computeranwendung weiterbilden, weil in den letzten Jahren eine weitgehende Umstellung Ihrer Verkaufsabteilung in diesem Sinn erfolgte? Dann zögern Sie damit nicht. Und wenn Sie das Gefühl haben, daß Ihnen

Schulung in öffentlichem Auftreten und in Redetechnik gut ansteht, um Ihre Außendienstleute besser motivieren zu können, dann sollten Sie sich so rasch wie nur irgend möglich über die entsprechenden Angebote dafür informieren und schnellstens einen Kurs belegen!

Werden Sie aktiv, ohne zu zögern!

Wie Sie sehen, ist es eigentlich ganz einfach. Einfach deswegen, weil Sie wissen, was Sie erreichen wollen. Wenn es nicht so wäre, wie sollten Sie dann überhaupt wissen, was Sie unternehmen müssen, um Ihrem Ziel näher zu kommen und in fünf Jahren tatsächlich einen Tagesablauf zu erleben, wie Sie sich ihn heute vorstellen?

Sobald Sie die Aufgaben festgelegt haben, die es zu erfüllen gilt, wenn Sie Ihre Ziele erreichen wollen, müssen Sie ohne jedes weitere Zögern aktiv werden.

Wenn Sie das nicht tun, müssen Sie Ihr Gewissen erforschen. Ist es Ihnen wirklich Ernst mit Ihrem Ziel? Wenn es Ihnen Ernst ist damit, und wenn Ihnen klar ist, was Sie an einzelnen Schritten unternehmen müssen, um dieses Ziel zu erreichen, Sie aber dennoch diese Schritte nicht tun - führen Sie sich dann nicht selbst an der Nase herum?

Setzen Sie sich ein fest umrissenes Hauptziel, genau definierte Einzelaufgaben und einen präzisen zeitlichen Rahmen, und schreiten Sie sofort zur Ausführung - und Sie werden sehen, der Rest ergibt sich dann ganz von allein ...

Eine Frage, um ganz sicher Erfolg zu haben

Wenn Sie ein fest umrissenes Ziel haben, wird sich Ihr Leben auf überraschende Weise vereinfachen. Und das wird wiederum auf überraschende Weise Ihre Entscheidungen erleichtern.

Sie wollen den Beweis?

Nun gut - stellen Sie sich jedesmal, wenn Sie vor einer Entscheidung stehen, jedesmal, wenn Sie wählen müssen im Hinblick auf eine

Aufgabe, die zu erledigen ist oder einen Vorschlag, den man Ihnen macht, die Frage:

> "In welcher Beziehung trägt diese Aufgabe oder Arbeit dazu bei, daß ich meinem Ziel näher komme?"

Oder auch ganz einfach:

> "Bringt mich diese Aufgabe/Arbeit meinem Ziel näher?"

Daran lassen sich weitere Fragen knüpfen, wie etwa:

> "In welchem Ausmaß bringt diese Aufgabe mich meinem Ziel näher?"

> "Ist in diesem Sinne der erforderliche Zeitaufwand dafür angemessen?"

> "Wenn dieser Zeitaufwand erforderlich ist, wäre nicht vielleicht eine andere Arbeit sinnvoller, die mich rascher und mit geringerem Aufwand meinem Ziel näher bringt?"

Stellen sie sich auch immer wieder die von Lakein formulierte Frage:

> "Was ist im Augenblick die bestmögliche Nutzung meiner Zeit?"

Natürlich müssen Sie sich diese Frage im Hinblick auf Ihre Ziele stellen.

Bestmögliche Nutzung Ihrer Zeit ist nur dann gegeben, wenn Sie gerade mit einer Arbeit beschäftigt sind, die Sie ein möglichst großes Stück Ihrem Ziel näher bringt.

Und vergessen Sie einen wichtigen Grundsatz nicht: Wirklich gut ist man nur auf einem Gebiet, das man auch mag.

Wenn Sie daher immer wieder Aufgaben übernehmen, die Ihrer Persönlichkeit nicht entsprechen und auch nicht Ihren Fähigkeiten und Ihren Lebenszielen, dann werden Sie auch nicht vorankommen - jedenfalls nicht in optimaler Weise!

Sie müssen eine Auswahl treffen!

Sie haben Ihr Ziel klar vor Augen. Dann können Sie nun ohne Schwierigkeiten auch eine Auswahl treffen unter Ihren verschiedenen jetzigen Tätigkeiten ...

Welche Aufgaben beruflicher Art sind es, die Sie tatsächlich Ihren Zielen näher bringen? Und für welche gilt vielmehr, daß sie Sie

a) Ihren Zielen nicht wirklich näher bringen oder gar

b) in der Erreichung Ihrer Ziele behindern, indem sie im Übermaß zum Verlust von Zeit und wertvoller Energie führen?

Wenn Sie erst einmal erkannt haben, für welche Tätigkeiten dies gilt, müssen Sie sich fragen, was Sie unternehmen können, um sie zu vermindern oder völlig auszumerzen. Lassen Sie sich dabei nicht lähmen von der Macht der Gewohnheit oder der Sorge, daß Ihr Chef oder Ihre Kollegen Ihr diesbezügliches Streben nach Änderung mit scheelen Augen betrachten könnten.

Das kann natürlich vorkommen, zumal wenn diese selbst keine sehr klare Vorstellung davon haben, was ihre eigentlichen Aufgaben sind und wofür sie wirklich bezahlt werden. Nehmen Sie sich also die Zeit, es ihnen zu erklären.

Bestimmen Sie gemeinsam Ihre Aufgaben neu!

Sie werden sehen: Ihre Motivation wird verstärkt, und Ihre wahren Fähigkeiten werden allen klar vor Augen treten.

Und dann werden Sie auf Anhieb wissen, warum Sie jeden Morgen aufstehen!

7 - Bestimmen Sie gemeinsam Ihre Aufgaben neu!

Achtung aber - Sie werden natürlich nicht sofort und von allem Anfang an all' jene Tätigkeiten ausmerzen können, die nicht unmittelbar der Erreichung Ihrer Ziele zugute kommen.

Das ist nicht weiter schlimm .

Schlimm aber wäre es andererseits, weiterhin viele Stunden, Wochen, ja Monate mit Dingen zu verplempern, die Sie kein bißchen näher an Ihr Ziel heranbringen. Und das trifft leider für viele Menschen zu.

Versuchen Sie zunächst, täglich ein paar Stunden Ihren Zielen zu widmen. Sie müssen dabei natürlich auch realistisch bleiben, nicht "das Kind mit dem Bade ausschütten" wollen. Zweifellos haben Sie bestimmte familiäre und sonstige Verpflichtungen, denen Sie sich nicht einfach entziehen können.

Nehmen sie sich jetzt vier Minuten Zeit, um vier Ziele festzulegen, die Sie innerhalb der nächsten Jahre erreichen wollen. Setzen Sie dann diese Ziele in bestimmte Aufgaben um, die Sie ohne Verzögerung angehen wollen.

....
....
....
....
....
....
....
....
....
....
....
....
....
....
....
....
....
....
....
....

7 - Bestimmen Sie gemeinsam Ihre Aufgaben neu!

....
....
....
....
....
....
....
....
....
....
....
....
....
....
....
....
....
....
....

Fertig damit? Nun, dann sind Sie soweit, die Geheimwaffe der Super-Manager kennenzulernen ....

> **Zur Verwirklichung Ihrer Vorstellungen müssen Sie sich genaue Ziele stecken und diese in Einzelaktionen umsetzen.**

Kapitel 8

Entdecken Sie die Geheimwaffe der bedeutendsten Manager

Der bekannte amerikanische Wirtschaftswissenschaftler Alan Lakein versichert, daß sehr viele durchschnittliche Manager nur gelegentlich nach Arbeitsplänen vorgehen, ihre besonders erfolgreichen Kollegen dagegen niemals darauf verzichten.

Um was für Arbeitspläne geht es dabei? Um feste Pläne in bezug auf die Aufgaben, die Sie erfüllen müssen, um Ihre Ziele zu erreichen.

Wie das geht? Probieren Sie es aus!

Arbeiten Sie zunächst einmal zwei Sunden lang "ohne Netz", also ohne feste Vorgabe, und dann zwei Stunden nach einem festen Plan.

Sie werden dabei ganz zweifellos Folgendes feststellen: Wenn Sie nicht nach einem festen Plan arbeiten, wird Ihnen zunächst einmal die Fülle dessen, was alles zu erledigen ist, erdrückend erscheinen ...

Wenn Sie andererseits einen präzisen Arbeitsplan haben, wird alles greifbar, berechenbar. Sie können viel besser feststellen, auf welchem Stand Sie jeweils sind und was noch an Arbeit vor Ihnen liegt. Wenn Sie zwanzig verschiedene Dinge zu erledigen haben, können Sie sich unter anderem schon mal eine Vorstellung davon machen, was Sie an Zeit brauchen, um dieses Pensum zu bewältigen.

Zugleich können Sie viel besser Umfang und Bedeutung der Aufgabe abschätzen, die vor Ihnen liegt.

Und dann erst der besondere Genuß, der darin liegt, daß man auf seiner Liste immer wieder die Aufgaben abhaken kann, die man schon geschafft hat! Das verschafft eine Befriedigung, auf die ich persönlich niemals verzichten möchte.

Der erste Schritt zu einem Arbeitsplan, den Sie tun müssen, ist die Erstellung eines strategischen Plans.

Worin besteht ein strategischer Plan?

Er ist eine Auflistung aller Vorhaben und aller Aufgaben, die Sie sich vornehmen, um Ihre Ziele zu erreichen, seien diese nun kurz- oder langfristig.

Eine solche Liste ist vielleicht sehr umfangreich und wird durch Eintragung weiterer Aufgaben immer noch länger werden. Jedesmal, wenn eine neue Aufgabe oder ein neues Projekt auftaucht, muß das in diesem strategischen Plan berücksichtigt werden.

Später werden wir sehen, wie diese Aufgaben und Vorhaben überprüft und dann auf Einzelpläne verteilt werden, nämlich Wochen- oder Tagespläne.

In einem derartigen strategischen Plan werden Sie zum Beispiel Ihr Vorhaben eintragen, an einer Schulung für schnelleres Lesen teilzunehmen oder Ihre Kenntnisse über Weine zu verbessern.

Gleichermaßen werden Sie Ihre Absicht zur Neuorganisation Ihrer Abteilung eintragen oder Ihr Ziel, deren Umsatz um 15 % zu steigern.

Zur Erleichterung und Vermeidung von Durcheinander müssen Sie Ihren strategischen Plan von vornherein in zwei klar unterschiedene

Abteilungen gliedern: der eine Teil gilt Ihren beruflichen Zielen, der andere Ihren persönlichen.

Nehmen Sie sich jetzt ein Heft und beginnen Sie mit der Erstellung Ihres Plans.

Maximieren Sie Ihren strategischen Plan!

Zunächst einmal müssen Sie sich jedes Vorhaben und jede Aufgabe durch den Kopf gehen lassen und sich dabei die Frage vorlegen:

Habe ich wirklich den Wunsch, das zu machen?

Dabei werden Sie einen sozusagen "automatischen" Vorteil Ihres strategischen Plans erkennen: jede diesbezügliche Überlegung wird Ihnen entsprechende Klarheit verschaffen, und Sie können Ihre Entscheidung objektiv und begründet treffen. Und das Ergebnis? Sie werden nebensächliche, fragwürdige oder wenig interessante Vorhaben erst einmal beiseite lassen und damit die Chancen für die wirklich wichtigen verbessern!

Stellen Sie sich also jedesmal die folgenden Fragen:

"Habe ich den ernsthaften Wunsch, das zu tun?"

"Bin ich entschlossen, dieser Sache all die Zeit und all die Energie zu widmen, die sie erfordert?"

"Bringt mich das tatsächlich meinem Ziel näher?"

Lassen Sie dabei auch niemals das Erfolgsprinzip aus den Augen:

> **"Was nicht unerläßlich ist, ist unnötig!"**

Haben Sie in diesem Sinne Ihren strategischen Plan maximiert? Ihn auf das Wesentliche konzentriert? Dann sollten wir uns den zeitbezogenen Plänen zuwenden.

Aus den aufgelisteten Aufgaben müssen Sie nun die herausziehen, die wöchentlich oder täglich auf Sie zukommen.

Verschiedene Verfasser empfehlen zwei Listen - einen strategischen Plan und einen Tagesplan. Ich persönlich empfehle Ihnen, da ich weiß, wie sehr Sie beschäftigt sind, auch einen Wochenplan. Im übrigen bevorzugen es auch die meisten Manager, sich im voraus einen festen Wochenplan zu machen.

Ein Wochenplan erlaubt Ihnen eine bessere Übersicht darüber, was Sie insgesamt tun müssen. Er ist in gewissem Sinne ein Bindeglied zwischen dem strategischen Plan und dem Tagesplan, eine Art Transmissionsriemen.

Von der Strategie zum Tagesablauf

Wie soll man festlegen, was Sie aus Ihrem strategischen Plan herausziehen und in Ihren Wochenplan und dann in Ihren Tagesplan übertragen müssen?

Wenn es darum geht, das Setzen von Prioritäten zu lernen, muß man wissen, daß man stets damit beginnen muß, erst einmal eine Liste jener Dinge zu erstellen, die getan werden müssen, ehe man versuchen kann, deren Wichtigkeit und Reihenfolge festzulegen.

Viele Menschen vergessen das und das führt dazu, daß sie wichtige Dinge vergessen.

Legen Sie Ihre Prioritäten fest!

Die Festlegung von Prioritäten bringt viele Vorteile mit sich.

Ist es Ihnen nicht auch schon passiert, daß Sie am Ende eines anstrengenden Arbeitstages das sehr unangenehme Gefühl gehabt haben, trotz allem nicht die wirklich wichtigen Dinge erledigt zu haben oder ihnen allenfalls ein paar Minuten gewidmet zu haben?

Wenn das der Fall ist, zeigt es, daß Sie versäumt haben, Ihre

Prioritätenliste festzulegen, und daß Sie sich vom Alltagskram haben zudecken lassen.

Ohne Festlegung von Prioritäten verliert man zu leicht das, was wirklich zählt, aus den Augen. Man ertrinkt in einem Wust von kleinen Dringlichkeiten und von kleinen Problemen, die in Wirklichkeit so wichtig gar nicht sind.

Eine gute Festlegung der Prioritäten bietet zahllose Vorteile. Sie können nämlich:

1. **Aufgaben in der Reihenfolge ihrer Dringlichkeit und Wichtigkeit erledigen;**

2. **Ziele besser im Auge behalten;**

3. **Zeitverluste durch Beschäftigung mit nebensächlichen oder nicht wirklich wichtigen Aufgaben vermeiden;**

4. **Delegierung jener Aufgaben vornehmen, die delegiert werden können;**

5. **sich auf eine einzige Aufgabe konzentrieren;**

6. **unter Berücksichtigung des Pareto-Prinzips arbeiten (siehe Kapitel 6).**

Welche Reihenfolge der Prioritäten?

Wenn es um die Rangfolge Ihrer Prioritäten geht, sollten Sie dabei nach zwei objektiven und leicht erkennbaren Maßstäben vorgehen:

1. **Wichtigkeit**

2. **Dringlichkeit**

Alle Ihre Aktivitäten können dank einer Kombination dieser beiden Gesichtspunkte eingeordnet werden. Sie müssen sie also immer im

8 - Welche Reihenfolge der Prioritäten?

Hinterkopf haben, wenn es um die Erstellung und Gliederung Ihrer Prioritätenliste geht.

Nun gibt es natürlich Aufgaben, die wichtig sind, aber nicht dringlich. Wenn wir April haben und Sie wissen, daß Sie sich auf eine entscheidende Verhandlungsrunde mit Ihren Angestellten vorbereiten müssen, die allerdings erst im September stattfinden wird, dann ist diese Aufgabe zwar wichtig, aber nicht dringlich.

Sie wissen, was ich meine? Nun, dann wollen wir gemeinsam an die Einordnung gehen.

In die oberste Prioritätengruppe gehören zweifelsfrei die Dinge, für die gilt:

1. Wichtig und dringlich: Wichtigkeit bedeutet, daß sie auch im Hinblick auf die Rentabilität hohes Gewicht haben und daß ihre Vernachlässigung schwerwiegende negative Folgen haben wird.

Vielfach waren die so wichtigen und dringlichen Dinge zunächst nur einfach wichtig.

Dank des Zeitmanagement-Systems werden Sie bald in der Lage sein, Dringlichkeiten entweder auszumerzen oder sie von vornherein vorbeugend zu vermeiden.

Natürlich wird es immer wieder zu unvorhersehbaren Dringlichkeiten, zu unerwarteten Zwischenfällen kommen. Und je nach Art Ihrer Tätigkeit, können sie vielleicht recht häufig auftreten.

Aber Sie werden lernen, wie man ihnen begegnen kann, wie sie zu meistern sind, indem man vorausschauend ihre Natur erkennt und sie dann durch entsprechende Maßnahmen zu vermeiden sucht.

Auf jeden Fall müssen sie sowohl unter dem Gesichtspunkt der Dringlichkeit als auch dem der Wichtigkeit an der Spitze Ihrer Prioritätenliste stehen.

Denken Sie an die Rentabilität!

Am besten gewöhnen Sie sich an, stets an die Rentabilität zu denken.

Hat eine bestimmte Aufgabe einen hohen Nutzeffekt? Oder ist sie nur in durchschnittlichem oder geringem Grad rentabel? Bei der Festlegung der Reihenfolge Ihrer Prioritäten sollten Sie sich immer auch diese Fragen stellen.

Aufgaben mit einem hohen wirtschaftlichen Nutzeffekt erfordern im allgemeinen auch ein hohes Maß an Konzentration oder Einfallsreichtum. Trotzdem aber können Sie ihnen nur ein paar Stunden am Tag widmen. Aber vernachlässigen dürfen Sie sie ja auch nicht. Viele Manager verschieben daher wegen ihrer Schwierigkeit solche Aufgaben gerne auf den nächsten Tag - die "Verzögerungstaktik".

Nicht **alle** diese Aufgaben erfordern einen hohen Grad der Konzentration - manche sind auch einfach unangenehm. Denken wir dabei beispielsweise an die Notwendigkeit, einen unproduktiven Mitarbeiter abzukanzeln oder eine Abteilung neu zu organisieren.

Wenn bestimmte Positionen überflüssig geworden sind und das Unternehmen nur noch Geld kosten, ist die Aufgabe, sie abzuschaffen, natürlich wichtig. Das erfordert nun zwar nicht unbedingt hohe Konzentration, aber andererseits erheblichen Mut und eine gehörige Dosis Kaltblütigkeit. Die Entscheidung wird nicht immer leichtfallen, denn die Rentabilität einer bestimmten Aufgabe erschließt sich oft nicht gleich auf Anhieb.

Eine kleine List, um rasch das Hauptproblem zu finden

Die sich aus einer bestimmten Arbeit ergebenden Folgen sind gelegentlich nur schwierig unter dem Gesichtspunkt der Rentabilität zu bewerten. Da kann Ihnen folgende Frage weiterhelfen:

> "Wenn ich, ehe ich in Urlaub gehe, nur noch
> ein einziges Problem lösen, eine einzige Aufgabe
> bewältigen könnte - wofür würde ich mich dann entscheiden?"

Dieser kleine Trick hat mir schon oft geholfen, in einer Situation Klarheit zu gewinnen, die mir zunächst unlösbar schien.

Warum? - Ganz einfach, weil ich mir keine Wahl ließ!

Und wie geht es dann weiter, wenn Sie die allerwichtigste Aufgabe herausgefunden und an die erste Stelle Ihrer Prioritätenliste gesetzt haben?

Nun, dann stellen Sie sich (wobei Sie natürlich so tun, als ob die allerwichtigste Aufgabe bereits erledigt sei) erneut die obige Frage:

"Was würde ich tun, wenn ich, ehe ich in Urlaub gehe, nur noch ein einziges Problem lösen könnte?"

Das ist einer der einfachsten und schnellsten Wege zur Erstellung Ihrer Prioritätenliste.

Vom Umgang mit Prioritäten

Es kann sich möglicherweise herausstellen, daß Ihr strategischer Plan eine ganz erhebliche Zahl von Prioritäten erster Ordnung enthält, also von Aufgaben mit einer hohen Rentabilität, die obendrein außerordentlich hohe geistige Konzentration erfordern.

Das bedeutet aber noch nicht, daß Sie nun Ihren Tagesplan damit vollstopfen. Allgemeinen Erfahrungen zufolge empfiehlt es sich vielmehr, nicht mehr als 20 % der verfügbaren Zeit für derartige Aufgaben vorzusehen, um sie sowohl im Hinblick auf Effektivität wie auf Effizienz optimal bewältigen zu können. Aber wenn Sie ja vielleicht durch Selbstschulung auf 25 oder 30 %, ja wer weiß, gar auf 35 oder 45 % kommen! - Dann wären Ihre Fortschritte geradezu spektakulär!

Was die weiteren Prioritäten betrifft, so prüfen Sie sie sorgfältig, ehe Sie sie von Ihrem Strategieplan in Ihren Tagesplan übernehmen. Stellen Sie sich lieber zwei- als einmal die Frage, ob es nicht sinnvoll sein könnte, sie entweder ganz oder teilweise auszumerzen oder sie zu delegieren.

Letzte Ratschläge für die Planung:

1. Nicht mehr als zehn Punkte pro Tag!

Die Erfahrung hat gezeigt, daß es besser ist, nicht mehr als zehn Punkte für jeden Tag zu notieren.

Sofern es dabei um Dinge geht, die sich sehr rasch erledigen lassen, können es natürlich auch mehr Punkte sein.

2. Teilen Sie umfangreiche und anstrengenden Aufgaben in leichter zu programmierende Unterpunkte auf!

3. Lernen Sie, präzise die Zeit abzuschätzen, die für jede Ihrer Aufgaben erforderlich ist!

Wenn Sie regelmäßig und ordentlich all das erledigen wollen, was Sie in Ihren Strategieplan eingetragen haben, müssen Sie zuverlässig den Zeitaufwand für eine jede der Aufgaben abschätzen können, die Sie sich vorgenommen haben. Denn nichts ist frustrierender, als wenn man drei Stunden für eine Arbeit braucht, von der man sich einbildete, sie sein in einer halben Stunde zu bewältigen!

Gewöhnen Sie sich an, den tatsächlichen Zeitaufwand für die erledigten Arbeiten festzuhalten, damit Ihnen das als Unterlagen dienen kann für die Schätzung des Zeitaufwands bei vergleichbaren Arbeiten, die noch auf Sie zukommen.

Was neue Aufgaben betrifft, so sollten Sie stets prüfen, ob Sie nicht Ähnliches schon einmal gemacht haben und sich auf dabei gewonnene Erfahrung stützen können. Damit Sie leichter den notwendigen Zeitaufwand für eine bestimmte Tätigkeit abschätzen können, haben wir für Sie das nachfolgende Formular entwickelt:

(Anmerkung dazu: Sie sollten es kopieren oder vervielfältigen, denn es wir Ihnen immer von Nutzen sein, und ich bin sicher, daß Sie bald nicht mehr darauf verzichten wollen, weil es Ihnen zu enormer Zeitersparnis verhilft.)

Geschätzter Zeitaufwand/tatsächlicher Zeitaufwand

Aufgabe: ....

Geschätzter Zeitaufwand für die Erledigung: ....

Tatsächlicher Zeitaufwand für die Erledigung: ....

Differenz dazwischen: ..../in Minuten ....

Prozentsatz der Effektivität: ....

Anmerkung: Der Prozentsatz Ihrer Effektivität berechnet sich, indem Sie den von Ihnen geschätzten Zeitaufwand teilen durch den tatsächlichen Zeitaufwand und dann mit 100 multiplizieren. Das ergibt dann Ihre "Note".

Persönliche Bemerkungen:

....
....
....
....
....
....
....
....
....
....
....
....
....
....
....
....
....
....

Datum:				
von - bis	Schätz-zeit	Echt-zeit	Tätigkeit	% Effektivität Verbesserungsvorschlag

Versuchen Sie, in einigen Zeilen sich selbst die Abweichung zu erklären, und äußern Sie sich dazu, was Sie beim nächsten Mal machen werden.

Ein Beispiel dafür: Es ist zehn Uhr, und Robert ging davon aus, daß er zwanzig Minuten braucht, um einen bestimmten Brief zu schreiben. Tatsächlich hat er aber fünfzig Minuten dazu gebraucht, womit sich sein "Effektivitätsgrad" auf nur 40 % beläuft. Robert war in einer Art von sterilem Perfektionismus befangen. Beim nächsten Mal wird sich Robert auf das Wesentliche beschränken und den Brief in zwanzig Minuten schreiben. Das ist möglich. Disziplin und konsequentes, zielbewußtes Arbeiten muß Bestandteil Ihres Programms zur Zeitplanung sein.

Anmerkung: Halten Sie stets den Zeitpunkt fest, zu dem Sie mit einer bestimmten Arbeit begonnen haben, denn Sie werden feststellen, daß eine schlechte Zeitschätzung Ihren ganzen weiteren Tagesablauf beeinträchtigt. Denken Sie an die Eingliederung einer Arbeit in Ihr Tages-Zeitraster auch unter Berücksichtigung von Unvorhergesehenem, und bewerten Sie eine Aufgabe nie für sich allein.

Wie man effektiver wird

Sie haben nun schon mehrere solcher Formulare ausgefüllt? Dann sollten Sie sich die folgenden Fragen stellen:

Neigen Sie dazu, sich ausreichend Zeit vorzugeben, oder zu wenig Zeit? Neigen Sie also zu übergroßem Optimismus, oder sind Sie eher zu zaghaft?

Wenn Ihre Zeit allgemein zu knapp bemessen ist, müssen Sie sich fragen, ob Sie die Unterbrechungen ausreichend im Griff haben. Haben Sie auch wirklich alle Aspekte, alle Schwierigkeiten einer Aufgabe hinreichend berücksichtigt? Denken Sie immer daran:

> "Die Genauigkeit Ihrer Schätzung des Zeitaufwands für eine Arbeit ist stets umgekehrt proportional zur Zahl der Personen, die in Verbindung damit stehen."

Oder anders ausgedrückt: "Je mehr Leute mit der Verwirklichung eines Vorhabens zu tun haben, desto größer ist die Wahrscheinlichkeit von Verzögerungen und Terminüberschreitungen, und je größer der Kontrollbereich und Handlungsspielraum ist, der zugebilligt wurde, desto stärker muß mit Abweichungen gegenüber der Vorgabe gerechnet werden."

Aus diesem Grund sollten Sie immer dann, wenn Sie die Möglichkeit haben, eine Aufgabe einer Einzelperson anvertrauen anstatt einer Gruppe. An einen einzelnen etwas zu delegieren statt an eine Gruppe, dieser Lösung ist stets der Vorzug zu geben.

Und vergessen Sie bei der Zeitabschätzung für eine bestimmte Aufgabe niemals Parkinsons erstes Gesetz!

4. Seien Sie ehrgeizig; aber vermeiden Sie Überlastung!

Jeder hat es gern, wenn sein Tag ausgefüllt ist und er sein Büro mit dem Gefühl verlassen kann, daß er vorangekommen ist und das getan hat, was getan werden mußte.

Und nichts motiviert stärker, nichts befriedigt mehr, als wenn man ein paar Sekunden vor 18.00 Uhr oder vor 17.30 Uhr auf seiner Tagesliste auch den zehnten Punkt abhaken kann. Tun Sie aber nicht mehr, als Sie sich vorgenommen hatten! Außerdem sollten Sie die Folgen davon schon kennen - mit neu Aufgeladenem kommen Sie dann nur in Zeitverzug.

In Grenzen können Sie, wenn Sie sehr gut in Form sind, Ihren Tagesplan ein kleines bißchen überlasten, um sich zu stimulieren und Ihre Grenzen auszuloten. Aber auch nicht mehr! Ganz im Gegenteil: Lassen Sie alles fallen und nehmen Sie sich die Zeit, Ihren Sieg zu genießen, das ist Ihre beste Motivation, Sie werden es sehen!

5. Programmieren Sie nicht mehr als 60 % Ihrer Zeit!

Wenn Sie, das hat die Erfahrung gezeigt, das Tagespensum schaffen wollen, das Sie sich vorgenommen haben, dürfen Sie nicht mehr als 60 % Ihrer Zeit verplanen (und es gibt Fachleute, die eher nur zu 50 % raten).

Das ist zweifellos auch vernünftiger. Denn da gibt es Unvorhersehbares, Dringendes, Unterbrechungen, Erschöpfung, Verzögerungen und falsche Zeiteinschätzungen für jede mögliche Arbeit.

Jede Minute verplanen zu wollen, ist oft naiv oder zumindest unrealistisch. So wäre es zum Beispiel falsch, vier halbstündige Gespräche für einen Zeitraum von zwei Stunden vorzusehen, ohne wenigstens fünfminütige Pausen dazwischen einzuplanen, und sei es nur, um sich die Unterlagen über den Gesprächspartner durchzusehen ...

6. Überprüfen Sie Ihren Plan mit kühlem Kopf!

Gewöhnen Sie sich daran, jeden Abend ganz kühl Ihren Tagesablauf zu überprüfen.

Haben Sie Ihren Plan erfüllt? Wie sind Sie zurechtgekommen? Haben Sie alles geschafft, was Sie erledigen wollten? Was blieb unerledigt? Und was war der Grund dafür?

Nehmen Sie auch den Rat Ihrer Sekretärin in Anspruch. Welche Maßnahmen müßte man nach deren Meinung ergreifen, damit es gelingt, den Tagesplan einzuhalten?

Könnten Sie nicht vielleicht Ihrer Sekretärin den Auftrag geben,

O eingehende Anrufe zu "filtern"

O systematisch unerwartete Besucher abzublocken, selbst wenn es sich dabei um Kollegen handeln sollte, die angeblich ganz dringend etwas besprechen müssen

O selbständiger die Korrespondenz zu erledigen, das heißt so viel davon wie nur irgend möglich, ohne Sie selbst damit in Anspruch zu nehmen - nach dem Grundsatz, daß Ihre Sekretärin wirklich Ihre rechte Hand ist

Wenn Sie in diesem Sinne Ihren Tagesplan überprüft und die Konsequenzen gezogen haben, die sich aus dem Grad seiner Erfüllung ergeben, müssen Sie die unerledigten Punkte auf den Plan des nächsten Tages vortragen.

Unter deren Berücksichtigung sollten Sie jetzt den Plan für den nächsten Tag machen; das ist das vernünftigste Vorgehen. Dann können Sie guten Mutes den nächsten Tag beginnen mit dem Gefühl, zu wissen, wo es langgeht.

7. Bringen Sie eine Aufgabe zu Ende, ehe Sie sich der nächsten zuwenden!

Im Rahmen des Möglichen natürlich. Bemühen Sie sich gerade diesbezüglich um Disziplin, denn das wird Sie vor Verzettelung behüten. Sie können damit auch vermeiden, sich nach einer Unterbrechung wieder ganz neu mit den entsprechenden Unterlagen beschäftigen zu müssen - sich aufs laufende zu bringen; die Vorbereitung, der Einstieg in eine Sache stehen unter den Dingen, die einem die Zeit stehlen, an erster Stelle.

Es kann natürlich vorkommen, daß Sie den Zeitaufwand für eine bestimmte Aufgabe falsch eingeschätzt haben und Ihr Stundenplan Sie dann zwingt, sich einer Sache zuzuwenden, die keinen Aufschub duldet oder die nicht auf den nächsten Tag verlegt werden kann. Denken Sie dann daran: Was aufgeschrieben ist, entlastet Ihr Gedächtnis! Daher finden Sie auf der übernächsten Seite als Hilfe das Muster einer

"Prioritätenliste". Sie könnten es sich fotokopieren oder auch so abwandeln, daß es genau auf Ihre Bedürfnisse zugeschnitten ist.

Was ich Ihnen hier zu bieten habe, ist jedenfalls ein großartiger Mechanismus, der Ihnen spektakuläre Fortschritte ermöglichen wird. Ja, genau spek-ta-ku-läre Fortschritte!

---

1. Nicht mehr als zehn Punkte pro Tag!

---

2. Teilen Sie umfangreiche und anstrengende Aufgabe in leichter zu programmierende Unterpunkte auf!

---

3. Lernen Sie, präzise die Zeit abzuschätzen, die für jede Ihrer Aufgaben erforderlich ist!

---

4. Seien Sie ehrgeizig, aber vermeiden Sie Überlastung!

---

5. Programmieren Sie nicht mehr als 60 % Ihrer Zeit!

---

6. Überprüfen Sie Ihren Plan mit kühlem Kopf!

---

7. Bringen Sie eine Aufgabe zu Ende, ehe Sie sich der nächsten zuwenden!

Prioritätenliste	von	bis		
		Ziele		
		Prioritäten für diesen Zeitraum		
Prioritäts-grad	Aufgabe/Arbeit	vorauss. Dauer	zuständig	Endtermin

Persönliche Anmerkungen:

Kapitel 9

Nutzen Sie Ihre innere Uhr

Zu welcher Tageszeit sind Sie besonders aktiv?

Die Lehre vom Biorhythmus beschäftigt sich mit den Zyklen des Organismus, und sie hat festgestellt, daß jedes Lebewesen einen ganz persönlichen Rhythmus hat, daß es aber bei den Menschen zahlreiche Übereinstimmungen diesbezüglich gibt.

Schauen Sie sich doch einmal auf der nächsten Seite die durchschnittliche Leistungskurve eines Menschen im Verlaufe des Tages an.

Höchst informativ, nicht wahr?

Sicher, Beethoven und Chopin haben vorwiegend nachts komponiert, Valéry schrieb seine Dichtungen am frühen Morgen, und Zola schrieb seine regelmäßigen vier Seiten pro Tag stets zwischen neun und eins am Vormittag.

So hat eben jeder seinen eigenen Rhythmus.

Aber die allgemeine Regel besagt, daß der Höhepunkt der Leistungskurve etwa gegen zehn Uhr vormittags erreicht wird. Eindeutig wird (und das gilt natürlich wohlverstanden im Durchschnitt) zu keinem anderen Zeitpunkt des Tages ein gleich hohes Niveau der Leistungsfähigkeit erreicht, was immer man auch davon halten will.

Leistungskurve
(Grad der Leistungsfähigkeit)

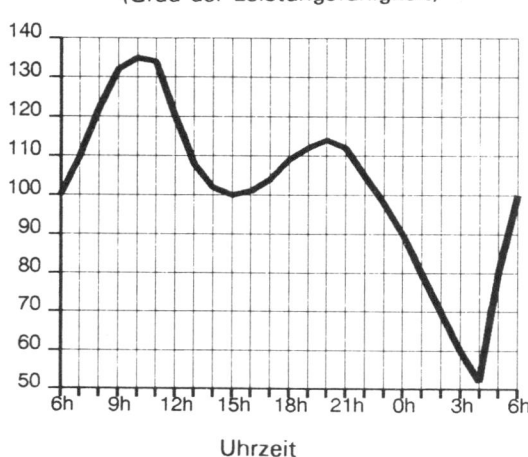

[Diagramm: Leistungskurve über die Uhrzeit von 6h bis 6h, mit Werten zwischen 50 und 140. Höhepunkt gegen 9h bei ca. 135, Tief gegen 3h bei ca. 50.]

Uhrzeit

Nach dem Mittagessen sinkt (vor allem wenn das Mahl üppig und von alkoholischen Getränken begleitet war) die Leistungskurve rapide ab.

Dann jedoch kann man einen Wiederanstieg beobachten während des späteren Nachmittags, und zwar zwischen 16 und 18 Uhr (also gegen Ende der Büroarbeitszeit), und dieser kann dann bis etwa 20 Uhr abends anhalten.

Bestimmen Sie Ihre ganz persönliche Kurve der Leistungsfähigkeit!

Beobachten Sie sich während der nächsten Tage aufmerksam. Zu welcher Tageszeit sind Sie intellektuell am leistungsfähigsten?

Zu welcher Zeit erreicht Ihre Energie den Höhepunkt?

Wenn Sie Ihren inneren Rhythmus erst einmal kennen, werden Sie größere Effektivität entwickeln, und zwar aus folgenden Gründen:

O Sie werden zum Beispiel nicht mehr Ihre aktivsten Morgenstunden mit der Durchsicht der eingegangenen Post vergeuden oder mit der Erledigung von Routinekorrespondenz, also mit den Dingen, die wenig Konzentration erfordern und mit denen Sie sich bestens in

9 - Bestimmen Sie Ihre ganz persönliche Kurve der Leistungsfähigkeit

Leistungskurve
(Grad der Leistungsfähigkeit)

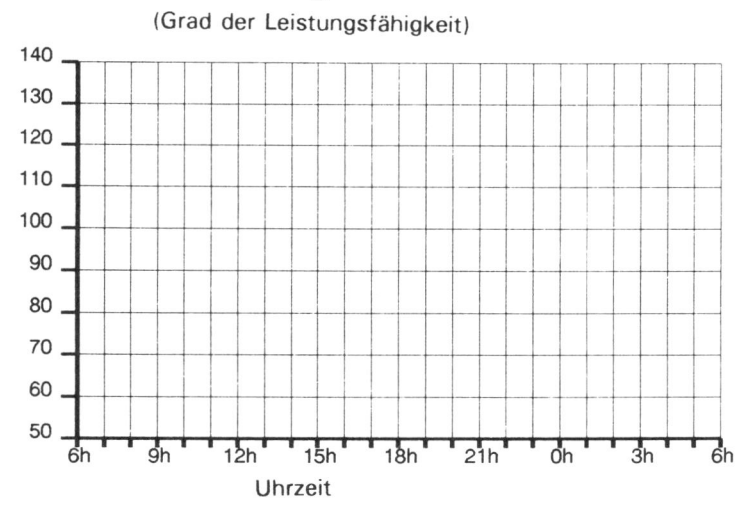

[Diagramm: Y-Achse von 50 bis 140, X-Achse Uhrzeit von 6h bis 6h in 3h-Schritten]

einer anderen Tageszeit beschäftigen könnten, wo Ihr Energiespiegel wesentlich geringer ist.

O Sie werden ganz systematisch die Zeiten hoher Konzentrationsfähigkeit Ihren anstrengendsten Aufgaben vorbehalten.

O Sie werden sich mit besonders schwierigen Aufgaben nicht mehr gerade dann herumschlagen, wenn Ihre Energie auf dem Tiefpunkt ist. Und zwar aus zwei Gründen: Zum einen kostet Sie das dreimal soviel Zeit (abgesehen davon, daß die Gefahr einer erheblich schlechteren Lösung besteht), zum anderen ist zu befürchten, daß das bei Ihnen nur zu kontraproduktiver Frustration führt.

Führen Sie eine Selbstanalyse durch. Machen Sie zur Zeit Fehler in bezug darauf, daß Sie Ihrer "biologischen Uhr" nicht Rechnung tragen? Können Sie solche Fehler aufzählen?

....
....
....
....
....
....
....
....
....

9 - Rechnen Sie auch mit den anderen!

....
....
....

Welche Veränderungen Ihres Stundenplans könnten Sie vornehmen, um diese Situation zu ändern?

....
....
....
....
....
....
....
....
....
....
....
....
....
....
....
....
....
....

(Sie werden feststellen, daß es so umstürzender Veränderung Ihres Stundenplans gar nicht bedarf, um das zu schaffen.)

Rechnen Sie auch mit den anderen!

Es kommt darauf an, den besten Moment zu finden - das gilt nicht nur für Sie selbst, sondern auch in bezug auf die anderen!

Nun, Sie sind ja bekanntlich nicht allein auf der Welt. Bei Ihren Planungen müssen Sie daher auch die anderen Menschen mit einbeziehen. Wenn Sie das nicht tun, werden die Veränderungen, die Sie anstreben, etwas Künstliches an sich haben und werden deshalb langfristig scheitern.

Beziehen Sie also auch die anderen in Ihre Planung mit ein und fragen Sie sich daher, welches der günstigste Moment ist für:

O Schöpferisches Nachdenken:

....
....
....

O Sitzungen:

....
....
....

O Überprüfung der Arbeit Ihrer Sekretärin:

....
....
....

O Routinearbeiten:

....
....
....

Wenn Sie Ihren eigenen Biorhythmus kennen, können Sie bei Ihrer Zeitplanung auch dann effektiver sein, wenn es um die Zusammenarbeit mit anderen geht.

Das wird es Ihnen auch leichter machen, sich bei Auftreten einer Schwierigkeit nicht dagegenzustemmen, die Beschäftigung damit auf einen anderen Zeitpunkt des Tages zu verschieben, wo das Niveau Ihrer Leistungsfähigkeit erheblich höher liegt.

Vom richtigen Umgang mit Ihrer Energie

Wenn ich vor einer wichtigen Besprechung stehe oder ein Seminar leiten muß, mache ich ganz systematisch vorher einen etwa viertelstündigen Spaziergang - das ist eine sehr persönliche Gepflogenheit, die ich mir sehr bewußt angewöhnt habe.

Ich mache folgendes auf diesem "Vorbereitungs-Spaziergang":

1. Ich entspanne mich nachdrücklich, indem ich langsam und mit großen Schritten gehe. Dabei atme ich kräftig durch. So komme ich richtig frisch zu der Besprechung. Würden nicht auch Sie es vorziehen, sich mit jemandem zu unterhalten, der ausgeruht und mit frischer Gesichtsfarbe vor Ihnen sitzt, statt mit einem gestreßten und abgehetzten Gesprächspartner?

2. Ich lasse im Geist den Film des kommenden Gesprächs vor mir ablaufen - so, wie ich es gern hätte. Dann komme ich lächelnd an, mein Kunde oder dessen Vertreter begrüßt mich gerne, meine Argumente kommen folgerichtig, treffend und überzeugend, und alles läuft in harmonischer Atmosphäre ab. Und wenn ich wieder gehe, kann ich meinem Gesprächspartner mit einem zufriedenen Lächeln die Hand schütteln.

Im allgemeinen denken die Menschen zu wenig an diesen wichtigen Aspekt des Zeitmanagements. Sie vergessen dabei, daß wir es stets mit Menschen zu tun haben - wenn Sie entspannt, frisch und munter sind, sind Ihre Erfolgschancen sehr viel größer.

Das Geheimnis der "großen Form"

Gelegentlich kommt es, und da kann man noch so sorgfältig planen, zu Unvorhergesehenem, zu Dringlichkeitsfällen. Oder bestimmte Dinge erfordern doch erheblich mehr Anstrengung, als wir angenommen haben.

Wie stellt man es an, um auch dann "ganz da" zu sein? - Das Geheimnis ist einfach.

Laden Sie sich nie zu viel auf. Gönnen Sie sich häufige Pausen, machen Sie regelmäßig Urlaub, denken Sie an Ihre Erholung und planen Sie Freizeitaktivitäten gleich sorgfältig wie Ihre sogenannten "wichtigen Aufgaben".

Zu lange und zu intensiv zu arbeiten bringt nichts ... Ja wirklich!
Ohne daß man sich dessen bewußt wird, stellt sich schnell ein
Überlastungszustand ein. Untersuchungen haben gezeigt, daß der
Durchschnittsmensch nicht länger als eine Stunde am Stück ohne Pause
arbeiten sollte.

Und warum das?

Ganz einfach, weil die Konzentration nach dieser Zeit nachläßt.

In seinem Buch über sinnvolle Zeitplanung zitiert Lothar J. Seiwert
das Ergebnis einer ärztlichen Studie zur Konzentrationsfähigkeit
während einer Stunde; sie läßt sich mit der nachfolgenden Grafik
darstellen:

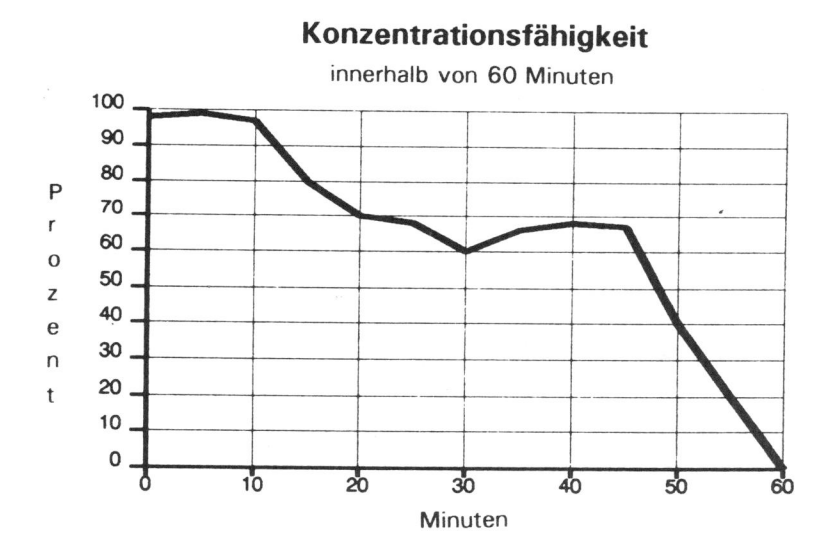

Konzentrationsfähigkeit
innerhalb von 60 Minuten

Höchstnutzen von Pausen

Seiwert hebt auch hervor, man habe festgestellt, daß Pausen nicht
länger als zehn Minuten sein sollten, um den höchsten Nutzeffekt zu
erreichen. Sehen also auch Sie regelmäßige, aber kurze Pausen bei
Ihrer Tagesplanung vor.

Wohlgemerkt wird Ihr Arbeitsrahmen Ihnen kaum gestatten, sich alle Stunde eine Pause zu gönnen, in der Sie sich gemütlich auf dem Sofa ausstrecken können.

Aber nichts kann Sie daran hindern, ein Glas Wasser zu trinken oder einem Kollegen einen Hefter mit Unterlagen zu bringen, wobei Sie freilich darauf achten sollten, daß Sie nicht mehr als zehn Minuten Ihrer Arbeit fernbleiben.

Sie könnten auch den Schwierigkeitsgrad Ihrer Arbeit wechseln, was in etwa auf den Effekt einer Pause hinausläuft. Sie könnten dabei zwischendurch vielleicht Routinekorrespondenz erledigen oder Ihren persönlichen Posteingang sichten. Oder Sie könnten ein wenig Ihren Schreibtisch aufräumen oder einen Blick in eine Zeitschrift werfen.

Am besten ist es zweifellos, wenn Sie sich ein bißchen Bewegung verschaffen und möglichst auch an die frische Luft kommen (indem Sie zum Beispiel etwas Obst oder Mineralwasser einkaufen). Warum denn nicht? Aber das wird sicher nicht immer möglich sein.

Jedenfalls sollten Sie stets eine einfachere Arbeit als "Füller" und zum Ausgleich zur Hand haben.

Was zeigt Ihnen Ihre Überlastung an?

Sie haben ein schlechtes Gewissen, wenn Sie regelmäßig Pausen machen und nicht stundenlang ununterbrochen arbeiten?

Sie behaupten vielleicht, Sie hätten eine Roßnatur und könnten viel länger arbeiten als normale Sterbliche, ohne Müdigkeit zu spüren ...

Seien Sie vorsichtig ... Woran können Sie merken, daß Sie zuviel arbeiten, indem Sie sich viel zu wenig Pausen gönnen und auch Mißbrauch mit Ihren Kräften treiben?

Das sicherste Zeichen dafür ist zweifellos Ihre geistige Verfassung. Solange Sie guter Laune sind, geduldig und Ihre Arbeit ohne Druck und freudig machen, können Sie davon ausgehen, daß Sie nicht Schindluder treiben mit Ihren Kräften.

Wenn Sie jedoch leicht oder, noch schlimmer, ständig gestreßt sind, ungeduldig, reizbar, wenn Sie sich erschöpft oder deprimiert fühlen, dann ist das ein Zeichen dafür, daß Sie Ihre Kräfte über Gebühr strapaziert haben.

Dann ist es höchste Zeit, die notwendigen Maßnahmen zu ergreifen, um eine Untergrabung Ihrer Gesundheit zu verhindern.

Denken Sie dabei an die Fabel vom Eichbaum und dem Schilfrohr.

Gerade wegen seiner starren Unbeugsamkeit und seiner Stärke wird der Eichbaum vom Sturm entwurzelt. Das Schilfrohr dagegen, nachgiebiger und klug ausweichend, kann den Sturm überstehen ...

In ihrem Buch über Spitzenleistungen in der Wirtschaft bringen Thomas und Waterman die folgende Anekdote:

"Wenn Sie sechs Bienen und sechs Fliegen in eine Flasche sperren und diese so ans Fenster legen, daß der Boden zum Fenster zeigt, dann werden Sie feststellen, daß die Bienen unablässig bemüht sind, durch den Boden hindurch einen Ausgang zu finden, bis sie vor Hunger oder Erschöpfung sterben. Die Fliegen dagegen brauchen keine zwei Minuten, bis sie auf der anderen Seite zum Flaschenhals hinausgeflogen sind. Es ist der Drang zum Licht und das Empfinden für Logik, das zum Untergang der Bienen führt. Denn sie stellen sich offensichtlich vor, daß der Ausgang aus einem Gefängnis dort sein muß, wo das Licht am Hellsten ist, danach handeln sie folgerichtig und <u>beharren stur auf diesem logischen, aber falschen Verhalten</u>."

Wenn Sie nicht enden wollen wie die Bienen in obiger Anekdote, müssen Sie darauf achten, nicht wie ein Verrückter zu schuften: Gönnen Sie sich einmal andere Luft, machen Sie zur Abwechslung mal etwas anderes. Genau in diesem Augenblick werden Sie das richtige Los ziehen!

Lernen Sie, sich zu bremsen!

Das Folgende ist zwar schon ein Extremfall, aber ich bin ihm begegnet. Ein Geschäftsfreund von mir, nennen wir ihn Frédéric, war damit beschäftigt, ein neues Unternehmen aufzubauen, und er stürzte sich mit einer solchen Besessenheit in diese Geschichte, daß seine Frau klagte, das sei "schlimmer, als wenn er sich eine Geliebte genommen hätte" ...

Frédéric arbeitet jeden Abend sehr viel länger, aber eines Abends im Januar kommt es so weit, daß er, weil er unbedingt etwas fertigbekommen will, volle drei Stunden seinen Tagesplan überzieht. Müde steigt er ins Auto ...

Noch zehn Minuten von seiner Wohnung entfernt, nimmt Frédéric eine Kurve etwas zu schnell, verreißt dann das Steuer und der Wagen überschlägt sich ... Komplizierte Knochenbrüche sind die Folge, drei Monate liegt Frédéric im Krankenhaus, und noch heute verbringt er jede Woche fünf Stunden mit seinem Bewegungstherapeuten ...

Beklagenswert. Sehr beklagenswert, denn er hat gleich zwei Fehler gemacht, bevor er an jenem Januarabend ins Auto stieg:

1. Er hat seine Kräfte überschätzt.

2. Er hat sich nicht die Frage gestellt: "Sind all diese Arbeitsstunden sinnvoll? Könnte ich nicht mit erheblich geringerem Aufwand das gleiche erreichen?"

Die zweite Frage kann ich beantworten: Diese vielen Arbeitsstunden können nicht sinnvoll gewesen sein, und er hätte mit viel weniger Aufwand das gleiche erreicht oder weit mehr, wenn er nach den Grundsätzen des Zeitmanagements vorgegangen wäre.

Lernen Sie rechtzeitig, sich zu bremsen: Sagen Sie "Halt!", wenn Sie erschöpft sind, wenn Sie das Gefühl haben, daß die Probleme Ihnen über den Kopf wachsen, wenn Sie die Zähne zusammenbeißen müssen, wenn Sie "nicht mehr ein und aus wissen". Suchen Sie Abstand zu gewinnen, trennen Sie sich von Gewohnheiten, ergreifen Sie Maßnahmen, legen Sie Ihre Ziele neu fest, setzen Sie Prioritäten und so weiter, bis Ihr neuer Arbeitsplan wieder mit dem zeitlichen Rahmen übereinstimmt, den Sie brauchen, um effektiv und kreativ zu sein und fähig, neu sich bietende Möglichkeiten am Schopf zu packen.

Ihre Gesundheit als Quelle für Zeitgewinn

Schauen Sie sich einmal um - da gibt es Leute, die ständig bleich und abgeschlafft wirken. Man sieht ihnen an, daß sie nichts für sich tun. Wie durch Zufall sind sie oft auch noch schlecht angezogen. Und wie durch Zufall fällt es ihnen oft schwerer als anderen, befördert zu werden. Warum?

Man braucht nicht das ganze Jahr hindurch braungebrannt zu sein, aber es läßt sich doch feststellen, daß Leute, die sozusagen Gesundheit ausstrahlen, die etwas für ihren Körper tun durch Sport und ausgewogene Ernährung, im allgemeinen viel dynamischer sind und weniger anfällig für Erkältungen und all die sonstigen Wehwehchen, die bei den anderen zu mancherlei Beeinträchtigung führen. Dynamischer und seltener krank ... Da braucht man sich nicht zu wundern, wenn sie bei der nächsten Stellenbesetzung berücksichtigt werden.

Ihr "Gesundheits-Kapital" macht Sie um zehn, fünfzehn und zwanzig Prozent rentabler für eine Firma.

Gesundheitsprobleme bedeuten Zeitverlust

Sollen wir das einmal nachrechnen? Nun, Sie sind zunächst einmal im Laufe des Jahres mehr am Arbeitsplatz als Ihre Kollegen, die immer wieder einmal krank werden. Sie sind geistig beweglicher und haben einen klareren Kopf, sind kreativer und entschlossener, neue interessante Gelegenheiten aufzugreifen. Wenn es hoch hergeht, haben Sie mehr Kraftreserven als andere und sind weniger rasch erschöpft als diese.

Ist es wirklich nötig, Ihnen noch weiter die Vorteile vorzurechnen, die sich daraus ergeben, daß jemand gut in Form ist? Dabei war noch gar keine Rede vom eigenen guten Gefühl dabei, von der Lust, das Leben und seine Freuden zu genießen, und von dem befriedigenden Bewußtsein, auch für seine Familie sein Bestes geben zu können.

Bemühen Sie sich also, Humor zu bewahren selbst in Zeiten der Erschöpfung. Vor allem aber denken Sie daran, wie wichtig es ist, wieder zu einer frischen Gesichtsfarbe, lebhaft blitzenden Augen und einem prall gefüllten Energiereservoir zu kommen. Damit Sie einerseits ein Empfinden haben für die Schönheit der Welt und andererseits mit voller Kraft den Anforderungen der Tagesarbeit begegnen können ...

Sie meinen nun, trotz all dessen, was Sie inzwischen gelernt haben, lägen viele Pläne noch in Ihren Schubladen?

Und Sie sehen sich oft in einer Krisensituation, unter dem Zwang von Dringlichkeiten, dem Druck erheblicher Verspätungen?

Das liegt daran, daß Sie noch nicht das Geheimnis der "Endtermine" kennen, des Redaktionsschlusses im Zeitungsbereich. Man kann sie sich nützlich machen - wollen Sie wissen, wie? Dann auf zum nächsten Kapitel!

Machen Sie alle sechzig Minuten eine Pause.

Achten Sie auf Ihren inneren Rhythmus!

Kapitel 10

Wie Sie es schaffen, alle Ihre Vorhaben durchzuziehen

Viele Ihrer Vorhaben sind gescheitert, konnten nur mit erheblicher Verspätung verwirklicht werden oder wurden "auf unbestimmte Zeit verschoben", obwohl sie Ihnen doch wichtig waren.

Wie kommt es zum Beispiel, daß Sie niemals angefangen haben Englisch zu lernen, oder daß Sie niemals einen Kurs für schnelleres Lesen mitgemacht haben, obwohl Sie das doch schon seit Jahren vorhaben?

Lassen Sie uns das feststellen, und nehmen Sie sich zunächst einmal drei Minuten Zeit für die folgende Übung:

Erinnern Sie sich an wenigstens zehn Träume oder Pläne, mit denen Sie sich während der letzten Jahre immer wieder einmal gedanklich beschäftigt haben und die Sie dennoch nie verwirklichten.

Sind Sie soweit? Dann versuchen Sie, innerhalb von zwei Minuten den Hauptgrund für jeden davon zu finden, der Sie von der Verwirklichung abgehalten hat.

                    Vorhaben   **Grund**

1. ....
2. ....
3. ....
4. ....
5. ....
6. ....
7. ....
8. ....
9. ....
10. ....

Warum lief das Ihrer Meinung nach so ab?

Es ist viel einfacher, als Sie glauben: <u>Sie haben es ganz einfach versäumt, sich einen "Endtermin", eine "Ablauffrist" zu setzen</u> ....

Mit anderen Worten: Wenn Sie jetzt schon seit zwei Jahren es vor sich herschieben, einen Englischkurs zu belegen, dann liegt das daran, daß Sie sich niemals gesagt haben:

"Also, in sechs Monaten muß ich ordentlich Englisch können, zumindest so, daß ich unsere neue amerikanische Filiale übernehmen kann." (Eine Aufgabe, die Ihnen offengestanden hätte, die Sie aber bisher nie übernehmen konnten, weil Ihnen die Sprachkenntnisse fehlen.)

Der Ausgangspunkt

Das ist der Ausgangspunkt: Sie haben sich einen Schlußtermin gesetzt, ein verbindliches Datum, und damit wird sich Ihre Planung auf diesen Termin ausrichten.

Wenn Sie in sechs Monaten, von heute an gerechnet, über ausreichende englische Sprachkenntnisse verfügen wollen, dann bedeutet das für Sie:

1. Von heute an gerechnet, müssen Sie innerhalb von einer Woche, spätestens aber zwei Wochen, einen Privatlehrer oder ein Institut finden und sich anmelden.

(Für jeden Schritt muß man sich ein präzises Datum setzen; es genügt nicht, sich zu sagen, man müsse "schnellstens" oder "umgehend" dies oder jenes tun. Solche ungenauen Vorgaben bringen nichts und werden Sie nicht dazu bringen, tatsächlich etwas zu unternehmen. Hüten Sie sich vor dieser Falle!)

2. Sie müssen Ihre Zeitpläne darauf abstellen, nicht nur die Zeit für diese Kurse selbst zu haben, sondern auch für das unvermeidliche Lernen zu Hause.

3. Sie müssen sehen, wie Sie das Geld für einen solchen Kurs aufbringen. (Aber informieren Sie sich vorher - wer weiß, vielleicht übernimmt ja Ihre Firma bereitwillig die Kosten dafür.)

4. Sie müssen Ihren veränderten Zeitplan auch mit Ihrer Familie abstimmen, um dort Reibungen zu vermeiden.

Die Festlegung eines solchen Endtermins wird sich sozusagen wie ein Zauber auswirken:

Wenn Sie erst einmal angefangen haben, diesen "Zauberschlüssel" für all Ihre Vorhaben zu nutzen, werden Sie verblüfft feststellen, wie sich plötzlich Ihre Träume verwirklichen, Ihre Pläne sich umsetzen in Taten. Sie werden aus dem Staunen nicht herauskommen.

Aber Vorsicht - da gibt es immer noch gefährliche Klippen ...

Fehler, die man vermeiden muß

1. Unklare und ungenaue Anweisungen

Vergewissern Sie sich, daß Weisungen eindeutig sind!

- 10 - Fehler, die man vermeiden muß

O Was erwartet Ihr Chef von Ihnen? Einen kurzen mündlichen Bericht oder eine schriftliche Stellungnahme von dreißig Seiten?

O Ist Ihren Mitarbeitern ganz eindeutig klar, was Sie von ihnen arbeitsmäßig wollen?

2. Falsche Einschätzung des erforderlichen Zeitaufwands

Wenn man Sie mit einer neuen Aufgabe betraut, besteht die Gefahr, daß Sie sich verschätzen hinsichtlich des notwendigen Zeitaufwands dafür.

So vermeiden Sie diese Situation:

O Informieren Sie sich über eine vernünftige Zeitspanne zur Erledigung des Auftrags bei Leuten, die so etwas oder Vergleichbares schon einmal gemacht haben,

oder

O bitten Sie Mitarbeiter, die Sie Ihrerseits für diese Sache einsetzen wollen, um deren entsprechende Zeiteinschätzung.

Machen Sie vor allem allen Beteiligten klar, daß Sie es bei weitem vorziehen, rechtzeitig wegen einer zu befürchtenden Verzögerung vorgewarnt zu werden, damit Sie noch etwas unternehmen können, statt plötzlich vor vollendeten Tatsachen zu stehen, ohne Gegenmaßnahmen ergreifen zu können.

3. Unzureichende Informationen

O Sind Sie sich völlig im klaren über den Lauf der Dinge, der erforderlich ist, um den Endtermin einzuhalten?

O Ist Ihr Arbeitsplan angemessen und realistisch?

O Ist die Aufgabenverteilung klar und präzise?

O Haben Sie, je nach Sachlage, alle Informationen gegeben oder erhalten, die für die Verwirklichung des Vorhabens unerläßlich sind?

O Versichern Sie sich auch, daß Sie während eines bestimmten Zeitraums vor Inangriffnahme des Vorhabens Zeit haben, noch auftauchende Fragen zu klären.

O Ermutigen Sie zu wirklich offenem Gedankenaustausch.

4. Das "Wird-schon-gehen-Syndrom"

Ein häufig auftretender Grund dafür, daß ein Schlußtermin nicht eingehalten wird, liegt in der Neigung von Untergebenen, diesen erst einmal ohne Einwände zu akzeptieren, obwohl Überschneidungen mit anderen wichtigen Aufgaben vielleicht schon ganz sicher zu erwarten sind, weshalb man den Termin eigentlich in Frage stellen müßte.

Machen Sie ganz klar, daß Sie begründete Einwände bei Festlegung eines derartigen Termins bei weitem späteren Verzögerungen oder dem Zwang zu Überstunden vorziehen.

5. Willkürliche Terminfestlegung

Wenn man sich lediglich auf eine "Intuition" verläßt bei der Festsetzung eines Schlußtermins, dann führt das zu folgendem:

O entweder ist die Zeiteinschätzung zu großzügig, oder

O sie ist, ganz im Gegenteil, viel zu knapp bemessen!

Im einen wie im anderen Fall leidet die Effektivität darunter.

Grundregel:

Eine Erledigungsfrist muß ausreichend genug sein, um effektives und ordnungsgemäßes Arbeiten zu ermöglichen,
und
andererseits knapp genug bemessen, um die volle Produktivität des eingesetzten Personals zu gewährleisten.

---

6. Berücksichtigen Sie auch die Endtermine anderer Abteilungen!

Wenn Sie eine Stellungnahme zu den Verkaufszahlen des laufenden Monats für den 10. des Folgemonats anfordern, obwohl Sie wissen, daß die Zahlen selbst frühestens am 8. vorliegen können, haben Sie die Verspätung selbst vorprogrammiert!

Seien Sie also realistisch in bezug auf Ihre Vorgaben!

7. Vermeiden Sie Perfektionismus!

Die Perfektionisten sind verliebt in die Nachbesserung ihrer Arbeit und können damit Stunden, Tage, ja Wochen verbringen. - Legen Sie ganz klar fest, was Sie als Arbeitsergebnis erwarten, und blocken Sie damit von vornherein jeden Versuch unnötiger Nachbesserung ab.

8. Setzen Sie sich selbst unter Druck!

Natürlich ist es sehr positiver und stimulierender Streß, wenn man weiß, daß man bestimmte Termine nicht überschreiten darf.

Trotzdem sollten Sie sich selbst nur so viel Druck aufladen, um optimale Leistung mit geringstmöglichem Zeitaufwand zu erreichen.

Und wie schafft man das?

O Statt daß Sie der "eigentlich errechneten" Erledigungsfrist ein paar Tage zuschlagen, sollten Sie davon sogar ein paar Tage abziehen!

Das Ziel dabei ist durchaus, eine Herausforderung, einen gewissen Erwartungsdruck zu schafffen. Um das zu erreichen, ist es bei einer vernünftigen Schätzung möglich, eine Frist um etwa zehn bis fünfzehn Prozent zu verkürzen, ohne daß sich schon unerwünschter Streß ergibt. Aber nicht mehr als fünfzehn Prozent!

O Behalten Sie aber dabei die individuell unterschiedlichen Reaktionen im Auge - die einen arbeiten nämlich unter Druck besser, während andere nervös werden und durchdrehen!

Drei nützliche Tricks

1. Setzen Sie sich für jede Arbeit einen "Schlußtermin"!

Gehen Sie nicht in die Falle: Nehmen Sie nie einen Auftrag Ihres Chefs ohne festen Endtermin an.

Wenn er das verweigert oder damit zögert, sollten Sie sich selbst an eine Schätzung des Zeitaufwands wagen und sich selbst einen entsprechenden Termin setzen.

2. Seien Sie realistisch!

Überprüfen Sie nun objektiv Ihre Haltung gegenüber Schlußterminen:

O Halten Sie die Termine ein? (Wenn nicht, gehen Sie den Ursachen für Ihre Verspätung nach.)

Sorgen Sie dafür, daß das nicht wieder vorkommt!

O Sind Sie zu optimistisch, indem Sie zu knappe Fristen akzeptieren?

O Berücksichtigen Sie im Hinblick auf solche Termine auch wirklich alle Faktoren?

Mit etwas Erfahrung sollte es Ihnen möglich sein, die jeweiligen Fristen mit nicht mehr als zehn bis fünfzehn Prozent Abweichung richtig einzuschätzen.

3. Gönnen Sie sich eine Belohnung, wenn Sie eine Aufgabe rechtzeitig abgeschlossen haben!

Jedes Erreichen eines Ziels ist eine Belohnung wert; daher sollten Sie sich immer dann eine Belohnung gönnen, wenn Sie etwas rechtzeitig geschafft haben.

Dieses kleine Spiel wird Ihnen zu viel Selbstvertrauen und Motivation verhelfen ... Außerdem werden Ihre Mitarbeiter, Ihre Kollegen, Ihre Freunde und Bekannten merken, daß man sich auf Sie verlassen kann.

Checkliste

O Haben Sie sich angewöhnt, sich stets einen Endtermin zu setzen? Auch dann, wenn Ihre Vorgesetzten das nicht tun?

O Informieren Sie jemanden aus Ihrer Umgebung über diesen Endtermin?

O Setzen Sie sich für jede Ihrer Arbeiten einen solchen Endtermin?

O Führen Sie Buch über Ihre Erfolge bei der Einhaltung dieser Endtermine?

O Gönnen Sie sich jedesmal eine Belohnung, wenn Sie Ihr diesbezügliches Ziel erreicht haben?

O Überprüfen Sie, ob die jeweiligen Weisungen in bezug auf eine bestimmte Aufgabe klar und präzise sind?

O Holen Sie vor Ihrer Schätzung des Zeitaufwands für ein Vorhaben, das Ihnen wenig vertraut ist, Informationen über vernünftige Bewertungsmaßstäbe ein?

O Vergewissern Sie sich, ehe Sie eine Schätzung der Erledigungsfrist vornehmen, darüber, daß Sie über alle notwendigen Informationen verfügen?

O Gelingt Ihnen die Ausschaltung des "Wird-schon-gehen-Syndroms"?

O Können Sie willkürliche Festlegungen von Erledigungsfristen vermeiden beziehungsweise Ihrerseits ablehnen?

O Berücksichtigen Sie bei Ihren eigenen Zeitvorgaben auch die Fristen und Endtermine anderer?

O Schaffen Sie es, Perfektionismus zu vermeiden beziehungsweise abzublocken?

10 - Checkliste

O Schaffen Sie genug Druck, sowohl auf sich selbst als auch auf andere, um eine optmale Leistung mit geringstmöglichem Zeitaufwand zu erreichen?

Gelegentlich kommt es vor, daß wir trotz allen guten Willens und obwohl wir uns Ziele und Fristen und Endtermine gesetzt haben, es nicht schaffen, durchzustarten oder in sinnvollem Rhythmus zu arbeiten.

Was ist dann los?

Wie kommt es, daß wir so lange wie gelähmt sind, als ob wir eine Panne hätten, so daß unser Vorhaben, das uns doch wichtig ist und dem wir Priorität eingeräumt haben, nicht vorankommt?

Das liegt oft daran, daß wir, ohne uns dessen bewußt zu sein, an der "Aufschiebesucht" leiden.

Was das genau ist?

Schieben Sie es nicht auf: drehen Sie die Seite um!

1. Setzen Sie sich für jede Arbeit einen "Schlußtermin"!

2. Seien Sie realistisch!

3. Gönnen Sie sich eine Belohnung, wenn Sie eine Aufgabe rechtzeitig abgeschlossen haben!

Persönliche Anmerkungen

Kapitel 11

Leiden Sie unter "Aufschiebesucht"?

Hierbei handelt es sich um eine schlimme Krankheit, um den größten Feind, den es zu bekämpfen gilt, wenn man zu einer sinnvollen Zeitnutzung kommen will. Und das ist auch der Grund dafür, daß wir dieser Sucht volle drei Kapitel widmen.

"Aufschiebesucht", im Englischen und Französischen "Procrastination" - ein ausgefallener Begriff, und doch bezeichnet er eine der schlimmsten Schwächen, die es gibt ...

Das ist eine der unseligsten gewohnheiten, und wenn Sie in vorhergehenden Kapiteln schon die eine oder andere Ihrer schlechten Angewohnheiten aufgelistet haben, dann hat sich hinter der einen oder anderen davon im Grunde diese "Aufschiebesucht" versteckt.

Worum geht es dabei genau?

Es handelt sich hierbei um die Neigung, stets die Dinge auf die lange Bank zu schieben nach dem Motto "morgen, morgen, nur nicht heute" ...

In ihrem Endstadium führt diese Krankheit dazu, daß man überhaupt nichts mehr macht - oder wenn, dann jedenfalls nicht gut. Nach einer gewissen Periode des Brütens (die im allgemeinen nicht sehr lang ist), springt man rasch von der einen Dringlichkeit zur anderen, und schließlich ist überhaupt nichts wirklich fertig!

Sind Sie ein Aufschieber?

Blitztest

	selten	öfters	immer
1. Erfinden Sie Gründe oder finden Sie Entschuldigungen, um eine Arbeit auf später zu verschieben?			
2. Brauchen Sie Druck, um zu handeln?			
3. Verzögern oder behindern Sie die Erledigung einer Aufgabe dadurch, daß Sie nicht die wirklich effektiven Maßnahmen ergreifen?			
4. Versäumen Sie Gegenmaßnahmen gegen die zahlreichen Unterbrechungen und mancherlei Probleme, welche die Erledigung einer Aufgabe verzögern?			
5. Stufen Sie sich selbst als nachlässig ein?			
6. Bemühen Sie sich, eine Aufgabe, die Ihnen nicht gefällt, von anderen erledigen zu lassen?			
7. Lassen Sie sich günstige Gelegenheiten "durch die Lappen gehen", weil Sie nicht rechtzeitig reagieren?			

Wie macht man Schluß mit der Aufschieberei?

Wie auch immer das Ergebnis des obigen Tests ausgefallen sein mag, seien Sie sicher, daß auch Sie mit großer Wahrscheinlichkeit aufschieben - aus dem einfachen Grund, weil die allermeisten Menschen dies tun ...

Studenten warten bis kurz vor dem Abgabetermin, bis sie das fällige Referat schreiben, oder sie bereiten sich erst auf den letzten Drücker auf ihr Examen vor ...

Direktoren bereiten sich erst in letzter Minute auf entscheidende Generalversammlungen vor ...

Noch drei Tage vor dem Auftritt hat ein Vortragsredner den Entwurf für seine Rede nicht gemacht, ja weiß noch nicht einmal, was er sagen wird ...

Tausende von Bewerbern schicken trotz ihres Wunsches nach Anstellung ihren Lebenslauf oder ihren Bewerbungsbrief erst nach dem festgesetzten Termin ein - und haben obendrein Erfolg damit ...

Ein wahrhaft teuflischer Kreislauf

Und wie sieht's denn nun bei Ihnen aus? Verbringen auch Sie Ihr Leben damit, daß Sie niemals das tun, was Sie sich eigentlich vorgenommen haben? Damit, daß Sie niemals Ihre Termine einhalten, und Ihrerseits warten müssen, weil auch die anderen nie ihre Termine einhalten? Lassen Sie sich demonstrieren, wie die schlimmsten Aufschieber sich verhalten:

1. <u>Sie haben wirklich die Absicht, etwas zu tun,</u> ja entscheiden sich förmlich, dies zu tun.

2. <u>Sie tun es nicht</u>. Sie setzen ihre Entscheidung einfach nicht in die Tat um.

3. <u>Sie empfinden (zumindest teilweise) das Unangenehme der Tatsache, daß sie sich nicht an ihre Entscheidung halten</u>. Darunter leiden sie.

4. <u>Sie nutzen ihr ungeheures Talent, "gute Gründe" dafür zu finden, daß sie das nicht tun, was sie eigentlich tun wollten</u>, und beschwichtigen damit das, was sie ihr Gewissen nennen ...

5. <u>Sie werden zornig</u> und fassen neue Entschlüsse.

6. <u>Sie halten sich auch daran wieder nicht</u> und schieben auf, wie schon gehabt.

7. <u>Der Ablauf wiederholt sich ganz genau</u>, bis ein Dringlichkeitsfall dazwischenkommt oder ihnen tatsächlich nichts mehr anderes übrigbleibt, als das zu Ende zu bringen, was sie angefangen oder sich vorgenommen haben ...

Das schlimmste bei der Aufschiebesucht ist, daß sie schließlich und meist sehr bald zum Lebensstil wird! Man legt sich gar keine Rechenschaft mehr darüber ab, sie wird zur Gewohnheit. Obendrein leider zu einer schlechten Angewohnheit, die nichts anderes bewirkt als Streß, Probleme, Schwierigkeiten und Enttäuschungen.

Also ein energisches "Stop!" der Aufschiebesucht!

Sie fragen nach Tricks und nach Methoden, um sich mit Gewißheit selbst ertappen zu können, wenn Sie beim Aufschieben sind, und um wirksame Maßnahmen gegen diese Sucht ergreifen und sie bekämpfen zu können? Nun, da sind zunächst einmal die folgenden fünf Symptome, die Sie künftig sofort in Alarmbereitschaft versetzen müssen:

1. Sie verfallen ins Träumen. Statt sich an die Arbeit zu machen, lassen Sie sich zu Träumereien verführen. Sie denken an das schöne Wochenende, das Sie gerade hinter sich haben, oder daran, wie Sie das nächste verbringen werden ...

2. Sie lassen sich eigentlich ganz gerne stören, durch wen auch immer, oder durch Telefonanrufe unterbrechen, statt solche Anrufe durch Ihre Sekretärin abzublocken oder auch diese zu einer "Besuchersperre" zu veranlassen, zumindest für einen bestimmten Zeitraum. (Wir werden später noch eingehender auf dieses Problem zurückkommen.)

Im Grunde sind Sie unbewußt für solche Unterbrechungen sogar dankbar, weil sie eine "Rettung" darstellen ...

Und das heißt natürlich auch, daß Sie derartige Störungen sogar unterschwellig herbeisehnen ...

3. Sie stürzen sich auf jede beliebige Aufgabe von weit geringerer Bedeutung, um nur ja nicht das tun zu müssen, was Sie eigentlich tun sollten.

4. Sie gönnen sich lange Kaffeepausen und verlängern unnötig auch die Essenspausen. Sie beschäftigen sich mit einer Unmenge von Kleinkram, den Sie gar nicht erledigen müßten - etwa der persönlichen Bezahlung von Rechnungen, die Sie viel schneller überweisen könnten.

5. Sie warten ständig darauf, auch noch die allerletzten Unterlagen, die allerneuesten Informationen über eine Angelegenheit zu haben, ehe Sie einen Bericht fertigstellen oder eine Entscheidung treffen, obwohl Sie doch genau wissen, daß man ohnehin nie alle Informationen haben kann und daß, wenn man auf die allerneuesten warten wollte, die meisten anderen schon wieder überholt wären, weil sich ja jede Situation weiterentwickelt.

Haben Sie hier schon bestimmte Verhaltensweisen entdeckt, die Ihren Gewohnheiten entsprechen? Damit Sie sie besser bekämpfen können, sollten wir uns näher damit beschäftigen.

Angst vor dem Mißerfolg

Das ist einer der häufigsten und zugleich aber auch einer der kompliziertesten Gründe. Indem Sie etwas nicht anpacken, es von Tag zu Tag verschieben, versuchen Sie sich unbewußt zu schützen.

Wenn Sie etwas gar nicht versuchen, vermeiden Sie natürlich auch das Risiko des Mißerfolgs. Zugleich aber <u>vermeiden Sie damit auch die Chance für den Erfolg</u>! Das dürfen Sie nicht vergessen!

Diese häufige und so lähmende Furcht rührt oft von einem früheren Mißerfolg her, den man nie richtig verdaut hat, oder von einem "inneren Motivator" (siehe Seite 36), gegen den man sich zur Wehr setzt - und es gibt ein besseres Mittel als das Aufschieben, um sich gegen ein zwanghaftes "Strenge dich an!" aufzulehnen.

Seien Sie positiv. Scheuen Sie nicht den kühnen Sprung ins Wasser. Hören Sie auf damit, die Inangriffnahme einer Aufgabe, eines Vorhabens auf später zu verschieben. Packen Sie's noch heute an!

Gehen Sie Ihren Ängsten auf den Grund, analysieren Sie sie mit kühlem Kopf, und Sie werden sehen, daß sie schon dadurch verschwinden. Nur Mut! Sie werden feststellen, daß es nicht schwer ist und sehr effektiv. Es gibt gar keinen Grund dafür, daß Sie bei einer neuen Aufgabe versagen, nur weil Ihnen das bei anderer Gelegenheit unter ganz bestimmten Umständen einmal passiert ist. Das Leben ist immer wieder neu, jedes Vorhaben ist neu. Betrachten Sie frühere Mißerfolge als wertvolle Quelle der Erfahrung. Denken Sie an die Worte Ciceros:

"Es ist keine Schande, über einen Stein zu stolpern. Eine Schande ist es nur, liegenzubleiben oder zweimal über den gleichen Stein zu stolpern."

Die meisten erfolgreichen Menschen haben auch Mißerfolge erlebt, oft eine ganze Reihe nacheinander, ehe sie Erfolg hatten. Aber sie haben sich nicht entmutigen lassen - sie haben vielmehr beharrlich weitergemacht.

Machen Sie es also wie sie: Schreiten Sie sofort zur Tat - ohne jedes weitere Zögern!

**Welches ist der beste Augenblick, um anzufangen?
Immer: J - E - T - Z - T !**

Angst vor dem Erfolg

Gibt's das überhaupt, fragen Sie?

"Ich habe wohl unbewußt Angst vor dem Erfolg, und das ist vielleicht der Grund für mein ständiges Aufschieben?"

So erstaunlich Ihnen das zunächst vorkommen mag, könnten Sie sich nicht doch vielleicht vorstellen, daß Sie ein klein wenig Angst vor dem Erfolg haben? Oder daß Sie sich ihn nicht wirklich wünschen? Denn wenn Sie sich ihn wirklich wünschen würden, würden Sie denn dann nicht alle notwendigen Maßnahmen ergreifen, damit er auch eintrifft?

Könnten Sie es denn überhaupt ertragen, daß die Verwirklichung der Vorhaben, denen Sie Priorität eingeräumt haben, verzögert wird?

Sind Sie wirklich motiviert?

Wenn man nicht tatsächlich motiviert ist, läßt man oft die Dinge treiben. Wie also motiviert man sich?

Allermeistens verbirgt ein Mangel an Motivation nur andere Probleme.

So zum Beispiel:

O frühere Erfolge, die Furcht erzeugen,

O mangelndes Selbstvertrauen,

O fast immer jedoch ein ungenau umrissenes, niemals klar erkanntes, niemals wirklich angestrebtes Ziel!

Die erfolgreichen Menschen aber, denen ich begegnet bin, konnten immer über ihre Ziele sehr klar und unumwunden sprechen ...

Und war es bei Ihnen immer so, daß sich, wenn einmal das Ziel ganz klar und uneingeschränkt gegeben war, der Erfolg unweigerlich einstellte und oft viel schneller, als man gedacht hatte ...?

Was aber hindert denn in diesem Augenblick Sie daran, es diesen Leuten gleichzutun?

Prägen Sie sich ein, daß jede Anstrengung nutzlos ist, die nicht genau im Sinne Ihres wahren und echten Zieles ist. Nicht nur überflüssig - nein, nutzlos!

11 - Sind Sie wirklich motiviert

Um sie bei der Abklärung Ihrer Ziele zu unterstützen, hier wieder eine kleine Übung:

Übung

1. Was ist Ihr Ziel?

....

....

....

2. Wollen Sie es wirklich erreichen?   O Ja   O Nein

3. Wieviel Zeit täglich sind Sie zu opfern bereit, um dieses Ziel zu erreichen?

Zeit:

4. "Verdienen" Sie es, dieses Ziel zu erreichen?

....

5. Gibt es bei Ihnen Zweifel, Ängste, Bedenken oder innere Vorbehalte, in bezug auf dieses Ihr Ziel? Wenn ja (es ist meist der Fall), welche?

....

....

....

....

....

11 - Sind Sie wirklich motiviert?

6. Was ist Ihrer Meinung nach das größte innere oder äußere Hindernis (im allgemeinen ist es innerlich), das sich der Verwirklichung Ihres Vorhabens entgegenstellt? (Denken Sie dabei an die folgende Anekdote: Als die Bankiers und Berater von Henry Ford einwandten, es sei doch lächerlich, in riesiger Stückzahl das berühmte T-Modell bauen zu wollen, da es ja gar keine Straßen gebe, erwiderte er ihnen schlicht: "Dann werden wir diese Straßen eben schaffen!")

....
....
....
....
....

7. Was ist Ihrer Meinung nach das beste Mittel, um dieses Hindernis zu überwinden?

....
....
....

8. Sind Sie bereit, alles in Ihrer Macht Stehende zu tun, um dieses Hindernis zu überwinden und Ihr Ziel zu erreichen? Äußern Sie sich dazu:

....
....
....
....

9. Wenn Ihre Antwort auf die obige Frage negativ ausgefallen ist, sollten Sie sich jetzt folgende Frage stellen: "Will ich dieses Ziel <u>tatsächlich</u> erreichen?" Wenn nicht, wäre es vielleicht besser, nicht noch mehr Zeit zu verlieren und sich auf ein anderes Ziel festzulegen!

10. Wenn Sie sich dafür entschieden haben, ein anderes Ziel zu wählen (was nicht nur absolut legitim ist, sondern sehr vernünftig und nur zu Ihrem Vorteil, denn Sie würden sonst unnötig Zeit und Energie verschwenden), wenn Sie also nun ein anderes Ziel haben, sollten Sie wieder zur ersten Frage zurückkehren und sie sich wie die dann folgenden in bezug auf Ihr neues Ziel stellen.

Nun, lassen Sie uns weitersehen ...

Sind Sie ein Meister der Ausreden?

Es gibt wahre Meister der Ausreden; wenn sie wollten, könnten sie einen Bestseller schreiben mit dem Titel: "Wie man eine gute Ausrede findet!"

Und der Untertitel dazu würde dann lauten: "Tausend wirkungsvolle Ausreden für jede Gelegenheit"!

Das schlimme dabei ist, daß man schließlich an derartige Ausreden auch selbst glaubt. Das ist eine Art von natürlicher Verteidigungsreaktion zugunsten unseres Selbstwertgefühls - besonders, wenn es mit einem inneren Motivator von der Art "Sei perfekt!" zusammenhängt. - Ihr Unterbewußtsein ist sehr kreativ und versteht sich auf die prompte Lieferung derartiger Ausreden.

Hüten Sie sich also vor solchen allzu raschen "Ping-Pong-Antworten" auf irgendwelche Vorhaltungen. Nehmen Sie sich die Zeit zum Nachdenken, und sagen Sie sich stets, daß auch Sie das Recht auf Fehler und Irrtümer haben.

Jedesmal, wenn Ihnen eine Rechtfertigung oder ein Einwand einfällt, um eine Verzögerung oder einen Fehler zu begründen, sollten Sie sich die Frage stellen:

"Ist diese Erklärung nicht doch wieder eine Ausrede?"

P.S.: Beiläufig wieder ein kleiner Trick: Wenn Sie es vermeiden wollen, Zeit mit unfruchtbaren Grübeleien zu vergeuden, sollten Sie daran denken, daß es dabei in neun von zehn Fällen um Entschuldigungen geht!

Erfolgsmenschen, die es im Beruf zu etwas gebracht haben, ertragen im allgemeinen Ausreden recht schlecht - seien es nun eigene oder die von Mitarbeitern!

Ein Ziel ohne Termin verliert 80 Prozent seines Werts

Haben Sie im voraus den Termin festgelegt, bis zu dem eine bestimmte Aufgabe erledigt oder zumindest in Angriff genommen sein muß?

Wenn nicht, werden sich die Ausflüchte, Aufschübe und Verzögerungen vervielfachen. Noch schlimmer - Sie fördern damit Mißgeschicke, Pech, Mißerfolg, und kein Vorhaben wird von dem Erfolg gekrönt werden, den es verdient ...

Ein Ziel ohne einen Termin dafür ist kein Ziel. Selbst wenn Sie alle Maßnahmen ergreifen, die notwendig sind, um die Sache anzupacken und zu Ende zu bringen - wenn Sie keine Frist dafür festlegen, riskieren Sie, sich im Kreis zu drehen, oder Sie erleben, daß sich alles in die Länge zieht, besonders wenn Sie die Aufgabe delegiert haben.

Aber Vorsicht! Sie müssen die Fristen korrekt festlegen. Achten Sie dabei vor allem darauf, daß sie nicht zu lang sind.

Manche werden nun vielleicht sagen: "Gut, meinetwegen, schon verstanden, lege ich also eine Frist fest." Aber dann legen sie einen so weit entfernten Schlußtermin fest, daß das gar nichts bringt. Es ist dann nicht anders, als wenn sie gar keinen Termin festgelegt hätten.

Einverstanden, sagen Sie mir jetzt vielleicht, aber es gibt schließlich Aufgaben, die knappe Terminfestlegungen nicht vertragen.

11 - Vorsicht vor Kettenreaktionen

Einverstanden!

Dann müssen Sie eben diese Aufgabe in eine Reihe kleiner Einzelaufgaben von weniger Gewicht aufteilen, auf die sich eine entsprechend kurzfristige Terminfestlegung anwenden läßt. So könnte ich mir zum Beispiel vorgenommen haben, diesen Lehrgang hier innerhalb von drei Monaten zu schreiben.

Zugleich hätte ich mir aber dann vorgenommen, wöchentlich zwei Kapitel fertigzustellen, und das wäre dann eben mein kurzfristiges Ziel gewesen.

Unser Unterbewußtsein braucht immer <u>ganz präzise</u> Vorgaben, um gut zu funktionieren. Was zeitlich zu weit entfernt ist, bleibt immer verschwommen und wird niemals Wirklichkeit.

Vorsicht vor Kettenreaktionen!

Zu denen kommt es, wenn Sie die Erledigung einer kleineren Aufgabe verzögern. Dann die einer weiteren kleinen Aufgabe ... . Das setzt sich so fort, bis die Anzahl dieser kleinen Aufgaben ganz beträchtlich wird ...

Am Anfang waren Sie nicht wirklich überlastet. Aber jetzt sind die Dinge schon ernstlich am Kippen. Ihr Schreibtisch ist überladen mit Unterlagen, Ihr Terminkalender quillt über von Besprechungen.

Ihr Strategieplan ist so angeschwollen, daß er sich mit einem Blick gar nicht mehr überschauen läßt ...

Was vor drei Wochen noch nicht dringlich erschien, ist es nun plötzlich. Alarm!

Am Anfang stand ein kleines Häufchen, kaum sichtbar. Jetzt stehen Sie vor einem wahren Gebirge! Ja - jetzt haben Sie den Salat.

Mir passiert so etwas schon lange nicht mehr. Genaugenommen, seit ich gelernt habe, mich vor Kettenreaktionen zu hüten. Sobald sich eine anzukündigen scheint, suche ich keineswegs nach einem freien Plätzchen in meinem Terminkalender, wie vielleicht einem Feiertag mitten in der Woche. Nein.

Ganz im Gegenteil - statt mich im Streß zu steigern, nehme ich meinen Tagesplan her und meinen Wochenplan und vergleiche sie mit meinem strategischen Plan. Und dort streiche ich! Das heißt, daß ich Aufgaben delegiere, kürze oder streiche, bis mein Tages- und mein Wochenplan wieder normal, leichter und "menschlicher" geworden sind.

Und jetzt möchten Sie vielleicht ein Hilfsmittel kennenlernen, um Ihre Vorhaben leichter auf den Weg zu bringen, um schneller durchzustarten, um die Dinge zügig in Gang zu bringen? Nun, Sie brauchen dazu eine Art von Starterzug, von Choke ...

Und ich habe einen für Sie!

Ziehen Sie den Choke!

Mit etwas anzufangen, ist oft das schwierigste. Sogar wenn Ihr strategischer Plan, Ihr Wochenplan, Ihr Tagesplan fertig, präzise und gut aufgebaut sind.

Sie haben Schwierigkeiten mit dem Start? Nun, was tun Sie denn beim Anlassen Ihres Autos, wenn der Motor noch kalt ist? <u>Sie ziehen den Choke</u>! Nun, genau das gleiche sollten Sie bei sich selbst tun.

Ein Beispiel: Ein Schriftsteller sitzt vor einem leeren Bogen. Verzweifelt sucht er nach einer Idee. Ohne "Choke" sieht das dann so aus: Er kaut auf seinem Füller oder Kugelschreiber herum, starrt dann auf seine Uhr, dann nimmt er einen Kaffee zu sich, hört die Nachrichten, ißt einen Happen und so weiter ...

Mit einem "Choke" dagegen schreibt er hin, was ihm einfällt, verbessert, korrigiert - und zack! hat er einen Einfall. Er führt ihn aus, er macht etwas daraus, und schon kommt ihm die nächste Idee - und so geht es weiter.

Und was ist der Trick dabei?

11 - Ziehen Sie den Choke!

> **A - N - F - A - N - G - E - N !**

Drehen Sie den Zündschlüssel und fangen Sie an, auch wenn Sie eigentlich noch nicht "bereit" sind. Sagen Sie sich:

> **ICH TUE SOFORT ETWAS!**

Ohne Choke können Stunden und Tage ohne einen Einfall vergehen. Mit Choke werden Sie schon eine Viertelstunde später voller Ideen sein und voller Selbstvertrauen weitermachen.

Wie ist das möglich? Nun, wenn Sie erst einmal angefangen haben, wenn Sie die Dinge angehen, dann beginnen Energie und Kreativität zu fließen, die Sie zur Bewältigung der Aufgabe brauchen - es zeigt sich die Kraft.

Wenn Sie dagegen an Ihrem Schreibtisch sitzen und vor sich hingrübeln, tut sich gar nichts. Sie spüren überhaupt nicht, daß in Ihnen die Energie, der Einfallsreichtum, die Entschlossenheit und vor allem die Ausdauer stecken, die Sie brauchen, um die Aufgabe zu bewältigen, die Sie zu einem guten Ende bringen wollen.

Aber sobald Sie aktiv werden, beginnt die Energie zu fließen ... Gleichsam, als ob sie auf Bewegung gewartet hätte und Unbeweglichkeit sie daran hindere, hervorzubrechen und ihre Wirksamkeit zu zeigen ...

Und es zeigt sich dann überdies: Je weiter Sie fortschreiten in der Verwirklichung Ihres Vorhabens, desto stärker fließt diese Energie, desto klarer werden die Ideen ...

Und bald, fast ohne daß es Ihnen so recht zu Bewußtsein kommt, werden Sie fertig sein. Sie können den Kugelschreiber weglegen, sich entspannt in Ihrem Sessel zurücklehnen und das wunderbare Gefühl genießen, etwas vollendet zu haben ...

Zwei fast unfehlbare Tricks

Einer der bedeutendsten französischen Industriellen hat mir seinen "Trick" verraten, um sich vor dem Aufschieben zu sichern:

1. Er programmiert im Kopf seinen neuen Tagesablauf und hat dabei schon die vorwiegend positive Bilanz am Abend vor Augen.

2. Jeden Tag ist die zweite Arbeit, die er sich vornimmt, jene, die er am meisten scheut oder verabscheut. Und warum nicht die erste? Um gut in Fahrt und in gute Stimmung zu kommen. Dadurch fällt es ihm viel leichter, sich den "dicken Brocken" des Tages vorzunehmen. (Denken Sie bei der Gelegenheit daran, daß diese Aufgabe oft die wichtigste ist in bezug auf das Wachstum oder die Entwicklung eines Unternehmens.)

Stellen Sie sich die Folgen einer möglichen Verzögerung vor!

Obwohl es leicht ist, einen Wagen mit Hilfe des Choke in Gang zu bringen, haben Sie Schwierigkeiten damit, es auch so zu machen, um in Fahrt zu kommen?

Also noch ein dritter Kniff: <u>Verpflichten Sie sich</u> irgend jemandem gegenüber, ganz offiziell und unwiderruflich, dieses oder jenes Vorhaben durchzuziehen. Wetten, daß damit Ihr ganzes Selbstwertgefühl mit in die Waagschale geworfen wird. Sie werden sehen, daß Sie dadurch ein Wunder an Pünktlichkeit werden. Noch immer nicht überzeugt? Dann stellen Sie sich folgende Frage:

"Will ich wirklich, daß dieses Vorhaben zu einem guten Ende kommt?"

(oder entsprechende Varianten, wie zum Beispiel: "Will ich tatsächlich in dieser Firma Erfolg haben? Will ich wirklich diesen Vertrag abschließen, diesen Etat durchbringen?")

Beantworten Sie bitte diese Fragen sehr ernsthaft und ohne Ausflüchte.

11 - Stimmen Sie sich geistig ein!

Es wird Sie wahrscheinlich erstaunen, einsehen zu müssen, daß in einer Vielzahl von Fällen der tiefere und wahre Grund für Ihr Aufschieben der ist, daß Sie gar nicht wirklich Erfolg mit dem entsprechenden Vorhaben haben wollen. Gehen Sie den Gründen dafür nach!

Stimmen Sie sich geistig ein!

Wenn Sie es andererseits wirklich wollen, wenn Ihre Ziele in Ihrem Kopf klar umrissen sind und wenn darin kein Raum für irgendwelche Verzögerungen ist, sollten Sie sich die folgende Frage stellen:

"Wenn ich das wirklich will, warum ergreife ich dann nicht sofort die notwendigen Maßnahmen, um es zu erreichen?"

Unmittelbar anschließend sollten Sie sich die nachteiligen Folgen einer möglichen Verzögerung ausmalen. Ja, sämtliche Nachteile und negativen Folgen, die Sie sich überhaupt nur vorstellen können! Seien Sie dabei genau und keineswegs zurückhaltend!

Streß stimuliert Sie? Er verleiht Ihnen förmlich Flügel? Die Ideen strömen Ihnen dann nur so zu, und die Energie fließt im Übermaß? Nun, dann machen Sie so weiter mit Ihren diesbezüglichen Vorstellungen, bis Sie den Adrenalinstoß direkt körperlich spüren ...

Das wird leichter und schneller gehen, als Sie zunächst angenommen haben. Und sehr rasch werden Sie sich selbst darauf einstellen: Sobald Sie sich an die Arbeit gemacht haben, werden Sie Zutrauen zu Ihrem "Choke" haben, zu Ihrer Fähigkeit, sich selbst zu motivieren, und sie werden ohne Schwierigkeit in Fahrt kommen. Wenn man von Zeitgewinn sprechen kann, dann gilt das hierfür! Und der Weg zum Erfolg liegt nun offen vor Ihnen ... Das ist Ihr Spiel!

ICH TUE SOFORT ETWAS!

Kapitel 12

Doppelt so schnell lesen

Lesen wie John F. Kennedy

Wissen Sie, wie John F. Kennedy, der verstorbene Präsident der Vereinigten Staaten, gelesen hat?

Nun - er las ... sehr schnell.

Tatsächlich las er mit einer Geschwindigkeit von ... 240 Seiten pro Stunde. Das hört sich ganz phantastisch an, da werden Sie mir wohl zustimmen. Zumal, wenn man bedenkt, daß der Durchschnittsmensch allenfalls
60 Seiten pro Stunde, also nur ein Viertel davon
liest.

Hatte Kennedy eine natürliche Begabung für schnelles Lesen? Vielleicht, aber sicher wiederum auch nicht in einem solchen Ausmaß, daß er keinerlei besondere Methode nötig hatte. Er nahm also den Stier bei den Hörnern und unterzog sich einer besonderen Schulung für schnelles Lesen ...

Kennedy war übrigens nicht der einzige Präsident der USA, der sich auf schnelles Lesen verstand. Wilson war sogar noch schneller. Dieser stand in dem Ruf, mit der gleichen Geschwindigkeit lesen zu können, die man zum Umblättern der Seiten braucht!

Und dabei handelte es sich noch um oft sehr komplizierte Unterlagen mit zahlreichen Zahlen und Details ...

Bei Kabinettssitzungen soll Wilson, wenn bestimmte Unterlagen an die Regierungsmitglieder zur Durchsicht verteilt wurden, immer weit vor allen anderen damit fertig gewesen sein und dann die verbleibende Zeit genüßlich mit der Lektüre griechischer Autoren verbracht haben.

Lag es an ihrer Fähigkeit zum schnellen Lesen, daß diese Männer Präsidenten der USA wurden? Wahrscheinlich nicht. Aber dieser zusätzliche Vorzug wird sicher eine Rolle bei ihrem Aufstieg gespielt haben.

Lesen Sie so schnell wie die besten Manager!

Stellen Sie sich einmal Ihre Vorteile vor, wenn Sie doppelt, ja drei- und viermal so schnell lesen können wie die anderen, wenn Sie gar das werden können, was die Amerikaner einen "Seitenleser" nennen, wie Wilson, der mit einem einzigen Blick eine ganze Seite erfassen konnte!

Wir leben im Informationszeitalter, und Wissen ist Macht. Je mehr Sie wissen und je größer Ihre Aufnahmefähigkeit ist, desto schneller werden Sie in die höchsten Ränge aufrücken ...

Die Chance, schneller lesen zu lernen, steht jedem offen. Und dennoch nehmen sich nur wenige Menschen ein paar Stunden, vielleicht nur ein paar Minuten Zeit, um das zu lernen.

Das ist ein weiteres Beispiel für die paradoxe Situation des gehetzten Menschen. Er will nicht ein paar Stunden seiner kostbaren Zeit verlieren, und deshalb verzichtet er darauf, Hunderte, ja Tausende von Stunden zu gewinnen ...

Sind Sie eine Schildkröte, was Lesen betrifft?

Haben Sie das Gefühl, erdrückt zu werden, wenn sich auf Ihrem Schreibtisch unablässig die Unterlagen häufen, die Sie durchlesen sollen? Sagen Sie jedesmal, wenn einer Sie fragt: "Konnten sie schon einen Blick in diesen Bericht werfen?","Ich bin leider nocht nicht dazu gekommen."?

Wenn ja, gehören Sie vielleicht auch zu jenen "Schildkröten" in bezug auf das Lesen, die eine Ewigkeit brauchen, um die Morgenzeitung durchzublättern, und bei denen es einen ganzen Tag dauert, bis sie einen Bericht studiert haben, den andere in einer Stunde überfliegen.

Sie wollen wissen, ob Sie es tatsächlich nötig haben, Ihre Lesegewohnheiten zu verbessern?

Dann füllen Sie den folgenden kleinen Testbogen aus, und Sie werden rasch feststellen, ob Sie zu jenen gehören, die von dieser Methode profitieren können:

	Ja	Nein
1. Brauchen Sie zur Zeitungslektüre mehr als eine Stunde täglich?		
2. Lesen Sie ein literarisches Werk und ein Fachbuch nach der gleichen Methode, das heißt, Zeile für Zeile, von der ersten bis zur letzten?		
3. Lassen Sie sich ablenken, wenn Sie lesen?		
4. Bewegen Sie Ihre Lippen beim Lesen?		
5. Hören Sie beim Lesen die Worte im Kopf?		
6. Haben Sie immer die gleiche Lesegeschwindigkeit, unabhängig vom Text, um den es sich gerade handelt?		

	Ja	Nein
7. Macht es Ihnen Schwierigkeiten, einen Zeitungsartikel insgesamt auf einen Blick zu erfassen, also die Überschrift und den Fuß der Seite, die ersten und die letzten Absätze?		
8. Ist die Vorstellung, ein Kapitel nur dann zu lesen, wenn der erste Blick Ihnen zeigt, daß es etwas Neues und Interessantes enthält, neu für Sie?		
9. Macht es Ihnen Mühe, mehrere Worte auf einen Blick zu erfassen?		
10. Lesen Sie so, daß Sie oft zu einem bestimmten Wort oder Satz zurückgehen müssen?		
11. Wäre es schwierig für Sie, Ihre Aufmerksamkeit jeweils auf die Mitte der Zeilen zu richten und das (während Sie den ganzen Text lesen) bis zum Ende der Seite durchzuhalten?		

Wenn Sie die meisten der vorstehenden Fragen mit einem Ja beantwortet haben, können Sie Ihre Lesetechnik durch das Zeitmanagement-System verbessern.

Lernen Sie das Schnell-Lesen!

Das Ideale zur wesentlichen Verbesserung Ihrer Lesegeschwindigkeit wäre es natürlich, einen entsprechenden eigenen Schnell-Lese-Kurs zu belegen; die Resultate sind im allgemeinen ganz erstaunlich.

Wenn Sie noch nicht ganz überzeugt sind, daß Sie einen solchen Kurs belegen sollten, dann fragen Sie sich, wieviel Seiten Sie allwöchentlich lesen:

Ihre Berechnung:..

Im allgemeinen ist man über diese Zahl richtiggehend bestürzt. Überschlagen Sie sodann die Zeit, die Sie pro Seite brauchen - meistens ist das eine Minute. Nun, und jetzt multiplizieren Sie ...

Es wird sich herausstellen, daß Sie mehr als einen ganzen Tag mit Lesen verbringen, und oft genug werden es sogar zwei volle Tage sein. Wenn Sie es also schaffen könnten, Ihre Lesegeschwindigkeit zu verdoppeln, würden Sie einen vollen Tag pro Woche gewinnen!

Durch schnelleres Lesen schneller zum Erfolg

In bestimmten Positionen - den wichtigen nämlich - ist es <u>zwingende Notwendigkeit</u>, enorme Massen an Informationen rasch zu lesen und aufzunehmen. Wer nicht schnell genug liest, behindert damit fast automatisch seinen Aufstieg. Oder er ist gezwungen, ständig zahlreiche Überstunden zu machen ...

Aber da die Zeit nun einmal begrenzt ist, wird so jemand schnell an den Grenzen seiner Möglichkeiten angekommen sein ...

Erfreulicherweise darf man in bezug auf das Schnell-Lesen sagen, daß all jene, die sich auch nur ein paar Tage lang intensiv mit dessen Aneignung beschäftigt haben, es im Verlaufe von einigen Wochen schafften, ihre Lesegeschwindigkeit zu verdoppeln, wobei es kaum eine Rolle spielte, wie schnell sie vorher gelesen hatten.

Verdoppeln Sie Ihre Aufnahmefähigkeit!

"Das ist ja ganz schön mit dem schnelleren Lesen - aber wie steht es denn mit dem Verständnis, mit dem Erfassen des Inhalts? Leidet denn das nicht darunter?"

12 - Lösen Sie sich aus den Schlingen des traditionellen Lesens!

Nein, eben nicht. Ganz im Gegensatz zu einer weit verbreiteten Auffassung lesen jene, die rasch lesen, auch noch besser. Bei allen, die sich einer Schulung zum schnelleren Lesen unterzogen haben, konnte man feststellen, daß auch ihre Aufnahmefähigkeit besser war als vorher.

Sie hatten also einen doppelten Gewinn - sie lesen nicht nur schneller, sondern auch besser.

Wenn Sie erst einmal das schnelle Lesen beherrschen, heißt das noch lange nicht, daß Sie nun nur noch wie eine Maschine lesen und Poesie und Romantik dabei verlorengehen müssen. Ob Sie nun einen berühmten dickleibigen Roman lesen oder vor dem Kamin in trauter Zweisamkeit träumerische Gedichte - Sie können jede Seite und jeden Vers genießen.

Aber warum sollen Sie denn drei Stunden für einen langweiligen Fachbericht brauchen, wenn Sie ihn auch in nur einer Stunde bewältigen könnten?

Bauen Sie Ihre Hauptsperren gegenüber schnellerem Lesen ab.

Lösen Sie sich aus den Schlingen des traditionellen Lesens!

O Buchstabieren. Nutzen Sie die modernen Techniken des Lesenlernens: Gewöhnen auch Sie sich daran, Worte insgesamt aufzunehmen und nicht mehr Buchstabe für Buchstabe.

O Wort für Wort lesen. Obwohl das natürlich bereits ein Fortschritt gegenüber der ersten Stufe ist, sollten Sie doch besser jeweils eine ganze Wortgruppe erfassen.

O Mitsprechen. Ob Sie nun unhörbar die Lippen bewegen beim Lesen, leise flüstern oder nur im Geist die Worte wiederholen - all das verlangsamt das Lesen, denn Sie lesen dabei nur mit Sprechgeschwindigkeit.

O Den Zeilen folgen. Wenn Sie mit dem Finger oder einem Stift den Zeilen folgen, verlangsamt sich das Lesen.

O <u>Wiederholtes Lesen, Zurückblättern</u>. Wenn es oft vorkommt, daß Sie noch einmal zurückgehen müssen im Text, um ein Wort oder eine Passage nochmals zu lesen, sind Sie unkonzentriert. Verwechseln Sie nicht schnelles Lesen mit hastigem, schlampigem Lesen. Wenn Sie spüren, daß Sie verkrampft sind, müssen Sie Ihr Lesetempo verringern. Hören Sie nötigenfalls mit dem Lesen auf und machen Sie eine Pause. Lesen Sie erst weiter, wenn Sie innerlich wieder ruhiger sind.

Eine Übung zum schnelleren Lesen

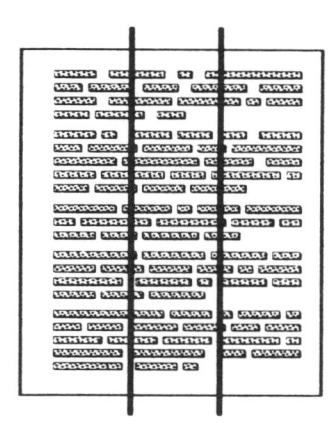

Nehmen Sie sich einen Text vor und ziehen Sie darüber zwei Striche so von oben nach unten, daß drei gleich breite Kolumnen entstehen.

Beginnen Sie jetzt zu lesen. Richten Sie dabei den Blick nicht auf das jeweils erste Wort einer Zeile, sondern auf die Wortgruppe, die sich vor dem ersten senkrechten Strich befindet.

Nun richten Sie Ihren Blick auf die Wortgruppe in der zweiten, anschließend auf die in der dritten Spalte.

Auf diese Weise lesen Sie jede Zeile in drei Schritten, wobei Ihre Blicke auf jeweils drei verschiedene Stellen fallen.

Wenn Sie damit keine Schwierigkeiten haben, sollten Sie den nächsten Schritt tun: Teilen Sie das Blatt in zwei Hälften und üben Sie, mit je einem Blick jeweils die Zeilenhälfte links und rechts des Teilungsstrichs zu erfassen.

Sobald das gut klappt, kommt der letzte Schritt: Richten Sie jetzt Ihren Blick nur auf den Teilungsstrich und bemühen Sie sich, jeweils die ganze Zeile zu erfassen, ohne Ihre Augen wandern zu lassen.

Wenn sie beim Lesen regelmäßig üben, können Sie rasch auf die doppelte Lesegeschwindigkeit kommen.

Versäumen Sie nicht, anhand Ihrer Uhr regelmäßig Ihre Fortschritte zu messen. Sie werden davon bald überrascht sein und sich über die Vorteile wundern, die sich daraus ergeben.

Vermeiden Sie es, zu lesen

Ich verstehe wohl nicht recht, werden Sie mir jetzt vielleicht sagen. Erst wollen Sie mir beibringen, zum Meister des schnellen Lesens zu werden, dann warnen Sie mich vor dem Lesen.

Es ist sehr vorteilhaft, wenn man rasch lesen kann, aber Sie werden nicht wirklich vorankommen (beziehungsweise eher noch mehr in Schwierigkeiten geraten), wenn Sie nicht zugleich auch selektiv werden.

Sie müssen lernen, auszuwählen. Die Auswahl des Lesestoffs ist entscheidend wichtig für den Manager, dessen Zeit ohnehin schon sehr zerstückelt ist. - Wie man das macht?

Die erste Frage, die Sie sich angesichts eines Schriftstücks, eines Artikels oder eines Buches stellen müssen, ist:

    "Ist es wirklich unerläßlich, daß ich das lese?"

Wenn Sie darauf mit einem Nein antworten können, gibt es keinen Grund für Sie, auch nur eine Minute mit der Lektüre zu vergeuden.

Sie können sich auch folgende Frage vorlegen:

    "Welchen Einfluß kann das auf mein Berufs- oder Privatleben haben?"

Wenn der Einfluß, die Auswirkung Ihnen gleich Null oder doch höchst unwesentlich erscheint, warum wollen Sie dann Zeit verschwenden? Zumindest sollten Sie in einem solchen Fall Ihren Zeitverlust auf ein Minimum zu begrenzen suchen.

Sichten und gliedern Sie Ihren Lesestoff!

So, wie Sie in bezug auf Ihre Korrespondenz vorgehen, sollten Sie es auch im Hinblick auf Ihren Lesestoff halten - ihn nach Prioritätsklassen ordnen. Noch besser ist es, wenn Ihre Sekretärin das macht!

Sie könnten ihn in die folgenden vier Gruppen gliedern:

```
WEGZUWERFEN
```

Das gilt für alles, was ohne jeden Nutzen für Ihre Arbeit ist, wie zum Beispiel das meiste an Werbung oder gewisse Informationsdienste.

```
LESEN LASSEN
```

Drücken Sie Kollegen oder Untergebenen bestimmte Zeitschriften in die Hand, die sich auf Ihre Arbeit beziehen, und lassen Sie sich von ihnen dann zusammenfassend berichten.

Dann können Sie immer noch entscheiden, ob die Lektüre für Sie wichtig ist oder nicht!

```
SPÄTER LESEN
```

Das ist eine Kategorie, die sich außerordentlich gut als "Puffer-Arbeit" zum Dazwischenschieben eignet. Sobald Sie die entsprechenden Fortschritte im schnelleren Lesen gemacht haben, wird Ihnen schon ein kurzer Blick genügen, darüber zu befinden, welche Artikel oder Passagen es verdienen, ausgewählt und ausgeschnitten zu werden.

Wenn Sie sie nicht ausschneiden oder herausreißen können, sollten Sie sie fotokopieren.

12 - Sichten und gliedern Sie Ihren Lesestoff!

UNBEDINGT LESEN

Wenn Sie diese Einteilung vorgenommen haben, fangen Sie an zu lesen!

Beiläufig ein paar kleine Tricks:

1. Lesen Sie, um Ihre Aufgliederung nach Kategorien vornehmen zu können, vorab die Inhaltsverzeichnisse der Zeitschriften und Bücher (vorausgesetzt es gibt sie).

Lesen Sie dann natürlich nur die Artikel oder Kapitel, die Sie auch wirklich interessieren.

2. Bestimmte Bücher bringen am Schluß der jeweiligen Kapitel eine Zusammenfassung; dort finden Sie die wesentlichen Informationen.

Wenn sie es eilig haben, genügt es oft, nur diese Zusammenfassung zu lesen.

3. Im allgemeinen ist der Kern eines Buches, seine Hauptaussage, bereits im ersten Kapitel enthalten. Die übrigen Kapitel legen diese Hauptaussage näher dar und begründen und belegen sie.

Oft ist es nicht nötig, die Folgekapitel zu lesen. Die Folgerungen finden sich dann im letzten oder vorletzten Kapitel.

Und noch ein letzter Trick: Stellen Sie sich selbst angesichts eines Wälzers von fünfhundert Seiten die Frage:

"Wenn ich jetzt nicht mehr als eine Stunde Zeit für dieses Buch hätte und anschließend darüber berichten müßte - was würde ich dann tun?"

Auch hier geht es wieder um das Problem des "mentalen Rahmens", mit dem wir uns ja schon beschäftigt haben.

P.S.: Seien Sie auch beim Kauf Ihrer Bücher "selektiv"! Ich bin schon oft hereingefallen, selbst auf wärmste Empfehlung hin, und habe viel Geld ausgegeben für langweilige Bücher und solche, die nicht meinen Erwartungen entsprachen.

Inzwischen mache ich, ehe ich ein Buch kaufe, folgendes:

    1. Ich schaue mir das Inhaltsverzeichnis an.

    2. Ich lese die erste Seite. (Wenn das Buch eingeschweißt ist, entferne ich die Folie. **Wenn ich das nicht darf, verzichte ich auf den Kauf - wenn man schon sein Geld nicht zurückverlangen kann, falls man von der Lektüre nicht befriedigt wurde, sollte man sich wenigstens darüber informieren können, was man kauft!**)

Sehr oft entscheide ich mich, nachdem ich das Inhaltsverzeichnis und die erste Seite gelesen habe - wobei ich nicht selten das Buch wieder zurücklege. Das hat mich drei Minuten gekostet, aber ich habe den Einkaufspreis für das Buch gespart - und mir obendrein eine Enttäuschung. Das ist ja nicht unbedingt wenig!

Begrenzen Sie Ihre Lesezeit!

Wenn Sie viel Zeit vor sich haben, ist es ganz natürlich, daß Ihre Lesegeschwindigkeit sinkt. Wenn Sie zwei Stunden Zeit haben, um zehn Seiten zu lesen, ist es natürlich nicht verwunderlich, wenn Sie auch diese ganze Zeit dafür brauchen. Sie kennen ja das Parkinsonsche Gesetz ...

                  Setzen Sie sich <u>Grenzen</u> für Ihre Lesezeit!

Zum Beispiel folgendermaßen: Wenn Sie in der vergangenen Woche einen bestimmten regelmäßigen Bericht innerhalb von drei Stunden durchgelesen haben, sollten Sie sich vornehmen, diese Woche nur zwei Stunden dafür zu brauchen.

Zwingen Sie sich, eine bestimmte Lektüre vor einem Treffen, einer Sitzung oder dem Ende der Geschäftszeit zu beenden.

> **Auf diese Weise zwingen Sie sich unbewußt,
> Ihre Lesegeschwindigkeit zu erhöhen.**

Behandeln Sie das Lesen wie eine Verabredung!

Sie werden rasch überschwemmt werden vom Umfang der für Ihre Arbeit wesentlichen Lektüre, wenn Sie nicht auf der Hut sind. Andererseits ist es entscheidend wichtig, daß Sie auf dem laufenden sind über alles, was Ihren Arbeitsbereich angeht. - Was also ist zu tun?

Tragen Sie in Ihren Tagesterminplan eine Zeit fürs Lesen ein, mindestens einmal wöchentlich! Auf diese Weise sorgen Sie für eine gewisse Zeitspanne, um sich durch entsprechende Lektüre auf dem laufenden zu halten oder zumindest auszusondern, womit Sie sich während einer folgenden Leseperiode eingehender befassen müssen.

Verlieren Sie keine Zeit!

Nutzen Sie Ihre Leseperioden voll aus!

Lesen Sie, wenn es um Fachliteratur geht, lieber langsamer. Andere Texte aber sollten Sie <u>nur rasch überfliegen, um die wichtigsten Passagen herauszufiltern</u>.

Verlangen Sie Aktennotizen von höchstens einer Seite!

Sie sind umgeben von perfektionistischen Untergebenen, die Sie mit seitenlangen Aktennotizen überschwemmen?

Dann wenden Sie die berühmte Maxime der Unternehmensleitung von Procter & Gamble an: Aktennotizen dürfen höchstens eine Seite umfassen.

Fordern Sie Berichte, die auf das absolut Wesentliche konzentriert sind, und Aktennotizen von nicht mehr als einer Seite (und halten auch Sie selbst sich daran)!

Teilen Sie Ihren Lesestoff auf!

Wenn Sie ein Fachbuch vor sich haben, das Sie unbedingt lesen müssen, sollten Sie sich angewöhnen, es <u>aufzuteilen</u>, weil die stückweise Aufnahme das Verständnis erleichtert.

Es wird leichter für Sie sein, einen Teil des Buches durchzuarbeiten, als gleich alles an einem Stück.

Setzen Sie sich für jedes Teilstück einen zeitlichen Rahmen. Unter dem Druck dieser freiwilligen Vorgabe wird sich, wie Sie feststellen werden, Ihre Lesegeschwindigkeit um 10 bis 30 % erhöhen!

Keine Angst vor "Fachchinesisch"

Lassen Sie sich nicht beeindrucken vom übermäßigen Gebrauch von Fachausdrücken. Lernen Sie es, dieses "Fachchinesisch" in normales Deutsch zu übersetzen.

Wenn das Buch jedoch wirklich mit Fachkauderwelsch überfrachtet ist, legen Sie es beiseite. Der übertriebene Gebrauch von Fachausdrücken verbirgt oft gerade unzureichende Vertrautheit mit dem Thema und erschwert nur die Aufnahme des Stoffs.

Wenn Sie trotzdem nicht um die Lektüre zahlreicher Fachbücher herumkommen, hier zwei Ratschläge, die Ihnen helfen, trotzdem die dafür aufgewendete Zeit erheblich zu reduzieren.

1. Der Kern der Sache

Oft enthalten Zusammenfassungen und Schlußfolgerungen schon die für das Verständnis des behandelten Problems notwendigen Informationen.

12 - Nutzen Sie den Rat von Experten

Schauen Sie sich also zunächst einmal diese Teile an. Dann können Sie immer noch den allgemeinen Überblick vertiefen durch eingehendere Beschäftigung mit dem jeweiligen Kapitel.

2. Arbeiten Sie mit Markierungen!

Zögern Sie nicht, sich Ausdrücke anzukreuzen, die Sie schlecht verstehen, um sie später nachzuschlagen. - Streichen Sie sich gleichermaßen Passagen, die Ihnen besonders wichtig erscheinen, mit farbigem Filzstift an, um sie sich später noch einmal vorzunehmen.

Bedenken Sie: Ein Buch ist ein Arbeitsmittel und kein Wertgegenstand. Benutzen sie es in Ihrem Sinne!

Wann lesen?

Wann sollten Sie sich mit Lesen beschäftigen?

O Zunächst einmal in der Zeit Ihrer "Verabredung zum Lesen", die Sie sich in Ihrem Terminkalender vorgemerkt haben: Sie haben dabei eine Verabredung mit sich selbst.

O Außerdem immer dann, wenn Sie Gelegenheit dazu haben, zum Beispiel während einer der schon erwähnten "Puffer-Zeiten".

O Schließlich nach Arbeitsschluß und am Wochenende.

Nutzen Sie den Rat von Experten

Haben Sie schon einmal daran gedacht, daß Sie sich auch mit einem Spezialisten treffen könnten, um sich über den neuesten Stand auf einem Gebiet zu informieren, das Sie interessiert?

Anläßlich eines Mittagessens könnte eine ein- oder zweistündige Unterhaltung Ihnen die Kenntnis darüber vermitteln, was Sie genau lesen müßten, um über die neuesten Entwicklungen auf dem laufenden zu sein.

Auf diese Weise vermeiden Sie unsicheres Herumsuchen nach Quellen, in denen Sie Antwort finden könnten auf die Fragen, die Sie beschäftigen.

Vermeiden Sie die Überfüllung Ihres Postkorbs!

Zögern Sie nicht, Ihre Sekretärin damit zu beauftragen, von vornherein jede Veröffentlichung auszusondern, die nicht von wirklichem Interesse für Ihre Arbeit ist.

Checkliste	Ja	Nein
1. Verhielten Sie sich selektiv in bezug auf das, was Sie lesen? (Lesen Sie nur noch Dinge, die nützlich sind zur Erreichung Ihrer eigenen Ziele oder der Ihres Unternehmens?)		
2. Haben Sie alle Zeitungen/Zeitschriften/Informationsdienste abbestellt, die Sie ja doch niemals lesen?		
3. Haben Sie die Anhäufung von Lesestoff dadurch unterbunden, daß Sie wenigstens einmal eine "Verabredung zum Lesen" vormerkten?		
4. Haben Sie sich angewöhnt, einen Blick in das Inhaltsverzeichnis, die Einleitung oder die Kapitelzusammenfassungen eines Buches zu werfen, ehe Sie sich entscheiden, es ganz zu lesen?		
5. Sind Sie dazu übergegangen, Ihre Untergebenen damit zu beauftragen, Ihnen über bestimmte Veröffentlichungen zusammenfassend zu berichten?		
6. Fassen Sie das, was Sie lesen müssen, nach Themen zusammen? (Lesen Sie also erst alles, was zum einen Thema gehört, ehe Sie sich einem anderen zuwenden?)		

12 - Vermeiden Sie die Überfüllung Ihres Postkorbs!

	Ja	Nein
7. Haben Sie eine Zeitschrift abonniert, die Sie über die neuesten Entwicklungen und Veröffentlichungen Ihres Arbeitsbereiches informiert?		
8. Markieren Sie inzwischen die wesentlichen Passagen eines Zeitungsartikels oder Buches, um sie später nochmals nachlesen zu können?		
9. Haben Sie das, was Sie lesen müssen, flüchtig durchgeblättert, um eine Prioritätenliste dafür zu erstellen?		

Wenn ich Ihnen jetzt sage, daß ich einen Weg kenne, um Ihnen freie Zeit zu verschaffen, viel freie Zeit, ja außerordentlich viel freie Zeit, wenn Sie nur wollen - dann wird Sie das wohl sehr interessieren!

Folgen Sie mir also zum zweiten Teil unseres Zeitmanagement-Lehrgangs!

Üben Sie sich im schnellen Lesen:
Es hat eine Schlüsselfunktion für Ihre Effektivität!

Zweiter Teil

In den nun folgenden Kapiteln werden Sie lernen, vor allem dadurch Zeit zu gewinnen, daß Sie nicht länger Zeit <u>verlieren</u>. Wir werden herausbekommen, welches die schlimmsten "Zeitfresser" sind und werden feststellen, wie man sie ausschaltet oder zumindest zu beherrschen lernt.

Jedes Kapitel wird nützlich sein, einige jedoch vielleicht in ganz besonderem Maße.

Sie wollen wissen, welche?

Da empfehle ich Ihnen die folgenden beiden Tests:

O mit Hilfe des ersten werden Sie feststellen können, welches Ihre Hauptfaktoren für Zeitverluste sind

O mit Hilfe des zweiten werden Sie Ihre schlimmsten "Zeitfresser" kennenlernen und damit in den Stand versetzt, Sie energisch zu bekämpfen.

Test: Faktoren für Zeitverluste

Kreuzen Sie Ihre Faktoren für Zeitverluste unter den folgenden zweiundvierzig an:

O 1. Ich akzeptiere zu viele Aufgaben zugleich

O 2. Ich wälze Verantwortung auf andere ab

O 3. Ich ändere meine Prioritäten ohne vernünftigen Grund

O 4. Ich lasse mich gehen

O 5. Ich verschiebe notwendige Entscheidungen

O 6. Ich bin konfus und unordentlich

O 7. Ich bin zu genau, systematisch und penibel

O 8. Ich delegiere nicht oder schlecht

O 9. Ich lasse meine Mitarbeiter nicht selbständig arbeiten

O 10. Ich lege keine Prioritäten fest

O 11. Ich lege keine Normen für mich fest

O 12. Ich bin oft erschöpft

O 13. Ich kann nicht Nein sagen

O 14. Ich plane nie oder selten

O 15. Ich verstehe es nicht, gute Mitarbeiter zu finden

O 16. Ich werde oft gestört und unterbrochen

O 17. Ich habe zu wenig Autorität, um meine Verantwortlichkeiten zu erfüllen

Zweiter Teil - Test: Faktoren für Zeitverluste

O 18. Ich habe kein genaues Ziel

O 19. Es fällt mir schwer mich zu konzentrieren

O 20. Es fehlt mir an Informationen

O 21. Ich gehe die täglichen Probleme nicht methodisch an

O 22. Ich bin nicht ausreichend motiviert

O 23. Ich nehme meine Funktion als "Manager" nur in Krisenzeiten ernst

O 24. Ich liebe Sitzungen

O 25. Ich ändere häufig das Ordnungssystem meiner Unterlagen

O 26. Ich habe keinen Tagesplan

O 27. Ich habe "archaische" Arbeitsmethoden

O 28. Meine Aktivitäten widersprechen einander

O 29. Es gibt persönliche Differenzen zwischen meinen Mitarbeitern

O 30. Ich leide unter Unsicherheit

O 31. Ich habe Kommunikationsschwierigkeiten

O 32. Mein Ablagesystem ist schlecht

O 33. Ich bin es nicht gewöhnt, Aufgabenlisten zu machen

O 34. Ich verschiebe oft Arbeiten von einem Tag zum anderen

O 35. Ich habe zu viele persönliche Aktivitäten

O 36. Ich beteilige zu viele Leute an meinen persönlichen Entscheidungen

O 37. Ich schreibe zu viele Aktennotizen, Vermerke, Briefe

O 38. Ich lasse oft Arbeiten liegen

O 39. Ich führe unnötige Telefongespräche oder nehme welche an

O 40. Meine Telefongespräche sind oft zu lang

O 41. Ich erledige gelegentlich unnötige Arbeiten

O 42. Ich schreibe selbst Berichte, die gut auch von anderen abgefaßt werden könnten

TEST: "Zeitfresser"

A. Im Berufsleben

Im folgenden Test sollten Sie versuchen, Faktoren zu bestimmen, die sich für Sie persönlich als "Zeitfresser" auswirken und Sie vor Probleme stellen.

PLANUNG

O 1. Unfähigkeit, mir Ziele zu setzen

O 2. Keine Tagesplanung

Zweiter Teil - Test: "Zeitfresser"

O 3. Mangelnde Klarheit oder Wechsel von Prioritäten

O 4. Unerledigte Aufgaben

O 5. "Krisenmanagement" und "Feuerwehreinsätze"

O 6. Keine präzisen Terminfestsetzungen

O 7. Unfähigkeit zu korrekter Zeiteinschätzung

ORGANISATION

O 8. Keine persönliche Organisation/überladene Aufgabenliste

O 9. Doppel-Arbeit

O 10. Unklare Verantwortlichkeiten

O 11. Verschiedene Vorgesetzte

LEITUNG

O 12. Aufgabenerledigung unter meiner Leitung

O 13. Routinedetails

O 14. Unwirksame Delegierung

O 15. Mangelnde Motivation

O 16. Mangelndes Geschick bei der Konfliktbewältigung

O 17. Mangelnde Anpassungsfähigkeit an Veränderungen

ÜBERWACHUNG

o 18. Störung durch Telefonanrufe

o 19. Unangemeldete Besucher

o 20. Mangel an Disziplin

o 21. Zu viele unterschiedliche/widersprüchliche Interessen

o 22. Fehler, Ineffektivität meiner Leistung

o 23. Keine Normen oder Arbeitsberichte

o 24. Unzureichende Informationen

KOMMUNIKATION

o 25. Sitzungen

o 26. Mangelnde Eindeutigkeit von Weisungen

o 27. Unaufmerksames, ungenügendes Zuhören

o 28. Cliquenbildung

ENTSCHEIDUNGSFINDUNG

o 29. Überstürzte Entscheidungen

o 30. Unentschlossenheit/Aufschieben

o 31. Entscheidungen durch Ausschußbeschluß

o 32. Perfektionismus

B. Im Privatleben

O 1. Schlechte Einkaufsplanung

O 2. Fehlende Planung bevorstehender Mahlzeiten

O 3. Erledigung von Aufgaben, die andere Familienmitglieder erledigen könnten oder sollten

O 4. Verabredungen aller Art (Arzt, Zahnarzt, Klavierstunden usw.) für sämtliche Familienmitglieder

O 5. Herumfahren der Kinder mit dem Auto

O 6. Unfähigkeit, auf bestimmte Anforderungen von außen Nein zu sagen (freiwillige Hilfe bei Veranstaltungen, Mitarbeit bei Vereinen u.ä.)

O 7. Suche nach Dingen oder Unterlagen für die anderen Familienmitglieder

O 8. Perfektionismus

O 9. Anderes

Kommentar

Wenn sie den Anlässen für gestohlene Zeit auf den Grund gehen, werden Sie feststellen, daß man sie (und das gilt gleichermaßen für das Berufs- wie für das Privatleben) in zwei Gruppen gliedern kann.

Zur einen Gruppe gehören die "externen Zeitfresser": Störungen durch Telefongespräche, unangemeldete Besucher usw.

Eine zweite Gruppe bilden die "internen Zeitfresser", wie zum Beispiel Mangel an Disziplin, Unfähigkeit zum Delegieren, Unentschlossenheit usw.

Die meisten von uns schätzen das Gewicht der externen Zeitfresser zu hoch ein, und das bedeutet, daß wir den anderen die Schuld zuschieben, was wieder dazu führt, daß wir uns zum Handeln außerstande sehen und unsere Pläne nicht verwirklichen können.

Es ist aber viel besser, Fehler zu machen und sie dann wieder gutzumachen (wobei man seine Lehren für die Zukunft daraus ziehen sollte), als die Schuld auf andere oder auf externe Faktoren zu schieben, was nur ein "Verkleistern" der tatsächlichen Situation ist.

Kapitel 13

Der größte - und verborgenste - "Zeitfresser"

Die Untersuchung von Professor De Woot über leitende amerikanische Angestellte, die wir schon im zweiten Kapitel zitierten, ergab auch eine hochinteressante Statistik: Im Durchschnitt wird ein leitender Angestellter in seiner Arbeit alle acht Minuten unterbrochen, und diese Unterbrechung nimmt drei Minuten in Anspruch, sei es nun ein unerwarteter Besuch oder ein Telefonanruf oder eine Panne am Tischrechner...

Wenn man weiß, daß er obendrein wenigstens zwei Minuten braucht, um sich erneut ausreichend auf seine unterbrochene Arbeit zu konzentrieren, wird Ihnen die Realität in aller Härte klar: von dreizehn Minuten "Arbeitszeit" verbringt jener, der seine Zeit nicht mit wissenschaftlicher Methodik nutzt, mehr als fünf Minuten mit gar nicht vorgesehenen Aktivitäten, die überdies oft nicht rentabel sind - das macht mehr als vierzig Prozent seiner Zeit aus!

Sicher werden Sie nun auch verstehen, warum manche Menschen glänzende Erfolge verbuchen können, während andere kümmerlich zurechtkommen. Allein schon dadurch, daß man seine Zeit sinnvoll einteilt und Unterbrechungen begrenzt, kann man 40 % an Produktivität gewinnen. Das ist doch enorm! Selbst wenn man von nur 40 Stunden wöchentlich am Arbeitsplatz ausgeht, gibt das 700 Stunden jährlich oder 94 volle Arbeitstage zusätzlich!

Auf diese Weise kann man lässig und leicht all jene überholen, die sich einfach durch äußere Ereignisse bestimmen lassen und es versäumen, die Nutzung ihrer Zeit zu organisieren. Sie brauchen nur ein paar weitere Prinzipien für den sinnvollen Gebrauch ihrer Zeit zu berücksichtigen, und schon können Sie ohne weiteres Ihre Effektivität verdoppeln - ja wirklich: verdoppeln.

Natürlich sind gewisse Unterbrechungen berechtigt und auch sinnvoll, und das Ziel unseres Zeitmanagement-Systems ist ja nicht, solche Unterbrechungen völlig auszuschalten (was ein überzogener, unrealistischer und möglicherweise sogar gefährlicher Anspruch wäre) - aber es geht darum, sie zu reduzieren, damit Sie mehr Zeit zum Nachdenken, zum Arbeiten, zu schöpferischem Handeln haben. Folgendes werden Sie durch das Zeitmanagement-System lernen:

1. Ihre "Selbst-Unterbrechungen" zu erkennen und auszuschalten

2. nutzlose Störungen durch Kunden, Lieferanten oder unerwartete Besucher wirkungsvoll abzublocken

3. verlorene Zeit durch "Diskussionen" unter Kollegen nachdrücklich zu reduzieren

4. diplomatisch und effektiv auch Störungen durch Vorgesetzte in den Griff zu bekommen

5. sich eine "einsame Stunde" zu sichern, damit Sie Ihre Arbeit besser planen und organisieren und jedes weitreichende Projekt, jede dringende Angelegenheit zu einem guten Ende bringen können

Gehören Sie zu den Leuten, die man leicht stören kann?

Störungen und Unterbrechungen gehören in so starkem Maß zum Alltag, daß man sich oft schon gar keine Rechenschaft mehr darüber ablegt, daß man bei der Erledigung auch nur einer bestimmten Aufgabe vielleicht Dutzende Male gestört worden ist. Wollen Sie sich nicht die Bedeutung dieses Problems für Ihre Zeitnutzung bewußt machen?

Führen Sie ein "Unterbrechungs-Journal"!

Nachdem Sie schließlich nicht jede Störung und Unterbrechung im Laufe eines Tages ausschalten können, ist es wichtig, festzustellen, welche davon geduldet werden können oder müssen und welche man ausmerzen muß.

Nehmen Sie sich einen typischen Tagesablauf vor und halten Sie fest, welcher Art, welcher Bedeutung und welcher Dauer diese Unterbrechungen waren.

Um die Sache zu vereinfachen, teilen Sie sie in zwei Gruppen ein:

1. **Nützliche**

2. **Unnötige**

Unterbrechungs-Journal

Woche vom.....................bis........................

Person	Anruf	Besuch	Dauer	Zweck	Bewertung

13 - Führen Sie ein "Unterbrechungs-Journal"!

Person   Anruf   Besuch   Dauer   Zweck   Bewertung

....
....
....
....
....
....
....
....
....
....
....
....
....
....
....

Mit diesem Journal vor sich sollten Sie dann folgende Liste aufstellen:

1. Häufigste Störer (innerbetrieblich/von außen)

2. Zeitraubendste davon

Unterscheiden Sie außerdem:

O **Unterbrechungen von außen** - unangemeldete Besucher, Anrufe, Kollegen, die Sekretärin ...

O **Selbst-Unterbrechungen** - Ablenkung, plötzliches Liegenlassen einer Arbeit, Träumen, Entscheidung, mitten in einer wichtigen und dringenden Arbeit einen Telefonanruf zu tätigen, etwas zu häufige und etwas zu lange Kaffeepausen ...

Wie schafft man es, nicht mehr als 5 bis 15 % nützlicher und notwendiger Unterbrechungen in seinem Umfeld zuzulassen - und sich auch selbst nicht mehr zu gestatten?

Wie lassen sich die häufigsten und zeitraubendsten Störungen auf ein Minimum reduzieren?

Empfangen Sie keinen Besucher ohne Voranmeldung!

Schärfen Sie Ihrer Sekretärin ein: Sie empfangen keinen Besucher mehr, der nicht angemeldet ist! Außnahmen von dieser Regel müssen äußerst selten und durch besondere Umstände gerechtfertigt sein. Sie werden sehen, daß Ihre Sekretärin eine wertvolle Verbündete bei Ihrem Ringen um sinnvolle Zeitnutzung sein wird.

Was Ihre Arbeitskollegen betrifft, ist das heikler, aber:

1. Gewöhnen Sie sie nach und nach daran, daß auch sie sich einen Termin geben lassen müssen. Seien Sie höflich, aber fest. Machen Sie ihnen begreiflich, daß Sie einen sehr ausgefüllten Terminkalender haben und nicht einfach nach Bedarf erreichbar sind.

2. Wenn es trotzdem zu einer Störung kommt, sollten Sie sich bemühen, sie so kurz wie möglich zu halten, indem Sie Ihrem Kollegen klar machen, daß Sie nur fünf Minuten erübrigen können, weil Sie einen wichtigen Bericht fertigstellen müssen.

3. Sprechen Sie sich mit Ihrer Sekretärin ab. Wenn ein Schwätzer zu oft auftaucht, soll sie ihn, soweit immer es sich machen läßt, abwimmeln mit dem Hinweis darauf, daß Sie außerordentlich beschäftigt seien.

Wenn er dann trotzdem in Ihr Büro platzt, muß zwei Minuten später Ihre Sekretärin auftauchen und Ihnen sagen, es sei ein dringendes Telefongespräch für Sie da oder Sie hätten gleich eine wichtige Besprechung ...

Sie dürfen aber nicht riskieren, daß Ihr Besucher Ihnen sagt:

"Ach, das macht nichts, ich kann ja warten, bis du dein Telefonat beendet hast!"

13 - Empfangen Sie keinen Besucher ohne Voranmeldung

In diesem Fall müssen Sie sich freundlich bei ihm bedanken und ihm sagen, Sie seien dann später wieder für ihn zu sprechen.

4. Ein guter Trick, um einem ungebetenen Kollegen klarzumachen, daß man nun keine Zeit mehr für ihn hat, besteht darin, daß man einfach aufsteht und ihn anlächelt.

5. Gewöhnen Sie sich regelmäßige Treffen mit allen an, mit denen Sie zu tun haben. Wenn ein Kollege Sie anruft oder in Ihr Büro stürmt, dann fragen Sie ihn, ob man das Problem denn nicht beim nächsten Treffen erörtern kann. Das trifft auf vier von fünf Fällen zu, denn nicht mehr als zwanzig Prozent von Störungen sind dringlich und wichtig.

6. Wenn Sie auf dem Korridor auf dem Weg in Ihr Büro oder in das eines anderen nicht angesprochen werden wollen, müssen Sie einen raschen und entschlossenen Gang haben.

Notfalls können Sie ja angestrengt in eine Unterlage schauen ...

Das soll nun nicht heißen, daß Sie Ihre Kollegen nicht grüßen oder ihnen freundlich zulächeln sollten. Ganz im Gegenteil! Aber mit zwei Sätzen, die von einem freundlichen Lächeln begleitet sind, können Sie jemandem, dem Sie begegnen, zugleich klarmachen, daß Sie ihn mögen, aber sehr beschäftigt sind:

- *Geht's gut?*
- *Danke, sehr gut.*
- *Mir auch - voll im Schwung!*

Und vor allem weitergehen! Wichtig ist, daß Sie Ihre Schritte nicht verlangsamen ...

7. Wenn ein Kollege, der Sie gewöhnlich ungebührlich lange aufhält, Ihnen ankündigt, er müsse Sie sofort in Ihrem Büro aufsuchen, <u>gehen Sie Ihrerseits in sein Büro</u>. Warum? Weil es erheblich leichter ist, selbst ein Büro zu verlassen, als einen anderen vor die Tür zu setzen!

8. "Glücklich lebt, wer im Verborgenen lebt"! Ziehen Sie sich also, soweit immer das möglich ist und vor allem dann, wenn Sie etwas Dringendes erledigen müssen in die Bibliothek, in das Sitzungszimmer oder ein nicht benutztes Büro zurück.

Werden Sie nicht zum Sklaven Ihrer Untergebenen!

In der Theorie ist es die Aufgabe von Untergebenen, Sie von Arbeiten zu entlasten. Leider aber sind oft in der Realität die Dinge nicht so, wie in Büchern beschrieben ...

Und so müssen Sie denn häufig in die Arbeit Ihrer Untergebenen eingreifen, um zahlreiche Fragen zu klären, die sie eigentlich in eigener Kompetenz sollten erledigen können.

Fachleute nennen das die "Delegierung nach oben"! Man schiebt Ihnen wieder die Aufgabe zu, mit der Sie jemanden beauftragt haben. Natürlich ist das nicht völlig zu vermeiden - in gewissem Umfang liegt es im Rahmen der normalen Aus- und Weiterbildung.

Wenn dieses Problem aber gehäuft auftritt, dann stimmt etwas mit der Delegierung nicht ...

Wie lassen sich die Schlingen vermeiden, welche Ihre Untergebenen auslegen, um Ihnen wieder Arbeiten zuschieben zu können, die sie eigentlich selbst erledigen sollten?

Der erste Schritt ist es, die Schliche zu erkennen, die sie anwenden, um wieder Ihnen die Verantwortung zuzuschieben:

1. "Wir haben da ein Problem"!

2. "Ich hätte hierzu gerne Ihre Zustimmung ...."

3. "Könnten wir uns hierüber einmal unterhalten?"

4. "Sie sind doch der einzige, der das wirklich kann ..."

Was kann man dagegen tun?

1. Verlangen Sie, daß Ihre Leute immer erst selbst versuchen, ein Problem zu lösen, ehe man damit zu Ihnen kommt. Delegieren Sie mehr und besser.

2. Verlangen Sie, daß Fragen gebündelt und auf Sitzungen gemeinsam behandelt werden.

3. Lassen Sie niemals zu, daß man bestimmte Arbeiten wieder Ihnen "andreht", ausgenommen, wirklich außerordentliche Dringlichkeit. Ihre Leute werden sich sonst nur daran gewöhnen, jede auftretende Schwierigkeit an Sie abzuschieben.

Ihre Untergebenen müssen selbständig sein. Wenn es sich als notwendig erweist, müssen Sie neue Anweisungen geben, Korrektur- und Lösungsvorschläge machen und für Ermutigung sorgen.

Vor allem aber sollten Sie nicht zögern, Ihre Leute auf die Probe zu stellen und sie zu fragen, wie sie denn das Problem lösen würden, wenn Sie nicht da wären.

Sie werden mit oft erstaunlichen Ergebnissen rechnen können!

4. Wenn Ihre Untergebenen täglich eine große Anzahl von kleinen Entscheidungen treffen müssen, dann legen Sie eine bestimmte Zeit fest, in der man im Verlaufe von etwa zwanzig Minuten gemeinsam bestimmte Punkte abklären kann.

Aber gewöhnen Sie Ihre Leute an Selbständigkeit. Jeder muß seine Verantwortung tragen und seine Entscheidungen treffen!

Lernen Sie, nein zu sagen!

Natürlich muß man positiv sein, so oft das nur möglich ist. Aber das darf nicht heißen, daß man niemals nein sagt. Würden Sie zum Beispiel auf die folgenden Fragen mit einem Ja antworten?

O Haben Sie Angst, jemanden im Stich zu lassen, der wirklich Hilfe braucht?

O Fürchten Sie, daß Ihre Untergebenen Ressentiments Ihnen gegenüber entwickeln, wenn Sie sie nicht anhören?

O Fürchten Sie, daß Ihr Verhalten Ihre Leute dazu bringen könnte, Ihnen die Unterstützung zu verweigern, wenn Sie selbst deren Rat brauchen?

Wenn es so ist, müssen Sie sich sagen, daß diese Unsicherheit allein aus einem Mangel an Selbstvertrauen herrührt!

<u>Lernen Sie es, nein zu sagen!</u> Das ist anfänglich sicher schwierig, aber für das Nein-Sagen gibt es ja verschiedene Formen:

"Es tut mir leid, aber im Augenblick habe ich wirklich keine Zeit."

"Ich kann jetzt nicht länger mit dir darüber reden ..."

"Könntest du nicht gegen Abend deshalb nochmals zu mir ins Büro kommen?"

Lernen Sie, viel öfter nein zu sagen.

Nehmen Sie sich Zeit zum Nachdenken

Geben Sie nicht gleich Ihre Zustimmung, wenn man Sie unterbricht und etwas von Ihnen will. Nehmen Sie sich für Ihre Antwort Zeit.

Rufen Sie dann zurück, oder lassen Sie besser noch Ihre Sekretärin zurückrufen, um zu sagen, daß es Ihnen leid täte, aber daß Sie sich jetzt nicht damit beschäftigen könnten ...

Nein zu sagen, ist wirtschaftlich

Manche Leute trauen sich nicht, nein zu sagen, ärgern sich dann darüber, schlucken aber Ihre Wut hinunter. Das ist ein Mangel an Selbstbewußtsein.

Vergessen Sie nicht, daß bewußte Nutzung der Zeit ständige Entscheidungen erfordert. Nein zu sagen, ist auch eine Entscheidung.

Gab es nicht schon zu oft Situationen, wo Sie es vorgezogen hätten, nein zu sagen, es aber nicht wagten? Rufen Sie sich die letzten davon ins Gedächtnis zurück und denken Sie an all die Nachteile, die Ihre Unfähigkeit, nein zu sagen, dabei verursacht hat.

Ein letzter Kniff zur Kunst des Nein-Sagens: Entwickeln Sie einen Reflex, der Ihrem jetzigen gerade entgegengesetzt ist. Denken Sie immer erst "nein", dann "vielleicht", und erst dann, wenn überhaupt, "ja".

So verhalten sich die Spitzenmanager ... das muß ihnen also viel bringen!

Was tun, wenn Ihr Chef Sie stört?

Ihr Chef scheut sich nicht, Ihnen die Zeit zu stehlen?

Hier sind acht Möglichkeiten, um ihn von vornherein daran zu hindern:

1. Gehen Sie in seinem Beisein die Liste der zu erledigenden Arbeiten durch, unter Hinweis auf die Endtermine dafür oder für Teilaufgaben.

2. Fragen Sie ihn, wie hoch er den jeweiligen Zeitbedarf dafür einschätzt.

3. Fragen Sie sich selbst ehrlich, ob sich die Arbeiten in der vorgebenen Zeit bewältigen lassen.

4. Sie sollten immer kleinere Arbeiten zur Hand haben und die Unterlagen dafür mit sich führen, wenn Sie damit rechnen müssen, bei einem Gespräch oder einer Sitzung mit ihm warten zu müssen.

13 - Was tun, wenn Ihr Chef Sie stört?

5. Bitten Sie Ihren Chef darum, seine neuen Ideen doch während des Mittagessens zu diskutieren.

6. Bitten Sie bestimmte Kollegen, doch über diese Themen und Ideen einen Ordner anzulegen.

7. Bringen Sie Vorschläge ein, um unnötige Unterlagen oder Abläufe zu vermeiden.

8. Lernen Sie, nein zu sagen. Ein ganz einfaches, klares, bestimmtes und ... überzeugendes "Nein".

Was nun Ihren Chef ganz persönlich betrifft - wie sind gegenwärtig Ihre Reaktionen, wenn er Sie stört oder von der Erledigung Ihrer Arbeit abhält? Halten Sie hier Ihre Antwort fest:

....
....
....
....
....
....
....

Gut so! Und nun versuchen Sie, unter dem Eindruck dessen, was dieses ganze Kapitel dazu aussagte, in einigen Stichworten aufzuschreiben, welche Reaktion Sie von nun an zeigen werden und zu welchem neuen Verhalten Sie sich entschlossen haben:

....
....
....
....
....
....
....
....

13 - Was tun, wenn Ihr Chef Sie stört?

....
....
....
....
....
....
....
....
....
....

Es gibt jedoch nicht nur die offenkundigen Störungen und Unterbrechungen. Da gibt es obendrein andere und versteckte, deren Ursache Ihre Umgebung ist - Ihr Büro zum Beispiel. Mit ihnen werden wir uns im folgenden Kapitel befassen.

Lernen Sie, NEIN zu sagen!

Kapitel 14

Gestalten Sie Ihr Arbeitsumfeld richtig!

Woran erinnert Ihr Schreibtisch?

Eher an eine Rumpelkammer? Oder an ein konstruktivistisches Gemälde - aufgeräumt, nahezu leer?

Könnten Sie ihn jeden Abend rasch freimachen? Oder stapeln sich darauf Unterlagen in beängstigenden Stößen?

Jeder hat seinen persönlichen Stil: "Sage mir, wie dein Schreibtisch aussieht, und ich sage dir, wer du bist."

Beethoven komponierte umgeben von einem Wust von Büchern und Partituren. Aber er hatte das Glück, ganz für sich allein arbeiten zu können - wenn er komponierte, verbot er jedem seine Tür, und obendrein hatte er eben das Genie eines Beethoven!

Im allgemeinen aber macht ein übervoller Schreibtisch einen schlechten Eindruck auf Ihre Besucher, Ihre Kollegen ... und Ihren Chef!

Und sein Anblick wird sehr bald auch entmutigend. Das jedenfalls haben die Psychologen festgestellt. Tatsächlich übt Ihr Arbeitsumfeld einen direkten Einfluß auf Ihre Psyche aus - und auf Ihre Mitarbeiter!

14 - Woran erinnert Ihr Schreibtisch?

Und wie sieht Ihr Büro aus? Nachfolgend ein paar Fragen, um ein Bild davon zu entwerfen:

Das Aussehen Ihres Büros:

	Ja	Nein
1. Ist Ihr Schreibtisch oft belegt mit Stapeln von Unterlagen und Papieren jeder Art?		
2. Ist darauf wenigstens ein bestimmtes Plätzchen reserviert für vorrangige Unterlagen und für die Arbeit, die als nächstes vor Ihnen liegt?		
3. Wenn Sie sich Ihrem Schreibtisch nähern, erfüllt Sie dann ein positives Gefühl, eine Empfindung der Befriedigung?		
4. Herrscht auf Ihrem Schreibtisch ein solches Durcheinandern, daß Sie sogar, mehr oder weniger unbewußt, zögern, sich ihm zu nähern?		
5. Würden Sie die Atmosphäre Ihres Büros als heiter, hell und luftig einstufen?		
6. Glauben Sie, daß Ihr Büro einlädt zu klaren Gedanken, Kreativität, Optimismus und Effektivität?		
7. Kommt es oft vor, daß Sie Schwierigkeiten damit haben, bei einem Telefongespräch sich Notizen zu machen, oder daß Sie erst das Telefonkabel entwirren müssen?		

	Ja	Nein
8. Finden Sie leicht den nötigen Platz zum Arbeiten?		
9. Kommt es vor, daß Sie in Ihrem Büro eine Akte/ einen Ordner/einen Bericht suchen müssen, weil sie/er "verschwunden" ist?		
10. Schätzen Sie es, Besuch im Büro zu empfangen?		

Nun, wie viele "Ja" gibt es? So viele? Dann brauchen Sie Ratschläge und Tricks, die Ihnen dabei helfen, das zu ändern.

Sind Sie bereit? Dann schließen Sie die Tür, damit man Sie nicht stören kann - und Sie nicht in der Rolle eines Möbelpackers sieht!

Alles in Reichweite haben

Verzeihen Sie - mit welcher Hand haben Sie jetzt die Tür geschlossen? Wenn Sie, weil sie klemmte, beide Hände brauchten, zählt das nicht - was ich wissen muß, ist, ob Sie Rechts- oder Linkshänder sind. Das ist wichtig: Vergewissern Sie sich, ob Ihr Telefon links steht, wenn Sie Rechtshänder sind.

Warum? Nun, wie wollen Sie denn etwas notieren, wenn Sie in der rechten Hand schon den Hörer haben? Es würde genügen, ihn dann in die linke Hand zu nehmen? Interessant. Schreiben sie lieber unter oder über dem Telefonkabel?

Wenn Sie also Rechtshänder sind, müssen sich Ihr Telefon, Ihr Computerbildschirm und Ihre Tischlampe links befinden (jedenfalls, wenn Sie an trüben Winterabenden beim Schreiben den Schatten Ihrer Hand auf dem Blatt vermeiden wollen). Auf der rechten Seite sollten dagegen sein: ein Verzeichnis wichtiger Telefonnummern und der eventuellen Disketten, Papier, Stifte und Kugelschreiber, Tischrechner, Diktiergerät und zwei Tischuhren mit großen Ziffern - eine für Sie selbst (Ihre Zeit ist wertvoll) und eine für Ihre Besucher (lassen Sie sich durchaus anmerken, während einer Unterhaltung, wie wertvoll Ihre Zeit tatsächlich ist!).

Sie sind Linkshänder? Dann brauchen Sie nur auf die andere Seite Ihres Schreibtisches zu gehen und das alles genau auf die andere Seite zu räumen, oder Sie wechseln anhand einer gedachten Mittellinie den Inhalt der jeweiligen Hälften aus.

Haben Sie ausreichend Platz?

Setzen Sie sich hin und breiten Sie die Arme aus. Wenn Sie mit den Händen in etwa die Seitenkanten Ihres Schreibtisches umfassen können, müßten Sie in seiner Mitte normalerweise einen absolut freien Raum vor sich haben - so läßt sich perfekt arbeiten. Wenn der Platz nicht ausreicht, dann verbannen Sie Telefon, Bildschrim etc. auf eine Zusatzplatte oder ein Anstellmöbel - Sie mpüssen jedennfalls für ausreichend Platz zum Arbeiten sorgen.

In unmittelbarer Griffweite, muß sich ein Gestell mit mehreren Ablagekörben übereinander befinden, in die Sie Papiere und Unterlagen nach drei Kategorien verteilen können: Dringend, Wichtig und zur Ablage/Weiterleitung. Sie müssen dafür sorgen, daß stets zunächst der erste, dann der zweite und schließlich der dritte Korb sich so rasch wie möglich leeren.

Um das zu schaffen, brauchen Sie einen großen Papierkorb, oder besser... gleich mehrere!

Jetzt können Sie aufstehen. Ich hoffe, daß Ihr Stuhl oder Sessel drehbar und kippbar ist und auf Rollen läuft. Bequem und in der Höhe verstellbar ist er auch noch? Dann ist es gut...

14 - Haben Sie ausreichend Platz?

Schauen wir uns nun weiter in Ihrem Büro um...

An einem leicht erreichbaren Platz muß sich alles, was Sie an Zubehör und Arbeitsmaterial brauchen (Stifte, Kugelschreiber, Büroklammern, Papier, Klebeband usw.), in ausreichender Menge befinden, damit Sie sich niemals bei einer wichtigen Arbeit nur deshalb unterbrechen müssen, um für Nachschub zu sorgen.

In Ihrem Büro gibt einen geheimnisvollen Dieb von Radiergummis und Kugelschreibern? Wenn Sie nichts abschließen können, sollten Sie sich ein Kästchen oder einen Ordner mit einer unverfänglichen Kennzeichnung anlegen und dort Ihre Reserve verstecken...

Einige Tips für die Gestaltung eines kreativen Arbeitsraumes

Sorgen Sie schon durch die Aufstellung Ihres Schreibtisches und die Büroeinteilung für Schutz vor Störungen. Richten Sie es so ein, daß man Sie nicht von der Türe aus sieht. Schon damit können Sie die Versuchung für Besucher unterbinden und werden somit weniger abgelenkt. Wenn Sie in einer Bürolandschaft oder einem Großraumbüro sitzen, können Sie sich einer Trennwand oder einer großen Grünpflanze bedienen, um eine Abschirmung zu erreichen. Setzen Sie Ihre Sekretärin so, daß diese allein schon durch ihre Anwesenheit zur Barriere wird.

Stellen Sie Ordner so auf, daß sie leicht und rasch zugänglich sind.

Schaffen Sie, soweit es nur irgend möglich ist, eine "schöpferische Ecke": Stellen Sie zum Beispiel Ihr Sofa so auf, daß man es von der Eingangstür Ihres Büros aus nicht sieht.

Wählen Sie, wenn Sie die Möglichkeit dafür haben, warme Farben, um Ihre Kreativität zu fördern (Chamois, helles Pfirsich, Zartrosa), oder Farben, die der Konzentration förderlich sind (Blau, Blaugrün, Grün).

Meiden Sie Farben wie Gelb oder Lavendel (das läßt Sie schlecht aussehen) und Rot: Von dieser Farbe ist bekannt, daß sie Leute bei der Arbeit nur aufregt und schließlich entnervt.

14 - Haben Sie ausreichend Platz?

Setzen Sie sich nicht direkt vor ein Fenster. Es ist besser, wenn die Beleuchtung indirekt ist oder, noch besser, von hinten ungefähr in Schulterhöhe kommt. Wenn Sie keine Deckenbeleuchtung haben, empfiehlt sich eine normale Schreibtischlampe und eine mit Halogenlicht - die eine für eine warme Atmosphäre, die andere für gute Ausleuchtung.

Die BOSTA (Buffalo Organization for Social and Technological Association) hat über sechs Jahre hinweg eine Untersuchung bei 6.000 Mitarbeitern von 70 Unternehmen durchgeführt, um festzustellen, ob eine durchschnittliche Produktivitätssteigerung um 15 % bei "Weiße-Kragen-Mitarbeitern" (also den Leuten am Schreibtisch im Gegensatz zu den Fabrikarbeitern "im blauen Anton"), in Worten fünfzehn Prozent, erreichbar sei durch eine bloße Neugestaltung ihres Arbeitsplatzes.

Die Ratschläge der BOSTA sind einfach - es gelte drei entscheidende Faktoren und neun Parameter zu berücksichtigen. Die Faktoren:

1. Mitbestimmung des Personals: Die besten Ergebnisse wurden in jenen Firmen erzielt, die ihren Mitarbeitern die Mitwirkung bei der Gestaltung und Einrichtung des Arbeitsplatzes ermöglichen.

2. Die Ausstattung: Der Arbeitsplatz muß bequem und mit entsprechenden Kommunikationseinrichtungen ausgestattet sein.

3. Das Bedürfnis nach Intimität: Dringender Empfehlung zufolge sollte der Arbeitsplatz wenigstens auf drei Seiten abgeschlossen sein.

Und die Parameter:

1. Die vom Arbeitsplatz belegte Fläche: Die Zufriedenheit am Arbeitsplatz kann vom zugebilligten Raum abhängen;

2. Das Mobiliar: Anzahl, Qualität, Zuschnitt und Ausmaße der Möbel (Schreibtische, Sessel, Stühle) und deren Aufstellung beeinflussen ebenfalls den Grad der Zufriedenheit;

3. Die Fenster: Man hat sie gern in der Nähe.

4. Temperatur und Luftqualität: Diesbezüglich werden vor allem Veränderungen als unangenehm empfunden (Sowie negative oder auch positive Ionisation der Luft).

5. Beleuchtung: Auftreten von Reflexen und Schatten, Verteilung der Lichtquellen.

6. Lärm: Je höher der Lärmpegel, desto geringer die Zufriedenheit.

7. Persönliche Note: Möglichkeit zur Aufstellung von Fotos, Pflanzen, persönlichen Objekten wird sehr geschätzt.

8. Farben: Bevorzugugn von Pastellfarben und warmen Materialien (Wolle, Stoff).

9. Beschäftigungsebene: Man zieht es oft vor, nicht ganz ganz allein für sich zu arbeiten, aber eine zu große Zahl von Kollegen vergrößert auch die Sorge vor Belästigung.

Nach einem Beitrag in der Zeitung "Les Echos, l'industrie" vom 6.4.1988.

Meine kleinen Schliche, um Zeit zu gewinnen

Hier noch ein paar zusätzliche Ideen, die von Nutzen für Sie sein könnten:

O Alle meine Arbeitsgeräte (Füllhalter, Schere, Klebestift usw.) kaufe ich gleich doppelt. Das spart mir Sucherei, wenn ich etwas davon einmal verlegt oder verliehen habe.

14 - Meine kleinen Schliche, um Zeit zu gewinnen

O Diese Arbeitsgeräte hängen bei mir an der Wand an Klammern, die ursprünglich für Werkzeuge gedacht waren. Ich muß sie also nicht in irgendeiner Schublade oder einem sonstigen Behältnis suchen.

O Meine "Papierwaren" sind in kleine Schubfächer eingeordnet, wie man sie sonst für Schrauben und Nägel benutzt. Ja, ich gebe zu, was Sie sicher schon erraten haben: Bastler bin ich auch...

O Mein Telefon hängt an der Wand, wodurch ich mehr Platz auf meinem Schreibtisch habe.

O Mein Büro ist ganz klein, und das ZWINGT mich, es regelmäßig aufzuräumen. Als ich ein großes Büro hatte, herrschte überall Unordnung.

O Mein Papierkorb ist RIESIG - und doch ist er immer sehr schnell voll! Ich betrachte ihn als meinen besten Freund.

Und mein Büro ist vollgestopft mit elektronischem Gerät aller Art, das mir Zeit sparen hilft...

Sie sind skeptisch? Dann warten Sie nur das nächste Kapitel ab...

**Wenn Sie vor Ihrem Schreibtisch sitzen,
muß alles in Griffweite sein!**

Kapitel 15

Verstehen Sie, die neuen Technologien zu nutzen?

Kommunikation mit elektronischer Geschwindigkeit

Die neuen Technologien können hervorragende Dienste leisten und Ihnen zu wertvollem Zeitgewinn verhelfen. Nutzen Sie sie, profitieren Sie davon! Probieren Sie es zumindest aus und denken Sie dabei daran, daß das Telefon - ohne das Sie sich das Leben doch gar nicht mehr vorstellen könnten - zur Zeit seiner Erfindung als "Schnickschnack" ohne jede Zukunft betrachtet wurde!

Natürlich muß man vorsichtig sein mit der Anschaffung einer ganz neuen Ausstattung und sich zunächst einmal die Frage stellen, ob man die Ausrüstung, die man bereits hat, schon optimal nutzt, und ob eine Neuausstattung auch wirklich notwendig ist.

Gehen wir also zunächst einmal das Zubehör durch, das sich ein Manager anschaffen kann, um Zeit zu gewinnen.

Nutzen sie Ihren Taschenrekorder richtig!

Ein Taschenrekorder oder "elktronisches Notizbuch" ist eine außerordentlich praktische Sache: günstig in der Anschaffung, leicht

15 - Nutzen Sie Ihren Taschenrekorder richtig!

und kompakt - man kann ihn stets bei sich führen.

Die meisten Geschäftsleute oder leitenden Angestellten haben einen oder auch mehrere und möchten um nichts in der Welt darauf verzichten. Im Auto, im Flugzeug, im Taxi, bei Tagungen und Kongressen - bei jeder Gelegenheit nutzen sie ihn.

Das ist ein bißchen wie eine Sekretärin, die einen überallhin begleitet...

Hier ein paar Ratschläge, um dieses kleine Gerät gewinnbringend einzusetzen, das eine ausgezeichnete Investition ist.

1. Machen Sie einen "Lehrer auf Knopfdruck" daraus!

Erweitern Sie Ihre berufliche Kompetenz, indem Sie damit Lehrgänge oder Seminare aller Art hören! Es gibt heute auch schon Management-Lehrbücher in Kassettenform.

2. Nutzen Sie die Vorteile der Wiederholung!

Wissen Sie, daß Sie annähernd achtzig Prozent von dem, was Sie im Laufe eines Tages hören, wieder vergessen?

Nehmen Sie also, um sie sich besser merken zu können, wichtige Ausführungen zu Aspekten Ihrer Arbeit auf und spielen Sie die betreffenden Bänder wiederholt ab.

Durch die Wiederholung wird sich Ihnen das, was zu wissen für Sie wichtig ist, viel tiefer einprägen.

Nehmen Sie, statt Berichte und Aktennotizen zu lesen, die wichtigsten Passagen daraus auf Band auf und spielen Sie sie ganz nach Belieben so oft Sie wollen wieder ab.

3. Legen Sie sich damit Ihr persönliches Archiv an!

Sie können damit in den kleinsten Details alle wichtigen Unterhaltungen festhalten, die Klauseln eines Geschäftsabschlusses, Ausführungen und Entscheidungen bei Sitzungen und vieles mehr.

4. Setzen Sie das Gerät als Ihren "Sprecher" ein!

Statt Zeit damit zu verlieren, mehrfach Ihre Weisungen zu wiederholen, können Sie ein entsprechend besprochenes Band unter Kollegen und Untergebenen zirkulieren lassen.

5. Machen Sie es zum stets anwesenden "Privatsekretär"!

Dank dieses kleinen Gerätes können Sie zu jeder Zeit Stellungnahmen, Anweisungen, Berichte, Aktennotizen und Briefe diktieren.

Setzen Sie es auch als Notizbuch ein, um jederzeit Ideen festzuhalten, die Ihnen durch den Kopf schießen.

Sie können ein Band natürlich auch unter Ihren Kollegen zirkulieren lassen, damit diese Stellungnahmen und Kommentare oder Ergänzungen hinzufügen. So kann das Band die Rolle einer Vorschlags-Sammelmappe übernehmen.

Reduzieren Sie die Zeit für Ihre Post auf ein Viertel!

Jede Woche verbringen Sie Stunden mit der Erledigung Ihrer Post. Wenn Sie zur "alten Schule" gehören, schreiben Sie vielleicht noch von Hand; lange Minuten verbringen Sie damit, schöne Sätze zu drechseln und sie dann noch zu verbessern...

Das Ergebnis? Sie beeindrucken Ihren Briefpartner damit nicht notwendigerweise positiv. Und Sie beeindrucken ihn auch nicht negativ.

Die Wahrheit ist, daß Sie <u>in neun von zehn Fällen lediglich Zeit verloren haben.</u> Warum? Ganz einfach, weil Ihr Ansprechpartner gar nicht die Zeit hat, Ihre schöne Prosa zu genießen. Er hat es eilig und ist allein an den Informationen interessiert, die Ihr Brief enthält.

Im übrigen haben mir meine Erfahrungen gezeigt, daß es besser ist, sich kurz zu fassen und sich auf das Wesentliche zu beschränken, d.h. auf die <u>Information</u>, und damit auch Mißverständnisse zu vermeiden.

Eine der besten Möglichkeiten dazu ist der Einsatz des großen Bruders des Taschen-Kassettenrekorders - des Diktiergeräts.

Ein Diktiergerät ist nicht teuer und bringt trotzdem eine erhebliche Zeitersparnis. Dennoch haben Untersuchungen gezeigt, daß vier von zehn Managern immer noch ihre Post von Hand vorbereiten.

Dabei verringert man allein schon dadurch, daß man die Post seiner Sekretärin diktiert, die zur Erledigung der Korrespondenz nötige Zeit auf die Hälfte.

Durch den Einsatz eines Diktiergerätes aber können Sie den Zeitaufwand sogar auf ein Viertel reduzieren!

Wobei noch nicht einmal die finanzielle Seite berücksichtigt ist: Nach meiner Berechnung kostet ein Brief, den man persönlich einer Sekretärin diktiert, 30 % mehr als bei Einsatz eines Diktiergerätes.

Wie man mit dem Diktiergerät umgeht

O Sagen Sie sich, daß jede Person, die <u>sprechen</u> kann, auch <u>diktieren</u> kann.

O Wenn Ihre Stimme Ihnen "grauenhaft" vorkommt, wenn Sie sie das erste Mal hören, brauchen Sie sich nicht zu beunruhigen: Das ist nur eine Sache der Gewohnheit. Akzeptieren Sie sie, wie sie ist. Je mehr Sie diktieren, desto sicherer werden Sie.

O Legen Sie Ihre Ziele fest, ehe Sie zu sprechen beginnen, und Teil-Ziele. Machen Sie nach jedem Teilziel eine Pause.

O Umreißen Sie am Anfang immer in groben Zügen, worum es geht, und nennen Sie die Empfänger.

O Stellen Sie sich vor, daß die Person, an die Sie sich wenden, vor Ihnen sitzt, und sprechen Sie so aufs Band, als ob Sie persönlich mit ihr redeten.

O BRECHEN SIE NICHT ZWISCHENDURCH AB. Es ist dank der Textverarbeitung so leicht, anschließend zu korrigieren...

O Nehmen Sie sich zur Einübung einen Text vor, der schon handschriftlich vorliegt, und diktieren Sie ihn. Vergleichen Sie die Vorlage und die Maschinenübertragung aufgrund Ihres Diktats, vor allem auf Mißverständnisse.

O Diktieren Sie dann die Zusammenfassung eines wichtigen Artikels.

O Beginnen Sie dann schließlich mit dem Diktat von Dingen, die Sie gut beherrschen.

O Sorgen Sie dafür, daß Sie während des Diktates <u>nicht unterbrochen werden</u>.

O Diktieren Sie nur, wenn Ihre Sekretärin ein Wiedergabegerät mit Wiederholung oder Lautsprecher hat.

Machen Sie Ihren Telefonanrufbeantworter zur zweiten Sekretärin

Ein Telefonanrufbeantworter kann eine ideale Lösung sein, vor allem wenn Sie zu Hause arbeiten und sich die Dienste einer Sekretärin nicht leisten können oder leisten wollen.

Seit ich einen habe, frage ich mich, wie ich jemals ohne ihn auskommen konnte: Meine Kunden und Freunde, die am Anfang ein wenig protestiert hatten, machen mir jetzt Vorwürfe, wenn ich vergesse, ihn einzuschalten!

Ich sage Ihnen das, um zu verdeutlichen, wie stark oft der Wiederstand gegen neue Technologien ist, bis man sich von ihrem Nutzen für sein tägliches Leben überzeugt hat...

Ein Telefonanrufbeantworter erlaubt es Ihnen:

1. erreichbar zu sein, selbst wenn Sie nicht anwesend sind;

2. Anrufe entgegen zu nehmen, auch wenn Sie sich gerade bei einer wichtigen Arbeit nicht stören lassen wollen; der Apparat "filtert" die Anrufe;

3. Gespräche mitzuhören, wenn Ihr Anrufer seine Nachricht durchgibt, und das Gespräch persönlich anzunehmen, wenn Sie den Eindruck haben, daß es sich lohnt;

4. sich auch dann darüber zu informieren, wer angerufen hat, wenn Sie gar nicht zu Hause sind, denn Sie können den Anrufbeantworter auch telefonisch abfragen (ich empfehle Ihnen dringend ein Modell, das diese Möglichkeit bietet).

Wenn Sie möchten, daß Ihr Anrufer Ihnen eine Nachricht hinterläßt, sollten Sie Ihren Ansagetext zu einem Musterbeispiel guter Kommunikation machen: Die Qualität der Kontaktaufnahme wird über die Folgeergebnisse entscheiden. Lächeln Sie beim Sprechen, seien Sie entgegenkommend und freundlich, natürlich, lebendig, und drücken Sie sich klar aus - und niemand wird mehr den Hörer auflegen wollen, wenn sich Ihr Anrufbeantworter meldet.

Sollten Sie sich einen Computer kaufen?

Die Werbung ist heute zu verlockend. Für weniger als 2.000 DM wird Ihnen schon Textverarbeitung angeboten. Für kaum mehr als dreitausend Mark werden Ihnen schon höchst leistungsfähige Mikrocomputer angeboten mit einer Auswahl von Programmen, die noch vor fünf Jahren unvorstellbar waren.

Was soll man tun? Zunächst einmal vermeiden, sich Hals über Kopf in die Sache hineinzustürzen: Diese Investition kann, auch wenn Sie Ihnen im Augenblick gar nicht so folgenschwer erscheint, der Auslöser für sehr viel umfangreichere Ausgaben sein.

15 - Sollten Sie sich einen Computer kaufen?

Das Problem ist nämlich nicht, einen Computer zu kaufen oder auch nicht, sondern zu wissen, was heute Ihre echten Bedürfnisse sind und was man für die nächste und nähere Zukunft bedenken muß. Erst dann kann man von der Ausstattung sprechen.

Also:

1. Vor welcher Art von Problemen stehen Sie heute?

O   Keine Zeit für die Erledigung der Korrespondenz.

O   Ich muß oft die gleichen Dinge neu schreiben/neu abtippen.

O   Ich habe oft Buchungen vorzunehmen, die sich ähneln und die ich immer von Hand übertragen muß.

O   Ich habe stets große Mühe damit, meine Unterlagen und Informationen zusammenzutragen und entsprechend aufzubereiten, um ein Buch/einen Bericht/eine Zusammenfassung zu schreiben, einen Plan/ein Schema/ein Muster zu entwerfen.

2. Welche Bedürfnisse könnten auf Sie zukommen?

O   Ich würde gelegentlich gerne meinen Entwurf/die Abfolge der Absätze verändern, nur um das mal auszuprobieren.

O   Ich würde gerne jeden Monat wissen, wie ich finanziell stehe: eine Gewinn- und Verlustrechnung machen, eine Bilanz, eine Wirtschaftlichkeitsberechnung usw. ...

O   Ich würde gerne meinem Drucker Text und Entwurf für meine Broschüre/meinen Prospekt auf Diskette zur automatischen Weiterverarbeitung übergeben, womit ich nicht nur Zeit, sondern auch Geld sparen würde und außerdem sicher wäre, daß das Ergebnis genau meinen Vorstellungen entspricht.

O   Ich hätte gerne eine aktuelle Kundenliste mit allen wesenlichen Angaben sowie die Möglichkeit sie für verschiedene Statistiken auszuwerten, ein besseres Bild von den Kunden zu haben, Ihnen die passenden Angebote zu machen, Direktwerbung zu treiben, bei Kunden nachzufassen und sie regelmäßig zu informieren.

3. Langfristige Bedürfnisse bei anhaltend guter Entwicklung

O Ausgleichsmöglichkeiten dafür, daß ich mich weniger um die Kunden kümmern kann als erwünscht.

O Ich werde immer mehr und unterschiedliche Programme brauchen und verstärkt professionelle und spezielle Anwendungen.

O Ich würde meine Büros/Filialen/Agenturen miteinander verknüpft sehen wollen, damit sie stets die gleichen Informationen erhalten können.

O Alle meine Rechnungen usw. werden auf EDV umgestellt, desgleichen die Buchhaltung.

Diese Fragen müssen Sie sich beantworten, müssen Ihre Probleme definieren und Ihre kurz- und langfristigen Bedürfnisse. Seien Sie ehrlich dabei und realistisch und behalten Sie vor allem, ja wirklich: vor allem einen kühlen Kopf - reden Sie sich nichts ein.

Wie viele haben sich bei ihrer Firmengründung als erstes einen Mikrocomputer gekauft, weil sich das gut macht und seriös und professionell wirkt, obwohl sie gar keinen brauchten, um erst einmal ihre Idee zu testen und anzufangen?

Wie viele andere haben sich "preisgünstig" PCs gekauft, für die man sehr viel Reklame gemacht hatte, um dann festzustellen:

O daß sie von den Anwendungsmöglichkeiten her zu beschränkt waren

O nicht ihren Bedürfnissen entsprachen

O daß die zur Verfügung stehenden Programme weder ausreichend noch professionell genug waren

O daß die Peripheriegeräte (Sie wissen schon - all dieses Zeug, das man zusätzlich kaufen muß, wenn man die Speicherkapazität erweitern, ständigen Diskettenwechsel für eine vernünftige Programmeingabe vermeiden oder drucken will usw.) furchtbar teuer waren (sofern es sie überhaupt gab) oder

O daß es keinen Kundendienst für die Geräte gab, der diesen Namen verdient hätte!

Also - <u>nehmen Sie sich Zeit!</u>

Sie sind aufmerksam die Liste der Probleme und Bedürfnisse durchgegangen? Dann können wir uns der Technik zuwenden, der "Hardware".

Textverarbeitung oder Mikrocomputer?

Vorab eine kleine Präzisierung:

Textverarbeitung erlaubt durch eine entsprechendes System oder Gerät, Texte zu erfassen, zu speichern, zu korrigieren, abzurufen, neu zu gliedern und nach Bedarf zu verändern und zu ersetzen.

Nachdem Sie sich mit dem Zeitmanagement-System beschäftigen, sind Sie berufen, wichtige Positionen zu übernehmen und hohe Verantwortung zu tragen.

Daher würde ich Ihnen, auch wenn sich herausgestellt hat, daß für Ihre derzeitigen Bedürfnisse ein Textverarbeitungssystem ausreichen würde, empfehlen, eine Klasse höher einzusteigen. Wenn Sie also Probleme haben, die durch Textverarbeitung gelöst werden könnten, sollten Sie trotzdem sich für einen Mikrocomputer entscheiden.

Und warum? Weil die Preisunterschiede zwischen einem Textverarbeitungssystem und einem echten Mikrocomputer immer geringer werden und heute nur noch zwischen dreihundert und sechshundert Mark liegen.

Denn in einem oder in zwei Jahren, wenn Sie aufgrund neuer Verantwortlichkeiten einen Mikrocomputer brauchen könnten, wird es Ihnen gar nicht gefallen, daß Sie nur ein Textverarbeitungssystem haben, das nie etwas anderes sein kann als ein Textverarbeitungssystem. Dagegen wird Ihr Mikrocomputer nichts anderes nötig haben als eine Erweiterungskarte (mit Speichern oder Hilfsprogrammen), um Ihrem weiteren Aufstieg angepaßt zu werden.

Aber Achtung! Unterstellen Sie mir nicht, daß ich Ihnen gesagt hätte: "Kaufen Sie einen Mikrocomputer!" Ich habe Ihnen gesagt: "Kaufen Sie einen Mikrocomputer, wenn Sie wenigstens Probleme haben, die durch Textverarbeitung gelöst werden können!" Das ist eine entscheidende Nuance!

Welche Wahl für Ihren Mikrocomputer?

Am verbreitetsten sind die Systeme von IBM und APPLE (bei denen man im übrigen unterstellt, daß es in den nächsten Jahren zu einer Vereinigung kommen wird). Sie werden oft hören, daß ein System "kompatibel" sei - das heiß dann, kompatibel mit IBM.

Wenn Sie nicht sonderlich stark auf dem Gebiet der Informatik sind, wenn Sie davon ausgehen, daß Ihr Personal zumeist die Informatik erst entdecken muß, wenn Sie keine sehr spezifischen (oder sagen wir ausgefallenen) Bedürfnisse haben, und wenn Sie bereit sind, ein kleines bißchen mehr dafür zu bezahlen, daß man Ihnen das Leben erleichtert, bin ich versucht, Ihnen die Angebotspalette von APPLE zu empfehlen.

Wenn zu erwarten ist, daß Sie mit Leuten zusammenarbeiten, die IBM-Systeme verwenden, wenn bei Ihnen die Verknüpfung verschiedener Arbeitsplätze (zum Beispiel verschiedener Arbeitsstätten untereinander) und die spätere Ausstattung mit leistungsfähigeren Systemen angenommen werden kann, würde ich Ihnen zu IBM raten - oder, wenn Sie sparsam sind, zu "Klonen" von IBM, also Nachbauten; sie ähneln weitgehend dem Original, leisten oft das gleiche, sind aber erheblich billiger.

Stellen Sie Vergleiche an!

Als nächstes sollten Sie dann die folgenden Elemente vergleichen:

Den Preis Ihrer Konfiguration, also die Gesamtsumme für die Geräte, die Sie benötigen (wie zum Beispiel die Zentraleinheit, Doppellaufwerk, Festplatte, Grafikkarte, Modem, Anschlußgeräte, Programme).

Die verfügbare Programmbibliothek: Wählen Sie die Programme aus, die Sie wirklich interessieren, und denkken Sie dabei an "Mehrfachnutzung"; versichern Sie sich, daß die Software deutschsprachig ist und auch ein vernünftiges deutschsprachiges Begleitheft nicht fehlt. (Da können Sie Überraschungen erleben - warum finden Sie wohl in der Buchhandlung so viele Bücher, in denen eine bestimmte Software erst erläutert werden muß?)

Die "Verträglichkeit": Anpassungsfähigkeit und Leichtigkeit der Einarbeitung und Anwendung, Arbeitsgeschwindigkeit, Anzeige der Befehle auf dem Bildschirm, Betriebshilfen, Makrobefehle, Schulungsmöglichkeiten (für bestimmte Softwareprogramme und Mikrocomputer werden Schulungen angeboten).

Werdegang und Entwicklung: Bei älteren Modellen müssen Sie nach der Ausbau- und Modernisierungsfähigkeit fragen. (Ein Beispiel: Sie haben einen MacIntosh gekauft und ein Jahr später kommt der MacPlus heraus, woraufhin man Ihnen einen Bausatz verkauft, mit dem Ihr MacIntosh zum MacPlus wird; wenn dann der Mac SE kommt, empfiehlt man Ihnen wiederum einen Ergänzungsbausatz, und gleiches gilt für die Software: Bei jeder neuen Version, die wirklich wesentliche Änderungen mit sich bringt, wird Ihnen der Softwarelieferant die Rücknahme Ihres alten Softwarepakets und die Lieferung eines neuen gegen einen manchmal lächerlichen Aufpreis anbieten.)

Der Kundendienst: Informieren Sie sich in der Fachpresse und hören Sie sich im Kollegenkreis um - es ist außerordentlich wichtig, eine Marke und einen Lieferanten zu finden, die Ihnen einen tadellosen Kundendienst gewährleisten können. Stellen Sie sich vor, daß am Montagmorgen Ihr ganzes System ausfällt ... Wenn Sie in starkem Maße auf EDV umgestellt haben, kann das für Sie und all Ihre Mitarbeiter eine ganze verlorene Woche bedeuten!

Vermeiden Sie unbedingt, daß Sie in bezug auf Betreuung und Kundendienst in die Klemme kommen - das können Sie sich nicht erlauben. In diese Hinsicht ein wertvoller Rat: machen Sie regelmäßig ein "Backup", das heißt überspielen Sie alle Daten auf Reservedisketten, die Sie dann bei sich zu Hause oder in einem Bankfach, jedenfalls außerhalb Ihres Büros aufbewahren. Denn nichts ist sicher vor den Gefahren von Brand, Diebstahl, bewußter Zerstörung usw. oder auch einfach falscher Behandlung.

Bei den meisten IBM-Systemen und ihnen gegenüber kompatiblen Geräten führt zum Beispiel die nachträgliche "Formatierung" einer Festplatte dazu, daß Daten sich "in Rauch auflösen"!

Und nun? Jetzt ist es wie bei einem Auto - entscheiden müssen Sie sich selbst!

P.S.: Bevor Sie Ihre Brieftasche oder Ihr Scheckheft herausziehen, und genau in diesem Augenblick, sollten Sie nach einer gewissen "Zugabe" fragen - das Textverarbeitungsprogramm umsonst, ein Rabatt von fünf Prozent, kostenlose Disketten oder Papier usw. Oft klappt es damit, und wenn der Verkäufer es doch ablehnt, kommem Sie deshalb ja nicht ins Gefängnis ....

Fragen Sie Leute, die sich auskennen!

Fragen Sie jemanden, der Sie durch all das, was er tut, zu begeistern versteht, beim nächsten Zusammentreffen statt eines Geplauders über das schöne oder auch schlechte Wetter lieber nach dem EDV-System, das er hat, und nach den Programmen, die er verwendet.

Fragen Sie ihn auch nach den "Informatik-Tricks", die er zum Zeitgewinn nutzt: Makrobefehle, Personalorganisation usw.

Nur ein Beispiel dafür: Das französische Original zu dem Lehrgang, den Sie gerade vor sich haben, wurde erstellt mit einem Laserdrucker Ricoh 6000, gesteuert durch ein AT-IBM-Klon (ATS) mit einer Festplatte von 40 Megabyte, einem 3 1/2-Zoll-Diskettenlaufwerk von 1,44 Megabyte und einem 5 1/4-Zoll-Laufwerk von 1,2 Megabyte (sowie einem Modem).

Und die Software dazu? Als Software für das Desktop Publishing diente Ventura Publisher von Xerox, für die Textverarbeitung Sprint von Borland; für Zeichnungen, Grafiken, Tabellen und Datenbanken wurde GEM genutzt (Graphics Environment Manager - graphische Benutzeroberfläche) - wie Ventura.

Außerdem habe ich zwei "utilities" (Programmierhilfen, Dienstprogramme): einmal PC TOOLS DELUXE (großartig für die Datensicherung), und dann Sidekick Plus - das bietet ein sehr gutes System für die persönliche Zeitverwaltung, Telefonnummernverwaltung, einen elektronischen Notizblock und einen "outliner" für die Ideenproduktion.

Wenn Sie Englisch können, empfehle ich Ihnen, sich die Software direkt aus den Vereinigten Staaten kommen zu lassen - der Service ist zuverlässig, die Preise sind sehr viel niedriger als hier, und die Software ist nicht geschützt - keine unnötigen Diskettenmanipulationen also!

Soll man sich einen Fernkopierer anschaffen?

Die Leistung dieser neuen Geräte ist verblüffend: in einer Minute können Sie einen komplizierten Brief mit Foto und Zeichnungen ans andere Ende der Welt befördern, und das zum Preis eines Telefonanrufs!

Interessant, nicht wahr? Das Geräteangebot auf diesem Sektor ist in explosionsartiger Entwicklung, und in den USA und in Japan kaufen sich die Leute Fernkopierer auch schon zum privaten Gebrauch.

In Europa liegen die Preise noch ziemlich hoch, denn bisher sind die Anwender hierzulande noch meist mittlere und große Firmen. In den Vereinigten Staaten können Sie jedoch schon für weniger als achthundert Dollar Geräte finden, die die Funktionen Telefon, Fotokopiergerät und Fernkopierer in sich vereinen.

Ich persönlich möchte auf meinen Fernkopierer auf keinen Fall mehr verzichten: superschnell, effektiv, tragbar und mäßig im Anschaffungspreis erlaubt er mir, jederzeit mit unvergleichlicher Präzision und

15 - Soll man sich einen Fernkopierer anschaffen?

Effektivität mit anderen in Kontakt treten zu können und gleichermaßen von ihnen erreicht zu werden. Außerdem können die meisten Fernkopierer auch wie normale Fotokopierer eingesetzt werden ....

Mehr und mehr nutzt man diese Telefaxgeräte, wie solche Fernkopierer inzwischen überall auf der Welt genannt werden, sogar im innerbetrieblichen Verkehr miteinander. Das spart Herumlauferei, Boten und Telefongespräche. Und ganz im Gegensatz zum Telefon - das Fax stört Sie nicht! Sie können seinen Inhalt zur Kenntnis nehmen, sobald Sie eine bestimmte Aufgabe beendet haben.

Alle diese Technologien helfen uns, wertvolle Zeit zu gewinnen, indem sie es uns unter anderem ersparen, uns persönlich an einen anderen Platz zu begeben, wenn das überflüssig ist. Aber noch immer bleibt eine Kommunikationsform von alters her, die einer der großen "Zeitfresser" ist - die Sitzung!

Damit werden wir uns im folgenden Kapitel beschäftigen ...

**Warum wollen Sie persönlich das tun,
was eine Maschine gleich gut,
aber schneller erledigen kann?**

Kapitel 16

Machen Sie Ihre Sitzungen zu Werkzeugen des Erfolgs!

Leiden Sie an "Sitzungssucht"?

Sitzungen und Besprechungen sind notwendig: Sie erlauben eine ganz unmittelbare Kommunikation, sie gestatten den unmittelbaren persönlichen Kontakt, der unerläßlich ist für den Teamgeist und das Bewußtsein, Mitglied eines Unternehmens zu sein.

Mit ihrer Hilfe lassen sich oft Mißverständnisse klären, die durch Aktenotizen, Stellungnahmen und Arbeitsanweisungen entstanden sind, die Anlaß zu Verwirrung gaben. Sitzungen sind im allgemeinen auch notwendig für die großen Entscheidungen eines Unternehmens.

Im allgemeinen aber sind sie nicht so effektiv, wie sie eigentlich sein sollten.

Ein Beispiel dafür: Wieviel Zeit verbringen Sie wohl im Laufe eines Jahres mit Besprechungen?

1. **Zweierbesprechungen**

2. **Sitzungen auf Mitarbeiter-Ebene**

3. **Von der Geschäftsleitung anberaumte Sitzungen**

16 - Was kostet eine Sitzung tatsächlich?

Wieviel von dieser Zeit ist wohl produktiv?

Tatsächlich vertreten die meisten Manager die Ansicht, daß mindestens die Hälfte der für Sitzungen aufgewendeten Zeit verlorene Zeit ist!

Natürlich aber sind die Sitzungen nützlich!

Was kostet eine Sitzung tatsächlich?

Multiplizieren Sie doch einmal die Zahl der Minuten, die verlorengehen zum Beispiel durch:

O   Verspäteten Beginn

O   "geselliges Geplauder"

O   Abschweifungen

O   und anderes

mit der Zahl der Teilnehmer!   X   =

Eine neuere Untersuchung der amerikanischen Managementexperten Booz, Alen und Hamilton ergab, daß 299 Manager mit einem durchschnittlichen Jahresgehalt von 50.000 Dollar einräumen, daß <u>die Hälfte ihrer Zeit</u> für Sitzungen draufgeht.

Ein erheblicher Teil dieser Zeit aber wird vergeudet durch:

O   sterile Diskussionen

O   politische Manöver

O   persönliche Interessenkonflikte

Übung:
Addieren Sie den Stundenlohn aller Teilnehmer an einer Sitzung
und
multiplizieren Sie die Summe mit der Dauer der Sitzung!

Vergessen Sie nicht, den Aufwand für den Weg (wenn bestimmte Teilnehmer anreisen müssen), die Zeit für unnütze Unterhaltungen, die Kaffeepausen usw. dazuzurechnen!

....
....

Sie können daraus Nutzen ziehen!

Wie?

1. Indem Sie als Leiter <u>im Wissen um diese Kosten</u> eine solche Sitzung straffer durchführen!

2. Indem Sie dieses Wissen auch den anderen Sitzungsteilnehmern vermitteln.

3. Indem Sie offiziel die Kosten einer solchen Sitzung pro Minute verkünden. Auf diese Weise werden sich die Sitzungsteilnehmer um mehr Disziplin bemühen.

Welche allgemeine Regel sollte man sich setzen?

Bewerten Sie die Rentabilität einer Sitzung: vermeiden Sie Sitzungen, die 3.000 Mark kosten, für Entscheidungen von 300 Mark!

Um sicher sein zu können, daß Sie nicht unnötig eine Sitzung einberufen, sollten Sie sich die folgenden Fragen stellen und darauf auf möglichst einfache Art antworten - ohne Zögern und Abwägen, einfach mit "Ja" oder "Nein"!

1. Entspricht der Zeitaufwand der Sitzung wenigstens einem möglichen Gewinn, der durch die dabei getroffenen Entscheidungen erzielt werden kann?

2. Sind die Ziele der Sitzung klar definiert?

3. Gibt es billigere, schnellere oder angemessenere Alternativen, um zum gleichen Ergebnis zu kommen?

Haben Sie an eine Alternative gedacht?

Sehr häufig beruft man eine Sitzung ganz mechanisch und gewohnheitsmäßig ein, weil man das immer so gemacht hat und es keinen Grund dafür zu geben scheint, das zu ändern.

Aber nach dem Ihnen jetzt die wahren und oft erheblichen Kosten einer Sitzung bewußt geworden sind, sollten Sie sich stets vor der Einberufung fragen, ob es nicht eine Alternative gibt, die vorzuziehen ist, weil sie billiger, weniger zeitaufwendig und ganz einfach <u>effektiver</u> ist.

Hier einige der Alternativen, die Sie ins Auge fassen könnten:

1. Die Informationsmitteilung

Lassen Sie, statt eine Sitzung einzuberufen, eine Aktennotiz herumgehen, die alle Informationen enthält, die Sie in der Sache übermitteln wollen.

Kommentare und Stellungnahmen dazu können auf die gleiche Weise abgegeben werden.

2. Der "Vorschlagshefter"

O Beschreiben Sie das zu lösende Problem oder das zu erreichende Ziel und geben Sie die Unterlage in einen Hefter, eine Mappe.

O Legen Sie Hefter oder Mappe an einem allen zugänglichen Platz aus.

O Alle Interessierten sollen dann dort ihre Vorschläge, Kommentare usw. notieren...

16 - Haben Sie an eine Alternative gedacht?

O   Machen Sie schließlich regelmäßig eine Kopie zur Verteilung an die betreffenden Leute.

3. Haben Sie schon einmal an eine Telefonkonferenz gedacht? (Zu einer bestimmten Zeit können alle Teilnehmer die gleiche Nummer anrufen und Ihre Gedanken austauschen. Versäumen Sie aber nicht einen Diskussionsleiter zu bestimmen, wenn Sie ein Durcheinander vermeiden wollen.)

4. Auch der Computer ist ein effektives Mittel für eine "Sitzung" ohne persönliches Erscheinen und Zeitverlust.

Wenn natürlich eine rasche Entscheidung gefällt werden muß, sollten Sie Telefon, Telex oder Fax nutzen!

Nachdem wir jetzt miteinander die verschiedenen Alternativen durchgegangen sind, die sich anbieten, sollten Sie eine Liste derjenigen aufstellen, die für Sie nützlich sein können, um die Zahl Ihrer Sitzungen zu beschränken. Wenn Sie sich weitere und vielleicht persönlichere Wege dazu vorstellen könnten, sollten Sie sie hinzufügen.

Meine Alternativen zu Sitzungen

....
....
....
....
....
....
....
....
....
....
....
....
....
....

16 - Haben Sie an eine Alternative gedacht?

Im folgenden eine Übersicht, die Ihnen stets nützlich sein kann, wenn der Vorschlag für eine Sitzung auftaucht, sei es durch einen Mitarbeiter oder bei Ihnen selbst. Wenden Sie diesen Fragenkatalog auch auf Sitzungen an, die schon seit langer Zeit "von Amts wegen" abgehalten werden, ohne daß ihre Notwendigkeit jemals einer Prüfung unterzogen wurde.

1. NOTWENDIGKEIT/BEDEUTUNG

O Warum überhaupt diese Sitzung?
....
....
....

O Welche anderen Möglichkeiten sind denkbar?
....

O Telekonferenz
....

O Aktennotiz/Arbeitsanweisung
....

O Schriftlicher Bericht
....

O Schnellentscheidung
....

O Zusammenlegung mit anderen Sitzungen
....

O Sonstiges
....
....

O Wer soll teilnehmen?
....
....
....
....
....
....
....
....

16 - Haben Sie an eine Alternative gedacht?

2. VORBEREITUNG

O Wann?

....

   Bester Zeitpunkt wäre

....

   Und zwar, weil

....
....
....

O Welche Ziele hat die Sitzung?

....
....
....
....
....
....

O Folgende Themen sind zu behandeln:

....
....
....
....

O Zeitbedarf pro Thema

....
....
....
....

O Wer ist verantwortlich?

....

O Ist ein Tagesordnungspunkt "Verschiedenes" vorgesehen?

....

O Ist der Raum dafür belegt/notwendiges Zubehör bereit?

....

O Ist die Tagesordnung bereit?
....

O Sind die Unterlagen bereit?
....

3. DURCHFÜHRUNG

O Pünktlich beginnen, auch wenn einige noch fehlen
....

O Tagesordnung strikt einhalten
....

O Pünktlich schließen
....

O Mit den einfachen Themen beginnen
....

O Strittige Themen auf den Schluß oder noch später verschieben
....

O Sitzung mit einer Zusammenfassung der wichtigsten
   Diskussionsergebnisse beschließen
....

4. FOLGEARBEITEN

O Bericht/Protokoll anfertigen lassen, das enthält:
   o gefaßte Beschlüsse
      ....
   o bedeutende Informationen
      ....
   o vorgesehene Maßnahmen
      ....
      - durch wen..
      - wie...
      - wann..

O Erstellung einer Verteilerliste hierfür (Sitzungsteilnehmer und andere betroffene Personen)
....
....

Nie auf eine Tagesordnung verzichten!

Nichts ist für einen Teilnehmer unangenehmer, als sich auf einer Sitzung zu finden, für die nicht vorher eine genaue und realistische Tagesordnung aufgestellt wurde: jeder wird dabei nur seine Zeit verschwenden.

Das wir Ihnen in der Vergangenheit wohl auch schon passiert sein, und sicher werden Sie dabei empfunden haben, daß Sie Ihre Zeit vergeuden und die Sitzung in keiner Weise produktiv ist. Vielleicht haben Sie sich sogar gefragt, was Sie überhaupt hier sollen.

Und wenn Sie selbst die Sitzung leiteten und Ihre Tagesordnung schwach oder schlecht vorbereitet war, werden Sie das Gefühl gehabt haben, daß Sie die Situation nicht gut im Griff hatten. Die Dinge sind nicht so gelaufen, wie Sie das gerne gehabt hätten.

Um solche Mißstände zu vermeiden, keine Zeit auf Ihren Sitzungen zu vergeuden und Sie in hohem Maße produktiv zu machen, sollten Sie stets eine Tagesordnung haben.

Hier dazu einige Ratschläge:

1. Tagesordnung ausreichend früh vorbereiten!

Am besten ist es, sie schon zwei oder drei Tage vor der Sitzung zu verteilen.

Dann haben nämlich die Teilnehmer Zeit, die Unterlagen dafür richtig vorzubereiten.

2. Punkteweise Aufzählung aller zu behandelnder Themen

3. Machen Sie sich einen Fragebogen dazu und halten Sie fest, wer jeweils für die Themen und Unterlagen dazu zuständig ist.

4. Die Tagesordnungspunkte in der Reihenfolge ihres Aufrufs auf der Sitzung bringen!

Jedes Thema abschließend behandeln, ehe man zum nächsten übergeht. Haken Sie jeden Punkt, wenn er behandelt wurde, ein für allemal ab.

5. Legen Sie die Zeit fest, die jedem Punkt gewidmet werden kann, und halten Sie diesen Zeitplan auf die Minute ein.

Wie sich eine superproduktive Sitzung organisieren läßt

Zahlreiche Untersuchungen ermöglichen es, ganz genau zu sagen, welches die Voraussetzungen für eine effektive und produktive Sitzung sind.

Führen wir sie auf:

1. Ein entschlossener Sitzungsleiter, der

o für eine zügige Abwicklung der Sitzung sorgt
o jeden Tagesordnungspunkt am richtigen Platz und in der vorgegebenen Zeit behandelt
o jeden Teilnehmer mit einbezieht
o für die erforderlichen Entscheidungen sorgt

Anmerkung: Wenn noch kein Sitzungsleiter bestimmt wurde, ist eine gute Methode, dies zu tun, die folgende:

Man zählt bis drei, und bei "Drei" deutet jeder Anwesende mit dem Finger auf eine bestimmte Person. Wer die meisten Finger auf sich vereinigt, ist als Sitzungsleiter "gewählt".

2. **Ein eindeutiges Ziel**

Jede Sitzung muß ein vorgegebenes Ziel haben. Vergewissern Sie sich also, daß Sinn und Zweck dieser Sitzung sie auch rechtfertigen und daß das Ziel erreichbar ist.

3. Ruhiges, abgeschlossenes Umfeld

Telefonanrufe sind ebenso zu unterbinden wie ständiges Hin und Her von Sekretärinnen und Untergebenen.

Der Konferenzraum muß gegenüber dem allgemeinen Arbeitsbereich abgesetzt und auch vor Lärm von außen abgeschirmt sein.

4. Sorgsam erstellte Teilnehmerliste

o Diese Liste muß so knapp wie möglich sein.
o Teilnahme aller ist nur in zwei Fällen vorzusehen:
   a) bei einer Informationsversammlung,
   b) wenn es um Anstöße für neue Projekte geht.
o Wenn es darum geht, eine Situation zu analysieren oder eine Entscheidung darüber herbeizuführen, liegt die Höchstteilnehmerzahl bei sieben.

Erweisen Sie sich als aktiver Teilnehmer!

Auch Ihr Verhalten als Teilnehmer ist entscheidend dafür, daß eine Sitzung produktiv ist.

Wenn Sie ein "Sitzungsprofi" sein wollen, gilt es folgende Punkte zu beachten:

1. Beginnen Sie ab sofort damit, die Zahl der Sitzungen einzuschränken, an denen Sie teilnehmen!

Streichen Sie die übrigen Aktivitäten entweder ganz oder suchen Sie nach Alternativen dafür.

P.S.: Eine gute Methode, um zur Verringerung von Sitzungen zu kommen, besteht darin, in seinem Terminkalender eine Sitzung mit sich selbst einzutragen ...

2. Geizen Sie mit Ihrem Zeitaufwand für Sitzungen. Sie müssen ja bestimmte Sitzungen oder Besprechungen nicht gleich ganz ausfallen lassen - aber Sie können deren Dauer beschränken. Stellen Sie sich zum Beispiel die Frage: "Muß diese Sitzung wirklich zwei Stunden dauern? Würde nicht vielleicht auch eine Stunde reichen - oder sogar nur eine halbe?

3. Bestehen Sie darauf, daß vorab eine Tagesordnung verteilt wird, und bereiten Sie sich entsprechend darauf vor.

4. Seien Sie pünktlich da.

5. Bringen Sie ein Tonbandgerät/einen Kassettenrekorder mit.

6. Erklären Sie sich zur Führung des Protokolls bereit.

Man wird Ihnen ohne Frage gerne diese Aufgabe übertragen, und das verschafft Ihnen Gelegenheit, durch Rück- und Zusatzfragen die Diskussion zu steuern.

7. Studieren Sie sorgfältig die anderen Teilnehmer an einer solchen Sitzung, um sie besser kennenzulernen - ihre Reaktionen, Kenntnisse, Stärken und Schwächen, ihre Körpersprache usw.

8. Äußern Sie sich nur, wenn Sie dazu aufgefordert werden.

9. Sorgen Sie dafür, daß Ihre Beiträge kurz und sachbezogen sind.

10. Veranlassen Sie, daß Sie weder telefonisch noch persönlich während der Sitzung gestört werden.

Sitzungen fest im Griff behalten!

Wenn Sie selbst eine Sitzung leiten, liegt es ganz an Ihnen, sie effizient und effektiv zu gestalten.

Mit folgenden Maßnahmen sichern Sie den Erfolg einer Sitzung:

16 - Sitzungen fest im Griff behalten!

1. Bestimmen Sie klar den Zweck der Sitzung.

2. Begrenzen Sie die Zahl der Teilnehmer.

Sie vermitteln diesen damit das Gefühl, wichtig und bevorzugt zu sein.

3. Beginnen Sie pünktlich.

Hier einige Kniffe, um unerwünschte Verspätungen zu vermeiden:

o Lehnen Sie es ab, für zu spät gekommene Teilnehmer irgendwelche Ausführungen zu wiederholen;

o setzen Sie (am besten Geld-)Bußen fest für jede Minute der Verspätung;

o schließen Sie sofort nach Sitzungsbeginn die Tür ab;

o legen Sie fest, daß grundsätzlich die zuletzt eingetroffene Person für das Protokoll und dessen Verteilung zuständig ist ...

4. Veranlassen Sie einen Mitschnitt oder ein wörtliches Kurzschriftprotokoll, wenn es unumgänglich ist. Wann immer es möglich ist, sollten Sie sich jedoch auf ein sehr knappes Kurzprotokoll beschränken, das durch einen Sitzungsteilnehmer zu erstellen ist, dem zu Beginn der Zusammenkunft dafür der Auftrag erteilt wurde.

5. Halten Sie die Diskussion fest im Griff!

o Vermeiden Sie jedes allgemeine Geschwafel. Seien Sie klar, präzise, sachbezogen!

o Scheuen Sie sich nicht, zu einem jeden Ihnen richtig scheinenden Zeitpunkt die Diskussion abzubrechen. Sorgen Sie, wenn nötig, nachdrücklich dafür, daß jedes überflüssige Gerede vermieden wird.

o Führen Sie die Diskussion wieder auf den Kernpunkt zurück, wenn sie sich in Details zu verlieren droht oder vom Thema abschweift.

6. Schließen Sie die Sitzung zum vorgesehenen Zeitpunkt!

Versäumen Sie dabei nie, die Sitzung in optimistischem und ermutigendem Ton abzuschließen!

P.S.: Sie haben Mühe damit, Sitzungen abzukürzen?

So schaffen Sie es:

o Schaffen Sie die Stühle ab!
  Wenn sie stehen müssen, zeigen die Leute sehr viel weniger Neigung zur Zeitverschwendung.
o Verkürzen Sie die zur Verfügung stehende Zeit. Fangen Sie nicht um 10.00 Uhr an, sondern erst um 10.30 Uhr.
o Setzen Sie Sitzungen vor der Mittagspause oder vor Geschäftsschluß an!

7. Setzen Sie sofort den Termin für die folgende Sitzung fest.

Nutzen Sie das "Brainstorming" richtig?

Kein Zweifel, daß diese Technik der "gemeinsamen Erzeugung spontaner Einfälle" von überraschender Effektivität sein kann.

Dennoch kann sie auch zu erheblichen Zeitverlusten führen.

Hier der richtige Weg, um diese zu vermeiden und zu maximaler Effektivität des Brainstorming zu kommen:

1. Kommen Sie in kleinen Gruppen von nicht mehr als sechs bis zehn Leuten zusammen.

2. Setzen Sie sich im Halbkreis oder in der Form eines U zusammen - und immer vor einer großen Tafel.

3. Bestimmen Sie jemanden aus Ihrem Kreis, der die jeweiligen Vorschläge auf dieser Tafel notiert.

4. Schreiben Sie jede neue Idee auf einen großen Bogen, der für alle gut sichtbar an die Wand gehängt wird, um jeden Einzelgesichtspunkt dabei sorgfältig zu klären.

5. Verzichten Sie auf jede Bewertung oder Kritik.

6. Erst wenn der für die Ideensammlung gesetzte Zeitraum verstrichen ist, sollte eine Bewertung erfolgen, und die drei oder vier besten Ideen sollten zu gründlicherer Begutachtung zurückgestellt werden.

7. Setzen Sie einen Termin für eine spätere Sitzung fest, auf der man diese Ideen diskutiert und eine endgültige Auswahl unter ihnen trifft!

Bedienen Sie sich, um zu gewährleisten, daß Sie dieses Thema gut im Griff haben, der folgenden Checkliste:

O 1. Beraumen Sie eine Sitzung nur dann an, wenn es dafür einen triftigen Grund gibt.

O 2. Wenn Sie mehrere Sitzungen durchziehen müssen, sollten Sie sie möglichst unmittelbar nacheinander ansetzen, um nicht Ihren Arbeitstag zu sehr zu zerstückeln.

O 3. Suchen Sie ein ruhiges Plätzchen für die Sitzung.

O 4. Laden Sie nur die Leute zur Teilnahme ein, die unmittelbar mit den betreffenden Problemen zu tun haben.

O 5. Sorgen Sie dafür, daß Ihre Sekretärin Telefonanrufe und Vorsprachen während der Sitzungen abblockt.

O 6. Legen Sie eine systematische Tagesordnung mit genauem Zeitplan fest.

O 7. Sorgen Sie dafür, daß bei jedem zu behandelnden Thema die Namen der Beteiligten notiert sind.

O 8. Beginnen Sie die Sitzung pünktlich.

O 9. Halten Sie sich strikt an die Tagesordnung.

O 10. Bestimmen Sie einen Verantwortlichen, der die zügige Abwicklung überwacht.

O 11. Beschränken Sie sich auf das Wesentliche und lassen Sie keinerlei überflüssige und nicht sachdienliche Diskussionen zu.

O 12. Lassen Sie nur solche Diskussionsbeiträge zu, die auf eine spezifische Problemlösung gezielt sind und nicht auf eine allgemeine Erörterung.

O 13. Wenn für ein bestimmtes Problem eine unmittelbare Lösung nicht gefunden werden kann, dann beauftragen Sie jemanden damit, sich eingehender damit zu beschäftigen, und tragen es auf die Tagesordnung der nächsten Sitzung vor.

O 14. Stimmen Sie sich am Ende einer Sitzung über Tag und Stunde der nächsten ab.

O 15. Wenn Sie zur Teilnahme an einer Sitzung geladen sind, können Sie darum bitten, Ihre Anwesenheit nur auf jenen Teil davon zu beschränken, der Sie direkt betrifft.

O 16. Legen Sie, wenn Ihnen das vernünftig erscheint, eine schriftliche Stellungnahme vor, statt persönlich an der Sitzung teilzunehmen.

O 17. Fordern Sie auch von anderen schriftliche Stellungnahme an, statt sie zu einer Sitzung zu bitten.

O 18. Beenden Sie Ihre Sitzung so pünktlich wie vorgesehen.

O 19. Finden Sie für eine Sitzung stets eine optimistische, positive und stimulierende Schlußformel.

Nutzen Sie den "Ideenschwall"!

Wir haben uns nun damit beschäftigt, wie Sie Ihre Sitzungen erfolgreich gestalten können, indem Sie lernen, den Zeitaufwand dafür so gering wie möglich zu halten und trotzdem die darin steckenden Chancen so gut wie möglich zu nutzen.

Aber es gibt eine Art von Sitzungen, die wir noch nicht behandelt haben und die von großem Nutzen sind.

Es geht dabei um etwas, das die Amerikaner "Master Mind" nennen und wofür ich den Ausdruck "Kollektivhirn" verwenden möchte. Napoléon Hill hat dieses Phänomen in seinem Bestseller "Denke nach und werde reich" ausführlich untersucht, und ich kann Ihnen die Lektüre dieses Klassikers auf diesem Gebiet nur nachdrücklich empfehlen.

Haben Sie nicht auch schon diese äußerst unangenehme Erfahrung gemacht, daß Sie viele Stunden mit der Suche nach einer Lösung verbrachten, die Sie ganz leicht hätten finden können, wenn man Ihnen nur ein ganz klein wenig dabei geholfen hätte?

Sie verlieren vielleicht Hunderte von Stunden alljährlich auf diese Weise, während die Lösung Ihres Problems vielleicht sozusagen vor Ihrer Nase liegt - aber eben im Kopf eines anderen!

Ein anderer käme vielleicht sofort auf die richtige Lösung. Nicht etwa, weil er einfallsreicher wäre als Sie oder intelligenter oder erfahrener.

> **Nein - einfach, weil er anders ist!**

Weil seine Erfahrungen sich von den Ihren unterscheiden und diese ergänzen können.

Das ist der Grund dafür, warum viele große amerikanischen Firmen die Technik des "Kollektivhirns" nutzen. Und das Erstaunlichste dabei ist, daß jene, die man um ihre Mitwirkung bittet, keineswegs unbedingt Fachleute auf dem Gebiet sein müssen, um das es gerade geht.

Machen Sie es wie Henry Ford!

Henry Ford war nicht sehr lange zur Schule gegangen.

Das mag vielleicht der Grund dafür gewesen sein, daß die "Chicago Tribune" ihn einmal als "Ignoranten" bezeichnete in bezug auf einige Ansichten, die er zur Frage eines Krieges geäußert hatte.

Welch ein Skandal! Ford verklagte die Zeitung sofort auf Verleumdung.

Natürlich verlangten die Anwälte der Zeitung, Henry Ford öffentlich befragen zu dürfen mit dem klaren Ziel, die Behauptung ihres Auftraggebers zu beweisen.

Dabei stellten sie ihm folgende Frage:

"Wieviel Soldaten haben die Engländer herübergeschickt, um den Aufstand in ihrer Kolonie 1776 zu unterdrücken?"

Mit boshaftem Lächeln antwortete Ford knapp: "Jedenfalls erheblich mehr, als dann nach England zurückgekehrt sind!"

Der ganze Saal brach in Gelächter aus, einschließlich des Anwalts, der die Frage gestellt hatte.

Trotzdem ging diese "Befragung" im gleichen Ton noch gut eine Stunde weiter, mit der klaren Absicht, Ford lächerlich zu machen, bis diesem schließlich der Kragen platzte.

Um die Diskussion zum Abschluß zu bringen, verwies er darauf, daß er auf seinem Schreibtisch eine Reihe von Knöpfen habe, auf die er nur zu drücken brauche, um, wenn er eine Antwort auf eine Frage brauche, jemanden herbeizuklingeln, der ihm genau die richtige Antwort liefere.

Nutzen Sie das Wissen der Leute um Sie!

Ergänzend wies er darauf hin, daß er es nicht nötig habe, sich den Kopf mit Dingen vollzustopfen, da er das Wissen zahlreicher Leute nutzen könne, die um ihn seien.

Wollen Sie es machen wie Henry Ford, ihn übertreffen?

Wollen Sie sich ein unerschöpfliches Reservoir an Wissen und Informationen schaffen?

Dann sorgen Sie für Ihr eigenes "Kollektivhirn"!

Wie schafft man sich ein eigenes "Kollektivhirn"?

Erste Voraussetzung ist, daß alle ein klar festgelegtes, gemeinsames Ziel haben!

Beginnen Sie also damit, das gemeinsame Ziel zu bestimmen, und damit bestimmen Sie dann die Zusammensetzung der Gruppe.

Laden Sie zunächst zwei oder drei Leute, die Sie gut kennen, aus Ihrer Umgebung dazu ein, sich Ihre Vorstellungen anzuhören und mit Ihnen gemeinsam auf die Erreichung des gesetzten Ziels hinzuarbeiten.

Wenn sie zum Mitmachen bereit sind, sollten Sie die folgenden Regeln festlegen:

(Diese Regeln müssen von Anfang an gelten, wenn die Nützlichkeit der Arbeitstreffen gewährleistet sein soll!)

1. Als erstes müssen klar die Ziele festgelegt werden, auf welche sich die gemeinsame Anstrengung richtet.

16 - Wie schafft man sich ein eigenes "Kollektivhirn"?

2. Machen Sie von vornherein klar, daß es nicht darum geht, eindrucksvoll große Reden zu halten. Eindeutige Absicht ist es, ein ganz bestimmtes Ziel zu erreichen.

3. Vermeiden Sie jede Diskussion von politischen, religiösen und ähnlichen Problemen.

4. Ihre Gespräche müssen streng vertraulich bleiben, und es sollte keinerlei Information darüber nach außen dringen.

5. Zögern Sie nicht, neue Teilnehmer aufzunehmen, wenn die allgemeine Produktivität Ihres "Kollektivhirns" dadurch gewinnen kann.

6. Lassen Sie auch eine nur vorübergehende Teilnahme zu.

Im Gesamtinteresse der Gruppe müssen Sie gewisse Anforderungen an die Kompetenz der Gruppenmitglieder stellen.

Schließen Sie sich nicht völlig gegen Einflüsse von außen ab, wobei Sie diese jedoch sorgfältig prüfen und nur zulassen sollten, wenn sie den gesetzten Zielen dienlich sind.

7. Die Gruppenleitung sollte regelmäßig unter den Teilnehmern wechseln.

Die Prinzipien der erfolgreichen Steuerung von Sitzungen gelten natürlich für derartige Treffen in ganz besonderem Maße!

8. Beschränken Sie sich nicht auf Ihre Kollegen.

Sprechen Sie vielmehr auch Vorgesetzte und Untergebene auf Teilnahme an.

Einzige Vorbedingung für eine Mitarbeit muß die Verfolgung des gesetzten Zieles sein.

Wenden Sie die Grundsätze für Spitzenleistungen an!

Wenn Sie auf solche Weise Ihr "Team von Meisterdenkern" schaffen, fördern Sie damit sowohl Team- wie Unternehmensgeist und sorgen für Spitzenleistungen in der Verfolgung Ihrer gemeinsamen Ziele.

Wenn "zwei Köpfe mehr wert sind als einer", dann sind drei Köpfe mehr wert als zwei und so fort.

Aber Vorsicht - eine Gefahr gilt es zu vermeiden! Wie schon David Ogilvy sagte:

"Ich habe noch niemals ein Denkmal gesehen, das man einem Ausschuß gesetzt hätte!"

Sorgen Sie durch dieses "Kollektivhirn" für Ideen, kritische Begutachtung und auch Verbindungen, aber vergessen Sie nie, daß letzten Endes immer Sie es sein müssen, der die endgültige Entscheidung fällt - Sie ganz allein!

Ein solches Kollektivhirn zu nutzen, ist sehr sinnvoll. Aber es steht eben nicht täglich zur Verfügung. Was tun in einem solchen Fall, wenn Sie vor einem Problem stehen, das Sie allein nicht lösen können?

Was tun, wenn Sie überlastet sind und das Gefühl haben, daß Sie mit einer Arbeit nicht innerhalb der Zeit fertig werden können, die Ihnen gesetzt ist?

Im nächsten Kapitel werde ich Sie damit vertraut machen, wie Sie nicht nur erheblich Zeit gewinnen können, sondern wie Sie auch eine wesentliche Verbesserung in der Qualität Ihrer Arbeit erzielen ...

Machen Sie keine Sitzung für 3.000 Mark wegen einer Entscheidung von 300 Mark.

Persönliche Anmerkungen

Kapitel 17

Wie man Erfolg hat, indem man anderen zum Erfolg verhilft

Erfolge hat man nie allein

"Ich habe keine Ruhe, wenn ich das nicht selbst mache."

"Wenn etwas gut gemacht werden soll, machen Sie's am besten selbst!"

Wie oft haben Sie solche Sätze in Ihrer Umgebung schon gehört?

Na gut - aber was ist denn wichtiger:

Daß Sie selbst die Arbeit machen (alle Arbeit) - oft wie ein wahrer Märtyrer, der keine Zeit mehr für das Leben hat -, oder daß die Arbeit gemacht wird?

Wenn Sie nicht davon überzeugt sind, daß die Arbeit auch von jemand anderem erledigt werden kann (vielleicht sogar besser), sollten Sie sich zunächst einmal fragen, wer sie denn machen würde, wenn Sie nicht da wären.

Die Antwort liegt auf der Hand.

Und trotzdem haben Sie sich aus allen möglichen Gründen (die ich Ausflüchte nennen würde) diese Frage nie wirklich gestellt - oder Sie haben, was auf das gleiche herauskommt, es stets abgelehnt, darauf zu antworten.

Sie delegieren nicht genug!

Das ist nur einer der zahlreichen Gründe dafür, daß Sie nicht delegieren oder nicht ausreichend delegieren.

Sie sind auf Ihrem Gebiet besonders gut? Warum nehmen Sie dann nicht die Chance wahr, bestimmten Mitarbeitern, die weniger kompetent sind als Sie, gewisse Aufgaben anzuvertrauen? Andrew Carnegie ließ sich auf seinen Grabstein folgende Inschrift meißeln:

"Hier ruht ein Mann, der es verstand, Menschen für sich arbeiten zu lassen, die besser waren als er selbst."

War Andrew Carnegie wirklich so inkompetent? Natürlich nicht. Jahrelang wurde er als der reichste Mann der USA eingestuft. Als er sein Unternehmen, die US Steel Company, verkaufte, erlöste er dafür die sagenhafte Summe von 350 Millionen Dollar. Und das war zu Anfang unseres Jahrhunderts!

Wenn sich Carnegie dafür entschied, dieses Loblied der Delegierung auf seinem Grabstein einmeißeln zu lassen, dann beweist das, daß sie ihm als der wirkliche Schlüssel zum Erfolg bewußt war. Im Grunde ist es auch nicht weiter schwierig, das zu verstehen ...

Was machen denn jene, die ein Imperium aufbauen? Am Anfang machen sie vielleicht mehr oder weniger alles selbst. Sehr rasch aber sind sie soweit, die Dinge von anderen machen zu lassen.

Wie sonst würden sie sich schließlich an der Spitze von Hunderttausenden von Beschäftigten finden, wie das für einige der bedeutendsten Vorstandsvorsitzenden gilt?

Der Schluß, der daraus zu ziehen ist, ist einfach.

Delegieren Sie, um Stagnation zu vermeiden!

Wer nicht delegiert, verurteilt sich damit sozusagen zur Stagnation, denn die Zahl der pro Woche verfügbaren Stunden ist nun einmal begrenzt. Wer am meisten delegiert, kommt am raschesten voran. Schließlich benutzt er seine beste Zeit dafür, andere Dinge tun zu lassen, sie zu motivieren und sie nur noch zu überwachen.

Das ist so eindeutig, daß die effizientesten Spitzenmanager im allgemeinen mehr als 40 % ihrer Zeit darauf verwenden.

Wie man sich traut, mehr zu delegieren

Die Befürchtungen, die Sie daran hindern, mehr zu delegieren, als Sie es tatsächlich tun, sind vielfältig und oft auch kompliziert. Gründe dafür könnten sein:

1. Mangelnde Erfahrung in bezug auf Ihre eigene Arbeit oder auf die Zusammenarbeit mit anderen.

2. Mangelnde Gesamtsicht für das übergeordnete Interesse Ihres Unternehmens.

3. Persönliche Unsicherheit und Furcht davor, Ihre Macht zu verlieren, indem Sie einen Teil davon abtreten.

4. Ihr Perfektionismus.

5. Ihr Bedürfnis, sich so gut wie ständig "überlastet" zu fühlen.

6. Mangel an klaren und ehrgeizigen persönlichen Zielen, die Sie antreiben würden, immer mehr Verantwortung und immer bedeutendere Aufgaben zu übernehmen.

Solche Befürchtungen sind Ihnen natürlich nicht immer bewußt. Und sie werden nie oder selten wirklich ausgesprochen.

Dreißig Ausreden, um nicht delegieren zu müssen

Was jedoch ausgesprochen wird, das sind die Ausreden, durch die sich solche Befürchtungen täglich verraten. Nachfolgend eine Zusammenstellung von dreißig Ausflüchten, in denen sich die Weigerung, zu delegieren, oder die Furcht davor oder das Verlangen, es wenigstens nur teilweise zu tun, ausdrückt. Kreuzen Sie die an, die Sie selbst verwenden.

O 1. "Wenn nur meine Mitarbeiter reifer wären oder mehr Erfahrung hätten, würde ich ja auch vielleicht mehr delegieren. Aber wie könnte ich das im Augenblick wagen?"

O 2. "Bis ich ihnen eine Aufgabe erkläre, dauert das genau so lang, wie wenn ich sie selbst mache. Wozu soll es dann gut sein?"

O 3. "Ich delegiere immer nur einen Teil der Arbeit, damit ich Gelegenheit gabe, stets zu überprüfen, was tatsächlich läuft, und das, ehe es zu schwerwiegenden Fehlern kommt."

O 4. "Ich delegiere die gleiche Aufgabe lieber an zwei verschiedene Mitarbeiter. Da kann ich dann vergleichen, wie sie jeder der beiden auf seine Weise bewältigt. Damit handle ich nach dem Grundsatz 'Teile und herrsche!'"

O 5. "Ich und delegieren? Ich überlasse es meinem ersten Mitarbeiter, die schwierigen oder undankbaren Aufgaben zu bewältigen. Ich gehe davon aus, daß ein Chef stets über den Alltagsproblemen stehen muß."

O 6. "Ich kann einfach nicht delegieren. Da müßte ich mich doch stets darauf einlassen, daß ein Mitarbeiter, dem ich eine bestimmte Aufgabe übertrage, von mir einen bestimmten Titel fordert, der seiner Funktion entspricht. Nein danke, mit mir nicht!"

o 7. "Warum soll ich das überhaupt versuchen? Ist denn heutzutage überhaupt noch jemand bereit, mehr Verantwortung zu übernehmen? Na sehen Sie ... "

o 8. "Logisch betrachtet sehe ich gar nicht ein, daß ich jemandem zusätzliche Verantwortlichkeit zubilligen soll, der meinen Weisungen zu folgen hat und der dann doch schließlich, wenn es zu Problemen kommt, nicht der wirklich Verantwortliche ist."

o 9. "Ich brauche nicht zu delegieren, weil ich eine gewaltige Arbeitskapazität habe. Ich mag es, wenn ich stets sehr beschäftigt bin und unter Druck stehe. Dann arbeite ich am besten."

o 10. "Wenn ich etwas delegiere und dann meinem Vorgesetzten erklären muß, was passiert ist, müßte ich meinen Untergebenen mit hineinziehen - und das wäre mir sehr unangenehm."

o 11. "Wenn ich delegiere, verliere ich vielleicht die Kontrolle. Ich weiß nicht recht, wie ich die Arbeit koordinieren muß, um die Kontrolle zu behalten. Das ist doch alles recht kompliziert, nicht wahr?"

o 12. "Nein, ich mache das selbst viel schneller."

o 13. "Wenn ich anfange zu delegieren, was bleibt mir dann selbst noch zu tun?"

o 14. "Ich will nicht, daß meine Mitarbeiter zuviel Machtbefugnis haben. Na, Sie kennen doch selbst diese leute, die sich dann für unersetzlich halten."

o 15. "Ich muß es zugeben - ich bin ein Perfektionist. Ich möchte einfach, daß die Dinge nach meiner Vorstellung erledigt werden. Ich ertrage es nicht, wenn sie anders gemacht werden. Ich kann einfach nicht delegieren!"

o 16. " Warum soll ich denn, indem ich delegiere, ein unnötiges Risiko auf mich nehmen, wo ich doch genau weiß, daß ich absolut der Geeignete zur Erfüllung dieser Aufgabe bin?"

o 17. "Dem Chef ist diese Sache sehr wichtig. Da ist es klüger, wenn ich mich persönlich darum kümmere."

o 18. "Ich kann wirklich nicht delegieren, weil mein Chef mir häufig in die Erledigung meiner Arbeit hineinredet."

o 19. "Ich zögere, zu delegieren, weil mein Chef jedesmal, wenn er eine Information über eine Arbeit braucht, die einer meiner Mitarbeiter erledigt, sich immer gleich direkt an diesen wendet."

o 20. "Ich weiß einfach nicht recht, wie man delegiert, weil ich nicht weiß, wo anfangen damit. Ich glaube, daß es vernünftiger ist, mich an meine tägliche Arbeit zu halten."

o 21. "Delegieren? Daß ich schließlich meinen Job los bin? Nein, vielen Dank!"

o 22. "Wenn ich etwas erledige, möchte ich auch Anerkennung finden für meine Arbeit. Wenn ich diese einem Mitarbeiter übertrage, wer wird dann wohl die Anerkennung dafür ernten?"

o 23. "Meine Arbeitsgruppe ähnelt in ihrer Struktur einem Club. Jedes Mitglied muß eine gewisse 'Probe- und Einführungszeit' durchstehen. In meinem Fall beschränkt sich die Delegierung darauf, daß die jüngsten Gruppenmitglieder die anspruchslosesten Arbeiten machen müssen."

o 24. "Ach, ich habe doch zu delegieren versucht, aber ich traf dabei stets auf Leute, die nicht arbeiten wollten. Immer, wenn ich an sie delegieren wollte, haben sie herumgeblödelt und dumme Fragen gestellt!"

o 25. "Ich möchte die wahre Natur meiner Mitarbeiter kennenlernen. Aus diesem Grund vertraue ich ihnen eine Arbeit an, ohne ihnen jedoch alle Umstände des Problems aufzuzeigen. So lernen sie, sich durchzubeißen - das ist mühsam, aber sie werden es nicht vergessen."

o 26. Ein wahrer Fall: "Ich sage mir, daß ich diese Verantwortung wohl Elisabeth anvertrauen werde. Obwohl das eigentlich ein starkes Stück ist! Denn gerade diese Zuständigkeit hatte sich ja eigentlich Marie gewünscht. Vielleicht zieht Marie den Schluß daraus, daß sie besser für jemand anderen arbeiten würde?"

o 27. Und ein weiterer: "Ich hasse es, diesen Burschen mit einer bestimmten Arbeit für mich zu beauftragen. Und wissen Sie, warum? Der Kerl hat so ein freches Mundwerk und wird mir bestimmt mit Fragen auf die Nerven gehen, warum ich gerade ihn ausgewählt hätte."

o 28. "Ich würde ja wirklich gerne gewisse Arbeiten delegieren, aber ich habe im Augenblick einfach niemanden dafür. Wissen Sie, mein gesamtes Personal ist derart beschäftigt ... "

o 29. "Helene würde ja gerne die Betreuung dieser Filiale übernehmen, aber ganz unter uns - ich fürchte fast, sie schafft das noch nicht. Und außerdem, wenn ich ihr diese Aufgabe übertrage, wer macht dann ihre bisherige Arbeit? Ach, das ist alles so kompliziert ... "

o 30. "Jedesmal, wenn ich dem Meyer eine bestimmte Aufgabe übertragen möchte, verlangt er eine schriftliche und genaue Arbeitsanweisung von mir. Natürlich weiß ich, daß gewisse 'Manager' das so halten - aber ich weiß nicht, ob das wirklich eine gute Idee ist. Na ja, sehen Sie, deshalb vermeide ich es seit einiger Zeit eben, an Meyer Aufgaben zu delegieren."

Stellen Sie Ihre Delegierungsmethode auf die Leute ab!

In seinem Buch schreibt W. Steven Brown, Präsident der Pressegruppe "Fortune":

"Der Manager, der versucht, jedes Mitglied seines Arbeitsstabes in der gleichen Weise einzusetzen und zu steuern, immer nach der gleichen Methode, wird sich auf große Enttäuschungen einstellen müssen. Er wird niemals wahre Erfolge dabei haben (und sich vielleicht lange fragen, warum das so ist). Der effektive Manager macht sich die persönlichen Unterschiede unter seinen Mitarbeitern bewußt und setzt sie so ein, indem er sie vor allem anderen als Individuen betrachtet."

Im gleichen Kapitel verdeutlicht Brown diese Konzeption anhand einer Anekdote:

"Ich höre oft frustrierte Manager darüber klagen, daß ein bestimmter Mitarbeiter nichts tauge, weil er nicht wie ein anderer auf eine bestimmte Motivationstechnik anspreche. Eines Tages fragte mich ein Manager in genau dieser Situation, ob er einen bestimmten Mitarbeiter feuern solle, mit dem er diese Schwierigkeiten habe.

Ich sagte ihm, er solle mir doch einmal seinen Schlüsselbund geben. Sehr erstaunt tat er das. Dann wählte ich einen der Schlüssel aus und fragte meinen Besucher: 'Wozu paßt dieser Schlüssel?'

'Das ist mein Autoschlüssel', antwortete er.

'Paßt er auch für das Auto Ihrer Frau?'

'Nein, natürlich nicht!'

'Sehen Sie, mit Ihrer Motivationstechnik ist das ebenso - sie kann für den einen passen, aber eben nicht für einen anderen.'"

17 - Warum delegieren?

Um effektiv zu delegieren, müssen Sie also stets persönlichen Faktoren Rechnung tragen.

Warum delegieren?

Hier sind sieben gute Gründe, warum Sie es tun sollten:

1. Delegieren, um mehr Zeit zu haben für meine eigentlichen Aufgaben.

2. Delegieren, um die Wenigkeit meiner Mitarbeiter zu stärken, ihren Arbeitsbereich zu verbreitern und ihr Kompetenzniveau anzuheben.

3. Delegieren, um die Mitarbeiter zu motivieren und ihnen Aufgaben zu stellen, die sie fordern.

4. Delegieren, um jene Mitarbeiter herauszufinden, die sich für eine Beförderung eignen.

5. Delegieren, um die Produktivität der ganzen Abteilung zu erhöhen.

6. Delegieren, sobald eine Arbeit von jemand anderem besser oder schneller erledigt werden kann.

7. Delegieren, damit die Mitarbeiter die routinemäßigen Seiten meiner Arbeit kennenlernen und sie, wenn sich die Notwendigkeit dafür ergibt, übernehmen können, um ein reibungsloses Funktionieren der Abteilung zu gewährleisten.

17 - Warum delegieren?

Was man vermeiden sollte:

O Delegieren, wenn es um eine "vertrauliche Angelegenheit" geht.

O Delegieren, wenn es um eine Sache mit schwerwiegenden negativen Konsequenzen geht, zum Beispiel eine Disziplinarmaßnahme.

O Delegieren, und zugleich zulassen, daß die Mitarbeiter wieder Ihnen die Probleme aufhalsen.

O Delegieren, weil Ihnen eine Aufgabe nicht gefällt.

O Delegieren, wenn es um eine heikle Sache geht, für welche die Verantwortung nun einmal unmittelbar bei Ihnen liegt.

Was Sie nie versäumen dürfen:

Dem Beauftragten zu vertrauen, ihm aber auch Entscheidungsspielraum und eine Spanne für eigene Ideen lassen.

Dafür zu sorgen, daß er eine innere Beziehung zu der Aufgabe entwickelt, die er zu bewältigen hat.

Ihrem Mitarbeiter, wenn er das wünscht, Ihre Rückendeckung und Unterstützung während der ganzen Dauer der Durchführung zuzusichern.

> Sich mit ihm abzustimmen über die Zielsetzung, die Mittel
> und Wege, die zu ihrer Erreichung zur Verfügung stehen,
> und die Kriterien, nach denen die abschließende
> Bewertung erfolgt.

Wie man eine Aufgabe richtig an einen Mitarbeiter delegiert

1. Machen Sie sich eine klare und genaue Vorstellung von der Aufgabe, die Sie delegieren wollen: Was exakt erwarten Sie von Ihrem Mitarbeiter? Wie läßt sich objektiv und präzis seine Leistung bewerten?

2. Erläutern Sie Ihrem Mitarbeiter ganz genau, was Sie von ihm erwarten. Sprechen Sie mit ihm die Aufgabe durch.

3. Erklären Sie ihm, <u>warum</u> das gemacht werden muß.

4. Zeigen Sie Ihrem Mitarbeiter, wie man die Arbeit macht, und vergewissern Sie sich, daß er das gut verstanden hat. Sie könnten ihn zum Beispiel bitten, Ihnen in wenigen Worten zusammenzufassen, wie er die Arbeit anpacken wird.

5. Geben Sie ihm alle erforderlichen Informationen und Unterlagen in bezug auf die jeweilige Aufgabe, und gleichermaßen Informationen über Leute, mit denen er zusammenarbeiten muß.

6. Vereinbaren Sie mit ihm eine vernünftige Frist für die Erledigung der betreffenden Arbeit und einen mehrstufigen Zeitplan für die einzelnen Arbeitsabschnitte dabei.

7. Setzen Sie einen bindenden Endtermin fest.

8. Verschaffen Sie diesem Mitarbeiter die materiellen Mittel und das Maß an Befugnissen, die er für die Bewältigung seiner Aufgabe

braucht. Versichern Sie sich aber auch, daß er die Grenzen seiner Befugnisse kennt.

9. Verlangen Sie von ihm die Ablieferung von Zwischenberichten zu bestimmten Terminen.

10. Überprüfen Sie in regelmäßigen Abständen die Arbeitsqualität; vermitteln Sie dem Mitarbeiter ein Feedback.

11. Bewerten Sie mit ihm die Gesamtleistung anhand der vorher gemeinsam festgelegten Kriterien.

12. Belohnen oder ermutigen Sie je nach Bedarf.

Wie man in einem Arbeitsteam delegiert

1. Fertigen Sie für jeden Mitarbeiter eine Arbeitsanweisung aus: Art der Arbeit, Fristen (insgesamt und für Teilabschnitte), geforderte Qualität, Leistungsmaßstäbe.

2. Legen Sie einen Übersichtsplan an (zum Beispiel in Form einer Wandtafel), auf dem Sie mit einem Blick feststellen können, welche Einzelaufgaben es gibt und wer jeweils dafür zuständig ist.

3. Verteilen Sie die Arbeit gleichmäßig.

4. Führen Sie die Leistungsbewertungen immer unter vier Augen mit dem betreffenden Mitarbeiter durch. Bewertungen vor den anderen strikt vermeiden, mit Ausnahme besonders guter Leistungen.

5. Sehen Sie motivierende Belohnungen für denjenigen vor, der seine Arbeit gut macht (zum Beispiel eine Lohnerhöhung, eine lobende Erwähnung, einen neuen Titel, einen Bonus), vor allem bei einer Arbeit, die sich sehr lange hinzieht.

Zehn praktische Ratschläge

Vorher - während - hinterher

Tun	Vermeiden
1. Machen Sie sich einen Eindruck von der Haltung Ihrer Mitarbeiter, um deren Fähigkeit zur Bewältigung einer Aufgabe einschätzen zu können, ohne damit ein Risiko einzugehen.	2. Entschuldigen Sie sich niemals dafür, den oder jenen für eine Aufgabe ausgewählt zu haben. Das liegt in Ihrer Verantwortung.
Erläutern Sie dem Mitarbeiter Ihre Entscheidung, indem Sie seine Einstellung und seine Fähigkeiten in bezug setzen zu den Anforderungen der Aufgabe.	Lassen Sie sich nicht in die Defensive drängen.
2. Wenn Sie eine wichtige Aufgabe delegieren, empfiehlt es sich, den Betreffenden von einigen laufenden Aufgaben zu entlasten.	Lassen Sie sich nicht von Ihren Mitarbeitern manipulieren. Vermeiden Sie "Rückdelegierung" (Wiederzuschiebung von Arbeit) bis auf Ausnahmefälle.
3. Wenn der Mitarbeiter gut arbeitet, sollten Sie ihn wissen lassen, daß Sie zufrieden sind.	Schmeicheln Sie nicht. Seien Sie objektiv und erwähnen Sie auch Schwächen.
4. Sehen Sie eine Ersatzlösung vor für den Fall, daß sich die Delegierung als falsch erweist.	Vermeiden Sie im Fall einer Fehlbesetzung endlose Diskussionen - sie bringen nichts.
5. Seien Sie präzis in Ihren Weisungen und rechnen Sie mit dem Schlimmsten. Zergliedern Sie die Aufgabe, um Fragen zu veranlassen und zu ermutigen.	Improvisieren Sie nicht mit Ihrem Mitarbeiter, enthalten Sie ihm keine Informationen vor. Das demotiviert und fördert einen möglichen Fehlschlag.

17 - Zehn praktische Ratschläge

Tun

6. Für einige ist die Beauftragung mit einer Arbeit eine Ehre und Herausforderung. Denken Sie daran, daß das für andere eine Ursache für Streß sein kann.

7. Seien Sie stetig und zuverlässig: Ihre Mitarbeiter bewerten Sie nicht nach dem, was Sie zu sein glauben, sondern nach dem, was Sie wirklich tun.

8. Räumen Sie Ihrem Mitarbeiter die Verantwortung für seine Arbeit ein. Wenn er Fehler macht, sagen Sie ihm das direkt und ohne Umschweife. Bringen Sie präzise Beispiele dafür.

9. Auch wenn Ihr Mitarbeiter von Ihnen erfahren möchte, was Sie von seiner Arbeit halten: Fragen Sie ihn erst selbst. Was hält er von seiner Arbeit? Wo hat er Probleme? Formulieren Sie dann einfach das, was er Ihnen sagte, neu.

10. Wenn es Ihnen schwerfällt, zu delegieren, sollten Sie einen Kollegen, einen Berater, einen Freund um Hilfe bitten. Sie MÜSSEN zu delegieren lernen.

Vermeiden

Schieben Sie die Schuld nicht auf einen Mitarbeiter, wenn es Ihr Fehler war. Autorität verträgt sich nicht damit, Schuld abzuwälzen - sie leidet darunter.

Es ist nicht die Aufgabe Ihres Mitarbeiters, sich immer wieder nach neuen widersprüchlichen Anweisungen richten zu müssen.

Keine Drohungen, keine Erpressung. "Meldungen" über jemanden, nur um zu denunzieren, bringen nichts. Denken Sie lieber über Ihren Anteil an der Verantwortung nach.

Jedes scharfe Urteil mit den Worten: "Sie sind ..." schadet nur der echten Kommunikation. "Sie sind ein echter Dummkopf!" bewirkt nichts und belastet nur die Beziehungen, Reden Sie lieber vom Verhalten: "Sie haben dies und jenes getan ... wie läßt sich das in Zukunft vermeiden?"
Sagen Sie nichts Schlechtes über einen Mitarbeiter gegenüber einem anderen. Er würde sich nur fragen, was Sie wohl über ihn sagen, und es weitertragen.

Wie man einen Spezialisten heranzieht

Wenn man delegiert, kommt es oft vor, daß man sich an einen Spezialisten von außen wenden muß.

Das ist an sich eine gute Sache und oft unerläßlich. Ein Fachmann kann - wenn er entsprechend kompetent ist - oft erheblichen Zeitgewinn bringen. Selbst wenn sein Honorar hoch scheint, erweisen sich seine Empfehlungen oft als außerordentlich rentabel.

Aber natürlich muß man auch wieder wissen, wie man einen Fachmann auswählt!

Ergreifen Sie folgende Vorsichtsmaßnahmen:

1. Nehmen Sie mit verschiedenen Fachleuten Kontakt auf und vergleichen Sie deren Honorare mit denen, die marktüblich sind. Sind sie höher? Dann verlangen Sie eine Begründung dafür. Sind die Honorarforderungen erheblich niedriger? Dann sollte das Ihr Mißtrauen wecken! Solche "Sonderangebote" sind nicht immer wirklich gute Gelegenheiten. Wie sagen doch die Amerikaner: "You only get what you pay for!" (Sie bekommen nur das, wofür Sie bezahlen!)

Wenn es wirklich billig ist, besteht die Gefahr, daß Sie auch nur mit einer mittelmäßigen Leistung rechnen können.

Prägen Sie sich als gute Regel ein, daß ein guter Spezialist nie wirklich teuer ist, selbst wenn sein Honorar hoch erscheint. Der einzige Maßstab für Ihre Entscheidung sollte sein, ob seine Dienste rentabel erscheinen.

Ich für meinen Teil habe schlechte Erfahrungen mit zu billigen Spezialisten gemacht, und arbeite nur noch mit den besten oder jedenfalls sehr guten Fachleuten zusammen, die mich oft, das ist wahr, sehr viel Geld kosten. Aber ich komme immer auf meine Rechnung!

2. Wenn sie Ihnen ihre Dienste zum ersten Mal anbieten, sollten Sie sich über ihre Ausbildung informieren. Wo haben sie studiert?

Wie lange sind sie schon im Geschäft? (Natürlich gibt es auch Anfänger, die gute Leistungen zu bieten haben, und ihr jugendlicher Schwung ist oft eine höchst schätzenswerte Eigenschaft.)

3. Die wichtigste Frage von allen:

Was hat er an Erfahrungen?

Für wen hat er schon gearbeitet? Kann ich mich an einen seiner Kunden als Referenz wenden?

Natürlich sind dabei Geschäftsgeheimnisse zu wahren.

Aber im Rahmen des Zumutbaren und ohne den Spezialisten zu einem Bruch der Vertraulichkeit zu veranlassen (falls er es tun sollte, müssen Sie sich vor ihm hüten - er würde es auch gegenüber Ihren Konkurrenten tun und denen Ihre Geheimnisse verraten), können Sie schon präzise Zahlen von ihm verlangen.

Nehmen wir an, es ist ein Werbeberater. Für welche Produkte hat er einen Werbefeldzug zur Absatzsteigerung entworfen?

Welche Steigerung konnte er prozentual erreichen? War sein Kunde damit zufrieden? Wenn er irgendeinen Kunden, irgendeinen wichtigen Etat verloren hat, was waren die Gründe dafür?

Ohne deshalb gleich in ein krankhaftes Mißtrauen zu verfallen, ist es immer vernünftiger, vorher Fragen zu stellen, ehe man unbesehen jemand engagiert und dann sein blaues Wunder erlebt ....

Ein letztes Zögern: Delegieren oder nicht delegieren?

Wenn Sie am Schluß dieses Kapitels noch immer nicht von der Notwendigkeit zum Delegieren überzeugt sind, sollten Sie sich noch einmal das vierte Kapitel vornehmen.

Je wertvoller Ihre Zeit ist, desto mehr müssen Sie delegieren.

17 - Ein letztes Zögern: Delegieren oder nicht delegieren?

Und damit Ihre Delegierung so rentabel wie nur möglich ist, sollten Sie sich an die goldene Regel des Delegierens halten, die Stephanie Winston aufgestellt hat:

"Vertrauen Sie die Aufgaben immer jener Person an, die in der Hierarchie am weitesten unten steht, dabei aber den Rang und die Fähigkeiten hat, die zu einer ordentlichen Erledigung nötig sind (und wenn sich niemand findet, auf den das zutrifft, müssen Sie jemand anderen suchen oder heranbilden)."

Wenn Sie zu jenen Managern gehören (es ist die Mehrheit), welche nur die Hälfte oder gar ein Drittel ihrer Arbeitszeit jenen Aufgaben widmen, die wirklich ihrer Position entsprechen, fügen Sie Ihrem Unternehmen erhebliche Geldverluste zu und vergeuden Ihre Zeit, Ihre Energie und Ihre Chancen.

Sie müssen schnellstens die notwendigen Maßnahmen ergreifen, um mehr zu delegieren und damit ganz erheblich jenen Anteil Ihrer Zeit erhöhen, den Sie täglich dafür nutzen, Aufgaben wahrzunehmen, die Ihren Fähigkeiten und Ihrer Position entsprechen.

Zeigen Sie sich entschlossen!

Delegieren Sie mehr!

Ihre Mitarbeiter werden gerne mit Ihnen zusammenarbeiten, denn sie werden motiviert sein, sie werden das Gefühl haben, wichtig zu sein und zum Erfolg des Unternehmens beizutragen.

Vergessen Sie nicht, daß Sie, wenn Sie anderen zum Erfolg verhelfen, gleichermaßen sehr viel für Ihren eigenen Erfolg tun. Das ist sogar der einzige Weg, um in wichtigen Dingen auf Dauer Erfolg zu haben ...

Als nächstes werden wir uns damit beschäftigen, wie man Zeit gewinnen kann, viel Zeit sogar, außerordentlich viel Zeit durch die richtige Art der Kommunikation.

17 - Ein letztes Zögern: Delegieren oder nicht delegieren?

Wie, sagen Sie, Sie betreiben sehr viel Kommunikation und haben nicht den Eindruck, Zeit zu verlieren? Das kann schon sein. Aber es geht hier darum, bessere und vielleicht noch mehr Kommunikation zu betreiben und doch viel Zeit dabei zu gewinnen ....

DE - LE - GIE - REN !

Persönliche Anmerkungen

T.M.S.

Das Zeitmanagement-System

Band 2

von

Christian H. Godefroy

und

John Clark

RENTROP VERLAG

Titel der Originalausgabe: Comment avoir plus de temps - Methode T.M.S.
(c) Copyright 1988 by Athena Copyright, London

Aus dem Französischen übersetzt von Diethard Klein

CIP-Titelaufnahme der Deutschen Bibliothek
Godefroy, Christian:
TMS: das Zeitmanagement-System/Christian H. Godefroy
und John Clark. - Bonn: Rentrop.
Einheitssacht.: TMS <dt.>
ISBN 3-8125-0137-6
NE: Clark, John:

Bd. 2 (1991)

---

1. Auflage Januar 1991
(c) Copyright 1991 by Verlag Norman Rentrop, 5300 Bonn 2

Satz: Der Verlagsservice Rita Apfeld, Bonn
Druck: ICS, Bergisch Gladbach
Umschlaggestaltung: Thomas Lutz, Bernkastel-Kues
Lektorat: Dr. Pia Heckes, Bonn
Herstellungsleitung: Karin Breuer
Objektleitung: Detlef Reich, Bonn

Verlag Norman Rentrop, Theodor-Heuss-Str. 4, 5300 Bonn 2,

Kapitel 18

Machen Sie Ihre Kommunikation effektiver!

Im vorigen Kapitel haben wir uns eingehend mit allen Feinheiten des Delegierens beschäftigt.

Eine der ganz wesentlichen Voraussetzungen für effektives Delegieren ist gute Kommunikation zwischen den Beteiligten. Wie oft aber sind schon Probleme dabei aufgetaucht, sei es im Verlauf der Dinge oder zum Schluß, die nur deshalb auftraten, weil die entsprechende Botschaft einfach nicht gut übermittelt worden war?

Ganz sicher sind auch Sie schon Opfer ärgerlicher Mißverständnisse geworden. Das Schlimme an solchen Situationen ist oft, das Fehlen der Einsicht dafür, daß der eigentliche Auslöser für derartige Probleme mangelhafte Kommunikation ist.

Daher sucht man in allen möglichen Richtungen nach Lösungen und präsentiert Maßnahmen zur Abhilfe, die gar nicht wirken können, weil sie gar nicht das tatsächliche Problem angehen.

Außerdem sind Sie ja ganz sicher bereits überzeugt davon, daß effektive Kommunikation nicht nur notwendig, sondern <u>absolut</u>

unerläßlich ist für den Erfolg. Jene, bei denen es an der Kommunikation hapert, sind nicht in der Lage, ihre Mitarbeiter zu motivieren, ihren Untergebenen klare Weisungen zu erteilen, diese ihrerseits von ihrem Vorgesetzten zu bekommen, einen Bericht ordentlich zu erstatten, einen Vorschlag richtig vorzubringen usw ...

Sie verlieren nicht nur jede Menge Zeit wegen all der Mißverständnisse und Unklarheiten, an denen ihre schlechte Kommunikationstechnik schuld ist, sondern sie lassen sich auch zahllose Gelegenheiten zum Erfolg entschlüpfen. Und damit werden wir uns im vorliegenden Kapitel eingehend beschäftigen.

Lernen Sie zu "entschlüsseln"!

In seinem faszinierenden Buch "Die Geheimnisse des Glücks" schildert Uri Geller, der weltweit dadurch bekannt wurde, daß es ihm scheinbar allein durch die Kraft seines Willens gelang, Löffel zu verbiegen, folgende anschauliche Geschichte:

"Einer meiner Bekannten fuhr vor einiger Zeit nach Indien und mußte dabei eine äußerst frustrierende Erfahrung machen, als er sich bemühte, ein Taxi zu finden, das ihn an den Strand von Bombay bringen sollte.

Jedesmal, wenn er einen Taxifahrer ansprach, ob der ihn hinbringen könne, erhielt er die gleiche Antwort: der Taxifahrer drehte den Kopf von links nach rechts in einer seltsamen Wellenbewegung und mein Bekannter faßte dies als nachdrückliches 'Nein' auf (...)."

Was aber ging da wirklich vor? Und haben Sie etwas Ähnliches auch schon erlebt? Wenden wir uns der Erklärung zu, die Uri Geller uns liefert:

"In Wahrheit wollte keiner der Taxifahrer den Auftrag ablehnen, ganz im Gegenteil: er drückte lebhaft seine Zustimmung aus, und zwar mit der dort üblichen Geste dafür - einem nachdrücklichen Kopfschütteln.

Die Frustration meines Bekannten war also allein in der Tatsache begründet, daß er sich nicht auf die richtige Kommunikation verstand. Er hatte nicht begriffen, daß die Taxifahrer in Bombay mit einem Kopfschütteln ihre Zustimmung ausdrücken und daß unser westliches Kopfnicken als Zeichen der Bestätigung bei ihnen Ablehnung bedeutet!"

Wie oft mögen wir uns wohl, im beruflichen und gesellschaftlichen Bereich, aber auch in bezug auf unser Gefühlsleben, in einer ganz ähnlichen Situation befinden?

Am schlimmsten ist, daß wir oft nicht soviel Glück haben wie dieser Reisende, dem schließlich sein Mißverständnis aufging. Wir brauchen vielleicht Jahre dazu, einen derartigen Irrtum zu bemerken ...

Wie macht man's richtig?

"Jeder Mensch ist eine Insel", sagte ein Dichter. Das bedeutet, daß jeder Mensch seine eigene Sprache hat. Wenn wir sie nicht entschlüsseln können, werden wir keine Brücke von Insel zu Insel schlagen können.

Aus diesem mangelhaften Kommunikationsvermögen, dieser Unfähigkeit zur Entschlüsselung ergeben sich täglich:

O Mißverständnisse,

O falsche Entscheidungen

O Nichtbeachtung von Zielen
O fehlerhafte Beauftragungen

O Abbruch von Verhandlungen!

Lauter Dinge, die immer wieder zu Zeit- und Geldverlusten führen!

Ein kostspieliger Fehler in der Kommunikation ...

Fehlerhafte Kommunikation kann gelegentlich sogar zu wahren Katastrophen führen und den Tod von Menschen verursachen.

Ein tragisches Beispiel dafür: Vor einigen Jahren explodierte in den USA eine Rakete, die die amerikanischen Steuerzahler viele Millionen Dollar gekostet hatte, wenige Sekunden nach dem Start, wobei die Insassen der Kapsel, die sie in den Weltraum befördern sollte, ums Leben kamen ... Nach gründlicher und eingehender Untersuchung wurde die Schuldursache festgestellt.

War es ein technischer Defekt? Das sicher, denn sonst wäre es nicht zu dieser Tragödie gekommen.

Aber das war es im Grunde genommen nicht, was wirklich zählte. Entscheidend war die Frage, wie es denn dazu kommen konnte.

Wagen Sie es, sich die wirkliche Schuldursache vorzustellen? Ja, tatsächlich: mangelhafte Kommunikation! In ihrem Buch "Der organisierte Manager" erläutert Stephanie Winston:

"Es ist möglich, ja sogar wahrscheinlich, daß die Katastrophe von Three Miles Island hätte vermieden werden können, wenn die Konstrukteure des Atomreaktors den Umgang mit ihren Unterlagen besser organisiert hätten.

So erschreckend das auch scheinen mag, veranlassen meine Erfahrungen als Organisationsberaterin mich zu der Annahme, daß das Unglück von Three Miles Island zurückgeht auf unzureichende Abstimmung und Auswertung von Meldungen!"

Wann immer Sie eine Idee, ein Vorhaben auf den Weg bringen wollen - denken Sie an den Start dieser amerikanischen Rakete und unterschätzen Sie niemals die entscheidende Bedeutung der Kommunikation ...

Gute Kommunikation heißt vor allem Zuhören!

Eine Untersuchung, die kürzlich unter einer großen Zahl französischer Vorstandsvorsitzender durchgeführt wurde, überraschte all jene, die sich für die Effektivität des Managements interessieren.

Es wurde dabei folgende Frage gestellt:

Was ist, Ihrer Meinung nach, die Haupteigenschaft, die einen guten Vorstandsvorsitzenden ausmacht?

Natürlich gab es unterschiedliche Antworten, aber welche Eigenschaft wurde wohl Ihrer Meinung nach am häufigsten genannt?

O   Führungsqualität?

O   Fähigkeit zu raschen Entscheidungen?

O   Geschäftstüchtigkeit?

Keineswegs!

An der Spitze stand vielmehr:

Fähigkeit zum Zuhören!

Ja genau! So erstaunlich übrigens auch wieder nicht. Denn alle großen Macher, seien es Politiker oder große Männer der Wirtschaft, haben sich immer (und durchaus berechtigt) gerühmt, sie verstünden sich vor allem auf die Kommunikation!

Sie verstanden es, ihre Ideen, ihre ehrgeizigen Träume, ihre Zukunftsvorstellungen, ihre neuen und kühnen Auffassungen eines Projektes zu vermitteln! Um aber all das zu schaffen, um sich (berechtigterweise) rühmen zu können, ein guter Kommunikator zu sein, um das wirkliche Problem seines Gesprächspartners zu erkennen und zu wissen, mit wem man es zu tun hat (mag es dabei nun um einen Kunden oder den Chef gehen), muß man erst einmal gut zuhören!

18 - Gute Kommunikation heißt vor allem Zuhören!

Wenn man Ihnen die Frage stellen würde:

Können Sie gut zuhören?

- was würden Sie antworten?

Sie sind sich da nicht sehr sicher? Das sollte kein Hindernis sein! Im folgenden ein sehr instruktiver Test, der Ihnen zu Klarheit verhelfen wird und Ihnen zeigt, welche Korrekturmaßnahmen Sie vielleicht ergreifen müssen, damit Ihre Effektivität steigt ... und obendrein die Leute sich rings um Sie wohler fühlen. Ja wirklich! Der Erfolg ist garantiert!

Kreuzen Sie also die für Sie zutreffenden Kästchen an:

O   1. Sind Sie aufmerksam, wenn andere zu Ihnen sprechen?

O   2. Beobachten Sie gerne andere?

O   3. Geben Sie non-verbales "Feedback", wenn Ihr Gesprächspartner sich an Sie wendet (z.B. Kopfnicken, Lächeln)?

O   4. Machen Sie sich Notizen, wenn Ihnen jemand Informationen von höchster Wichtigkeit gibt?

O   5. Lassen Sie anderen ausreichend Zeit, ihren Standpunkt zu erläutern, ehe Sie selbst den Ihren darlegen?

O   6. Bleiben Sie stets bei der Sache oder neigen Sie dazu, abzuschweifen?

O   7. Sind Sie offen für den Blickwinkel, aus dem Ihr Gesprächspartner die Dinge sieht?

O   8. Bemühen Sie sich um Formulierungen, die Ihr Gesprächspartner verstehen kann?

O 9. Sind Sie interessiert an dem, was andere zu sagen haben?

O 10. Zeigen Sie Geduld, wenn jemand offensichtlich Schwierigkeiten damit hat, sich in Worten auszudrücken?

Verlieren Sie, ohne es zu wissen, dreizehn Wochen pro Jahr?

Eine Studie bei achtzehn ausgewählten leitenden Angestellten verschiedener amerikanischer Firmen ergab, daß jeder durchschnittlich fünfeinhalb Stunden täglich auf verbale Kommunikation verwendet - und daß davon volle zwei Stunden absolut verlorene Zeit sind!

Zwei Stunden täglich, das macht zehn pro Woche und fünfhundertzwanzig pro Jahr!

Bei vierzig Arbeitsstunden pro Woche macht das pro Jahr dreizehn verlorene Wochen!

So ist das - diese Leute beklagen sich, daß sie nicht ausreichend Urlaub nehmen können, verlieren aber regelmäßig jährlich dreizehn Wochen durch nutzlose oder schlecht geführte Gespräche!

Und Sie? Was haben Sie für Gewohnheiten in bezug auf die Kommunikation? Wie viele Stunden wöchentlich verbringen Sie mit Gesprächen? Führen Sie ein Journal darüber! Dann werden Sie im Bilde sein! Notieren Sie sich eine Woche lang Tag für Tag die Anzahl der Stunden, die Sie mit Kommunikation verbringen.

Kommunikations-Journal

Montag

....
....
....
....
....

18 - Verlieren Sie, ohne es zu wissen, dreizehn Wochen pro Jahr?

Dienstag

....
....
....
....

Mittwoch

....
....
....
....

Donnerstag

....
....
....
....

Freitag

....
....
....
....

Samstag

....
....
....

Sonntag

....
....
....

Nachdem Sie dieses Kommunikations-Journal ausgefüllt haben, addieren Sie den Zeitaufwand: nun haben Sie vielleicht eine genauere Vorstellung davon, wieviel Zeit Sie für Kommunikation aufwenden. Bestimmen Sie dann Aspekte dabei, die zu Zeitverlust führen.

1. Verlieren Sie, falls Ihr Gesprächspartner Ihnen zahlreiche Details mitzuteilen hat, keine Zeit damit, sich diese zu notieren.

Bitten Sie ihn vielmehr darum, Ihnen das alles schriftlich vorzulegen. Damit sparen Sie einerseits Zeit und vermeiden obendrein Mißverständnisse, die sich aus ungenügenden oder unpräzisen Notizen ergeben können.

2. Bereiten Sie Gespräche so vor, daß Sie alle erforderlichen Unterlagen dafür zur Hand haben. Legen Sie vorab genau den Zweck und alle Punkte fest, die Sie behandeln wollen. Unterlagen, Schriftsätze u.ä. sollten von Ihnen, Ihrer Sekretärin oder einem Assistenten rechtzeitig vorbereitet werden.

3. Vermeiden Sie umständliche Einleitungen, Wiederholungen von Schlußfolgerungen und angeblich unvermeidliche Abschweifungen. Wenn es trotzdem dazu kommt, müssen Sie sie durch eine freundliche, aber bestimmte Mahnung zur Ordnung zeitlich einschränken.

4. Kommen Sie sofort zum Kernpunkt. Reden Sie nicht um den heißen Brei herum, vermeiden Sie überflüssige Details. Ihre Zeit ist wertvoll, die Ihres Gesprächspartners ebenfalls.

5. Nehmen Sie sich die Zeit zu gründlicher Erläuterung. Besser mehr Details als zu wenige. Die Zeit, die Sie auf solche Erläuterungen verwenden, mag Ihnen vergeudet erscheinen, aber das stimmt nicht.

Denken Sie an das Paradoxon vom Menschen in Zeitdruck. Der

Zeitaufwand für Erläuterungen wiegt gering im Vergleich zu der Zeit, die Sie sparen, wenn es dafür nicht zu Mißverständnissen kommt, die oft dazu führen, daß man wieder bei Null anfangen muß.

Eine der goldenen Regeln der Kommunikation

Sie sollten immer eine der goldenen Regeln der Kommunikation im Hinterkopf haben:

> **"Was für Sie offenkundig, einfach und einleuchtend ist, muß es nicht unbedingt auch für Ihren Gesprächspartner sein."**

Scheuen Sie sich also nicht vor Erläuterungen.

Stellen Sie sicher, daß das Vorhaben gut und in all seinen Dimensionen verstanden wurde, indem Sie wichtige Details präzisieren, den Geist verdeutlichen, der die Sache beherrschen muß, und die entsprechenden Fristen nennen.

Im folgenden Kapitel werden wir uns der effektiven Kommunikation zuwenden und sehen, wie man möglichst viel Zeitgewinn aus einem Hilfsmittel der Kommunikation zieht, das oft unzulänglich genutzt wird.

Kapitel 19

Legen Sie Hunderte von Kilometern in wenigen Sekunden zurück!

Rennen Sie los, sobald man Ihnen klingelt?

Eines Tages wurde der englische Botschafter im Weißen Haus von Präsident Franklin Roosevelt empfangen.

Wie alle Präsidenten auf dieser Welt war natürlich auch Präsident Roosevelt ein vielbeschäftigter Mann.

Aber er hatte die ärgerliche Angewohnheit, Telefongespräche auch in Anwesenheit von Besuchern entgegenzunehmen, selbst wenn sie vom Range eines Botschafters waren.

Und weil nun ständig das Telefon klingelte, kam das Gespräch zwischen den beiden Männern kaum vorwärts, und der arme Botschafter begann allmählich zu fürchten, daß er gar nicht auf die Dinge zu sprechen kommen könne, deretwegen er den Präsidenten aufgesucht hatte.

Was also tun?

Er konnte schließlich nicht gut mit der Faust auf den Tisch

schlagen und seinem hochgestellten Gesprächspartner Vorwürfe darüber machen, daß er ihn dauernd unterbrach.

Da er schließlich Botschafter war, war er viel zu diplomatisch, um mit einer derartigen Geste einen Zwischenfall heraufzubeschwören. Er hatte eine bessere Idee. Während der Präsident wieder einmal in ein Telefongespräch verwickelt war, verließ er diskret den Raum - und rief ihn an!

Und so konnte er endlich in Ruhe all die Dinge diskutieren, die ihn hergeführt hatten.

Unterbinden Sie den gewohnheitsmäßigen Reflex!

Wir alle verhalten uns ein wenig wie Präsident Roosevelt ...

Wie ein ergebener Diener rennen wir los, sobald man uns klingelt ... Gewohnheit oder Neugier führen gewöhnlich dazu, daß wir uns von der festen Absicht abbringen lassen, drei Stunden lang ohne Unterbrechung zu arbeiten! Dieser gewohnheitsmäßige Reflex ist unter all den "Zeitfressern" sicher der größte und unauffälligste.

Was kann man dagegen tun?

Nehmen Sie niemals Telefonanrufe entgegen, wenn ein Besucher in Ihrem Büro ist. Weisen Sie Ihre Sekretärin an, sie an Ihrer Stelle anzunehmen.

Zwei Ausnahmen gibt es: wenn ein Anruf von einer sehr hochgestellten Persönlichkeit kommt und Sie damit Eindruck auf Ihren Besucher machen können, und wenn sich der Anruf unmittelbar auf die Angelegenheit bezieht, die Sie gerade mit Ihrem Besucher besprechen, und dieser förderlich ist.

Gefahr:

Zehnmal, zwanzigmal, dreißigmal täglich klingelt das Telefon

19 - Wie steht es mit Ihren Telefongewohnheiten?

und reißt uns aus der Arbeit, mit der wir gerade beschäftigt sind. Lange Minuten, wenn nicht Stunden verbringen wir mit Telefongesprächen.

Erstaunliche Statistiken über das Telefon

Zu jeder beliebigen Stunde und von jedem beliebigen Ort her kann uns ein Anruf erreichen. Das ist sicher ein Vorteil, aber es hat natürlich auch seine Kehrseite: Wir haben sozusagen kein Privatleben mehr.

Es ist außerordentlich wichtig, daß wir uns Rechenschaft ablegen über die Zeit, die wir jeden Tag am Telefon verbringen, und über die Art der Gespräche, die wir führen. Die Statistiken in dieser Angelegenheit sind äußerst aufschlußreich:

O 90 % der Führungskräfte verbringen täglich mehr als eine Stunde am Telefon
O 40 % der Führungskräfte sogar mehr als zwei Stunden!

Und Sie - wieviel Zeit verbringen Sie wohl täglich am Telefon?

Wie steht es mit Ihren Telefongewohnheiten?

Das werden wir gemeinsam im Laufe dieses Kapitels feststellen. Wenn Sie seine Lektüre abgeschlossen und die Übungen gemacht haben, werden Sie in der Lage sein, Ihre am Telefon verbrachte Zeit um 25 bis 50 % zu verringern, ohne daß darunter Ihre Ergebnisse in irgendeiner Weise leiden. Erstaunlich, nicht wahr?

Es ist wahrscheinlich, daß Sie eine Einsparung von einer Stunde täglich erreichen können, also fünf Stunden pro Woche, mithin 250 Stunden pro Jahr! Die können Sie dann ganz nach Belieben nutzen, um sich entweder auf ihre wichtigen Aufgaben zu konzentrieren, oder noch besser, um mehr Freizeit zu haben, mehr Zeit mit der Familie oder Freunden verbringen zu können,

19 - Test

um zu lernen, Sport zu treiben, zu reisen - kurz: zu leben!

Hier nun ein Test, der Ihnen dabei hilft, sich Ihrer Telefongewohnheiten bewußt zu werden. Benutzen Sie, um zu einer korrekteren Bewertung zu kommen, die nachfolgenden Kontrollzettel.

Test

1. Ist es Ihre Art, sofort zu "springen", sobald das Telefon klingelt?   O Ja   O Nein

2. Beeinträchtigt die Entgegennahme eines Anrufs Ihre Konzentration? Wenn ja, inwiefern?   O Ja   O Nein

....
....
....
....

3. Wenn das Telefon weiterklingelt, weil niemand abnimmt,

O werden Sie a) nervös,

O oder verspüren Sie b) das dringende Bedürfnis, abzunehmen und sich zu melden?

4. Wieviel Zeit verbringen Sie am Telefon?

Pro Tag............... Stunden

Pro Woche............. Stunden

Pro Monat............. Stunden

"TAGESBLATT"

Datum	Anruf	von/bei	Anrufdauer	Grund des Anrufs

Notieren Sie nun die Anzahl der Anrufe, ihre Dauer - und die Bedeutung der Gründe dafür.

Geschafft? Nun, was ist das Ergebnis? Sie werden vielleicht erstaunt sein über den Umfang Ihrer "Telefoninvestition" ... Aber nur Geduld! Wir werden es schon hinkriegen, daß Ihre nächsten Investitionen Ihnen gelegentlich das Doppelte der bisherigen einbringen!

Das Telefon klingelt! ...

Halt! Warum haben Sie es so eilig? Sie müssen lernen, immer erst nachzudenken, bevor Sie den Hörer abnehmen ... Eine der besten

Methoden, um Zeit zu gewinnen, ist es nämlich, sich die Frage zu stellen: "Wer soll sich melden?"

Wer soll sich am Telefon melden?

Je nach Ihrer beruflichen Situation gibt es dafür zwei Mustervarianten: mit oder ohne Sekretärin.

1. Ohne Sekretärin

Sich am Telefon zu melden, ist eine Unterbrechung und wirkt auf Ihre Produktivität wie ein Tritt auf die Bremse. Zu der Zeit für das Gespräch selbst und einem eventuellen Energieaufwand, weil Sie sich aufregen, müssen Sie die Zeit zählen, die Sie brauchen, um sich wieder auf Ihre Arbeit zu konzentrieren - noch gar nicht zu reden davon, daß ein Telefonanruf stets eine höhere Nervenbelastung mit sich bringt als eine entsprechende Periode meist viel ruhigerer normaler Arbeit.

Sie arbeiten in einem Kollegenteam gemeinsam, und alle sind in der gleiche Lage? Dann besteht die effektivste Lösung in einem Rotationssystem, das sich täglich, wöchentlich oder auch für den Monat einrichten läßt.

Nehmen wir einmal an, daß Sie zu sechst sind und Anrufe gleichmäßig über den Tag verteilt eingehen. Dann sollten Sie alle zusammenrufen und zum Beispiel folgenden Tagesplan dafür aufstellen, wer jeweils den Hörer abnimmt:

```
 9.00 - 10.00: ...............................................Trixi
10.00 - 11.00: ..............................................Fabian
11.00 - 12.00: ...........................................Christine
12.00 - 13.00: .....................................Anrufbeantworter
13.00 - 14.00: ..............................................Georg
14.00 - 15.00: ...............................................Inge
```

19 - Wer soll sich am Telefon melden?

15.00 - 16.00: ....Karl
ab 16.00   : ....Anrufbeantworter

Sie finden das gut? Dann machen Sie es!

Sie sind mehr als sechs, oder es sind im Laufe der Woche nicht alle an jedem Tag in gleicher Weise verfügbar? Dann führen Sie einen Wochenplan ein.

Ein Bespiel:

	Monat	Dienstag	Mittwoch	Donnerstag	Freitag
9.00 - 10.00					
10.00 - 11.00					
11.00 - 12.00					
12.00 - 13.00					
13.00 - 14.00					
14.00 - 15.00					
15.00 - 16.00					
16.00 - 17.00					
17.00 - 18.00					
18.00 - 19.00					

Zuständig für Anrufbeantworter/Fernkopierer

....

In diesem Zusammenhang müssen Sie darauf achten, daß auf dem Anrufbeantworter aufgenommene Nachrichten und Telefax-Mitteilungen stets ordnungsgemäß behandelt und rasch den jeweiligen Empfängern zugeleitet werden: die dafür eingeteilte Person muß sich ihrer Verantwortung und der Wichtigkeit der Aufgabe bewußt sein.

Sorgen Sie auch für jeweils einen "Merkzettel" am Anrufbeantworter und Fernkopierer, auf dem alle Einzelaufgaben notiert sind, dazu bestimmte Kontrollen, die durchgeführt werden müssen, und die Maßnahmen, die bei eventuellen Störungen zu ergreifen sind (welche Knöpfe man zum Beispiel drücken muß, wenn der Fernkopierer "bockt", weil die Papierzufuhr blockiert ist).

Denken Sie auch an die Bestellung eines "Nachschubverantwortlichen", jeweils für eine Woche zum Beispiel. So können Sie es vermeiden, am Freitagabend ohne Spezialpapier für den Fernkopierer dazustehen oder ohne ein frisches Band für den Anrufbeantworter.

Jetzt möchten Sie noch Vorschläge für den Ansagetext auf Ihrem Anrufbeantworter? Ich kann Ihnen da nur nochmals empfehlen, sachlich und klar zu sein: Machen Sie es möglichst kurz, sprechen Sie den Text mit angenehmer, herzlicher und weicher Stimme, aber hüten Sie sich vor Extravaganzen.

Zwei Beispiele:

1. Allgemeiner gehalten:

"Guten Tag, hier ist die Bücher-GmbH. Ich kann im Augenblick Ihren Anruf leider nicht persönlich entgegennehmen. Nennen Sie daher bitte nach dem Signalton Ihren Namen, Ihre Telefonnummer und den Anlaß für Ihren Anruf; ich werde so bald wie möglich zurückrufen. Vielen Dank und auf Wiederhören."

2. Gezielter:

"Guten Tag, hier ist die Bücher-GmbH. Bitte nennen Sie uns Ihren Namen, Ihre Telefonnummer und den Namen der- oder derjenigen, den Sie zu sprechen wünschen, sowie den Anlaß für Ihren Anruf - Sie haben dafür nach dem Signalton zwei Minuten Zeit. Wir rufen Sie dann im Laufe dieses Nachmittags zurück."

Delegieren Sie Ihre Anrufe!

Sie haben Mitarbeiter? Dann delegieren Sie an diese wenigstens einen Teil Ihrer Anrufe (doch, ich versichere Ihnen - das geht!), indem Sie sie zu "persönlichen Ansprechpartnern" der Kunden X, Y oder Z ernennen oder zu "Zuständigen" für die Bereiche X, Y oder Z. Sie werden Ihnen dann in Zukunft nur noch Zusammenfassungen geben, Ihnen Probleme in eher allgemeiner Form vorlegen, Ihnen Lösungen vorschlagen usw.

Sie werden dann Anrufe nur noch entgegennehmen, wenn irgendein Problem tatsächlich Ihre Autorität und Ihre Erfahrung fordert. Und die Folge davon? Ihre Kunden und Geschäftspartner werden einen Gesprächspartner haben, der mehr Zeit hat als Sie, und Sie selbst werden wertvolle Zeit zur Verfügung haben, die Sie anderwärts einsetzen können, besonders für viel interessantere und rentablere Aufgaben ...

Sie sind aber nur zu zweit oder dritt? Dann machen Sie Ihren Kollegen klar, wie sehr jeder an Zeit und Effektivität gewinnen würde, wenn jeweils einer von ihnen abwechselnd für eine oder zwei Stunden oder auch den ganzen Tag über die Anrufe entgegennehmen würde. Rechnen Sie das gemeinsam mit Ihren Kollegen durch, verwenden Sie dafür die Argumente in Kapitel 13 in bezug auf Störungen ... und bald werden Sie über "Strände" von absoluter Ruhe verfügen können, die jeder von Ihnen zu einer Erhöhung der Konzentration, der Kreativität und der Effektivität nutzen kann.

Die "Halt!"-Methode

Sie haben einen Telefonanruf zu erledigen? Halt! Merken Sie sich zunächst einmal nur vor, daß Sie anrufen müssen, und kehren Sie an Ihre Arbeit zurück. Machen Sie das jedesmal so, wenn Sie gerade den Hörer abnehmen wollen: Sagen Sie sich erst einmal: "Halt!"

Sie werden rasch feststellen, daß sich mehrere Telefonanrufe verbinden lassen, daß einige die Mühe eigentlich nicht lohnen, und vor allem, daß sich mit einer entsprechenden Liste während eines "Lochs" in Ihrer Zeiteinteilung (oder in einer Periode, wo Ihnen eine Unterbrechung oder Abwechslung gut tut) fünf bis zehn Anrufe erledigen lassen.

Und das Ergebnis? Sie werden sehr schnell feststellen, welcher Vorteil darin liegt, fünf bis zehn Anrufe am Stück zu erledigen:

19 - Abschließende Empfehlungen

Sie werden Sie zügiger abwickeln, werden knapper dabei sein, rascher zum Wesentlichen kommen, werden speziell auf das Telefonieren konzentriert sein (das wieder eine durchaus andere Art der Konzentration erfordert als zum Beispiel das Durcharbeiten eines Schriftsatzes), und Sie werden "aufgewärmt" sein (wie ein Sportler sich für einen Wettbewerb aufwärmt) und damit in bester Form und voller Tatendrang.

Kurz - sobald Sie einmal Ihre Telefonanrufe nur noch in einem Block von fünf oder zehn am Stück erledigen, werden Sie sich bald von den erheblichen Vorteilen überzeugen, die wesentlich für Ihren Erfolg sind ...

Bei dieser Gelegenheit empfehle ich Ihnen, sich persönliche "Anrufmerkzettel" zu machen.

Sie sollten folgende Angaben enthalten:

Anrufen:................am:...................gegen.......Uhr
unter Nummer:...........in:................................

Abschließende Empfehlungen

Bereiten Sie sich vor. Verwenden Sie schriftliche Unterlagen (Notiz oder Nachricht). Ordnen Sie diese gegebenenfalls nach Priorität und nach Vorgang, das wird Ihre Aufgabe vereinfachen.

Legen Sie im voraus die Zeit zur Erledigung von Anrufen fest, das wird Ihnen die Tagesplanung erleichtern. Nehmen Sie dabei jedoch Rücksicht auf die Tätigkeiten Ihrer Gesprächspartner. Einige von ihnen haben vielleicht "bedenkliche Stunden", achten Sie darauf. Vielleicht ist auch gerade der Herr Sowieso leichter ein klein wenig nach Büroschluß zu erreichen - vergessen Sie auch das nicht!

Und noch eine kleine List, um Zeit zu gewinnen:

19 - Abschließende Empfehlungen

Gerade kürzlich vertraute mir ein Manager an, daß er nicht zögere, jemanden anzurufen, selbst wenn er wisse, daß der Betreffende gar nicht da sei. Er hinterlasse dann eine Nachricht mit der Bitte, ihn zurückzurufen - mit genauer Angabe von Datum und Uhrzeit. Zugleich mache er sich in seinem Terminkalender eine Notiz, wann spätestens er den Betreffenden wieder anrufen müsse, falls sein Gesprächspartner nicht angerufen habe oder offenbar nicht mehr daran denke.

2. Mit Sekretärin

Ob sie nun erfahren ist oder nicht - nehmen Sie sich etwas Zeit dafür, Ihre Sekretärin auf Ihre (neuen!) Methoden einzustimmen.

Machen Sie ihr zunächst klar, daß Sie von ihr erwarten, daß sie Sie nach außen hin vertritt (ohne daß Sie ihr deshalb gleich sagen müßten, sie sei nun Ihre Visitenkarte, Ihr Schaufenster, Ihr Aushängeschild) und gleichsam ein "zweites Ich" für Sie.

Es sei deshalb erforderlich, daß sie fröhlich, entgegenkommend, aufmerksam, charmant und professionell sowohl gegenüber persönlichen Besuchern als auch gegenüber "Besuchern am Telefon" sei; das ist sogar besonders wichtig, und deshalb sollten Sie ihr verdeutlichen, daß es oft für Kunden nur einen einzigen Weg gibt, sich ein Bild von einem Unternehmen zu machen - die Stimme der Sekretärin!

Und man wird niemals wissen, wie viele Märkte, Absatzchancen, Kunden verlorengingen nur wegen der unfreundlichen Entgegennahme eines Telefonanrufs! Unglaublich. Dabei ist es doch so leicht!

Diese freundliche Haltung müsse aber gepaart sein mit einer gewissen Festigkeit im höflichen Abwimmeln (härter formuliert: Sie muß es mit ihrer Höflichkeit schaffen, daß der Gesprächspartner die bittere Pille einer Abweisung schluckt); Ihre Sekretärin muß Sie abschirmen, Ihnen ruhiges Arbeiten ermöglichen und jede ungerechtfertigte Störung, die dieses beeinträchtigen könnte, abblocken. Natürlich müssen Sie ihr sagen, daß sie ihre Rolle mit größter Diplomatie wahrnehmen muß (die Leute sind, insbesondere am Telefon, oft sehr mißtrauisch), daß sie aber, wenn sie einmal entschieden hat, Ihnen den Anruf nicht durchzustellen, auch dabei bleiben muß - nun ist es Sache des Anrufers, entsprechende Schritte zu unternehmen ...

Wie können Sie Ihrer Sekretärin helfen, diese verantwortungsvolle Rolle zu erfüllen? Empfehlen Sie ihr zunächst einmal, sich stets vom Anrufer den Grund für seinen Anruf nennen zu lassen.

Überlassen Sie ihr Ihren Terminkalender (so weit auf aktuellem Stand wir nur immer möglich), um vielleicht doch ein Gespräch mit einem Anrufer zu vereinbaren.

Informieren Sie sie genau über Ihre Tätigkeit und die Ihrer Kollegen und Mitarbeiter, damit sie gegebenenfalls den Anruf an einen Techniker, einen Spezialisten oder sonst jemanden durchstellen kann. Stimmen Sie sich mit ihr über "Freiräume" ab, auf die Sie Gespräche, Anrufe oder Aktualisierung Ihres Terminkalenders konzentrieren.

Nehmen Sie mit ihr regelmäßig einen Überblick vor und bitten Sie sie um Führung eines "Berichtsheftes", in dem alle Anrufe aufgeführt sind, die sie angenommen oder durchgeführt hat sowie die Maßnahmen, die sie daraufhin unternommen oder vorgesehen hat, die Lösungsvorschläge, die sie Ihnen unterbreitet usw.

Erstellen Sie mit ihr eine "rote Liste" von Leuten, für die Sie stets, und eine "schwarze Liste" von Leuten, für die Sie nie erreichbar sind; sie kann diese Listen rasch überfliegen, nachdem sie den berühmten Satz gesprochen hat: "Moment bitte, ich will sehen, ob ich ihn erreichen kann ..."

Zur effektiveren Nutzung Ihres Telefons

1. Wenn Sie selbst ein Telefongespräch annehmen müssen, sollten Sie sich rasch, noch ehe Sie den Hörer abnehmen, auf einem Blatt Papier die Idee notieren, die Ihnen gerade durch den Kopf schoß, als es zu klingeln begann, oder auch die Arbeit, mit der Sie gerade unmittelbar beschäftigt waren.

2. Wenn mich jemand in einem ungünstigen Augenblick anruft, frage ich ihn, sobald er sich gemeldet hat: 'Wann und unter welcher Nummer kann ich Sie zurückrufen?', oder auch 'Können Sie mich bitte um die und die Zeit unter dieser oder jener Nummer nochmals anrufen?' Höflichkeit und Bestimmtheit sind dabei erstrangige Trümpfe.

3. Wenn mich jemand anruft, sage ich ihm sofort, wieviel Zeit ich habe, und bemühe mich, ohne Zögern auf den Kern der Sache zu kommen.

4. Ich mache mir Notizen über alle meine Telefongespräche und habe stets einen Notizblock neben dem Apparat liegen. Ich fertige daraus 'Mini-Unterlagen', die sich an zwei Formularen dafür aus meiner Tagesarbeit orientieren. Sie sind als Erinnerungsstütze wertvoll.

5. Ich habe mir einen Wählautomaten angeschafft, der von sich aus die Nummer meines Gesprächspartners wieder anwählt, wenn diese besetzt ist.

6. Ich habe mir einen Anrufbeantworter angeschafft - wenn ich nicht da bin, oder auch, wenn ich einfach nicht gestört werden möchte, schalte ich ihn ein.

7. Ich verwende diesen Anrufbeantworter als 'Filter', indem ich zunächst nur die Anrufe erledige, die wirklich dringlich scheinen. Auf die anderen reagiere ich erst, wenn es mir paßt und zu einem von mir gewählten Zeitpunkt.

8. Wenn ich für mehr als drei Tage verreise, schalte ich einen Auftragsdienst ein, der die Anrufe für mich entgegennimmt. Das ist menschenfreundlicher und effektiver als ein Anrufbeantworter und kostet mich auch nicht mehr (siehe dazu Kapitel 15 über neue Technologien).

Bereiten Sie Ihre Anrufe vor!

Das Geheimnis der Effektivität Ihrer Telefongespräche ist in einem einzigen Wort enthalten: <u>Vorbereitung</u>.

Wie oft ist es sicher auch Ihnen schon so ergangen: Sie haben einen wichtigen Kunden am Apparat und hören sich plötzlich sagen:

"Da war doch noch etwas, was ich gerne mit Ihnen besprechen wollte, aber es fällt mir im Augenblick gerade nicht ein ... Moment mal bitte ..."

Oder auch:

"Ach ja, einen kleinen Augenblick bitte, ich hole mir nur rasch die Unterlagen ..."

Noch schlimmer aber: Sie rufen jemanden an und wissen plötzlich nicht mehr, warum Sie eigentlich diese Nummer gewählt haben ...

Das sind Zerstreutheiten und Nachlässigkeiten, die teuer zu stehen kommen können, sehr teuer sogar.

Gewöhnen Sie sich daher an, Ihre Telefonate stets sorgfältig vorzubereiten.

Aus diesem Grund empfehle ich Ihnen zwei kleine Formblätter: das eine zur Vorbereitung von Anrufen, das andere als Unterlage für Rückrufe auf eingegangene Telefonate.

Füllen Sie diese Formblätter sorgfältig aus, bevor Sie Ihre Anrufe tätigen, und behalten Sie sie während der Gespräche gut im Auge. Sie sind damit immer auf dem laufenden.

Und vergessen Sie nie, daß Sie mit einem Mikrocomputer Ihren Terminkalender in einen "elektronischen Ordner" (eine Datenbank) eingeben, ihn nach Belieben korrigieren, ihn ausdrucken lassen können (auch auf Selbstklebeetiketten) usw.

19 - Bereiten Sie Ihre Anrufe vor!

TELEFONNOTIZ

Anrufer: ....

Firma: ....

Telefonnummer: ....

Faxnummer: ....

Datum des Anrufs: ....

Stichwort/Vorgang: ....

Anlaß des Anrufs: ....
....
....
....
....
....
....

Ergriffene Maßnahmen:
....
....
....
....
....
....
....

Termine/Nächster Kontakt:

....

Wichtig O   Dringend O   Routine   O

RÜCKRUFNOTIZ

Datum des Anrufs: ....

Uhrzeit des Anrufs: ....

Anrufer: ....

Firma: ....

Telefonnummer: ....

Faxnummer: ....

Rückruf SEINERSEITS: Datum: ....

Uhrzeit: ....

Nachricht: ....
....
....
....

Rückruf UNSERERSEITS: Datum: ....

Uhrzeit:..

Nachricht: ....
....
....
....

Wichtig   O   Dringend   O   Routine   O

Nachricht aufgenommen durch: ....

Weiterverfolgt durch: ....

Die Dauer Ihrer Telefongespräche

Es ist entscheidend wichtig, daß Sie die Dauer Ihrer Telefongespräche in den Griff bekommen, sowohl jener, die Sie von sich aus führen, als auch jener, die Sie annehmen.

Fassen Sie Strategien ins Auge, um Schwätzer zu entmutigen. Die Dauer eines Telefongesprächs sollte normalerweise fünf Minuten nicht überschreiten.

Hier drei kleine Schliche, die Ihnen dabei helfen können, Ihre persönlichen Strategien durchzusetzen.

1. Wie macht man sich die Dauer eines Gesprächs bewußt und wie bekommt man sie in den Griff?

Der Manager einer bedeutenden Anwaltskanzlei an der New Yorker Wall Street hat mir einen wertvollen Rat gegeben: Stellen Sie sich eine Schaltuhr neben Ihr Telefon und schalten Sie sie jeweils ein.

"Es kommt sehr selten vor, daß ich die vorgegebene Zeit überschreite. Ich stelle die Grundzüge meines Vorschlags vor und reiche die Details dazu schriftlich nach", hat er mit anvertraut.

Ich kenne Leute, die sich schon aus weniger gewichtigem Grund einen Gebührenzähler anschaffen würden ...

2. Vereinbaren Sie ein "Telefon-Rendezvous"

"Vereinbaren wir doch ein 'Telefon-Rendezvous' - würde Ihnen dafür vielleicht Montag, 25. September, zwischen 10.00 und 10.15 Uhr passen? Dann werde ich gut vorbereitet sein, und Sie haben die Zeit, sich ebenfalls vorzubereiten."

Solche Vereinbarungen haben zwei Vorteile:

O Eine solche Vereinbarung zeigt Ihrem Gesprächspartner die Achtung, die Sie für ihn empfinden.

O   Die Begrenzung der Zeit zeigt ihm, daß Sie sich selbst zu
    organisieren und verstehen wissen und Ihrerseits Achtung verdienen.

3. Der Vorwand, etwas Dringendes erledigen zu müssen

Eine andere Möglichkeit, den Gesprächspartner von Abschweifungen abzuhalten und zur Kürze zu bringen, besteht darin, ihm zu sagen, daß man in fünf Minuten weggehen müsse - zum Bahnhof, zum Flugplatz, zu einer Besprechung, ganz egal wohin.

Es gibt aber Leute, die das zwar sagen, dann aber in aller Ruhe das Gespräch fortsetzen. Nein! Sie müssen einen eiligen Eindruck machen, vorspielen, daß Sie bereits zu spät dran seien und nun eiligst gehen müssen - und Sie werden das gewünschte Ergebnis erreichen, ohne Probleme!

Wie bringt man ein Telefongespräch zu Ende?

Sie hängen am Telefon und möchten das Gespräch beenden, das sich in die Länge zieht. Hier ein paar Tricks dafür:

O   Sie sagen Ihrem Gesprächspartner, daß Sie jetzt leider ein weiteres
    Gespräch hätten und deshalb unbedingt Schluß machen müssen ...

O   Sie sagen ihm ganz einfach: "Bevor ich nun unser Gespräch beenden
    muß, lieber Herr XY, möchte ich Ihnen noch kurz sagen, daß ...",
    oder auch: "Wenn es Ihnen recht ist, reden wir bei unserem nächsten
    Treffen nochmals darüber ..."

O   Zögern Sie nicht, ohne Übergang von einer Angelegenheit, die Sie
    nicht interessiert, auf das zu kommen, wovon Sie reden wollen.
    Klopfen Sie kräftig auf Ihren Schreibtisch und sagen Sie Ihrem
    Gesprächspartner, Sie müßten nun leider auflegen - da sei jemand,
    der nachdrücklich an Ihre Tür klopfe ...

O   Führen Sie die Unterhaltung auf die wichtigsten Punkte zurück und
    sagen Sie, die Details würden schriftlich geregelt (vor allem, wenn
    diese zahlreich oder kompliziert sind oder wenn Sie eine
    entsprechende Unterlage schon vorbereitet haben).

19 - Der Einstieg in ein Telefongespräch

O Schalten Sie ein Tonband mit Telefonklingel ein und sagen Sie Ihrem Gesprächspartner, es täte Ihnen leid, aber es käme gerade ein anderer Anruf für Sie herein.

O Fassen Sie den bisherigen Inhalt des Gesprächs vom Schluß zum Anfang hin zusammen und gehen Sie dann diskret auf ein anderes Thema über.

O Versprechen Sie, innerhalb weniger Tage das Gespräch fortzusetzen - vorausgesetzt, es habe sich Neues ergeben.

Der Einstieg in ein Telefongespräch

Entgegennahme eines Anrufs:

"Guten Morgen, hier Franz Mayer von der BADENIA - was kann ich für Sie tun?" - Das ist ein guter Einstieg, denn er fordert eine klare Antwort des Anrufers. Vermeiden Sie dagegen ein "Wie gehts's?", denn das führt nur zu Gerede über das Wetter ...

Eigener Anruf:

"Guten Morgen, hier Franz Mayer von der BADENIA - haben Sie bitte zehn Minuten Zeit für mich? Ich hoffe, ich störe Sie nicht gerade..." - Es ist wichtig, sich zu versichern, daß der Angerufene gerade Zeit für das Gespräch hat. "Ich möchte Ihnen nicht zuviel Zeit wegnehmen und komme daher direkt zur Sache. Es geht um folgendes ..."

Je präziser Sie sind, desto professioneller ist Ihr Anruf und desto effektiver werden Ihre Telefonate sein.

Für das Gespräch selbst sollten Sie sich merken:

Beim ersten Mal - lieber weniger

Beim ersten Gespräch sollten Sie herzlich und engagiert sein, sich aber kurz fassen.

Bei häufigeren Gesprächen darf's etwas mehr sein

Wenn Sie dann schon ein paarmal mit Ihrem Gesprächspartner telefoniert haben, können Sie ihn auch fragen, wie es ihm persönlich und geschäftlich geht usw.

Das wird Ihrem Gesprächspartner guttun und Ihren Argumenten beim Telefonat den Weg bereiten.

Aber verlegen Sie diesen persönlichen Teil des Gesprächs nicht an den Schluß - das verwässert die Stimmung der Unterhaltung und kann Sie sehr viel Zeit kosten, um ein Ende zu finden!

Wie man am Telefon richtig spricht

1. Seien Sie dynamisch. Vermeiden Sie längere Pausen und zögerliches "Hm" oder "Nun ja ...". Sie sollten stets eine Liste der zu behandelnden Punkte zur Hand haben. Gehen Sie systematisch vor und lassen Sie nichts aus, aber fassen Sie sich kurz.

2. Ihre Stimme muß lebhaft und begeistert sein. Ihre Ideen müssen klar und sachlich sein, aber Ihre Stimme sollte sie mit Licht und Wärme erfüllen. Vermeiden Sie einen monotonen Tonfall. Sorgen Sie für Betonungen und für Abwechslung in Sprechrhythmus und Klangfarbe. Eine gute Übung dafür ist es, auf Band zu sprechen und die Stimme zu trainieren im Hinblick auf:

O   Tonlage

O   Sprechweise

O   Ausdruck/Aussprache

3. Lächeln Sie. Von dem französischen Schauspieler, Regisseur und Schriftsteller Guitry ist der berühmte Satz überliefert: "Wie schön, daß Sie heute wieder am Telefon sind!" Lächeln Sie beim Sprechen - Ihr Gesprächspartner wird das immer spüren.

4. Gestikulieren Sie. Machen Sie beim Sprechen Handbewegungen oder stehen Sie auf - Sie werden viel überzeugender sein!

19 - Sie rufen an, und man bittet Sie zu warten?

Üben Sie Lächeln und Gestikulieren vor dem Spiegel. Sie sehen dann selbst, wie Sie am Telefon wirken.

Sie rufen an, und man bittet Sie, zu warten?

O   Sie können das ablehnen und fragen, wann Sie am besten erneut anrufen.

O   Sie können warten. Stellen Sie Ihren Apparat lauter und nutzen Sie die Wartezeit, um eine Tasse Tee zu trinken, Ihre Post zu öffnen - kurz, um Dinge zu erledigen, die nur wenig Aufmerksamkeit oder Konzentration erfordern.

O   Das Warten zieht sich hin.

O   Hinterlassen Sie eine Nachricht - das ist wichtig. Ihren Namen, Ihre Telefonnummer, den Anlaß für Ihren Anruf und eine bestimmte Frist, innerhalb der Sie um Rückruf bitten. Versichern Sie sich, daß das richtig notiert wurde - lassen Sie es sich gegebenenfalls wiederholen. Ihre Hartnäckigkeit in diesem Punkt wird ein Beweis für die Wichtigkeit Ihres Anrufs sein.

O   Legen Sie niemals einfach wieder auf - Ihr ganzes Warten wäre damit völlig nutzlos gewesen.

Nutzen Sie auch alle Möglichkeiten Ihres Telefons?

A) <u>Ersetzen Sie Sitzungen durch Telefonate!</u> Das ist möglich durch:

O   Telefon-Konferenzen
Nutzen Sie diese Technik so intensiv wie möglich. Sie können damit unglaublich viel Geld und Zeit sparen. Lassen Sie sich von der Post oder vom "Telefonladen" über die vielfältigen Möglichkeiten von Konferenzschaltungen und ähnlichem, ihren Einsatz und ihre Funktion informieren.

O   Telefonlautsprecher
Ihr Telefon sollte mit einem Lautsprecher ausgerüstet sein.

Das gestattet Ihnen nicht nur, beim Telefonieren die Hände frei zu haben, sondern erlaubt auch anderen Personen im Raum, das Gespräch mitzuhören.

Im allgemeinen ist es machbar, daß dabei Ihr Gesprächspartner weder Ihre eventuellen eigenen Kommentare noch Stellungnahmen anderer im Raume anwesender Personen mithören kann.

Und noch eine Chance, die Sie nutzen sollten!

B) <u>Nutzen Sie die elektronischen Speicher!</u>

Für einen verhältnismäßig bescheidenen Geldbetrag können Sie Ihr Telefon mit einem Nummernspeicher (Fassungsvermögen je nach Bedarf) ausrüsten lassen, der nach kurzem Eintippen die Nummern automatisch anwählt.

Das sollten Sie nutzen. Wenn Sie sich erst einmal an die richtige Vorbereitung Ihrer Telefonate gewöhnt haben, wird es auch Ihnen, wie so manchem Manager, möglich sein, diese Vorbereitung in die Zeit zu verlegen, die für das automatische Anwählen der von Ihnen gewünschten Nummer (fünf bis zwanzig Sekunden je nach Länge der Nummer und der Kapazität Ihrer Telefonanlage) und das Abnehmen auf der Gegenseite (im allgemeinen fünf bis zehn Sekunden) nötig ist - und damit auszukommen.

C) Nutzen Sie die automatische Anruf-Umschaltung

Für die meisten Netze ist heute die sofortige Weiterleitung eines Gesprächs an eine andere Nummer möglich, doch merkwürdigerweise denken noch immer viel zu wenige Leute daran, das regelmäßig zu nutzen.

Aber Vorsicht! Wenn Sie zum Beispiel im Büro eines Kunden ein solches Gespräch mit vertraulichem Inhalt führen müssen, sollten Sie anschließend vorgeben, eine andere Nummer wählen zu müssen und gegebenenfalls Ihren eigenen Anschluß anrufen.

Warum das? Wenn Sie zum Beispiel gerade mit einem Vermittler oder einem Kunden etwas Vertrauliches besprochen haben, kann der Kunde, bei dem Sie gerade sind, ohne jede Mühe dessen Identität feststellen, weil die jeweils letzte Nummer gespeichert ist. Die Zollbehörden wissen das sehr gut: so wurde zum Beispiel ein Kunsthändler auf diese Weise ertappt, der gerade ein Gespräch mit seinem Schweizer Bankier geführt hatte...

D) Sie müssen weg? Bleiben Sie trotzdem erreichbar!

Es gibt verschiedene Varianten, dafür zu sorgen, daß Sie überall erreichbar sind, daß die für Sie bestimmten Anrufe Ihnen folgen. Bei der Anruf-Umschaltung wird sofort beim Anwählen einer bestimmten Nummer bei entsprechender Programmierung auf eine andere umgeleitet. Bei der Anruf-Weiterschaltung ertönt eine entsprechende Ansage, die auch ganz individuell von Ihnen gestaltet werden kann, und dann wird der Anruf weitergeleitet - entweder an die jeweils gleiche Nummer (Zweitbüro, Wohnung, Hauptbüro) oder, bei der variablen Weiterschaltung, an Nummern, die Sie jeweils unmittelbar vorher eingeben können.

E) Sie erwarten einen dringenden Anruf? Warten ist unnötig!

Noch eine technische Möglichkeit kann sich als sehr nützlich für Sie erweisen. Wenn Sie zum Beispiel gerade ein Gespräch führen, und es meldet sich ein anderer Anrufer, ertönt ein Signalton. Dann haben Sie entweder die Möglichkeit, das erste Gespräch zu beenden und das neu hereinkommende anzunehmen, oder Sie können Ihren ersten Gesprächspartner bitten, sich einen Augenblick zu gedulden, ihn auf die Warteleitung legen und gegebenenfalls zwischen beiden Teilnehmern abwechseln.

F) Sie möchten zu einer ganz bestimmten Zeit angerufen werden? Kein Problem!

Sie können einen telefonischen "Weckruf" zu jeder beliebigen Tageszeit bestellen. Und jetzt ist es an Ihnen, sich eine kreative neue Nutzung dieser Serviceleistungen einfallen zu lassen. Manche Manager nutzen das, um Unterhaltungen mit Nervensägen oder Langweilern abzukürzen, ihren Tageslauf zu gliedern, "Terminpflöcke einzurammen", sich an Treffen erinnern zu lassen usw.

19 - Sie rufen an, und man bittet Sie zu warten?

Wie auch immer jedoch - auch wenn Sie ein vielseitig ausgestattetes Telefon haben und einen Fernkopierer und einen Mikrocomputer und eine vorzügliche Sekretärin -, nichts kann das persönliche Gespräch ersetzen.

Wie führen Sie erfolgreich persönliche Gespräche? Damit werden wir uns im folgenden Kapitel beschäftigen ...

**Das Telefon steht als Hilfsmittel zu Ihrer Verfügung:
es steht ganz bei Ihnen, es zu beherrschen ...
statt sein Sklave zu sein!**

Kapitel 20

Besprechungen - und wie man sie erfolgreich gestaltet

Die Menschen sind es, die den Erfolg eines Unternehmens ausmachen

"Ich hätte mich gar nicht auf diese Besprechung mit ihm einlassen sollen. Ich habe damit nur meine Zeit verschwendet. Ein Telefonanruf hätte völlig ausgereicht. Zumal er kein Ende fand und ich ihn fast hätte rauswerfen müssen ..."

Wie oft gehen uns solche Gedanken durch den Kopf - und trotzdem halten wir an unseren schlechten Gewohnheiten fest.

Besprechungen - Gespräche, zu denen Sie andere aufsuchen oder bei sich empfangen - sind Zeitfresser, deren unbewußter Anlaß oft Ihr Bedürfnis nach Bewegung, nach Aktivität ist:

Sie vermitteln Ihnen nämlich das Gefühl, daß Sie betriebsam sind und eine Menge erledigen.

Vergessen Sie aber nie, daß oft genug ein dreiminütiges Telefonat oder eine halbe Seite über Fernkopierer völlig ausgereicht hätten.

Aber es sind die Menschen, die den Erfolg eines Unternehmens ausmachen. Und daher muß man sich regelmäßig mit ihnen treffen, um sie kennenzulernen, sie zu motivieren, Ideen auszutauschen und neue Kontakte zu schaffen ...

Solche persönlichen Gespräche sind damit oft notwendig, also unerläßlich.

Einen neuen Kunden kann man oft nur durch ein persönliches Treffen gewinnen.

Auch einen Bewerber wird man nie nur aufgrund seines Lebenslaufs einstellen, so eindrucksvoll dieser auch sein mag. Man muß ihn erst einmal **persönlich** kennenlernen.

Ziel des Zeitmanagementsystems ist es, Ihnen zu Besprechungen zu verhelfen, die effektiv sind und sowohl im Hinblick auf Zeit- wie Energieaufwand sinnvoll genutzt.

Legen Sie sich selbst Rechenschaft ab - waren Ihre Besprechungen im Laufe des letzten Monats profitabel in dieser Hinsicht? Oder hätte man sie vorteilhafterweise ersetzen können durch einen Telefonanruf, eine Telefax, einen kurzen Brief? Nehmen Sie sich Ihren Terminkalender zur Hand und füllen Sie die folgende Übersicht aus:

Zur Bewertung und Wertsteigerung Ihrer Besprechungen

Datum:........

Zeit	Wer?	Zweck	Dauer	Ergebnis	Bewertung
....	....	.....	.....	....	....
....	....	.....	.....	....	....
....	....	.....	.....	....	....
....	....	.....	.....	....	....
....	....	.....	.....	....	....
....	....	.....	.....	....	....
....	....	.....	.....	....	....
....	....	.....	.....	....	....
....	....	.....	.....	....	....
....	....	.....	.....	....	....

20 - Zur Bewertung und Wertsteigerung Ihrer Besprechungen

Zeit   Wer?   Zweck   Dauer   Ergebnis   Bewertung

....
....
....
....
....
....
....
....
....
....
....
....
....

Wieviel Stunden haben Sie im Laufe dieses Monats mit Besprechungen verbracht?........................

Ist das ein erheblicher Prozentsatz Ihrer Arbeitszeit insgesamt?
....

Ja? Dann machen Sie sich Gedanken darüber - es sind sicher Verbesserungen möglich und angezeigt!

Welche Schlüsse ziehen Sie selbst?

....
....
....
....
....
....
....
....
....
....
....

Welchen Prozentsatz der Gespräche hätten Sie vorteilhafterweise ausfallen lassen können?..

Waren Sie gut genug vorbereitet?...

Was hätten Sie tun können, um die Qualität dieser Gespräche zu verbessern?
....
....
....
....
....
....
....

Schränken Sie die Zahl Ihrer Besprechungen ein!

Man muß etwas gegen die großzügig wirkende, aber schädliche Neigung tun, spontan jedes Gespräch zu akzeptieren.

Das erfordert:

1. **Man muß** lernen, nein zu sagen.

2. **Man darf niemals sofort ja sagen.**

Wägen Sie zunächst einmal die Lage ab, schätzen Sie die echten Chancen ein, die ein solches Gespräch Ihnen bringen kann. Lohnen Zeit und notwendiger Energieaufwand (vor allem, wenn Sie Ihrerseits hingehen müssen) wirklich?

Können Sie nicht vielleicht die dafür erforderliche Zeit sinnvoller verwenden?

3. **Eines Gesprächstermins wegen zurückrufen oder die Sekretärin anrufen lassen!**

4. Stellen Sie sich immer erst die Frage, ob Sie wirklich ja oder nein sagen sollen, ehe Sie sich für eine Besprechung entscheiden ...

... aber bleiben Sie offen!

Wenn man sein Leben ändern will, muß man darauf achten, nicht von einem Extrem in andere zu fallen. Das wäre kurzsichtig ... Eine sorgfältige Wahl in bezug auf seine Besprechungen zu treffen, ist ausgezeichnet, aber das darf nicht heißen, daß Sie sich gegen jede Begegnung sperren und damit gegen jede Chance, neue Menschen kennenzulernen.

Beweisen Sie Unterscheidungsvermögen. Wenn Sie zweifeln, ob Sie sich mit jemandem treffen sollten, weil Sie fürchten, eventuell eine Chance zu verpassen, gibt es zwei kleine hilfreiche Tricks:

1. Bitten Sie denjenigen, der sich mit Ihnen treffen will, um eine kurze schriftliche Zusammenfassung dessen, was er Ihnen unterbreiten möchte.

Geht er darauf nicht ein, ist er offensichtlich auch nicht seriös.

Tut er es dagegen, genügen Ihnen ein paar Sekunden oder Minuten, um das Pro und Kontra abzuwägen.

Wenn Sie zu einer negativen Entscheidung kommen, sollten Sie Ihre Sekretärin bitten, ihm ein paar höfliche Zeilen zu schreiben des Inhalts, daß seine Vorschläge nicht den Tendenzen Ihrer Firma entsprechen o.ä.

2. Erklären Sie sich zu dem Gespräch bereit, aber mit dem Vorbehalt, daß Sie mehr als fünfzehn Minuten dafür nicht erübrigen könnten. Rechnen Sie für sich selbst einen entsprechenden Zeitzuschlag ein und verlängern Sie das Gespräch dann, wenn Sie das für sinnvoll halten.

Entwickeln Sie gute Reflexe!

Verlieren Sie nie aus dem Auge, daß andere Möglichkeiten oft einer Besprechung selbst vorzuziehen sind! Könnten Sie nicht zum Beispiel statt dessen:

1. Telefonieren
2. Delegieren (jemand anderen das Gespräch führen lassen)
3. Eine Telefonkonferenz veranstalten
4. Telefax benutzen
5. Einen Brief schreiben

Ich persönlich bemühe mich strikt, mich an diese Regeln zu halten, wenn ich aber jemanden zu einem Gespräch empfange oder meinerseits zu einer Besprechung gehe, ist mir stets das folgende Prinzip bewußt, das - wie meine Erfahrung mir bewiesen hat - sozusagen keine Ausnahme erlaubt:

"Ich gehe es mit der inneren Gewißheit an, daß ich aus jeder Begegnung Nutzen ziehen werde!"

Vereinbarung von Besprechungen

1. <u>Machen Sie aus Ihrer Sekretärin Ihre Verbündete!</u> Gewöhnen Sie sie daran, Fragen zu stellen - und Antworten zu erhalten!

Damit sie wiederum auf die Fragen antworten kann, die Sie ihr stellen. Sie sollte aber natürlich niemals ein Gespräch mit Ihnen vereinbaren, ohne Sie gefragt zu haben. Kann sie nicht vielleicht selbst die Fragen beantworten, die jemand hat, der ein Gespräch mit Ihnen wünscht?

Entwickeln Sie bei ihr einen Reflex - machen Sie ihr klar, daß Sie Eigeninitiative von ihr erwarten! Und sie sollte eigentlich davon ausgehen, daß Sie im Prinzip überhaupt nie erreichbar sind!

2. Im Rahmen des Möglichen und unter Wahrung von Höflichkeit und Billigkeit <u>sollten Sie Gesprächspartner bitten, zu Ihnen zu kommen</u>.

Wenn diese jedoch dreimal hintereinander bei Ihnen waren, sollten Sie sie Ihrerseits aufsuchen.

Es gibt jedoch bestimmte Gründe, die Sie selbst zu einem Besuch bei Ihrem Gesprächspartner veranlassen können:

a) Sie wollen vielleicht die Räumlichkeiten und die Ausstattung Ihres Kunden kennenlernen.

b) Wichtige Unterlagen oder Anschauungsmaterial, das sich schlecht transportieren läßt, sind in den Händen des Kunden.

c) Ihr Gesprächspartner neigt dazu, "sich festzusetzen" und stets die für die Besprechung vorgesehene Zeit zu überschreiten. Er ist so nett, daß es Ihnen größte Mühe macht, ihm begreiflich zu machen, daß er jetzt gehen sollte.

3. Setzen Sie von vornherein nicht nur den Beginn des Gesprächs fest, sondern auch dessen Ende.

Das ist ein Fehler, den die meisten Uneingeweihten begehen. Sie versäumen es, ihrem Gesprächspartner deutlich zu machen, wieviel Zeit sie ihm widmen können, und beklagen sich dann, daß er die Besprechung unangemessen in die Länge zieht!

Stimmen Sie sich notfalls vor der Besprechung mit Ihrem Partner ab, um festlegen zu können, wieviel Zeit für das Gespräch nötig ist.

Überlassen Sie nichts dem Zufall, und denken Sie stets daran, daß Sie, wenn Sie nicht wissen, wo's langgeht, riskieren, entweder im Ungewissen zu landen oder, noch schlimmer, gar nirgends!

O Wenn Sie mehrere Besprechungen hintereinander haben, müssen Sie sorgfältig darauf achten, nicht in Verzug zu kommen.

O Wenn ein Besucher zu spät kommt, darf das nicht zu Lasten des nächsten gehen. Vereinbaren Sie mit Ihrer Sekretärin, daß diese den nächsten Besucher Ihnen bei dessen Ankunft meldet und damit klarmacht, daß die Zeit für den gegenwärtigen Gesprächspartner abgelaufen ist.

20 - Vereinbarung von Besprechungen

o Nichts ist unangenehmer, als lange warten zu müssen, besonders wenn man pünktlich war. Scheuen Sie sich übrigens nicht, ein Gespräch abzusagen oder auf einen späteren Termin zu verschieben, wenn Ihr Besucher mit ganz erheblicher Verspätung eintrifft.

o Versäumen Sie nie, ehe Sie zu einem Gesprächstermin abreisen, diesen von Ihrer Sekretärin bestätigen zu lassen. Selbst gut organisierte Menschen vergessen oft, abzusagen.

o Seien Sie, falls erforderlich, diesbezüglich unerbittlich gegenüber Ihrer Sekretärin. Und wenn Sie weiterhin gute Beziehungen haben wollen, sollten Sie vermeiden, mehr als zweimal hintereinander abzusagen!

o Wenn Sie verreisen und es das erstemal ist, daß Sie an diesen Ort fahren, besonders wenn es weit ist, sollten Sie selbst oder Ihre Sekretärin um genaue und umfassende Hinweise für den Anreiseweg bitten und auch um eine Abschätzung des erforderlichen Zeitaufwands dafür.

o Sehen Sie stets einen Spielraum von etwa fünfzehn Minuten vor. Wenn Sie tatsächlich zu früh ankommen, trinken Sie einen Kaffee oder machen einen kleinen Spaziergang. Melden Sie sich dann pünktlich zur vereinbarten Zeit.

Das macht immer einen ausgezeichneten Eindruck. Einen schlechten Eindruck dagegen macht es, wenn man mehr als zehn Minuten zu früh kommt. Das bringt einen nur in eine schwache Position - Sie machen damit den Eindruck von jemandem, der nicht allzu beschäftigt ist - und damit nicht sonderlich wichtig - oder zu heftig auf etwas brennt.

Pünktlichkeit ist die Höflichkeit der Könige - aber zu früh zu kommen stempelt oft zum Bittsteller!

Bereiten Sie sich sorgfältig vor!

Nichts ist frustrierender, als wenn man sich nach einem Gespräch an die Stirn schlagen und sich sagen muß: "Wo habe ich nur wieder meinen Kopf gehabt? Jetzt habe ich doch ganz vergessen, diesen Punkt mit ihm zu besprechen!"

Und nichts ist unangenehmer - und Ihrem Image abträglicher -, als wenn Sie im Beisein Ihres Kunden verzweifelt nach einer wichtigen Unterlage herumkramen müssen.

Um solche Ärgernisse zu vermeiden, muß man sich ganz einfach sorgfältig auf jedes Gespräch vorbereiten. Überlassen Sie nichts dem Zufall! Wenn Sie einmal überzeugt davon sind, daß ein Gespräch notwendig ist und sich nicht durch etwas anderes ersetzen läßt, müssen Sie folgerichtig handeln und Ihr Vorgehen richtig organisieren!

Stellen Sie sich vorab die entscheidenden Fragen! Finden Sie Antworten darauf und notieren Sie sich diese. Ihre Notizen dazu müssen Sie gut sichtbar der Vorlage beifügen, die Sie sich für das Gespräch vorbereiten sollten.

O "Was ist die Zielsetzung dieses Gesprächs?"

O "Welche Punkte sind zu klären?"

O "Welche Reihenfolge ist dabei zu beachten?"

Die Reihenfolge der zu behandelnden Punkte ist außerordentlich wichtig, weil oft genug die Zeit nicht ausreicht, um alle Fragen zu klären.

Die wichtigsten Punkte gleich am Anfang behandeln!

Beginnen Sie daher mit den wichtigsten Punkten. Sie haben selbst dann Ihre Zeit nicht vergeudet, wenn weniger wichtige Fragen nicht geklärt werden können.

Bitten Sie Ihre Sekretärin, einen Hefter vorzubereiten, der deutlich die Aufschrift trägt:

*"Vorgang Nr.... zur Besprechung vom ....
mit ...."*

Bitten Sie sie außerdem, in abgekürzter Form auf dem Deckblatt den gesamten Inhalt dieses Hefters aufzuführen, damit Sie sich rasch vergewissern können, daß nichts fehlt.

Legen Sie sich einen Merkzettel mit all den Punkten, die bei der Besprechung behandelt werden sollten, in Ihren Terminkalender oder befestigen Sie ihn an Ihrem Notizblock. Einer Notierung im Terminkalender ist ein solcher Zettel vorzuziehen, weil er nach der Besprechung im betreffenden Hefter abgelegt werden und gleich der Vorbereitung des nächsten Gesprächs dienen kann.

Denken Sie immer daran: um den (beruhigenden) Eindruck eines "organisierten Menschen" zu machen, muß man ein solcher sein! Und seien Sie aus gutem Grund mißtrauisch gegenüber einem Gesprächspartner, der sich als "schlecht organisiert" erweist - Sie werden Probleme mit ihm haben ...

Und noch ein letzter Ratschlag: Sorgen Sie dafür, für wichtige Besprechungen fit und in guter Form zu sein! Sehen Sie daher vor, am Vorabend Sport zu treiben, früher Schluß zu machen, sich eine Freude zu gönnen, sich massieren zu lassen, einen ruhigen Abend zu verbringen und für eine erholsame Nacht zu sorgen.

Denken Sie an "Lückenfüller"

Selbst bei sorgfältiger Planung und bei allem guten Willen kommt es doch regelmäßig zu Verspätungen oder zu Absagen in letzter Minute.

Was kann man da tun? Treffen Sie Vorsorge und haben Sie stets "Lückenfüller-Arbeiten" zur Hand. Das sind kleinere Dinge, die erledigt werden müssen und zwar wichtig, aber nicht dringlich sind, zu denen Sie bisher nicht kamen, und die sich innerhalb weniger Minuten bewältigen lassen.

20 - Was ist von "Arbeitsessen" zu halten?

Was läßt sich innerhalb von fünf Minuten erledigen?

o   Ein Gespräch vereinbaren

o   Die Teilnehmerliste für die nächste Wochensitzung zusammenstellen

o   Einen kurzen Brief diktieren

o   Einen oder zwei Telefonanrufe erledigen

o   Ein paar Unterlagen ablegen

o   Einen Bericht von ein paar Seiten lesen

o   Die Hauptpunkte für einen Bericht festlegen, den man später diktieren will

o   Eine Fachzeitschrift durchblättern

o   Eine Zusammenfassung des vorhergehenden Gesprächs machen

Wie Sie sehen, gibt es eine lange Liste solcher "Pausenfüller-Arbeiten", die es Ihnen ermöglichen, kurze Wartezeiten sinnvoll zu nutzen.

> **Machen Sie sich eine Liste aller "Pausenfüller-Arbeiten" und hängen Sie sie gut sichtbar auf, so daß Sie stets, wenn ein paar Warteminuten anfallen, die eine oder andere davon erledigen können.**

Was ist von "Arbeitsessen" zu halten?

Es gibt nachdrückliche Befürworter und heftige Gegner von "Arbeitsessen". Jean-Paul Getty zum Beispiel, der zu einer gewissen Zeit als einer der reichsten Männer der Welt betrachtet wurde, war als ganz entschiedener Gegner von Geschäftsessen bekannt.
Er vertrat die Meinung, daß man ein Problem genausogut bei einer

Tasse Kaffee besprechen könne wie nach dem dritten Martini. Es ist sicher richtig, daß die Effektivität gewisser üppiger und kräftig mit Getränken angereicherter Essen bezweifelt werden darf.

Mir persönlich ist in meinen Anfängen eine sehr lehrreiche kleine Geschichte passiert. Man glaubt ja manchmal, daß ein derzeitiger oder künftiger Kunde sich zugänglicher zeigt, wenn man ihn gut bewirtet.

Das stimmt vielleicht in manchen Fällen. Und ich war jedenfalls auch überzeugt davon, als ich damals mit einem wichtigen Kunden zusammentraf und ihn zum Essen einlud.

Ich bestellte die besten Weine und dann einen Verdauungsschnaps nach dem anderen. Er wurde ganz überschwenglich und zeigte sich begeistert von dem Vertrag, den ich ihm vorschlug. Nach dem dritten Verdauungsschnaps galt alles als beschlossene Sache.

Ich war voll des Triumphs.

Ich hatte nicht geknausert, und es hatte sich gelohnt! Aber ich hätte vorsichtiger sein sollen, nachdem ich gesehen hatte, daß er zweimal sein Weinglas umgestoßen und geschwankt hatte, als ich ihn in sein Hotel zurückbrachte.

Als ich ihn am übernächsten Tag anrief (er war in sein Heimatland zurückgekehrt), um noch ein paar Details zu dem vereinbarten Vertrag zu klären, mußte ich zu meiner größten Verblüffung feststellen ..., daß er sich an überhaupt nichts mehr erinnern konnte!

Er bat mich, ihm doch alle Unterlagen nochmals zu schicken. Der Vertrag wurde niemals unterschrieben. Und ich hatte eine Lehre erhalten.

Geschäftsessen können teuer zu stehen kommen

Geschäftsessen können vorzügliche Gelegenheiten sein, um Kontakte anzuknüpfen oder sie zu erneuern und zu vertiefen.

Sie bieten die Möglichkeit, Geschäftsfreunde besser kennenzulernen und auch einmal unter etwas anderem Blickwinkel. Sie gestatten es, Fragen ausführlicher zu diskutieren und auch einmal etwas vertraulichere Dinge anzusprechen.

Sie erlauben es auch, einen möglichen Bewerber kennenzulernen, ohne daß gleich das gesamte Personal darauf aufmerksam wird.

Jeden Mittag nehmen wir uns etwa eine Stunde Zeit fürs Essen. Das ist viel, und es bietet sich daher an, auch diese Zeit gewinnbringend zu nutzen.

Das will jedoch gut überlegt sein, denn Geschäftsessen können sehr kostspielig sein und nicht unbeträchtlich die Produktivität am Nachmittag beeinträchtigen, vor allem dann, wenn sie reichlich von Getränken begleitet werden.

Geschäftsessen sind nützlich, aber man muß unterscheiden können und sich in bezug auf sie die gleiche Frage stellen, die für Besprechungen gilt:

"Ist dieses Arbeitsessen tatsächlich nötig?"

Welche Alternativen gibt es dafür?

Könnte ich mich nicht, statt mit einem Kunden oder Lieferanten zum Essen zu gehen, auch in einem Café oder in meinem Büro mit ihm treffen?

Eine interessante Variante ist das Geschäftsfrühstück. Viele stark beschäftigte Geschäftsleute treffen sich um acht Uhr morgens zu einem gemeinsamen Frühstück.

Das hat den Vorteil, von vornherein die Dauer zu begrenzen. Im allgemeinen geht dann jeder gegen neun in sein Büro. Die mittäglichen Arbeitsessen dagegen dauern ja oft bis drei Uhr nachmittags!

Sehr verbreitet ist diese Sitte in den USA, wo manche Geschäftsleute zweimal frühstücken, selbstverständlich bescheiden -

das zweite Frühstück beschränkt sich gegebenenfalls bloß auf eine Tasse Kaffee. Das erste Frühstück findet um 7.30 Uhr statt, das zweite eine Stunde später, und um 9.30 erfolgt der Aufbruch ins Büro.

Ist das nicht eine prächtige Art, den Tag zu beginnen? - Zwei weitere Vorteile dabei: Frühstücke sind nicht teuer, und es gibt dabei (im allgemeinen) keinen Alkohol ...

Wenn Sie sich nach reiflicher Überlegung für ein Geschäftsessen zur Mittagszeit entscheiden, werden Ihnen die folgenden Empfehlungen dafür nützlich sein:

1. <u>Wählen Sie das Ihrem Büro am nächsten gelegene Restaurant</u>, wo Sie nach Möglichkeit bekannt sind und sicher sein können, daß man gut bedient wird. "Gastronomische Forschungsexpeditionen" sollten Sie sich für andere Gelegenheiten aufheben.

Wenn Ihr Gesprächspartner das betreffende Restaurant als nicht günstig für ihn gelegen empfindet, schlagen Sie ein anderes vor, das auf halber Strecke liegt, um beide Partner zufriedenzustellen.

2. <u>Bitten Sie Ihre Sekretärin um Platzreservierung</u>.

3. <u>Versuchen Sie die Zeit zu vermeiden, in der die Restaurants überfüllt sind</u>. Wenn Sie erst um eins oder gar halb zwei oder zwei gehen, werden Sie viel ungestörter diskutieren können und außerdem schneller bedient werden.

4. <u>Essen Sie leicht</u>, nehmen Sie weniger oder gar keinen Alkohol zu sich und gewöhnen Sie sich an, Speisen zu bestellen, die rasch zubereitet werden können.

Sagen Sie gleich beim Eintreten dem Kellner oder Inhaber, daß Sie wenig Zeit haben - besonders, wenn das wirklich der Fall ist. Verlangen Sie die Rechnung gleich, wenn der Kellner den abschließenden Kaffee (oder eben den Nachtisch) bringt; dann müssen Sie ihm nicht nachlaufen. Und wenn Sie der Gastgeber sind, sollten Sie dem Kellner sofort, wenn er die Rechnung bringt, Ihre Kreditkarte geben, damit Sie nicht an der Kasse warten müssen.

5. Vergessen Sie nicht, sich einen Spesenbeleg geben zu lassen.

Checkliste für Ihre Besprechungen

O 1. Ist diese Besprechung (dieses Geschäftsessen) wirklich notwendig und unerläßlich?

o Könnte Ihr Gesprächspartner nicht vielleicht seinerseits zu Ihnen kommen?

o Könnten Sie nicht einen Ihrer Mitarbeiter damit beauftragen?

o Läßt sich nicht per Telefon das gleiche Resultat erreichen?

O 2. Hat diese Besprechung einen klar definierten Zweck?

O 3. Haben Sie an eine Zusammenfassung Ihrer Besprechungen gedacht?

O 4. Haben Sie vor dem Aufbruch folgende Informationen erhalten:

o Terminbestätigung für das Gespräch,

o Empfehlungen für die beste Wegstrecke,

o Zeitschätzung für den Weg?

O 5. Haben Sie Transport mit öffentlichen Verkehrsmitteln oder einem Taxi ins Auge gefaßt? Wäre es nicht möglich, sich von einem Untergebenen hinbringen zu lassen?

20 - Nutzen Sie auch Ihre Wege!

O 6. Haben Sie geprüft, ob Sie alle erforderlichen Unterlagen zu Hand haben?

Haben Sie den Inhalt Ihres Aktenköfferchens/Ihrer Aktentasche geprüft?

O 7. Haben Sie daran gedacht, irgendwelche "Lückenfüller-Arbeiten" oder entsprechende Lektüre mitzunehmen, um nicht unnütz Wartezeit zu vertrödeln?

Besprechungen verbinden sich immer mit einem Problem, das verdient, eingehender betrachtet zu werden: die Notwendigkeit, zu reisen oder sagen wir einfach: Strecken zurückzulegen.

Dieses Problem kommt nicht nur in bezug auf Besuche oder Geschäftsessen auf Sie zu, sondern täglich in bezug auf Ihren Weg ins Büro und wieder nach Hause ...

Im folgenden ein paar Ratschläge, die Ihnen erlauben, auch das rentabler zu nutzen, was für viele nichts anderes ist als reiner Zeitverlust - und vielfach obendrein eine Quelle von Frustrationen, vor allem, wenn man innerhalb großer Städte unterwegs ist wie Paris, London oder New York.

Nutzen Sie auch Ihre Wege!

Jeden Tag verbringen Sie (jedenfalls dann, wenn Sie nicht zu Hause arbeiten) eine halbe Stunde, eine ganze Stunde, ja vielleicht sogar eineinhalb Stunden nur auf dem Weg zwischen Wohn- und Arbeitsstätte. Wenn wir einmal von einem Durchschnitt von einer Stunde ausgehen (was maßvoll scheint, wenn wir Hin- und Rückweg rechnen und die Zeit, um mittags zum Essen zu gehen, und vielleicht zusätzliche Wegstrecken zu Besprechungen) pro Tag, dann sind das fünf Stunden pro Woche oder 250 Stunden im Jahr!

Haben Sie sich schon einmal überlegt, daß 250 Stunden <u>fünf volle Wochen</u> sind? Wenn Sie also ein knappes Stündchen am Tag verlieren,

20 - Nutzen Sie auch Ihre Wege!

dann sind das nicht weniger als fünf volle Wochen pro Jahr! Das sollte doch nun wirklich Grund genug sein, um sich ein paar Gedanken darüber zu machen.

Natürlich erfordern, wenn Sie mit dem Auto unterwegs sind, Ihr Fahrzeug und der Verkehr Ihre volle Aufmerksamkeit. Aber trotzdem gibt es Dinge, die Sie nebenher machen könnten, ohne daß Ihre Aufmerksamkeit oder Ihre Sicherheit darunter leiden.

Sie könnten zum Beispiel:

o Ihrer Sekretärin einen Brief diktieren
o ihr Anweisungen für den Tagesablauf geben
o auf Ihr Taschendiktiergerät die Ideen sprechen, die Ihnen in den Sinn kommen (das ist der beste Weg, um sie nicht zu vergessen)

Pascal, der große französische Philosoph, notierte eines Tages:

"Ich hatte einen Gedanken. Er ist mir entfallen. Ich notiere, daß er mir entfallen ist."

Mit einem "elektronischen Notizbuch" braucht Ihnen das nicht zu passieren.

> **Haben Sie ein Autotelefon? Wenn Ihr Stundensatz hoch ist, kann jede Minute, die Sie verlieren, einen ganz erheblichen Betrag ausmachen. Wenn Sie täglich eine Stunde im Auto verbringen, stellt sich die Frage, ob Sie es nicht mit einem Autotelefon ausstatten sollten.**

Lassen Sie sich darüber informieren! Der Preis dafür liegt bei etwa 7.500 DM, Einrichtung/Anschluß schon inbegriffen, und die laufenden Gebühren bewegen sich im vernünftigem Rahmen. Das Autotelefon ermöglicht Ihnen den ständigen Kontakt mit Ihrer Sekretärin und mit Ihren Kunden. Dank dieser Einrichtung können Sie auch die Zeit, in der Sie unterwegs sind, zu geschäftlichen Zwecken nutzen.

Nicht zuletzt ist ein Autotelefon auch eine Frage des Prestiges.

Eigener Wagen oder Zug?

Ihr Auto ist nicht das einzige Transportmittel - aber viele vergessen das. Wenn Sie jeden Tag lange Strecken zurückzulegen haben, kann es vernünftig sein, den Zug oder auch den Autobus zu nehmen. Ihre Handlungsfreiheit ist dabei viel größer. Im Zug können sie zum Beispiel lesen, wovon dringend abzuraten ist, wenn Sie selbst am Steuer sind ...

Im eigenen Wagen, aber mit Chauffeur?

Ihr Gehalt ist ziemlich hoch, und Sie müssen täglich lange Strecken zurücklegen? Dann ist das die Lösung. Zu teuer? Ihr Chauffeur muß ja nicht unbedingt gleich Exklusiv-Chauffeur mit Dienstanzug, Mütze und Handschuhen sein. Und übrigens kenne ich einen jungen Vorstandsvorsitzenden, der eine feste Vereinbarung mit einem Taxifahrer getroffen hat - der holt ihn jeden Tag zur festgesetzten Stunde zu Hause ab ...

Arbeiten Sie während der interessantesten Stunden.
Die Hälfte, wenn nicht sogar zwei Drittel der Zeit für Wegstrecken können Sie einsparen, wenn Sie außerhalb der Stoßzeiten fahren.

Dabei sparen Sie im übrigen nicht nur Zeit, sondern vor allem auch Energie, weil Sie Streß und Ärger vermeiden.

Warum sollten Sie übrigens nicht Ihren Chef fragen, ob Sie vielleicht morgens eine Stunde früher anfangen und dafür am Abend eine Stunde früher Schluß machen können? Außerdem ist die gleitende Arbeitszeit ja schon von vielen Unternehmen eingeführt worden, für welche die Lebensqualität ihrer Angestellten einen gewissen Stellenwert hat.

Ihr Arbeitgeber wird wahrscheinlich Ihren Argumenten gegenüber aufgeschlossen sein, vor allem, wenn sie ihm zeigen können, wo dabei die Vorteile für ihn selbst liegen. Wenn Sie früher gekommen sind, können Sie flott den Tag beginnen, ohne vom Telefon oder von Kollegen gestört zu werden ...

"Machen wir langsam, wir haben's eilig!"

Denken Sie aber daran, daß es nicht zwingend ist, Ihre Zeit für Wegstrecken auf derart systematische Weise zu nutzen. Für viele Leute ist diese Zeit die einzige am Tag, in der sie Ruhe haben (was natürlich relativ ist, werden Sie einwenden, vor allem inmitten eines wilden Verkehrschaos), und sie nutzen sie gerne, um sich geistig auf ihren Arbeitstag vorzubereiten, oder auch ganz schlicht, um sanfte Musik zu hören und sich zu entspannen.

Ich habe das Glück, nicht sehr weit entfernt von meinem Büro zu wohnen, und kann daher oft zu Fuß dorthin gehen.

Für mich zählen diese wenigen Minuten zu den schönsten des Tages. Weit entfernt davon, mich geistig auf den Tag vorzubereiten, zwinge ich mich vielmehr, an nichts zu denken, die Natur zu genießen, die Vögel zwitschern zu hören und den Ablauf der Jahreszeiten zu betrachten ...

Ich gehe langsam, mache mich meines Körpers bewußt, atme tief durch und nehme alles um mich herum aufmerksam auf.

Selbst wenn eine Menge Arbeit vor mir liegt, gehe ich langsam und folge damit in gewisser Weise der Parole des berühmten französischen Außenministers Talleyrand: "Machen wir langsam, wir haben's eilig!"

Die langsamen Bewegungen des Körpers beruhigen den Geist. Das ist auch der Grund dafür, daß ich, so oft es nur geht, zu Fuß zum Mittagessen gehe, auch wiederum betont langsam, und mich dabei zwinge, an nichts zu denken - ein wenig wie ein Zen-Mönch.

Diese wenigen Minuten inneren Schweigens, die ich dem turbulenten

Tagesgetriebe entreiße, sind wie eine Oase. Sie tun mir, ohne jede Frage, außerordentlich gut und erlauben mir, den Kontakt mit der inneren Quelle meiner Ruhe aufrechtzuerhalten.

Das ist sehr wichtig, denn man kommt leicht in Gefahr, sich selbst zu verlieren, sich von seinen Aktivitäten überschwemmen zu lassen, besonders wenn sie sehr zahlreich sind.

Vergessen Sie nie, daß Ihr inneres Gleichgewicht der Schlüssel für Ihren Erfolg ist. Alles, was es stören kann, und sei es auch nur für den Augenblick, muß bekämpft werden.

Wenn wir einmal die täglichen Fahrten, um an seinen Arbeitsplatz zu gelangen oder zu einer Besprechung, außer acht lassen, gibt es Fahrten, die wichtiger sind und oft auch angenehmer: die eigentlichen Reisen.

Wie macht man auch sie zu Werkzeugen des Erfolgs? Ganz leicht - ich sage es Ihnen im nächsten Kapitel ...

Bereiten Sie Ihre Besprechungen gut vor:
o **Was ist der Zweck dieser Besprechung?**
o **Welche Punkte sind zu behandeln?**
o **In welcher Reihenfolge?**

Kapitel 21

Reisen effektiver gestalten

Die Launen der Londoner Taxis

Bei meiner ersten Reise nach London habe ich ein äußerst lehrreiches kleines Abenteuer erlebt - besser gesagt ein Mißgeschick. Sie kennen ja sicher die berühmten Londoner Taxis (wenn Sie nicht selbst schon damit gefahren sind), zumindest aus Filmen.

Schwarz, gewichtig und geräumig sind sie, und sie haben etwas Poetisches und Anrührendes an sich. Und es gibt Unmengen davon!

Das jedenfalls sagte ich mir in aller Ruhe, ehe ich mein Hotel verließ (das "Sherlock Holmes", natürlich in der Baker Street: "Höchst scharfsinnig, mein lieber Watson!") - ein bescheidenes Hotel, dessen Name einfach unwiderstehlich für mich gewesen war.

Ich stand vor einem sehr wichtigen geschäftlichen Treffen mit einem Literaturagenten. Es war ein Donnerstag und sechs Uhr abends. Unsere Besprechung war auf 18.30 Uhr angesetzt, und mein Gesprächspartner hatte mir versichert, daß man nicht mehr als zwanzig Minuten brauche für den Weg von meinem Hotel zu ihm ...

Ich hatte also noch gut Zeit, so, wie ich das gerne habe. Ich weiß ja nicht, ob es Ihnen auch so geht, aber ich jedenfalls verabscheue es, zu spät zu kommen und mich abhetzen zu müssen ... Was wiederum nicht sagen will, daß es nicht doch hin und wieder einmal vorkommt ...

Ich hatte es nicht für nötig gehalten, mir vom Empfang des Hotels ein Taxi bestellen zu lassen. Das schien mir völlig überflüssig - es gab ja Hunderte, was sage ich, Tausende von diesen Taxis, die gerade in Stoßzeiten überall zuhauf zu sehen waren ...

Ich winke also einem ersten Taxi, doch es hält nicht an. Ein zweites, ein drittes - gleiches Resultat. Keines ist frei. Da, endlich hält eines an, ich bin erleichtert. Aber eine reizende Londonerin schnappt es mir vor der Nase weg. Wie könnte ich ihr böse sein deshalb, wo sie mit einer solchen Eleganz einsteigt?

Ich laufe los. Das scheint keine besonders günstige Ecke hier zu sein. Dann sehe ich das "Ritz" vor mir - ich bin gerettet. Zumindest bilde ich mir das zunächst ein. Denn wie jeder weiß, stehen ja vor allen großen Hotels die Taxis Schlange und warten auf Fahrgäste.

Fast eine Stunde zu spät!

Große Enttäuschung!

Nicht Taxis warten da - sondern Fahrgäste. Ein gutes Dutzend steht schon da, und sie kommen natürlich zuerst dran. Ich aber habe es eilig, ich entferne mich, und meine Schritte werden hastiger. Endlich ein freies Taxi - aber der Fahrer lehnt es ab, mich mitzunehmen, weil er die Straße nicht kennt, in die ich muß - die Effay Road. Ich verzweifle.

Fünfzehn weitere Minuten vergehen, bis ich ein anderes freies Taxi finde - aber wieder lehnt der Fahrer meine Beförderung ab: mein Fahrziel liege zu weit ab von seiner üblichen Route!

Ich bin verzweifelt.
Jetzt bin ich schon eine halbe Stunde zu spät dran.

21 - Reisen oder nicht reisen?

Als ich schließlich erneut ein freies Taxi finde, will mir dessen Fahrer schon wieder mit einer Ausrede kommen. Aber diesmal denke ich an ein bestimmtes "Beförderungsmittel", das überall auf der Welt die Dinge "befördert" - Noten!

Nicht komponierte - nein, Banknoten! In diesem Fall Noten der Bank von England ... - Schöne Pfundnoten also - ich halte dem Mann ein Päckchen davon hin.

Der Chauffeur lächelt. Er ist nicht gewinnsüchtig - aber verständnisvoll ... Und somit komme ich endlich an mein Ziel - mit fast einer Stunde Verspätung! "Reisen bildet" - ganz richtig, aber es formt auch den Charakter.

Der Agent empfing mich mit Erleichterung, denn er hatte schon begonnen, sich Sorgen um mich zu machen. Dann erklärte er mir: "In Stoßzeiten ist es in London nahezu unmöglich, ein freies Taxi zu finden ..."

Jetzt weiß ich das! Ich hätte mich nicht auf meinen vermeintlichen "Riecher" verlassen dürfen. Daß zuhauf Taxis in London herumfahren, heißt noch lange nicht, daß man eines findet, das gerade frei ist ... Im Grunde ergab sich mein Problem aus mangelnder Erfahrung und mangelnder Planung; es veranlaßte einen erheblichen Zeitverlust und hätte leicht dazu führen können, daß all meine Aussichten auf ein erfolgreiches Gespräch zerschlagen worden wären.

Im hier vorliegenden Kapitel werden sie Empfehlungen finden, die Ihnen dabei helfen, die Unannehmlichkeiten Ihrer Reisen so weit wie irgend möglich einzuschränken. Sie werden außerdem dazu beitragen, jede Ihrer Reisen höchst produktiv werden zu lassen und nicht zuletzt - sehr viel angenehmer!

Reisen oder nicht reisen?

Bevor Sie irgendeine Reise antreten, müssen Sie sich als erstes die Frage stellen:

"Ist diese Reise wirklich nötig?"

21 - Reisen oder nicht reisen?

Die meisten Fachleute empfehlen, sich diese Frage zu stellen. Aber es ist natürlich immer eine Sache der Einstellung.

Ich ganz persönlich gehe davon aus, daß jede Reise große Vorteile mit sich bringen kann. Und ich selbst reise viel. Trotzdem habe ich oft auch gezögert, eine Reise anzutreten, und mich gefragt:

"Habe ich tatsächlich die Zeit, um für eine Woche oder auch nur ein paar Tage zu verreisen?"

"Diese Reise wird Geld kosten. Kann sich dieser finanzielle Aufwand lohnen?"

Ja, sehr oft habe ich vor Antritt einer Reise gezögert - aber bedauert habe ich eine Reise nie. Warum nicht?

Dafür gibt es verschiedene Gründe. Reisen bedeutet für Sie:

1. **Neue Horizonte zu entdecken und andere Mentalitäten kennenzulernen.**

2. **Nützlichen und oft auch notwendigen Abstand zu gewinnen zu Ihren Alltagsaktivitäten.**

3. **Aufnahme neuer, Wiederanknüpfung früherer Kontakte.**

4. **Zwang zur Delegierung oder zum Abschluß bestimmter wichtiger Arbeiten vor Antritt der Reise.**

5. **Eine Art von Belohnung - denn im allgemeinen sind Reisen, auch wenn sie anstrengend sein können, doch anregend und bereichernd.**

Wenn Sie andererseits Verkaufsleiter sind oder alljährlich gute hundert Tage im Ausland verbringen müssen, sind Reisen natürlich nicht mehr so verlockend.

Vergessen Sie jedenfalls nie die Eingangsfrage:

"Ist diese Reise wirklich nötig?"

Könnte ich nicht vielleicht statt dessen:

1. Es bei einem Telefongespräch bewenden lassen, selbst wenn es lang und teuer wird - auch ein Ferngespräch in die USA für ein paar hundert Mark bringt gegenüber einer Reise immer noch erheblichen Gewinn an Zeit und Geld.

2. Eine Telefonkonferenz führen.

3. Einen ausführlichen Brief schreiben.

4. Jemand anderen hinschicken.

Wenn aber nun einmal die Entscheidung für den Antritt der Reise gefallen ist, sollten Sie dafür sorgen, so angenehm wie möglich zu reisen.

Sorgfältige Planung ist unerläßlich

Eines der Dinge, die ganz am Anfang stehen: Ehe Sie Fahr- oder Flugkarten kaufen, sollten Sie denjenigen, die Sie treffen wollen oder müssen, erst einmal Ihre Reise ankündigen. Haben Sie überhaupt Zeit an dem Datum, das Ihnen vorschwebt? Dann sollten sie einen richtiggehenden Schlachtplan aufstellen - umfassend, genau, minutiös; denken Sie dabei an alles, denn jede Minute im Ausland kostet sie fünf-, wenn nicht gar zehnmal soviel.

Allzuleicht kommt es vor, daß man wegen unzureichender Planung später feststellen muß, daß die, mit denen man sich treffen möchte, einen Tagesplan haben, der so gar nicht zu dem eigenen paßt ...

Fassen Sie Ihre Besprechungen zusammen, soweit immer das nur möglich ist. Und wenn es sich als notwendig und nützlich erweist, sollten Sie sich nicht scheuen, die Leute in einer präzisen, vorher festgelegten Reihenfolge aufzusuchen. Sie können immer davon ausgehen, daß Gastgeber sich im allgemeinen gegenüber Besuchern entgegenkommend erweisen. Das muß nun wieder nicht heißen, daß man derartiges Entgegenkommen ausnützen sollte ...

Planen Sie auch das Unvorhersehbare mit ein!

Ja, ja, ganz richtig! Sorgfältige Planung darf nicht bedeuten, sich keinerlei Verschnaufpause zu gönnen. Besonders bei langen Interkontinentalflügen von mehr als sechs Stunden empfiehlt es sich, mit Rücksicht auf den "Jet lag" (die Auswirkungen der Zeitverschiebung auf den Organismus) sich für den Ankunftstag nichts vorzunehmen, es sei denn ein langes Bad oder einen Aufenthalt in der Sauna ...

Machen Sie eine Siesta oder eine Besichtigungstour, wenn Sie die Energie dafür aufbringen. Oder schauen Sie einfach nochmals Ihre Unterlagen durch. Entspannen Sie sich. Man sage, was man will: selbst bei entsprechender Gewöhnung sind solche langen Reisen ermüdend, und zwar nicht allein körperlich, sondern auch geistig.

Tragen Sie dem Rechnung und treffen Sie sich nie mit einem Kunden gleich am ersten Tag - es sei denn ausnahmsweise, weil Sie nur für ein oder zwei Tage oder gar nur für ein paar Stunden angereist sind.

Wie kann man den Auswirkungen des "Jet lag" begegnen?

Einige Autoren empfehlen, sich während der ganzen Woche vor einem solchen Fernflug eine Stunde früher zu Bett zu begeben. Andere wieder sagen dagegen, nein, eine Stunde später. Auf mich wirken solche Rechnereien immer etwas künstlich und zweifelhaft.

Eines jedenfalls ist sicher: Jeder Mensch verspürt die Auswirkungen dieser Zeitverschiebung, also stellen Sie sich darauf ein. Das beste ist, regelmäßig zu schlafen während der Woche vor der Abreise und sich jede Ausschweifung zu verkneifen.

Äußerst hilfreich ist es, wenn man ein paar Stunden im Flugzeug schlafen kann. Nehmen Sie sich Ohropax mit und lassen Sie sich von der Stewardeß eine Schlafmaske geben. Wenn ein Roman Sie unweigerlich zum Einschlafen bringt, sollten Sie ihn mitnehmen!

Auch ein leichtes Beruhigungsmittel kann eine ausgezeichnete Wirkung haben. Je nach Zeitverschiebung kann es auch sinnvoll sein, es bei Ihrer Ankunft einzunehmen.

Wenn ein Gläschen Wein Ihren Schlaf fördert, empfiehlt sich Burgunder oder Bordeaux. Nehmen Sie Nahrung zu sich, die reich ist an der Aminosäure Tryptophan, einem natürlichen Beruhigungsmittel. Es findet sich in Geflügel, Käse, Eiern und Milch. Sie bekommen Tryptophan auch in Pulverform, zum Beispiel in Reformhäusern.

Suchen Sie sich ein leistungsfähiges Reisebüro!

Wenn Sie günstigere Preise und einen besseren Service haben wollen, sollten Sie ein erfahrenes und leistungsfähiges Reisebüro in Anspruch nehmen. Man wird Ihnen dort die besten Verbindungen und die empfehlenswerten Fluggesellschaften nennen.

Es empfiehlt sich immer, "mit kleinem Gepäck" zu reisen, am besten tatsächlich nur mit Handgepäck. Wenn Sie aber aus wichtigem Grund viel Gepäck mitnehmen müssen, sollten Sie das Ihrem Reisebüro gleich sagen.

Die meisten Fluggesellschaften erlauben zwei Koffer pro Fluggast ohne Zuschlag. Fast alle verlangen einen kleinen Zuschlag, wenn Sie mehr als zwei Koffer haben (Ihr Handgepäck nicht gerechnet). Aber es gibt auch welche, sehr bekannte sogar, die für jedes Gepäckstück mehr, ohne Rücksicht auf dessen Gewicht, einen enormen Zuschlag verlangen, der bis zu etwa dreihundert Mark gehen kann. Ich habe leider selbst schon diese Erfahrung machen müssen. Also seien Sie in dieser Hinsicht sehr, sehr vorsichtig ...

Buchen Sie Ihr Hotel zugleich mit Ihrem Flug!

Wenn Sie nicht ganz bewußt aufs Geradewohl reisen wollen, sollten Sie stets Ihr Hotel zugleich mit Ihrem Flug buchen. In den Haupt- und Großstädten erlebt der sorglose Reisende, selbst wenn es dort eine ganze Anzahl von Hotels gibt, oft unangenehme Überraschungen. Wenn Sie an einem Kongreß teilnehmen, sollten Sie nicht zögern, sich ein Zimmer im gleichen Haus zu nehmen, in dem der Kongreß stattfindet, oder jedenfalls so nah wie nur immer möglich, selbst wenn das ein wenig teurer sein sollte:

Sie sparen Geld für das Taxi, Sie sparen Zeit, Sie können sich während der Veranstaltung in Ihrem Zimmer erfrischen oder ausruhen, wenn Sie das Bedürfnis dazu haben. Wenn Sie die Übernachtungen zugleich mit Ihren Flugscheinen buchen, kommen Sie in den Genuß von Vorzugspreisen, die meist ganz erheblich unter jenen liegen, die im Zimmer selbst aushängen - warum sollten Sie sich diesen Vorteil entgehen lassen.

Einen Mietwagen nehmen oder Taxi fahren?

Diese Frage sollte man sich stets rechtzeitig stellen ... Wenn Sie sich entschieden haben, einen Mietwagen zu nehmen, sollten Sie sich wieder an Ihr Reisebüro wenden, das Ihnen die günstigsten Vermieter nennen wird. Man wird dort auch die Reservierung vor Ihrer Abreise vornehmen, und vor allem vor Ihrer Ankunft ...

Aber es ist nicht immer vorteilhaft, sich einen Mietwagen zu nehmen. In den meisten großen Städten wie Paris, Rom, London oder New York sind Taxis viel vernünftiger. Wenn Sie andererseits in der Provinz herumreisen müssen, empfiehlt sich ein Mietwagen. Der Unterschied ist sehr wesentlich. Lassen Sie sich von Ihrem Reisebüro beraten. Beschaffen Sie sich einen internationalen Führerschein und tragen sie stets eine internationale Kreditkarte wie Visa, American Express u.ä. bei sich, damit Sie keine Kautionszahlung leisten müssen ...

Unbeschwert reisen

Beschränken Sie sich auf das Wesentliche. Wenn es geht, sollten Sie nur mit Handgepäck reisen. Sie werden viel Zeit damit sparen - nicht zuletzt jene besonders unangenehme Warterei auf Ihr Gepäck. Und Sie vermeiden die Fehlleitung Ihrer Koffer, was leider ziemlich häufig vorkommt ...

Schränken Sie also Ihr Gepäck ein, vergessen Sie aber nichts Unerläßliches. Damit Ihnen das nicht passiert, sollten Sie vor jeder Reise eine Checkliste durchgehen, die Sie sich selbst je nach Ihren Bedürfnissen zusammengestellt haben oder die sich an unserem Muster auf den folgenden Seiten orientiert:

21 - Unbeschwert reisen

Reise-Checkliste

1) An- und Rückreise

Reisebüro: Anschrift ....
Telefon ....
Sachbearbeiter...

Reservierung: Datum.................................
Kennziffer/AZ...
Telex/Fax...

Bestätigung: Datum...................................
Kennziffer/AZ...
Telefon...
Telex/Fax...
Flugplatz/Bahnhof, Tor/Halle/Bahnsteig:........................
Platznr./Wagennr.:..
Raucher/Nichtraucher:...

Fahr-/Flugschein: Nr..................................
Ausstellungsdatum...
Anschluß/Anschlüsse...

2) Aufenthalt/Unterkunft

Hotel: Anschrift..
Telefon: ....
Kontaktperson: ....

Zimmer: Nummer: ....
Einzel/Doppel: ....
Lage: ....

Bestätigung: Datum: ....
Kennziffer/AZ: ....
Telefon: ....
Telex/Fax: ....

Mietwagen: Verleihfirma: ....
Fahrzeugtyp: ....
Insassenversicherung: ....
Pauschale/Preis: ....
Kautionssumme: ....
Gebietskarte: ....

Restaurant: Regionalverzeichnis: ....
Anschriften: ....
Telefonnummern: ....

Ausflüge/Besichtigungen: Empfehlenswert: ....
Anschriften: ....
Telefonnummern: ....

3) Verschiedenes

Benötigte Medikamente/Rezepte ....
Notrufnummern..
Kreditkarten: Nummern..
Bank/Gesellschaft..
Gültig bis...
Telefonkarte...

Reiseschecks: Währung..
Betrag...
Nummern..

Reisepaß: Ausstellende Behörde...................................
Ausstellungsdatum...
Gültig bis..

Visum: Ausstellungsdatum..
Gültig bis..

Impfbescheinigung: Ausstellende Behörde......................
Art der Impfung...
Datum..
Ohropax...
Taschendiktiergerät...
Taschenrechner...
Visitenkarten..
Krankenscheine u.ä. Unterlagen......................................
für Krankheitsfälle (wichtig besonders für die USA und Kanada wegen rascher Krankenhausaufnahme)...
"Reiseprogramm" (mit allen vorgesehenen Treffen, zugehörigen Anschriften, Telefonnummern usw.)..

....
....
....
....
....
....
....
....
....
....
....
....

Kopieren Sie diese Liste und geben Sie Kopien an Personen Ihres Vertrauens: in Notfällen sind diese dann in der Lage, anhand dieser Information die (oft sehr dringlichen!) Schritte zu unternehmen.

Ein weiterer Vorteil: Eine solche Liste ermöglicht es Ihnen, Ihren Koffer innerhalb von zwanzig Minuten zu packen, statt zwei Stunden damit zu verbringen, alles Notwendige zusammenzusuchen.

Und Sie können vor der Abreise anhand der Liste überprüfen, ob Sie auch nichts vergessen haben.

Geben Sie Ihre Reiseroute bekannt!

Erstellen Sie eine Kopie Ihres Reiseplans oder bitten Sie Ihre Sekretärin, das zu tun. Sie muß Anschriften und Telefonnummern der Hotels, wo Sie wohnen, enthalten und das Datum, wann Sie dort sind, desgleichen entsprechenden Angaben zu den Leuten, die Sie besuchen wollen. Kopien davon sollten sowohl bei Ihnen im Büro wie zu Hause greifbar sein:

Ein wichtiger Kunde, ein unvorhergesehenes Ereignis könnte es erforderlich machen, daß man sich mit Ihnen in Verbindung setzt!

Um mit dieser Kopie Ihres Reiseplans sinnvoll arbeiten zu können, sollte sie durch eine Kopie Ihres Zeitplans für die Reise ergänzt werden.

Planen Sie Verspätungen und Verzögerungen mit ein!

Auch wenn Sie noch so sorgfältig planen und entsprechende Vorsichtsmaßnahmen ergreifen, werden sich Verspätungen nicht völlig ausschließen lassen. Da kann sich ein verspäteter Abflug ergeben, es klappt nicht mit den Anschlüssen, das Gepäck ist nicht rechtzeitig da ...

Für solche Fälle sollten Sie stets "Lückenfüller-Arbeiten" zur Hand haben! Aber warum nicht auch die Zeit für einen kleinen Einkauf nutzen?

Ein vorzüglicher Trick: Kaufen Sie stets gleich ein paar Ansichtskarten und nutzen Sie Wartezeiten, um an Freunde und Kunden zu schreiben. Das kann Ihren Beziehungen nur guttun.

Reisen Sie mit Ihrem tragbaren Büro!

Die wichtigsten Unterlagen zu der Reise, die Sie gerade unternehmen, sollten in Ihrer Aktenmappe stets greifbar sein. "Elektronisches Notizbuch" und Taschenrechner sollten gleichfalls nicht fehlen.

Nutzen Sie die Wartezeiten, um nochmals die großen Linien dieser Reise durchzugehen, und erledigen Sie Dinge, die Sie schon lange einmal erledigen wollten ...

Ich persönlich reise nie, ohne außerdem einen tragbaren Kleincomputer mitzuführen - ein "Lap-top" (meines wiegt nur 500 Gramm und kann an meinen PC angeschlossen werden). Das erlaubt mir, überall und zu jeder Zeit zu arbeiten, wo und wann ich es will, sogar im Flugzeug.

Zug oder Flugzeug?

Man muß nicht immer gleich das Flugzeug nehmen. Denken Sie als Alternative an den Zug. Der Zug bietet viele Vorteile. Natürlich kommt man damit nicht so schnell vorwärts wie mit dem Flugzeug. Aber wenn Sie berücksichtigen, daß Sie mit einer Stunde Fahrzeit zum Flughafen rechnen müssen, wenn Sie an mögliche Behinderungen durch Streiks denken, dann ist die Bahn vielleicht durchaus eine sinnvolle Variante.

Der Vorteil der Bahn ist, daß Sie während der Nacht im Schlafwagen reisen können. Sie haben die Nacht für Ihren Schlaf und kommen ausgeruht und munter an Ihrem Bestimmungsort an, ohne jeden Zeitverlust.

Ein weiterer Vorteil: Sie müssen stets eine erhebliche Zeit vor dem Abflug am Flughafen sein, und das entfällt bei der Bahn. Und außerdem ist die Bahnfahrt billiger, wenn man damit auch vielleicht weniger Eindruck macht ...

Und einen letzten Punkt sollten Sie bei Ihrer Entscheidung noch berücksichtigen: Wenn Ihr Treffpunkt viel näher am Bahnhof liegt als am Flugplatz, sollte das eine Rolle spielen ...

Wieviel haben Sie ausgegeben?

Führen Sie stets einen kleinen Umschlag mit sich, auf dem Sie all Ihre Ausgaben notieren: für Hotel, Restaurant, Taxi usw. und in dem Sie die Belege dafür sammeln.

Machen Sie dann sofort nach Ihrer Rückkehr Ihre Spesenabrechnung, fügen Sie die entsprechenden Belege bei und legen Sie sie unverzüglich Ihrem unmittelbaren Vorgesetzten vor. Ergänzen Sie die Quittungen und sonstigen Belege (soweit deren Vorlage der üblichen Praxis Ihres Unternehmens entspricht) durch Belege für den Geldumtausch: man wird dann zu dem dort ausgewiesenen Kurs Ihre Auslagen erstatten und nicht zu einem anderen.

Bereiten Sie Ihre Rückkehr vor!

Am letzten Abend in Ihrem Hotel, im Flugzeug, im Zug auf der Rückfahrt oder nach der Rückkehr zu Hause sollten Sie ein Resümee ziehen und die Auswertung vorbereiten.

Mit welchen Unterlagen müssen Sie sich als erstes beschäftigen?

Welche Entscheidungen müssen getroffen werden?

Bereiten Sie die Briefe vor, die zu schreiben sind, und eventuelle Unterlagen dazu. Arbeiten sie die Vorgänge sofort auf. Viele Reisen wären rentabel gewesen, wenn der Betreffende nicht zwei Monate gewartet hätte, bis er auf die Begegnungen dabei zurückkam.

Wenn eine vollständige Zusammenstellung der erforderlichen Unterlagen nicht unmittelbar nach Ihrer Rückkehr möglich ist, sollten Sie trotzdem den Leuten, die Sie besucht haben, einen kurzen Bestätigungsbrief oder ein Telefax schicken, um sie wissen zu lassen, daß die Sache bei Ihnen läuft und sie um kurzfristige Erledigung bemüht sind.

Ziehen Sie eine Bilanz Ihrer Reise!

Was sind das für Leute, die Sie getroffen haben?

Was kam bei Ihren Gesprächen heraus?

Konnten Sie neue Kontakte anknüpfen?

Notieren Sie sich Namen, Anschriften und Telefonnummern dieser Leute. Machen Sie sich eine kleine Liste, auf der Sie die Art ihrer Tätigkeiten, ihre Funktionen und die Fragen notieren, die Sie mit ihnen diskutiert haben.

War Ihre Reise positiv?

Hat sie die Mühe gerechtfertigt, die Sie dafür auf sich nahmen? Was waren weniger positive Punkte dabei?

Was könnten oder würden Sie in Zukunft anders machen?

Welche Projekte oder Vorschläge scheinen es wert, weiterverfolgt zu werden, welche sollte man zurückstellen? Um welche sollte man sich in erster Linie kümmern?

Eine letzte Empfehlung: machen Sie immer eine <u>schriftliche</u> Bilanz einer Reise. Sonst nämlich vergessen Sie eine große Zahl von Details und können nicht den vollen Gewinn aus dieser Reise ziehen. Warten Sie nicht mit einem solchen Bericht!

Nach einer Woche schon werden Sie wieder die Hälfte von dem vergessen haben, was Sie gemacht haben, und werden zugedeckt sein von der laufenden Tagesarbeit ...

A propos Tagesarbeit - möchten Sie nicht lernen, wie man vermeiden kann, von ihrer Flut erdrückt zu werden, wie man darauf "surft", statt von den Wogen des Papierkrams hinweggeschwemmt zu werden?
Nun, dann folgen Sie mir zum nächsten Kapitel ... Sie werden staunen!

Bereiten Sie Ihre Reisen gut vor!

Persönliche Anmerkungen:

Kapitel 22

Wie man es vermeidet, im "Papierkram" zu ersticken

Kleine Abhandlung über den Papierkorb

In den vorangegangenen Kapiteln haben wir verschieden Typen von "Zeitfressern" kennengelernt: die Störungen, die Sitzungen, das Telefon, die Reisen ...

Einem davon aber begegnen wir täglich, er ist effektiv und diskret und kann uns verschlingen: der "Papierkram".

Was soll man nur machen mit all den Papieren, mit denen wir uns jeden Tag beschäftigen müssen? Die meisten Menschen lassen sich davon überfluten, geraten in Verzug, beantworten ihre Post mit monatelanger Verzögerung ... Wenn auch Sie zu diesen Leuten gehören und endlich die Oberhand gewinnen wollen gegenüber dieser Papierflut, unter der Ihr Schreibtisch zu verschwinden droht, werden Sie dieses Kapitel mit großem Interesse lesen.

80 % der Papiere bringen Ihnen niemals Nutzen!

Wußten Sie, daß Untersuchungen ergeben haben, daß 80 % des ganzen Papierkrams in Ihrem Büro (in der Ablage, den Verteilerkörbchen, auf Stapeln) sozusagen nutzlos ist und Ihnen niemals irgendwie dienlich sein wird? (Ausgeschlossen sind dabei natürlich wichtige Unterlagen und Dokumente.)

Aber ehe wir weiterfahren - haben Sie sich eigentlich schon einmal gefragt, warum Sie dem richtigen Umgang mit all dem Papierkram so wenig Beachtung schenken?

Es gibt verschiedene Gründe dafür. Vielleicht langweilt es Sie, oder es mißfällt Ihnen, oder es scheint Ihnen einfach belanglos und unwichtig. Dabei wird Ihre Effektivität eine enorme Steigerung erfahren, wenn Sie einige Grundregeln im Umgang mit der Papierflut beachten.

Richtiger Umgang mit der Papierflut

Die Grundregel für den Umgang mit Schriftlichem ist sehr einfach, wird aber oft nicht berücksichtigt:

"Richtiger Umgang mit der Papierflut besteht darin, daß man jedes Schriftstück, sei es wichtig oder nicht, in eine bestimmte Richtung lenkt."

Das genau versäumen wir fortwährend, und deshalb herrscht Durcheinander, und zahlreiche Vorgänge legen Zeugnis ab von oft erheblichen Verspätungen.

Jedes Schriftstück können Sie in eine von vier möglichen Richtungen lenken - oder Ihre Sekretärin kann das tun. Im übrigen sollten Sie grundsätzlich alles tun, um Ihre Sekretärin daran zu gewöhnen, daß sie eigenverantwortlich und eigenständig sich um Ihren Papierkram kümmert.

Sie braucht Ihnen nur solche Unterlagen vorzulegen, mit denen Sie sich unbedingt persönlich beschäftigen müssen, und kann alles andere selbst erledigen. Oder sie kann solche Dinge so weit vorbereiten, daß dadurch Ihre eigene Arbeit im Höchstmaß erleichtert wird.
Hier nun die vier möglichen Richtungen:

1. ABLAGE

Ein Ablagekorb "Zur Ablage" muß bei Ihnen oder Ihrer Sekretärin stehen, und dorthinein gehört alles, was in Hängemäppchen, Heftern oder Ordnern abzulegen ist. (Später werden wir ein paar Tricks zur effektiven Ablage kennenlernen).)

2. ZUR WEITERLEITUNG

Sie sollten Ablagekörbchen oder Sammelmappen zur Hand haben, in die Sie jeweils Schriftstücke u.ä. verteilen, die entweder Ihre Sekretärin betreffen (diese hat dann ihre Arbeit bei der Durchsicht nicht gut gemacht) oder Ihren Chef, Ihre Kollegen, Ihren Assistenten.

3. WEGWERFEN

Dies ist eine der wichtigsten und dabei am meisten unterschätzten Richtungen Ihres Verteilersystems. Stellen Sie sich stets die Frage:
"Was wird geschehen, wenn ich das wegwerfe?"

Wir neigen normalerweise dazu, zu wenig wegzuwerfen, weswegen sich die Sammelschalen und Schubladen nutzlos füllen, was nicht nur die Auswahl von Unterlagen, sondern auch deren Wiederauffinden erschwert.

4. LESEN

Jedes Schriftstück, Dokument, Mitteilungsblatt usw., das mehr als fünf oder zehn Minuten an Lektüre erfordert, sollte ausgesondert werden. Legen Sie also einen Sammelkorb an für umfangreiche Berichte, Fachzeitschriften, Informationsdienste usw. Natürlich müssen Sie dann dafür sorgen, daß sich die Dinge in diesem Korb nicht häufen.

Ich habe mir angewöhnt, wenigstens einmal wöchentlich einen Nachmittag für die Lektüre vorzusehen, üblicherweise am Donnerstag oder Freitag, wo es im Büro etwas weniger hektisch zugeht und das

Telefon seltener klingelt. In diesem Zusammenhang bitte ich dann auch meine Sekretärin, Telefonate und Besuche möglichst abzublocken.

In dem Kapitel über das raschere Lesen haben wir gesehen, wie entscheidend wichtig es ist, seine Lesegeschwindigkeit zu erhöhen, ohne daß darunter das Verständnis leiden muß.

Aber man darf sich vor allem nicht dazu verleiten lassen, alles zu lesen, weil man nun schneller lesen kann. Man muß vorab eine rigorose Auswahl treffen.

Weitere Ratschläge zu größerer Effektivität

W.J. Redding, Autor von "Effektives Management durch Zielsetzung", hat auf die enge Beziehung zwischen Management durch Zielsetzung und Umfang der Papierflut hingewiesen.

Worin besteht diese Beziehung?

Nun, ganz im Gegensatz zu dem, was jene glauben mögen, für die ein übervoller Schreibtisch ein Zeichen von fieberhafter Aktivität und Effektivität ist, ist das <u>Management durch Zielsetzung um so effektiver, je geringer die Papiermenge ist</u>! Aber wir leben schließlich im Zeitalter der Fotokopie ...

Interne Aktennotizen, Berichte und Korrespondenzen überwuchern und belasten unsere Schreibtische und vernebeln uns den Geist.

Daran sind nicht nur die anderen schuld, sondern auch wir selbst. Wenn wir einen Bericht abfassen, statt einfach einen Anruf zu tätigen oder eine kurze Besprechung von fünf Minuten zu machen, geben wir uns den Anschein von Eifer und Betriebsamkeit.

In Wirklichkeit aber, und Parkinson hat uns das mit schwarzem Humor gezeigt, schaffen wir damit nur neue Arbeit für uns und für unsere Mitarbeiter - wohlgemerkt völlig unnütze und ungerechtfertigte Arbeit.

Statt daß wir unsere Energie auf echte Produktivität verwenden, auf Effizienz, nutzen wir sie für Dinge, die "Zeitfresser" sind.

Der Umgang mit Schriftlichem, der schlechte Umgang wohlgemerkt, führt dazu, daß Sie jeden Tag unnötig kostbare Zeit verlieren.

Ist es Ihnen denn nicht schon oft genug passiert, daß Sie viele Minuten lang eine bestimmte Unterlage suchten, nur um dann festzustellen, daß sie einfach anderswo abgelegt oder unter einem anderen Stichwort eingeordnet worden war?

Vierzehn Ratschläge, um den Papierkrieg zu gewinnen

1. Sagen Sie sich stets, <u>ehe Sie irgend etwas diktieren</u>, "Halt!", und fragen Sie sich zunächst: "Ist das wirklich unerläßlich?" Wenn ja, dann los! Oder doch nein? Denken Sie stets daran: "Was nicht unerläßlich ist, ist unnötig!"...

2. <u>Gewöhnen Sie sich an, niemals den Umfang einer Seite zu überschreiten</u> für einen Bericht und den Umfang eines Absatzes für eine Aktennotiz.

Schaffen Sie sich den Ruf eines "Meisters der Kürze" und bemühen Sie sich, auch alle in Ihrer Nähe zu dieser Einstellung zu bekehren. Kürzere Berichte und Aktennotizen bedeuten: weniger Platz, weniger Papier, weniger Lesezeit, weniger Probleme ...

3. Die Sache ist geschrieben? <u>Und an wen soll sie nun gehen?</u> Nein, nicht an Hinz und Kunz: Schränken Sie auch den Empfängerkreis so stark wie möglich ein.

4. Wenn Ihr Bericht, Ihre Aktennotiz nicht dringlich ist, <u>merken Sie die Abfassung in Ihrem Terminkalender vor</u>: Damit wird er/sie einerseits weniger vordringlich, andererseits ermöglicht Ihnen das die "Verschmelzung" mit anderen Arbeiten dieser Art. Der Gewinn an Produktivität? Enorm!

5. **Vermeiden Sie Berichte "in vorgegebener Folge"** (wöchentlich, monatlich, täglich): Nur neue und wichtige Tatsachen rechtfertigen einen Bericht. Verringern Sie notfalls wenigstens die Häufigkeit: statt täglich kann zweimal im Monat reichen usw. ...

Arbeiten Sie statt dessen mit einer Schalttafel, an der auf Knopfdruck Informationen abrufbar sind, oder mit "Informations-Warnzeichen" wie etwa Verhältniszahlen oder Raten, die nur dann, wenn sie auffällige Abweichungen oder Veränderungen anzeigen, eine Untersuchung oder einen Bericht rechtfertigen.

6. **Überprüfen Sie alle Verteilerlisten, auf denen Sie genannt sind, und lassen Sie sich auf all jenen streichen**, durch die Sie lediglich Berichte erhalten, in denen Sie nie oder kaum einmal etwas finden, das Sie wirklich interessiert.

Sparen Sie sich Gewissensbisse dabei! Delegieren Sie Lektüre und Zusammenfassung solcher Berichte, Veröffentlichungen usw., die Sie gelegentlich interessant fanden, und behalten Sie sich nur den Rest vor.

Ein Trick dabei: Fragen Sie sich, wenn es um die Entscheidung geht, ob Sie auf dieser oder jener Verteilerliste bleiben wollen: "Kann ich nicht vielleicht die entsprechenden Informationen auch anderweitig bekommen, auf andere Art, schneller, stärker zusammengefaßt usw.?"

7. **Machen Sie sich Checklisten** und vorformulierte Vorlagen für Ihre gesamte Korrespondenz: Das spart Ihnen Zeit, weil die betreffenden Informationen und Fragen schon schriftlich vorliegen. Sie vermeiden dadurch auch, daß Sie jeweils dies oder jenes Detail vergessen.

8. **Schreiben Sie "in einem Zug"**: Zwingen Sie sich dazu, Ihre Ideen auf den ersten Wurf hinzuschreiben, ohne Korrekturen und Ergänzungen, und fangen Sie nie einen Bericht oder eine Aktennotiz nochmals an. Sie werden es bald gelernt haben, rasch und gut zu schreiben.

9. **Bemühen Sie sich, stets leserlich zu schreiben**, damit man Ihre Schrift leicht und Wort für Wort lesen kann. Einen saubere und leserliche Handschrift ist immer ein Zeichen für eine gesunde Persönlichkeit mit klaren und präzisen Vorstellungen.

10. **Verwenden Sie, wo immer das möglich ist, eine Grafik, eine Zeichnung, eine Abbildung** - Sie können damit ganze Seiten einsparen. Wie sagt doch ein chinesisches Sprichwort: "Ein Bild wiegt tausend Worte auf."

11. Gewöhnen Sie sich an (das ist eine amerikanische Übung, die sich mehr und mehr verbreitet), <u>auf dem Originalbrief bestimmter Absender zu antworten</u>. Machen Sie sich dann davon, soweit nötig, eine Fotokopie. Sie sparen sowohl bei der Beantwortung wie bei der Ablage Zeit.
Sie können dabei handschriftlich antworten, oder auch Ihre Sekretärin kann das tun, wenn ihre Schrift ordentlich ist.

12. **Gewöhnen Sie sich eine "respektlose Haltung" gegenüber Zeitschriften an, die auf Ihren Schreibtisch kommen**: reißen Sie die Seiten heraus, die Sie interessieren, und werfen sie den Rest entweder weg oder leiten Sie ihn weiter.
Sie müssen aber das, was Sie herausgenommen haben, rasch einordnen, sonst staut es sich seinerseits wieder an.

13. Gönnen Sie sich ab und zu den Spaß, <u>einen Ablagekorb, einen Ablageständer, ein ganzes Möbel für Papierkram</u> aus Ihrem Büro zu entfernen. Wenn Sie weniger Platz zum Aufheben haben, werden Sie auch weniger aufheben, und Sie werden sich damit auch weniger aufhalten ...
Achten Sie in diesem Zusammenhang einmal darauf: Haben Sie schon einmal in der Presse die großen Bosse in Ihrem Büro gesehen? Warten dort fünfzehn Aktenschränke, fünfzig Regale und zweitausend Schubladen? Aber keineswegs - da sah man allenfalls einen sehr großen Schreibtisch mit einem oder zwei Telefonen, einem PC, ein paar Blatt Papier, einem Kugelschreiber, und das war alles ... Im übrigen: eindruckvolle Leere und viel Platz!

22 - Vierzehn Ratschläge, um den Papierkrieg zu gewinnen

14. Planen Sie die Zeit für die Durchsicht Ihrer Post ein. Wählen Sie dafür die Tageszeit oder den Wochentag, an dem Sie weniger gut in Form sind. Setzen Sie das auch als "Lückenfüller-Arbeit" ein, wann immer es Ihnen möglich ist.

Widerstehen Sie der Versuchung, sich sofort mit einer Aktennotiz zu beschäftigen, wenn diese eintrifft. Widerstehen Sie gleichermaßen der Versuchung, sich sofort auf die Post zu stürzen, wenn diese eintrifft, oder gar, ihr nachzulaufen!

Ein weiteres Mal heißt es "Achtung!". All das muß man natürlich mit Vernunft angehen, damit Sie nicht (und ich damit) zum Außenseiter werden!

Die folgenden Ratschläge können Ihnen dabei helfen, persönlich zugeschnittene "Formulare" und eine entsprechende Checkliste zu entwickeln:

1. **Verschaffen Sie sich einen genauen Überblick** über all Ihre Mitteilungen, die irgendwelche Gemeinsamkeiten haben und sich wiederholen: Anfragen, Vorschläge, Stellungnahmen usw. Es wird Sie natürlich Zeit kosten, das zuzuordnen und einzuteilen (wobei es nicht um eine statistische Erfassung gehen darf!), aber je gründlicher und systematischer Sie das machen, um so besser und effektiver werden Ihre Formulare und Checklisten sein.

2. Gliedern Sie für jeden Typ nach Unterpunkten (beispielsweise: Schritte, Einzelaufgaben, logischer Arbeitsfortgang) und überprüfen Sie auch diese Unterpunkte systematisch, indem Sie sich Fragen stellen, die genau bei diesen Unterpunkten auftauchen, wie zum Beispiel: Ist der Umschlagentwurf an die Druckerei geschickt worden? Von wem? Wann? Liegt die Eingangsbestätigung der Druckerei vor?

3. **Versuchen Sie, all Ihre Checklisten und Formulare zur gleichen Zeit zu fertigen**, damit sie so "einheitlich" wie möglich sind. Setzen Sie sich selbst dafür ein Zeilenlimit, um nicht in Versuchung zu geraten, zu ausführlich zu sein.

4. Sorgen Sie für einen ausreichenden Vorrat. Vergeuden Sie nicht Ihre Zeit damit, danach suchen oder erst für frische Fotokopien sorgen zu müssen.

5. Setzen Sie "vorformulierte Antworten" ein, wann immer es geht, aber fügen Sie stets einen sehr persönlichen Schlenker hinzu, zum Beispiel durch eine persönliche Grußzeile über Ihrem "Friedrich Wilhelm" (Ihren Initialen oder einem typischen Handzeichen/Kürzel).

Beispiel für eine Aktennotiz

AKTENNOTIZ

Von:..................... Am: ....

An:...

Betreffs: ....

O   Dringend

O   Zur Kenntnisnahme

O   Zu Ihrem Schreiben vom

O   Mit der Bitte um Stellungnahme

O   Sonstiges:

....
....
....
....
....
....
....

Beispiel für eine Aktennotiz

AKTENNOTIZ

Von: A. Martin   Datum:

An: Gesamtes Personal

Betrifft: Persönliche Fotokopien

O   Dringend

O   Zur Kenntnisnahme

O   Zu Ihrem Schreiben vom

O   Mit der Bitte um Stellungnahme

O   Sonstiges:

<u>Die Selbstbedienungs-Fotokopierer auf jedem Stockwerk sind ausschließlich geschäftlichen Zwecken vorbehalten, und es ist den Verantwortlichen der Fotokopierstelle nicht möglich, private Wünsche entgegenzunehmen.</u>
<u>Da ich feststellen konnte, daß viele Mitarbeiter gelegentlich das Bedürfnis haben, Fotokopien für ihren persönlichen Bedarf anzufertigen, steht ihnen ab sofort während der Mittagspause und außerhalb der Geschäftszeit ein Fotokopierer neben dem Empfang zur Verfügung.</u>
<u>Eine Unkostenbeteiligung von 0,10 DM pro Seite ist an die Mitarbeiterin am Empfang zu entrichten.</u>

....
....
....
....
....

Laufzettel für Zeitschriften und Informationsdienste

Titel:..

In Umlauf gegeben am ....

Empfänger; Weitergabe an nächsten Empfänger am:
....
....
....
....
Eingang Bibliothek zur Ablage: ....

Erhöhen Sie Ihre Produktivität durch Ihr Ablagesystem!

Ein gutes Ablagesystem muß die folgenden vier Anforderungen erfüllen:

1. Es muß die Informationen in einfache Gruppen gliedern, die Ihren tatsächlichen Bedürfnissen entsprechen.

2. Es muß raschen Zugriff auf die Informationen ermöglichen (innerhalb von äußerstens drei Minuten).

3. Es muß die Anlage und Eingliederung neuer Unterlagenmappen /-hefter/-ordner leichtmachen.

4. Es muß das Ausscheiden überflüssig gewordener Unterlagenmappen/-hefter/-ordner leichtmachen.

Wie läßt sich feststellen, ob Ihr derzeitiges Ablagesystem effektiv ist? Machen Sie einfach den folgenden Test:
Zutreffendes ankreuzen:

O 1. Brauchen Sie oft mehr als eine Minute, um die abgelegten Unterlagen zu einem Vorgang zu finden?

22 - Erhöhen Sie Ihre Produktivität durch Ihr Ablagesystem!

O 2. Haben die Mitglieder Ihres Arbeitsteams (Sekretärin und Mitarbeiter) oft Mühe damit, Unterlagen in der Ablage Ihrer Abteilung zu finden, wenn Sie oder Ihre Sekretärin nicht da sind?

O 3. Ist es schon vorgekommen, daß Sie sich mit einigen Punkten eines Berichtes nur deshalb nicht beschäftigt haben, weil Sie die dafür notwendigen Unterlagen einfach nicht finden konnten?

O 4. Heben Sie Unterlagen mehr als zwei Jahre lang auf?

O 5. Befinden sich die Unterlagen, die Sie für die Abfassung eines Berichtes brauchen, in verschiedenen Ordnern?

O 6. Könnte man eine bestimmte Unterlage unter verschiedenen Stichworten finden?

O 7. Haben sie es vielleicht versäumt, bestimmte sehr umfassende Stichworte weiter unterzugliedern? Zum Beispiel "Reisen" in die Untergruppen Reisebüros, Hotels, Kundenanschriften, Autoverleihfirmen usw.?

Sie haben sich die angekreuzten Passagen sorgfältig angeschaut? Hier nun ein Vorschlag für die Gliederung Ihrer Ablage, die Ihre Produktivität erheblich steigern und Ihnen außerdem das Leben erheblich erleichtern wird.

1. <u>Ordnen Sie Presseausschnitte</u> nicht einfach unter "Presseausschnitte" ein, sondern <u>nach den entsprechenden Themen.</u> (Unter dem Stichwort "Marketing" sollte man also sowohl Presseausschnitte finden, die sich damit beschäftigen, als auch Berichte, Gutachten usw.)

2. <u>Ordnen Sie den Inhalt Ihrer Hängemäppchen oder Ordner chronologisch, wobei das jeweils Neueste obenauf liegt</u>. Heften Sie dabei zusammengehörige Vorgänge zusammen. Büroklammern lösen sich leicht. Falten Sie Briefe immer auseinander, ehe Sie sie ablegen -

sie lesen sich so leichter. Lassen Sie immer etwas Spielraum zwischen den einzelnen Abteilungen. Setzen Sie Farben ein - das stimuliert einerseits, und andererseits sorgt es für "sichtbar unterschiedliche Abteilungen".

3. **Häufen Sie nicht Vorgänge an.** Bitten Sie Ihre Sekretärin um regelmäßige Überprüfung. Alle drei Monate sollten Sie selbst Ihre Ablage überprüfen.

4. **Legen Sie alle Ihre vertraulichen und gesetzlich vorgeschriebenen Geschäftsunterlagen in einen feuersicheren Safe.**

5. **Kennzeichnen Sie betont Unterlagen, die Sie für Ihre gerade laufende Arbeit brauchen.** Es ist einleuchtend, daß solche Unterlagen stets rasch greifbar sein müssen. Es empfiehlt sich, sie zu einer besonderen Gruppe zusammenzufassen.

6. **Legen Sie ein Register an**: Bitten Sie Ihre Sekretärin, von jeder Ordner- oder Hefteraufschrift eine Kopie anzufertigen und damit ein Register zu erstellen, anhand dessen Sie schneller und leichter jede beliebige Unterlage finden können. Delegieren Sie an Ihre Sekretärin die volle Verantwortung für die Aktualisierung dieses Indexes.

Checkliste für den Umgang mit schriftlichen Unterlagen

ABLAGEORDNUNG

0   1. Leichter Zugang

0   2. Ordnung alphabetisch oder nach Tätigkeitsmerkmalen

0   3. Rasche Auffindung der Unterlagen ermöglichend

0   4. Ohne Schwierigkeiten für Kollegen verständlich

O   5. Unter Vermeidung unnötiger Ablage

O   6. Regelmäßig Überprüfung

BEHANDLUNG

O   1. Sichtung des gesamten Ein- und Ausgangs durch die Sekretärin

O   2. Freiwillige Streichung Ihres Namens auf Verteilerlisten

POSTEINGANG

O   a) Hat Vorrang

O   b) Zu delegieren

O   c) Kann warten

O   d) Unnütz - sofort weg damit

Auf keinen Fall die Vorgänge unter dem Stichwort "Kann warten" zu Bergen anwachsen lassen. Sie vielmehr regelmäßig durchgehen. Wann? Immer dann, wenn Sie nicht gerade super-produktiv sind.

POSTAUSGANG

O   1. Einer telefonischen Erledigung immer Vorrang geben vor einer schriftlichen

O   2. Wenn möglich, Antwort auf dem Originalbrief

O 3. Antwort mit vorgedrucktem Kurzbriefformular oder angehängter Visitenkarte

O 4. Antwort mit persönlicher gehaltenem Vordruck (Art vorgefertigter Schemabrief)

O 5. Antwort auf Diktiergerät sprechen für Sekretärin

O 6. Antwort knapp, höflich und präzis

O 7. Antwort an verschiedene Empfänger, deren Liste vorab per Computer zu erstellen ist

Kopieren Sie diese Checkliste zum ständigen persönlichen Gebrauch und halten Sie sie durch Aushang o.ä. stets greifbar, um einen rationellen Umgang mit allem Schriftlichem zu gewährleisten.

Vierzehn praktische Ratschläge, um zu einer noch produktiveren Ablage zu kommen:

1. Nutzen Sie Ihren Papierkorb! Ablegen heißt zunächst einmal wegwerfen!

2. Häufen Sie niemals Unterlagen an. Arbeiten Sie sie zügig auf, möglichst blockweise.

3. Neueste Informationen immer gut ins Blickfeld rücken.

4. Kopie der Antwort stets gleich an den Brief heften (mit Heft- und nicht Büroklammern!).

5. Achten Sie auf deutliche und auffällige Kennzeichnung von Hängemäppchen oder Ordnern (mit Farben, großen Kennziffern, bestimmten Zeichen), um Erkennen und Zugriff zu erleichtern.

6. Füllen Sie Ihre Hängeregistratur nicht zu dicht; etwas Luft erleichtert stets den Zugriff zu den Unterlagen.

7. Ordnen Sie Ihre Korrespondenz nicht nach Datum, sondern nach Vorgängen/Sachgebieten.

8. Lassen Sie sich von Ihrem Anwalt, Notar, Steuerberater darüber informieren, welche Unterlagen unbedingt aufzubewahren sind.

9. Die einzelnen Hefter oder Mäppchen sollten nicht zu sehr anschwellen; bei mehr als 15 Schriftstücken empfiehlt sich Aufteilung bzw. Neuanlage.

10. Vermerken Sie auf den Heftern stets das Ablagedatum, eine eventuelle Ablauffrist und gegebenenfalls das Abschlußdatum.

11. Falten Sie zu große Blätter so, daß der Inhalt klar erfaßbar ist.

12. Wenn Sie einen Hefter/ein Hängemäppchen jemandem geben, sollten Sie ein Entnahmeblatt nach folgendem Muster an dessen Platz tun:

ENTNAHME

Stichwort: ....

Entnommen durch/für: ....

Entnommen am: ....

Vereinbarter Rückgabetermin: ....

13. Prägen Sie sich, um den Zeitaufwand für das Suchen zu vermindern, das Alphabet von rückwärts ein - beginnend mit Z.

22 - Erhöhen Sie Ihre Produktivität durch Ihr Ablagesystem!

14. Denken Sie stets daran: Jedes Ding an seinen Platz, und für jedes Ding einen festen Platz! Lassen Sie nicht zu, daß sich Unterlagen auf Ihrem Schreibtisch häufen oder in den Sortierkörben.

Wie sagen doch die Amerikaner:

> **"Don't pile up, file up!"**

Also: "Nicht aufstapeln, sondern ablegen!"

Sie werden bald feststellen, daß die Kunst der richtigen Ablage sich als äußerst nützlich für Sie erweisen wird.

Und das, was Sie in diesem Kapitel gelernt haben, wird Sie oder Ihre Sekretärin dazu bringen, in erheblichem Umfang Unterlagen, Schriftstücke, Artikel, Berichte und Aktennotizen auszusondern, die entbehrlich sind, oder sie von vornherein zu vermeiden.

Nun aber stehen Sie vor einem Abschnitt, der entscheidend ist für Ihren Erfolg oder Mißerfolg - der Entscheidungsfindung.

Diese entscheidende Stufe bewältigen eingefuchste und erfolgsgewohnte Manager mit einer oft verblüffenden Mühelosigkeit. Andere wiederum, die sich abrackern, haben Schwierigkeiten und Mühen damit, die nicht weniger verblüffen. Es ist paradox - ihr Aufwand, zu einer Entscheidung zu kommen, ist zwei- und dreimal so hoch, ja gar zehn- oder fünfzigmal, und dennoch scheitern sie oder treffen die falsche Entscheidung.

Wie können auch Sie es lernen, so zu entscheiden wie die Spitzenmanager? Folgen Sie mir zum nächsten Kapitel, und Sie lernen es ganz bestimmt ...

> Einen festen Platz für jedes Ding,
> und jedes Ding an seinen Platz!

Persönliche Anmerkungen:

Kapitel 23

Entscheiden Sie schneller - und richtig!

Erhöhen Sie Ihren Erfolgsprozentsatz!

Im zweiten Teil dieses Lehrgangs haben wir uns mit den Hauptquellen der Zeitvergeudung befaßt, denen Sie im Berufs-, Privat- und Gesellschaftsleben begegnen. Aber dieser Lehrgang wäre nicht vollständig, wenn wir uns nicht gründlich mit einem der wesentlichsten Aspekte des richtigen Umgangs mit der Zeit beschäftigen würden: dem Treffen von Entscheidungen.

Jede Woche verbringen wir Stunden damit, Entscheidungen zu treffen. Für manche Menschen ist das eine recht einfache Sache, und Entscheidungen erfordern bei ihnen nicht übermäßig viel Zeit.

Für andere dagegen ist das Fällen einer Entscheidung - vor allem, wenn es dabei um eine schwerwiegende Entscheidung geht, bei der viele Gesichtspunkte und bedeutende Folgen zu berücksichtigen sind - ein langer, mühevoller, wenn nicht sogar schmerzlicher Vorgang.

Wenn auch Sie zu jenen gehören, die die Argumente rastlos hin und her wälzen, stundenlang das Für und Wider abwägen, dann werden die beiden folgenden Kapitel eine unerläßliche Lektüre für Sie sein.

Aber selbst jene, die sich bereits als effektive "Entscheider" betrachten dürfen, werden Nutzen aus diesen beiden Kapiteln ziehen. Denn sie werden lernen, ihre Methoden zu verfeinern, sie mit jene von Experten vergleichen können und lernen, ihren Erfolgsprozentsatz in bezug auf das Fällen von Entscheidungen erheblich zu erhöhen.

Sechs Wochen jährlich für das Fällen von Entscheidungen?

Jeden Tag müssen Sie Dutzende von Entscheidungen fällen, sowohl im beruflichen wie persönlichen und familiären Bereich.

Manche dieser Entscheidungen sind nicht sehr wichtig.

So etwa, wenn Sie sich überlegen, in welches Restaurant Sie zum Essen gehen sollen. Trotzdem werden Sie, wenn Sie Ihren Sinn für richtige Zeiteinteilung inzwischen geschärft und sich das Kapitel über Besprechungen gut eingeprägt haben, sich auch diese Frage gut überlegen.

Andere Entscheidungen sind dagegen sehr viel wichtiger.

Sollten Sie zum Beispiel ein bestimmtes Stellenangebot annehmen, das auf den ersten Blick sehr verlockend wirkt? Sollten Sie jenen Bewerber einstellen, der mit seinem Lebenslauf so beeindruckt?

Schließlich gibt es Entscheidungen, die über einen ganzen Lebensweg bestimmen können. Selbst wenn wir heute, wie es Alvin Toffler in seinem Buch "Der Zukunftsschock" darlegt, im Gegensatz zu den Generationen vor uns gezwungen sein könnten, im Laufe unseres Lebens nicht nur den Arbeitsplatz, sondern sogar den Beruf fünf- bis sechsmal zu wechseln, ist die Berufswahl für einen jungen Menschen noch immer eine Lebensentscheidung - und damit von ganz enormer Bedeutung.

Wenn Sie sich entscheiden, Arzt, Ingenieur, Buchhalter, Rechtsanwalt oder Informatiker zu werden, legen Sie damit einen wesentlichen Teil Ihres Lebens fest. Und gleiches gilt, wenn Sie sich dafür entscheiden, zu heiraten oder Kinder haben zu wollen ...

Ihr ganzes Leben hindurch stehen Sie Tag für Tag und

ununterbrochen vor dem Zwang zu Entscheidungen von oft sehr unterschiedlichem Gewicht. Man kann sicher von täglich etwa hundert Entscheidungen ausgehen, wenn nicht sogar von noch mehr.

Jede dieser Entscheidungen erfordert Zeit. Manche viel, andere wieder weniger, aber insgesamt verbringen Sie oft mehr als eine Stunde täglich damit, Entscheidungen abzuwägen und zu treffen. Wenn man diese Zeit zusammenrechnet, dann gibt das volle sechs Wochen jährlich, die Sie nur für Entscheidungen brauchen!

Sie verwenden vielleicht andere Ausdrücke dafür: Sie denken nach, Sie zerbrechen sich den Kopf, Sie zögern, Sie erwägen, Sie suchen nach einer Lösung (oder auch nach Ausflüchten), Sie überlegen, Sie wägen das Für und Wider ab, Sie fragen sich, was zu tun ist ...

Manchmal verschleppen Sie auch einfach - Sie schieben die Entscheidung auf die lange Bank. Sich einen Aufschub einzuräumen, kann manchmal vernünftig sein. Aber es kann sich eben auch als kostspielig erweisen. Und wenn man seine Entscheidungen regelmäßig auf die lange Bank schiebt, wird das ganz einfach zu einer Katastrophe.

Im folgenden nun ein paar Empfehlungen, die Ihnen im Hinblick auf die Entscheidungsfindung hilfreich sein können.

Sollte man rasch entscheiden?

Man behauptet, daß erfolgreiche Menschen sich durch die Fähigkeit zu raschen Entscheidungen auszeichnen.

Aber man darf nicht glauben, daß eine _schnelle_ Entscheidung auch schon gleichzusetzen ist mit einer _richtigen_ Entscheidung!

Denken Sie, um sich diesen entscheidenden Unterschied zu verdeutlichen, an einen Schachgroßmeister.
Wenn er gegen Sie spielt oder vielleicht sogar gegen eine ganze Reihe von Spielern gleichzeitig, die auch in etwa Ihr Format haben, macht er jeden Zug (fällt also jede Entscheidung) mit verblüffender Schnelligkeit.

Versuchen Sie einmal, es ihm nachzutun!

Was wird dann wohl geschehen Ihrer Meinung nach?

Sie werden noch viel schneller geschlagen sein und werden kaum Widerstand geboten haben ...

Die Geschwindigkeit eines Schachgroßmeisters nachmachen zu wollen, erweist sich also als Fehler. Denn dieser kann deshalb so rasch seine Züge machen, weil er alle Stellungen wenigstens schon einmal kennengelernt hat, die sich beim Spiel gegen Sie ergeben könnten.

Er hat die jeweils richtigen Züge bereits fertig im Kopf, und daher braucht er zu ihrer Ausführung so wenig Zeit. Aber seine eigentliche Zeit des Nachdenkens sind die vielen Jahre des Überlegens und der Erfahrung, die schon hinter ihm liegen.

Begehen Sie also nicht derartige Fehler.

Natürlich ist es wieder eine ganz andere Sache, wenn dieser Schachgroßmeister gegen einen Spieler seines Ranges antritt. Da kann es durchaus eine Stunde dauern, wenn nicht länger, bis er auch nur einen einzigen Zug macht ...

Geschwindigkeit ist nicht der wichtigste Maßstab

Wenn ihr auch die meisten Autoren hohe Bedeutung beimessen, ist doch die Geschwindigkeit nicht der wichtigste Maßstab.

Im allgemeinen braucht man einfach Zeit, um wichtige Entscheidungen zu treffen.

Aber oft genug nehmen wir uns auch zu viel Zeit dafür. Unsere Zweifel ziehen sich hin und führen zur Besorgnis. -

Warum?

Weil der Prozeß der Entscheidungsfindung - und das gilt selbst für die hohe Ebene der Hierarchie - etwas Vages und Intuitives bleibt.

Das Zeitmanagementsystem will Ihnen eine Technik der Entscheidung vermitteln, die Ihre bisherigen Methoden verfeinern will, damit Sie schneller die richtigen Entscheidungen treffen. Sie können dabei Zeit gewinnen und werden das Gefühl der Bedrängnis vermeiden, das Sie unweigerlich befällt, wenn Sie Ihre Entscheidung bis zur letzten Minute aufschieben.

Sie werden dadurch auch den Menschen Ihrer Umgebung zu Zeitgewinn verhelfen, denn diese müssen nun weniger lang darauf warten, daß Sie Ihre Entscheidungen fällen.

Ihr Erfolg hängt von Ihrer Fähigkeit ab, richtig zu entscheiden!

Natürlich kann kein Mensch für sich in Anspruch nehmen, immer die richtige Entscheidung zu fällen. Selbst die Tüchtigsten machen Fehler ...

Aber dennoch hängt Ihr Erfolg von Ihrer Fähigkeit ab, zumindest so oft wie möglich die richtige Entscheidung zu treffen. Und diese Fähigkeit möchte das Zeitmanagementsystem bei Ihnen fördern.

Wenn Sie den falschen Geschäftsführer engagieren oder einen Berater, der nichts taugt oder einen "Experten", der keiner ist, dann müssen Sie sehr rasch andere Entscheidungen fällen - und diesmal die richtigen, wenn Sie nicht das Scheitern riskieren wollen!

Aber könnte es vielleicht sein, daß Sie am Nutzen dieses Kapitels für Sie zweifeln, weil Sie sich bereits für einen "guten Entscheider" halten?

Wie läßt sich feststellen, ob Ihre Fähigkeit zur Entscheidung bereits gut entwickelt ist? Machen Sie bitte mit und unterziehen Sie sich dem folgenden Test:

Zutreffendes ankreuzen

O 1. Grübeln Sie auch dann noch nach, wenn Sie bereits eine Entscheidung gefällt haben?

O 2. Beeinflußt die Meinung anderer übermäßig Ihre Entscheidungen?

O 3. Sind Sie ein Zauderer, wenn es um Entscheidungen geht?

O 4. Neigen Sie dazu, sich sehr viel Zeit zu lassen, wenn die Entscheidung schwierig ist?

O 5. Haben Sie die lästige Angewohnheit, beim Fällen Ihrer Entscheidungen zuviel Gewicht auf Details zu legen?

O 6. Verwenden Sie zuviel Energie auf Entscheidungen, die das im Grunde nicht rechtfertigen?

O 7. Lassen Sie oft andere an Ihrer Stelle entscheiden?

O 8. Haben Sie schon Chancen oder mögliche Beförderungen verpaßt, weil Sie sich nicht entscheiden konnten?

O 9. Wollen Sie stets erst über alle Fakten und Informationen verfügen, ehe Sie entscheiden, obwohl theoretisch feststeht, daß das gar nicht möglich ist?

Wenn Sie das meiste angekreuzt haben, kann ich Ihnen die sorgfältige Lektüre der Abschnitte über die Entscheidungsfindung nur ganz dringend anraten. Aber auch wenn Sie fast nichts angekreuzt haben, sollten Sie nicht gleich zum dritten Teil dieses Lehrgangs übergehen. Sie sollten dann nämlich daran denken, daß erfolgreiche Menschen stets bestrebt sind, ihre Methoden zu verbessern, und niemals annehmen, daß sie nichts mehr lernen könnten. Ihr Erfolg kommt also sicher nicht von ungefähr ...

Bauen Sie Ihre Sperren ab!

Wenn man eine Entscheidung ständig herauszögert oder stets von Zweifeln gequält wird, ob man nun auch die richtige Entscheidung getroffen hat, dann liegt das oft daran, daß man, ohne sich dessen bewußt zu sein, unter gewissen Sperren leidet.

Wenn Sie sich erst einmal dieser Sperren bewußt geworden sind, haben Sie damit schon einen großen Schritt zu ihrer Überwindung getan, denn Sie kennen nun den Feind!

Jetzt können Sie ihn leichter besiegen. (Vergleichen Sie dazu auch Kapitel 11 über das Aufschieben.)

Ehe Sie Ihre Sperren erforschen, und immer dann, wenn es Ihnen Schwierigkeiten macht, eine Entscheidung zu fällen, sollten Sie sich die drei folgenden Fragen stellen:

1. "Haben Sie überhaupt Lust, eine Entscheidung zu fällen?"

2. "Reichen Ihre (finanziellen, technischen, personellen) Mittel aus, um dieses Problem zu lösen?"

3. "Sind Sie für diese Entscheidung tatsächlich zuständig?"

Die zehn Hauptsperren gegen das Fällen einer Entscheidung

1. Sie sind nicht "auf Empfang" gegenüber Ihren Gefühlen und ihrer Intuition.

2. Es mangelt Ihnen an echten Prioritäten. Sie wissen eigentlich nicht, warum Sie jetzt diese Entscheidung fällen sollen, weil Sie sich nicht (oder ungenügend, nur verschwommen) in eine weitere Perspektive einfügt.

3. Es fehlt Ihnen an Selbstvertrauen.

4. Sie sind überanstrengt, wenn nicht sogar schon depressiv.

5. Sie fürchten übermäßig das Mißlingen oder die Mißbilligung oder mehr oder weniger das Urteil anderer.

6. Sie sind ein Perfektionist. Sie werden niemals alle Voraussetzungen zusammenhaben, die Sie angeblich für Ihre Entscheidungen brauchen.

7. Sie haben den Eindruck, nicht genug Zeit für Ihre Entscheidung zu haben.

8. Sie haben das Gefühl, daß die Dinge schon von allein ins Lot kommen werden, auch wenn Sie keine Entscheidung fällen. Sie sind "über-optimistisch".

9. Sie haben den Eindruck, daß Sie einen jeden, den Sie kennen, erst fragen müßten, ehe Sie eine Entscheidung treffen können. Sie fürchten sich vor einer unpopulären Entscheidung, die nicht jedem gefallen könnte.

10. Sie glauben, daß Sie - nachdem Sie die Entscheidung zurückgestellt haben und auch mit einigen anderen Entscheidungen bereits im Rückstand sind - die Situation ohnehin nicht mehr in den Griff bekommen können.

ÜBUNG

Erforschen Sie sich gründlich und erstellen Sie im folgenden eine Liste Ihrer hauptsächlichsten Sperren. Ehrlichkeit gegen sich selbst ist ein Haupterfordernis, wenn Sie sich verbessern wollen.

Denken Sie daran, daß diese Übungen nur Sie selbst etwas angehen und daß Sie der einzige sind, der sie zu sehen bekommt. Machen Sie sie also gründlich und ehrlich. Sie können dabei nur gewinnen und haben nichts zu verlieren ...

Denken Sie auch daran, daß diese Sperren oder Blockaden oft gruppenweise auftreten, als ob sie sich gegenseitig anziehen würden ... Schämen Sie sich aber Ihrer Sperren nicht. Im allgemeinen sind Sie nicht einmal verantwortlich dafür. Sie gehen oft bis in Ihre Kindheit zurück, wo Sie die meisten Ereignisse erlebten, ohne sie irgendwie beeinflussen zu können ...

23 - Die zehn Hauptsperren gegen das Fällen einer Entscheidung

Denken Sie immer daran, daß der Adel des Menschen nicht in seiner Vollkommenheit liegt, sondern in seiner Fähigkeit, sich zu vervollkommnen!

Das beste Mittel gegen Sperren

Was ist das beste Mittel, um gegen derartige Sperren anzugehen, so verschieden sie auch sein mögen? - Gibt es ein Wundermittel dagegen?

Glücklicherweise ja! Und dieses Allheilmittel, das unfehlbar wirkt, ist ganz einfach - Aktivität!

Packen Sie's an!

Um diese Sperren zu überwinden, mit den Ausflüchten Schluß zu machen, müssen Sie einfach so tun, als gebe es diese Sperren gar nicht. Überwinden Sie Ihre Furcht!

Tun Sie, als hätten Sie keine Furcht. Und dann werden Sie schließlich auch wirklich keine Furcht mehr haben. Sie werden neue Gewohnheiten entwickeln und eine verbesserte Entscheidungsfähigkeit gewinnen.

Hören Sie auf damit, die Dinge im Kopf hin und her zu wenden!

Vielleicht haben auch Sie, wie so viele Ihrer Kollegen und Bekannten, die lästige Angewohnheit, über Ihre Entscheidungen lange nachzugrübeln und die Dinge im Kopf zu wälzen, ohne etwas zu Papier zu bringen.

Ich weiß durchaus, daß Mozart die Gewohnheit hatte, die meisten seiner Werke im Kopf zu entwerfen, und zwar so vollständig, daß er sie dann ohne jede Korrektur komplett niederschreiben konnte (er "kopierte" sie sozusagen nur noch), womit er seine Zeitgenossen in Erstaunen versetzte und den Neid seines unglücklichen Rivalen Salieri erregte ...

Aber es ist nun einmal nicht jeder Mozart. Die meisten unserer abstrakten Überlegungen bleiben fruchtlos, solange wir uns nicht die Mühe machen, sie zu Papier zu bringen.

23 - Hören Sie auf damit, die Dinge im Kopf hin und her zu wenden!

Oft genug genügt es, dies zu tun, um sich enorme Zeitverluste und schreckliche Ängste zu ersparen. Wenn man die Dinge schriftlich niederlegt, zumindest in groben Zügen, und dabei die Folgen einer Entscheidung bewertet, vermeidet man es manchmal, zehn Stunden damit zu verbringen, endlich zu dieser Entscheidung zu kommen, die dann einer Sache gilt, die gar nicht wirklich wichtig ist.

Man sollte also nicht, um wieder einmal die Amerikaner zu zitieren, zweihundert Dollar aufwenden (also deren Gegenwert an Zeit), für eine Entscheidung um zwei Dollar!

Ist Ihnen das nicht vielleicht auch schon passiert?

Ja? Nun - um Ihnen bei der Vermeidung von Zeitverlusten durch lange und nutzlose Überlegungen zu helfen, haben wir Fragebögen entworfen, die Ihnen eine Bewertung vor der Entscheidung erleichtern.

Hilfsfragebogen zur Entscheidung Nr. 1

	Ja	Nein
Diese Entscheidung:		
1. Wird zu Einnahme führen		
2. Wird die Produktivität erhöhen		
3. Wird die Qualität verbessern		
4. Wird der Nutzung der Kompetenz meiner Mitarbeiter dienen		
5. Wird der effektiven Nutzung der Ausstattung dienen		

23 - Hören Sie auf damit, die Dinge im Kopf hin und her zu wenden!

	Ja	Nein
6. Wird die Sicherheit verbessern		
7. Wird die Kosten verringern		
8. Wird die Verschwendung verringern		
9. Wird die Arbeitsmoral steigern		
10. Wird die Arbeitsmethoden im Büro verbessern		

Was werden Sie aufgrund der Antworten:
Selbst machen?

....
....
....
....

Delegieren?

....
....
....
....
....

Seinlassen?

....
....
....
....
....

23 - Hören Sie auf damit, die Dinge im Kopf hin und her zu wenden!

Hilfsfragebogen zur Entscheidung Nr. 2

Was kann ich gewinnen, wenn ich mich zu dieser Entscheidung
entschließe?
....
....
....

Was kann ich verlieren?
....
....
....

Wann wird der aufgewendete Einsatz oder das investierte Geld
zurückfließen?
....

Wie stehen realistisch die Chancen für Gewinne oder Einsparungen?
....
....
....

Wie wird sich diese Entscheidung auf die Arbeitsmoral des Personals
auswirken?
....
....

Wie wird sich diese Entscheidung auf die Produktivität der Abteilung
auswirken?
....
....
....
....

Wird diese Entscheidung den "cash flow" (den Zugang an liquiden
Mitteln) meiner Firma beeinflussen?
....
....
....

23 - Hören Sie damit auf, die Dinge im Kopf hin und her zu wenden!

Inwiefern könnte diese Entscheidung das Image der Firma beeinträchtigen?
....
....

Inwiefern könnte diese Entscheidung das Image oder Ansehen der Firma steigern?
....
....
....

Welches sind die langfristigen Auswirkungen dieser Entscheidung?
....
....
....

Vergleichen Sie die Folgen einer positiven mit denen einer negativen Entscheidung. Ziehen Sie hier Ihr Resümee der Situation.
....
....
....
....
....

Schlußfolgerung

Meine Entscheidung ist: _____

Ich hoffe, daß Sie von nun an Ihre Entscheidungen leichter fällen können: schneller, rationeller und mit guten Erfolgsaussichten. Aber wie wird man nun zum wahren "großen Entscheider"? Zum erfolgreichen Entscheider? Sie werden es bald wissen...

Packen Sie's an!

Kapitel 24

Die Geheimnisse der großen Entscheider

Geheimnisse, Tricks und persönliche Techniken

Zunächst einmal will ich Ihnen verraten, wie ich persönlich, sozusagen als Professioneller, meine Entscheidungen treffe.

Hier also erst einmal meine eigenen kleinen Geheimnisse, Tricks und persönlichen Techniken, die weitgehend beeinflußt sind von jenen der großen Entscheider.

1. Ich stelle mir stets die Frage, deren Beantwortung nur scheinbar völlig klar ist, sich aber bei näherer Überlegung oft als keineswegs so eindeutig erweist:

"Was ist Gegenstand - oder Objekt - meiner Entscheidung?"

Ich zwinge mich, das Problem so klar wie nur möglich zu umreißen.

Ich bemühe mich, den jeweiligen Einsatz genau zu bestimmen. Zu diesem Zweck mache ich mir stets meine Prioritäten intensiv bewußt.

Und ich frage mich immer, selbst bei weniger wichtigen Entscheidungen:

"Inwiefern bringt mich das meinem Ziel näher?"

"Entspricht das meinen Prioritäten und Zielsetzungen - oder läuft es ihnen zuwider?"

Wenn es mich nicht meinem Ziel näherbringt (oder doch jedenfalls nicht in ausreichendem Maße, um meinen Aufwand an Zeit, Geld und Energie zu rechtfertigen), ist meine Antwort schnell fertig:

Meine Zeit ist zu wertvoll, meine Ziele sind zu wichtig, um irgend etwas Unnötiges zu machen!

Ich rufe mir einen meiner bevorzugten Merksätze ins Gedächtnis:

> **"Alles, was nicht unerläßlich ist, ist unnötig!"**

2. Ich schreibe mir systematisch alle Angelegenheiten, die zur Überlegung anstehen, in ein großes Heft. (Wenn sie nicht vorab erfolgreich die Probe der obigen Fragen bestanden haben, finden sie keine Aufnahme!)

Ich beschreibe dabei stets nur die rechte Seite. Die linke halte ich frei für meine Überlegungen und Anmerkungen, die sich während der Beschäftigung damit ergeben.

Ich notiere niemals zwei zur Überlegung anstehende Punkte auf der gleichen Seite, ausgenommen die drei ersten Seiten, die mir als Vormerk für Grundüberlegungen dienen.

Mit diesen locker aneinandergereihten Themen beschäftige ich mich dann später einmal. Ich habe dabei stets Pascals Bemerkung im Kopf:

"Ich hatte eine Idee. Ich habe sie vergessen. Ich habe mir aufgeschrieben, daß ich sie vergessen habe."

Ich weiß, daß auch mir Vergeßlichkeit nicht erspart bleibt. Gedanken sind vorübergehend, Schriftliches aber bleibend ...

24 - Geheimnisse, Tricks und persönliche Techniken

3. Ich versuche, so genau wie nur irgend möglich das Problem zu definieren, um zu wissen, worüber ich eigentlich tatsächlich nachdenken muß. Ich sage mir, daß ein klar definiertes Problem schon halb gelöst ist.

Bei dieser Problemdefinition arbeite ich mit einer Wichtigkeits- und einer Dringlichkeitsskala.

Für die Wichtigkeit genügen drei Stufen:

A. <u>Sehr wichtig</u>
B. <u>Von mittlerer Wichtigkeit</u>
C. <u>Weniger wichtig</u>

Ich habe festgestellt, daß mehr Gruppen und eine feinere Einteilung nur zu Zeitverlusten führen.

Für die Dringlichkeit reichen zwei Kategorien:

A. Dringend
B. Kann warten

Wenn es eine von außen gesetzte Frist gibt, innerhalb der ich meine Entscheidung treffen muß, versäume ich nicht, mir das zu notieren. Wenn ich versprochen habe, bis zu einem bestimmten Termin meine Entscheidung zu fällen, notiere ich mir auch das.

Wenn es keinen von außen gesetzten Termin für meine Entscheidung gibt, setze ich mir selbst einen.

Ich überprüfe meinen Terminkalender und setze zwei verschiedene Daten fest. Das eine, bis zu dem ich alle für eine Entscheidung notwendigen Fakten beieinanderhaben möchte (was gegebenenfalls eine Beratung einschließt), das andere, bis zu dem die eigentliche Entscheidung gefällt sein muß.

Wenn mir bei näherer Betrachtung klar wird, daß eine Entscheidung nicht innerhalb einer bestimmten Frist getroffen werden muß, stelle ich mir die Frage, ob sie überhaupt nötig ist - und streiche sie dann aus meinen Heft.

24 - Geheimnisse, Tricks und persönliche Techniken

Diese Strenge ist sehr gesund. Wenn Sie Schwierigkeiten mit Entscheidungen haben, wenn Sie Monate oder gar Jahre damit verbringen und dann keine Notwendigkeit dafür sehen, sich eine bestimmte Frist für das Fällen einer Entscheidung zu setzen, dann weist das darauf hin, daß diese Entscheidung - ohne daß Ihnen das jemals bewußt geworden wäre! - eigentlich gar nicht wichtig für Sie ist!

4. Ich weiß, daß die Fähigkeit zu rascher Entscheidung eine wichtige Eigenschaft ist, aber auch, daß Hast ein schlechter Ratgeber ist.

In der Vergangenheit habe ich gelegentlich ohne große Überlegung gehandelt und mich auf meine Impulse verlassen - das hat sich oft als Fehler erwiesen.

Ich versuche, den Schwung spontaner Anstöße nicht zu unterdrücken, aber habe doch gelernt, ihnen zu mißtrauen.

Ich bin bemüht, diesen Schwung zu nutzen als wertvolle Antriebskraft, versuche mir aber dabei immer deutlich zu machen, daß er eben nicht allein ausschlaggebend sein darf: daneben müssen Fakten stehen, Überlegungen, Analysen.

Um meine natürliche Ungeduld zu zügeln angesichts gewisser verlockender Gelegenheiten, verordne ich mir stets eine Spanne reiflicher Überlegung.

Natürlich weiß ich, daß man nichts auf den nächsten Tag verschieben soll. Aber trotzdem überschlafe ich die Sache erst noch einmal, bevor ich mich endgültig entscheide. Die Nacht bringt oft Rat! Ich konnte mich immer wieder davon überzeugen, gerade bei wichtigen Entscheidungen.

Während des "Reifeprozesses" füttere ich, wenn die Frist zur Überlegung kurz ist, mein Unterbewußtsein so rasch wie möglich mit möglichst vielen Fakten und dem Ergebnis von Beratungen.

Ich weiß, daß es schließlich und endlich mein "Feeling" ist, meine Intuition, die meine Entscheidung bestimmt, denn weder Fakten noch Zahlen sprechen für sich allein, für sich selbst!

Den Ausschlag geben vielmehr immer meine Auslegung, meine Bewertung von Zahlen und Fakten - jedenfalls dann, wenn nicht mein Chef oder mein Aufsichtsrat entscheidet!

5. Ich mache die Entscheidung zu meiner persönlichen Angelegenheit und stehe dazu. Wenn es meine Entscheidung ist, darf kein anderer dafür geradestehen müssen, und ich darf mich auch nicht hinter einer scheinbaren Neutralität verstecken wollen, bis die Ergebnisse meiner Entscheidung sich zeigen.

Ich stehe von Anfang an zu meiner Verantwortung dafür und erwarte die gleiche Haltung auch von meinen Mitarbeitern. Dennoch decke ich immer Untergebene gegenüber meinen Vorgesetzten im Bewußtsein, daß ich voll verantwortlich bin für Erfolge wie Mißerfolg des Teams, das nach meinen Weisungen arbeitet.

6. Ich muß einsehen, daß die Voraussetzungen niemals ideal für das Fällen einer Entscheidung sind und daß ich niemals wirklich alle Fakten zusammentragen kann, die für meine Entscheidung notwendig sind.

Wenn ich zu lange zögere, muß mir klar sein, daß die Bedingungen schon nicht mehr völlig die gleichen sind und daß einige meiner Informationen oder Hilfsmittel schon wieder überholt sind.

7. Ich schätze Mißerfolge nicht, muß mir aber im klaren darüber sein, daß sie ein natürlicher Bestandteil des Berufsrisikos sind. Ich bemühe mich also, sie von vornherein zu akzeptieren und nützliche Erfahrungen daraus zu ziehen.

8. Ich bin mir dessen bewußt, daß keine Entscheidung völlig und ausschließlich verstandesmäßig getroffen wird. Meine Gefühle wirken immer irgendwie bei Entscheidungen mit.

Ich leugne das nicht und stehe zu meiner Emotionalität. Aber wenn ich die Gefahr sehe, daß ihr Einfluß zu stark wird, vertage ich meine Entscheidung.

Ich überprüfe dann mit kühlem Kopf meine Entscheidung etwas später und versuche, zu <u>agieren</u> und nicht auf Situationen zu <u>reagieren</u>.

9. Wenn ich noch Zweifel habe, warte ich ab.

Dennoch bin ich dabei bemüht, der Gefahr der Verschleppung zu entgehen.

Ich achte auf meine inneren Empfindungen, nehme meine persönliche Intuition ernst, vergewaltige mich nicht selbst. Ich weiß auch, daß ich keine gute Entscheidung fälle, wenn ich das voreilig tue.

Wenn ich noch unsicher bin, werde ich weder mich selbst noch andere in dieser Angelegenheit motivieren können.

10. Wenn die Entscheidung sehr komplex scheint und nach jeder Seite hin zahlreiche Facetten und Nuancen zu berücksichtigen sind, kann ich inzwischen so leicht entscheiden, daß mich das selbst immer wieder überrascht.

Ich frage mich dann nämlich immer einfach:

"Wenn ich nur mit Ja oder Nein antworten könnte, ohne Berücksichtigung besonderer Umstände oder Nuancen zu einem schlichten Ja oder Nein gezwungen wäre - wie würde mein Urteil lauten?"

Dann billige ich mir nicht mehr als fünf Sekunden für meine Entscheidung zu:

Ein klares Ja, ein klares Nein.

Das erhellt schlagartig die kompliziertesten Angelegenheiten. Details machen uns blind und nehmen übergroßes Gewicht an.

11. Ich mache mich zum "advocatus diaboli", um meine Überlegungen zu beschleunigen. Ich tue so, als ob ich heftiger Gegner einer bestimmten Entscheidung sei, und ziehe unbarmherzig dagegen vom Leder.

Ich bemühe mich dabei, so überzeugend wie möglich zu sein. Wenn ich mich selbst vom Gegenteil überzeuge, sind die Chancen groß, daß ich nein sage.

12. Ich nehme stets Rücksicht auf meinen persönlichen Rhythmus. Wenn ich erschöpft bin oder spüre, daß meine intellektuelle Leistungskurve auf einem Tiefpunkt oder jedenfalls nicht auf hohem Niveau ist, vertage ich ganz systematisch jede wichtige Entscheidung, weil ich weiß, daß die Gefahr, eine schlechte Entscheidung zu treffen, groß ist.

Wenn ich sie in einer solchen Situation trotzdem fälle, wird mich Ungewißheit quälen, denn ich weiß, daß ich sie so nicht getroffen hätte, wenn ich in Höchstform gewesen wäre.

13. Ich nutze die Erfahrungen anderer, und zwar ganz systematisch. Dabei bemühe ich mich jedoch, zwischen Meinungen und Tatsachen zu unterscheiden.

Ich wende mich gern an Fachleute von ganz verschiedener Herkunft, aus unterschiedlichen Kulturen und Schichten, um eine möglichst breite Palette von Meinungen zu hören. Ich notiere mir ganz regelmäßig die Meinungen der Betreffenden, und mit der Zeit und je nach Ablauf der Ereignisse gelingt es mir, ihnen eine bestimmte "Gewichtung" zuzumessen.

Ich lerne dabei, mich eher auf jenen zu verlassen, der mir wiederholt gute Ratschläge gegeben hat, und gegenüber jenem mißtrauisch zu sein (oder ihn gleich gar nicht mehr zu fragen), der mir schlecht geraten hat (auch wenn ich mich daran vielleicht gar nicht gehalten habe).

Mit Referenzen halte ich das ebenso. Ich notiere mir den Namen des- oder derjenigen, der oder die mir jemanden empfohlen hat, und mit der Zeit entwickle ich meine "Gewichtung" dafür ...

14. Wann immer das nur möglich ist, und vor allem dann, wenn sich gleichartige Entscheidungen wiederholen, benutze ich eine Checkliste (oder entwickle sie). Ich stelle mir die immer gleichen Grundfragen:

Wer, was, wo, wann, wie, warum? Was kostet das, was bringt es ein?

15. Wenn ich zu lange über einer Entscheidung brüte, dann stelle ich mir einige gezielte Fragen:

a) Fehlt es mir vielleicht an einigen wesentlichen Fakten?

b) Sollte ich nicht besser einen Spezialisten fragen?

c) Ist diese Entschlußlosigkeit nicht eher ein Hinweis darauf, daß ich die Sache seinlassen sollte?

16. Ich weiß, daß ich niemals die "absolute logische Gewißheit" erreichen kann, daß meine Entscheidung richtig ist, aber zu diesem Risiko stehe ich, damit lebe ich. Das hindert mich nicht, voranzugehen, und dieses Risiko muß ich deshalb nicht als "echte Sorge" einstufen.

17. Ich bin bemüht, noch bevor die Dinge in Gang kommen, den Einsatz zu bewerten, den eine Entscheidung in bezug auf Energie, Geld, Zeit, Sorgen und Probleme bedeutet.

Ich greife dabei auf vergangene Entscheidungen zurück, und ich vergesse nie, daß bei jedem Vorhaben meist viel mehr Probleme und Schwierigkeiten auftreten, als man angenommen hat. Dabei bin ich weder Pessimist noch Defätist (vergleiche dazu auch das Gesetz von Murphy).

Es fehlt mir weder an Energie noch an Hilfsmitteln, aber es gibt stets die natürliche Trägheit, den Widerstand der Dinge und der Menschen gegenüber einem neuen Vorhaben.

Ich weiß, daß meine Energie zwar erheblich ist, aber doch auch begrenzt, und daß ich meine Kräfte einteilen und vor Zersplitterung bewahren muß.

Daher bemühe ich mich, festzustellen, was eine bestimmte Entscheidung mich tatsächlich kosten wird, und ich ziehe das in Rechnung, bevor ich ja sage.

Ich versäume auch nicht, nein zu sagen. Und ich habe dabei nicht Angst davor, jemanden zu verletzen oder die Achtung anderer zu verlieren.

18. Schließlich mein letzter Rat, aber keineswegs der unwesentlichste - ich stelle ihn vielmehr an die letzte Stelle, weil ich ihn vielleicht sogar für den wichtigsten halte:

Ich rede von der Intuition.

Natürlich ist sie mir nicht in jeder Lage nützlich. Aber immer dann, wenn alle Überlegungen ein Ja oder Nein offenlassen, kann meine Intuition mir helfen.

Ich habe sogar festgestellt, daß sie sich nur sehr selten irrt. Dagegen habe ich bemerken müssen, daß ich oft einen Fehler gemacht habe, wenn ich mich anders entschieden habe, als meine Intuition mir geraten sein ließ.

Warum habe ich mich überhaupt gegen meine Intuition entschieden? Weil ich nicht immer ihren wahren Wert erkannte.

Weil ich mich manchmal gegen meine Intuition entschieden habe, weil ich niemanden enttäuschen, niemanden verletzen wollte, weil ich Angst hatte, das zu sagen, was ich wirklich dachte.

Weil gelegentlich die Tatsachen, die Zahlen und die Ereignisse eine Entscheidung gegen meine Intuition stützen und weil ich wegen meiner Vernunft betonenden Erziehung es nicht wage, mich gegen einen verstandesmäßigen "Beweis" zu stellen.

Vielleicht sind Sie gegenüber Ihrer Intuition mißtrauisch.

Das ist nicht schlimm.

Es sollte aber nicht gleich bedeuten, daß Sie sie nicht nutzen.

Die Intuition kann viele Fehler vermeiden helfen

Was ist zu tun?

Gönnen Sie sich, wenn sie eine Entscheidung zu fällen haben, stets ein paar Minuten Verschnaufpause. Schließen Sie die Augen, entspannen Sie sich, lassen Sie alle das Problem betreffenden Dinge beiseite, und vertiefen Sie sich in Ihr Inneres - den größten Konferenzraum der Welt, den am besten ausgestatteten und den an Informationen reichsten.

Denken Sie stets daran, daß Ihr Unterbewußtsein niemals etwas vergißt, daß es alles speichert, was Sie jemals gelesen haben, gehört, erfahren, gelernt - seit Sie überhaupt leben. Das ist wahrlich nicht wenig! Und obendrein hat es vielleicht Informationen aufgenommen, die Ihnen völlig unbewußt waren, eben "unterbewußt" ...

Versetzen Sie sich also in innere Stille und fragen Sie sich dann ganz einfach, ob Sie nun mit einem Ja oder einem Nein die richtige Entscheidung treffen werden.

Sie werden immer mit einer Antwort rechnen können. Wenn sie nicht gleich erfolgt, dann wird das am nächsten Tag sein oder in der kommenden Woche, übrigens oft auf ganz unerwartete Weise.

Was soll man vor einer solchen Antwort tun?

Zunächst sollten Sie, da Sie sich ja auch nicht ausschließlich auf Ihre Intuition verlassen sollten, diese als eine Entscheidungshilfe neben anderen betrachten. Notieren Sie sich in Ihrem "Entscheidungsheft": meine Intuition rät mir zu diesem oder jenem.

Im Laufe der Zeit sollten Sie sich Rechenschaft darüber ablegen, ob Ihre Intuition sich als guter oder schlechter Ratgeber erwiesen hat.

Führen Sie richtiggehend Statistik darüber. Wenn sich dabei der Nutzen Ihrer Intuition erweist, sollten Sie sich in zunehmendem Maße darauf verlassen, ohne deshalb gleich andere Faktoren außer acht zu lassen.

Ihre Intuition wird Ihnen zu viel Zeitgewinn verhelfen, und sie kann Ihnen vor allem jene Sicherheit vermitteln, welche die reine Vernunft oft kaum zu geben vermag. Ich persönlich verlasse mich sehr stark darauf. Und wenn ich das noch öfter gemacht hätte, wären mir viele Fehlentscheidungen erspart geblieben.

24 - Die Intuition kann viele Fehler vermeiden helfen

> **Wie treffen Sie Ihre Entscheidungen? Scheuen Sie sich nicht, Zeit in die Analyse Ihres Entscheidungsprozesses zu investieren, denn wenn Sie erst einmal ein guter Entscheider geworden sind, werden Sie bestimmt auch ein großer Entscheider. Und Sie werden großartige Erfolge zu verzeichnen haben, die vielleicht Ihre Erwartungen weit übertreffen ...**

Jeder hat im allgemeinen eine recht genaue Methode zum Fällen von Entscheidungen, selbst wenn ihm diese gar nicht sehr bewußt ist. Machen Sie doch einmal die folgende Übung, bei der es darum geht, festzustellen, nach welcher Methode Sie eigentlich derzeit Ihre Entscheidungen treffen.

Tun Sie so, als ob Sie jemand anderem beibringen müßten, wie ganz genau Sie Ihre Entscheidungen fällen. Man sagt ja oft, man lerne eine Sache dadurch am besten, daß man sie jemand anderem beizubringen versucht. Tun Sie also so, als ob Sie das einen anderen lehren wollen - und Sie werden sich selbst darüber klar werden, wie Sie eigentlich Ihre Entscheidungen treffen.

Übung Nr. 1

Wie ich meine Entscheidungen fälle

....
....
....
....
....
....
....
....
....
....
....
....
....
....

....
....
....

Übung Nr. 2

Beispiele falscher Entscheidungen der letzten Zeit
....
....
....
....
....
....
....
....
....
....
....

(Beschreiben Sie den Fall und versuchen Sie die Fehler zu bestimmen, die Sie dabei gemacht haben. Nehmen Sie sich wenigstens fünfzehn Minuten Zeit dafür).

Machen Sie oft derartige Entscheidungsfehler?

Wenn ja - welche Konsequenzen müssen Sie in bezug auf Ihren Entscheidungsprozeß ziehen? Welche Verbesserungsmaßnahmen müssen Sie vorsehen?
....
....
....
....
....
....
....
....
....
....
....
....
....
....

24 - Die Intuition kann viele Fehler vermeiden helfen

Übung Nr. 3

Beispiele guter Entscheidungen aus der letzten Zeit

....
....
....
....
....
....
....
....
....
....
....
....
....
....
....
....

(Man sagt ja oft, daß man aus seinen Fehlern lernt. Aber man sollte auch aus seinen Erfolgen lernen! Der Erfolg kann äußerst lehrreich sein. Analysieren Sie also Ihre erfolgreichen Entscheidungen. Woher kommt es, daß Sie die richtige Entscheidung getroffen haben? Haben Sie die Entscheidung ausreichend reifen lassen? Haben Sie mehrere Ratschläge eingeholt? Stellen Sie sich alle Fragen, die irgendwie nützlich sein können, und ziehen Sie Schlußfolgerungen daraus).

....
....
....
....
....
....
....
....
....
....
....
....
....
....
....
....
....

Wenn Sie trotz alledem in der Sackgasse landen...

Es kommt zwar selten vor, aber trotzdem: Sie haben den Eindruck, daß Sie alles versucht haben, jeden irgendwie greifbaren Fachmann befragt haben, äußerst systematisch jedes Für und Wider abgewogen haben - und trotzdem stecken Sie nun fest.

Die Sackgasse droht, das Schwarze Loch!

Es sieht so aus, als ob Sie sich in einem undurchdringlichen Wald befänden und nicht wieder herausfinden könnten ...

Was kann man tun? Rasche Hilfe ist notwendig - und hier sind die Techniken und Schliche, die Sie brauchen:

1. Bloß nicht wütend werden! Da treten Sie erst recht auf der Stelle ... Die Zeit klärt oft ganz von sich aus die Dinge, und es taucht plötzlich genau das auf, was uns noch fehlte.

2. Gönnen Sie sich Ruhe. Vielleicht sind Sie einfach überlastet. Warum sich nicht ein paar freie Tage nehmen, ein langes Wochenende oder auch mal eine ganze freie Woche?

Oft kann allein schon die Tatsache, sich in anderer Umgebung und unter anderen Leuten zu finden, Ihnen neue Perspektiven und neue Ideen zur Lösung Ihres Problems vermitteln.

3. Überprüfen Sie Ihre Zielsetzung und Ihre Prioritäten. Vielleicht haben Sie sie aus den Augen verloren, und gerade das macht Ihnen die Entscheidung so schwer.

Wenn es um ein berufliches Problem geht, sollten Sie sich fragen:

a) Wofür werden Sie bezahlt?

b) Gibt es etwas Profitableres, das Sie für Ihre Firma tun könnten?

4. Gehen Sie die Liste der Sperren durch. Behindert Sie eine davon, ohne daß Sie das merken?

5. Versprechen Sie sich eine Belohnung, sobald Sie Ihre Entscheidung getroffen haben!

Und hier die beste Entscheidung:

Die beste Entscheidung ist es, überhaupt eine Entscheidung zu treffen, wie immer sie schließlich auch sei, und vor allem, diese Entscheidung dann auch in die Tat umzusetzen!

Tatsächlich ist es völlig unnütz, sich Ihrer Entscheidung zu rühmen, jetzt schneller lesen zu lernen oder Ihre Einkünfte um 20 Prozent zu erhöhen oder zwei Wochen mehr Urlaub im Jahr zu nehmen - wenn Sie nichts tun, um diese Ziele auch wirklich zu erreichen ...

Dann werden Sie nämlich kein großer Entscheider sein, sondern ganz einfach ein Zauderer, wie es leider schon viele Millionen in dieser Welt gibt.

Also fassen Sie Ihre Entschlüsse, und setzen Sie sie dann in die Tat um!

Der Führer für die großen Entscheider

Nehmen Sie sich die Zeit, jeden Tag neu (und möglichst immer gleich, wenn Sie eine Entscheidung getroffen haben) zu überprüfen, ob Sie den richtigen Weg eingeschlagen haben.

Die folgende Checkliste, ein wahrer Führer für die großen Entscheider, wird Ihnen dabei helfen:

O Haben Sie ganz gründlich die verschiedenen Möglichkeiten überprüft, die sich Ihnen bieten?

O Haben Sie eine Liste davon gemacht?

24 - Der Führer für die großen Entscheider

O Haben Sie auf Ihre Intuition gehört, Ihre innere Stimme, Ihre Empfindungen?

O Haben Sie diese innersten Gedanken abgestimmt mit den verschiedenen Optionen Ihrer Entscheidung?

O Haben Sie alle diese Vorgaben zu Papier gebracht?

O Haben Sie die Abstimmung dieser möglichen Entscheidungen mit Ihren Prioritäten vorgenommen?

O Haben Sie sich auf eine bestimmte Leitlinie festgelegt?

O Haben Sie diese Entscheidung schriftlich festgehalten?

O Haben Sie daraufhin sich von allen anderen Entscheidungsmöglichkeiten getrennt?

O Haben Sie diese Entscheidung in bezug auf Ihre inneren Gefühle überprüft?

O Haben Sie Ihre Entscheidung in positives Handeln umgesetzt?

Nun also! Jetzt liegt es bei Ihnen, diesen Führer in der Praxis anzuwenden, damit auch Sie zum großen Entscheider werden.

Sie sind zu einem großen Schritt entschlossen und wünschen sich, ihn so rationell wie möglich zu verwirklichen und mit den größtmöglichen Chancen zum Erfolg?

Nun - dann rasch zum folgenden Kapitel!

**Entwickeln Sie Ihre Intuition
und folgen Sie ihr!**

Teil III

Wie man endgültig auf dem Weg zum Erfolg bleibt

Wenn man wirklich ein Meister in der Kunst der sinnvollen Nutzung der Zeit werden will, genügt es nicht, Techniken und Methoden kennenzulernen - sie mögen noch so ausgezeichnet sein.

Man muß sie auch **anwenden**, sie sich zu eigen machen: es muß eine echte **innere Wandlung** stattfinden.

Und zwar eine dauerhafte, beständige und entschiedene Wandlung. Um das zu erreichen, müssen Sie eine ganz neue Einstellung erwerben.

In diesem dritten Teil werden Sie lernen, wie Sie auf Dauer jene innere Einstellung entwickeln können, die Ihnen erlaubt, ein wahrer Meister im Umgang mit Ihrer Zeit zu sein - und damit auch tatsächlich **Zeit zu haben**.

Persönliche Anmerkungen:

Kapitel 25

Lassen Sie sich von der wissenschaftlichen Methode leiten!

Anlauf nehmen vor einer starken Steigung ...

Wir haben schon gesehen, wie vorteilhaft und klug es ist, schwierige Aufgaben und Dinge, die einen langen Atem erfordern, anzugehen, indem man sie in kleinere Teilaufgaben gliedert und nötigenfalls in Unter-Unter-Aufgaben und dann jedes dieser Stückchen wieder als Ganzes ins Auge faßt. Jede dieser Etappen wird damit leichter faßbar, leichter zu bewältigen sein, und der jeweilige Fortschritt wirkt anspornend. Man spürt ganz unmittelbar, daß man vorwärtskommt, daß man sich dem Ziel nähert, und auf dem Weg dorthin kann man Siege, Eroberungen, Erfolge einheimsen.

Erinnern Sie sich in diesem Zusammenhang daran, daß es von höchster Wichtigkeit ist, sich bei jedem erreichten Zwischenziel zu <u>belohnen</u>.

Warum?

Zunächst einmal, um "ein Zeichen zu setzen": Wenn Sie eines Ihrer Ziele erreicht haben, sollten Sie sich die Zeit dafür nehmen, davon auch Kenntnis zu nehmen, diese Erfolgsmeldung in Ihrem Unterbewußtsein einzuprägen.

So können Sie immer dann, wenn Sie vor einem wirklich schwierigen Hindernis stehen, wenn Zweifel, Angst vor dem Risiko, Entmutigung oder Demotivierung Sie zu befallen drohen, Ihre bisherigen Erfolge vor Ihrem inneren Auge Revue passieren lassen, all Ihre Siege und die Vereinbarungen, die Sie mit sich selbst getroffen und gehalten haben.

Außerdem sind solche Selbstbelohnungen auch deshalb wichtig, weil sie Ihnen etwas verschaffen, worauf Sie viel zu oft verzichten mußten: den Genuß, die Freude, das Vergnügen, sich zu beglückwünschen, sich zu ermutigen, sich greifbare Beweise dafür zu liefern, was Sie schaffen, erreichen, überwinden können, wenn Sie motiviert sind.

Und das Ergebnis?

Sie werden viel frischer dem nächsten Ziel zueilen, mit neuer Kraft und voller Optimismus und Selbstvertrauen.

Wie man sich selbst belohnt

Wie man sich belohnen soll? Das liegt ganz bei Ihnen! Auf diesem Gebiet sind dem Einfallsreichtum und dem Sinn für Zweckmäßigkeit keinerlei Grenzen gesetzt. Manche gönnen sich ein paar freie Minuten oder einen sportlichen Vormittag, andere ein gutes Buch oder eine gute Flasche Wein oder einen außerplanmäßigen Telefonanruf bei ihrer Frau, die Sondernummer einer Zeitschrift oder ein Fachbuch, ein teures Seidenhemd oder ein Seminar oder ein Wochenende in Rom oder Djerba, und wieder andere eine Wanderung oder eine Spazierfahrt oder eine tolle Schallplatte - das spielt eigentlich keine wesentliche Rolle.

Wählen Sie, was Sie wollen. Entscheidend und unerläßlich ist dabei nur eines - Sie müssen sich die Zeit und die Mittel gönnen, um sich selbst eine Freude zu machen und diese zu genießen, ja vielleicht sogar im Übermaß zu genießen. Das ist alles!

Aber Sie werden sehen, daß das äußerst wirkungsvoll ist und Felsen versetzen kann - so daß Sie mit diesem System Stein um Stein schließlich sogar Berge versetzen!

Einen schweren Anstieg muß man immer mit viel Schwung nehmen, und der ergibt sich daraus, daß man sich eine Freude gönnt.

Analysieren Sie streng systematisch Ihre Vorhaben!

Sie sind nun also "prall aufgepumpt" und brennen darauf, ein großes Vorhaben in Angriff zu nehmen.

<u>Oberstes Gebot: Stecken Sie Zeit in eine gründliche Analyse Ihres Vorhabens</u>. Napoleon sagte, Schlachten gewinne man zunächst auf der Generalstabskarte und erst dann im Felde.

<u>Erster Vorteil</u> ist dabei ganz einfach, daß Sie verschiedene Aufgaben miteinander verknüpfen, sie gleichzeitig erledigen können; das kommt oft vor.

Ein Beispiel anhand dreier simpler Aufgaben: Sie haben drei Dinge zu erledigen: etwas zur Post bringen, Fotos abholen und Theaterkarten kaufen. Davon ist das eine dringend, das andere hätte noch ein paar Tage Zeit und das dritte sogar noch zwei bis drei Wochen - aber wenn Sie die drei Dinge bei der gleichen Gelegenheit erledigen können, warum sollten Sie denn das dann nicht tun?

<u>Zweiter Vorteil</u> ist, daß Sie auf Aufgaben stoßen, die überflüssig oder hinfällig sind, weil sie anderweitig erledigt wurden.
Ein Beispiel dafür: Sie wollen einen Bootsführerschein machen und haben daher vor, sich ein Lehrbuch dafür zu kaufen, sich bei der Behörde die notwendigen Anmeldeformulare zu beschaffen, die fälligen Gebühren zu erlegen usw.

All das erledigt sich von selbst, wenn Sie sich statt dessen zu folgendem Vorgehen entschließen: Sie wenden sich an ein Unternehmen, das in Wochenendkursen auf die Bootsführerscheinprüfung vorbereitet und Sie daher von allem Detailkram entlastet (Beschaffung der Unterlagen, Behördengänge, Anmeldung zur Prüfung usw.).

<u>Dritter Vorteil</u> ist, daß Sie rechtzeitig auf Engpässe aufmerksam werden, in denen das Steckenbleiben droht, und beizeiten die

notwendigen Gegenmaßnahmen ergreifen können.

Ein Beispiel dafür: Sie versprechen einem Kunden, daß sein Auftrag garantiert bis zum Monatsende erledigt wird. Aber o Schreck! Sie haben dabei nicht an eine andere Verpflichtung gedacht, an den Urlaub eines Mitarbeiters, einen Zulieferer, der ausfällt und anderes mehr. Noch aber haben Sie zwanzig Tage Zeit, um diesen Auftrag mit Ihrer sonstigen Planung abzustimmen und die entsprechenden Fristen einzuhalten.

Im Baubereich sind vielleicht solche "Flaschenhälse" am häufigsten. Dabei sagt man sich: die Schreiner haben zugesagt, die Elektriker desgleichen, und die Installateure auch - also kein Problem, das Haus wird rechtzeitig fertig sein.

Aber weit gefehlt! Denn wie wollen denn zwölf Leute gleichzeitig in einem kleinen Zimmer arbeiten? Bestimmte und manchmal ganz simple Maßnahmen müssen ergriffen werden. Man muß zum Beispiel veranlassen, daß unmittelbar nach Abschluß der Dachdeckerarbeiten die Installateure kommen, erst eine Woche später die Schreiner und ganz am Schluß die Elektriker. Vielleicht müssen Sie aber auch die einzelnen Arbeitsgruppen splitten und "rollenden Einsatz" vorsehen. Aber jedenfalls werden Sie es hinkriegen!

<u>Vierter Vorteil</u> ist, daß Sie Ihre Fristen verkürzen und/oder Ihre Ertragslage verbessern können.

Auch dafür ein Beispiel: Stellen wir uns wieder den Bau eines Hauses vor, für den Sie während sechs Arbeitstagen einen großen Kran brauchen, der Sie täglich 3.000 DM kostet. Nun würden Sie aber herausfinden, daß Sie drei Tage dadurch einsparen können, daß Sie zwei Kräne gleichzeitig nur drei Tage lang einsetzen. Machbar ist es, ohne daß beide sich gegenseitig stören; trotz kürzerer Mietzeit kosten die beiden Kräne Sie pro Tag nur 5.400 DM, weil man Ihnen einen zehnprozentigen Rabatt einräumt.

Rechnen Sie jetzt einmal nach: Sie sparen für volle drei Tage den ganzen Rohbautrupp einschließlich des Bauleiters und haben lediglich Mehrkosten für die dreitägige Beschäftigung eines zusätzlichen Poliers oder Vorarbeiters.

25 - Analysieren Sie streng systematisch Ihre Vorhaben!

Sie sind mit dem Bau nicht nur drei Tage früher fertig, sondern sparen auch eine Menge Geld dabei - glatt verdientes Geld, das den Ertrag steigert.

Die Praxis wird Sie lehren, daß es ungezählte Möglichkeiten gibt, durch Beschleunigung oder auch Abbremsen eines Vorhabens Fristen zu verkürzen und die finanzielle Situation positiv zu beeinflussen.

<u>Fünfter Vorteil</u> ist, daß Sie jederzeit und auf die denkbar effektivste Weise auf Unvorhergesehenes, Unwägbares, auf die "eigentlich gar nicht mögliche Katastrophe" reagieren können.

Warum?

Weil Sie alle Auswirkungen eines bestimmten Ereignisses, einer bestimmten Entscheidung auf das Gesamtprojekt stets vor Augen haben, denn Sie kennen alle Verästelungen und gegenseitigen Abhängigkeiten und logischen Folgen des einen aus dem anderen, die dieses Projekt betreffen.

Also können Sie rasch reagieren, nachdem Sie notfalls im Kopf alle vorstellbaren Varianten durchgespielt haben (so wie Sie sich beim Schach fragen: "Was passiert, wenn ich jetzt diesen Zug mache?"), und immer in voller Kenntnis des Sachverhalts.

Das gibt Ihnen die Möglichkeit, die Auswirkungen des Unvorherhersehbaren auf Ihr Vorhaben stets so gering wie möglich zu halten.

Ein <u>sechster Vorteil</u> ist keineswegs der geringste: Nachdem man ein Vorhaben schriftlich ausführlich dargelegt hat, erweist es sich leider nicht selten, daß unter den gegebenen Umständen die Ausführung zu gewagt, unrealistisch oder einfach unmöglich erscheint.

Da ist es dann immer sehr viel vernünftiger, ein solche Vorhaben aufzugeben, statt sich Monate hindurch mit feuriger Begeisterung in eine Sache zu knien, die nur Verluste bringen kann oder zum Scheitern verurteilt ist. Dabei erweist es sich als

<u>siebter Vorteil</u>, daß Sie "mit Blöcken spielen" können, indem Sie

jeden Teilbereich als einen "Block" sehen, der eigenständig betrachtet und behandelt werden kann. Wenn also Ihr Gesamtprojekt einer genauen Analyse nicht standhält, müssen Sie es kippen. Aber vorher sollten Sie jeden Block "abkoppeln", von dem feststeht, daß er realisierbar ist.

Das Ergebnis?

Mit derartigen "Blöcken" können Sie Simulationen durchspielen, indem Sie sie neu gliedern, anders einsetzen, sie stärker ausbauen oder aufspalten, ihre Beschleunigung oder Verlangsamung oder ihre völlig Ausschaltung vorsehen. Vor allem aber können Sie gezielt die wirklichen Probleme angehen, die das Projekt insgesamt gefährden oder in Frage stellen, indem Sie sich die einzelnen Stufen, Teilbereiche, Unteraufgaben vornehmen.

Auf diese Weise erreichen Sie eine höchst vorteilhafte Feinanalyse, die es Ihnen erlaubt, all Ihre Kraft, all Ihren Einfallsreichtum und all Ihre Mittel zu konzentrieren auf die letzten Sperren, die noch vor dem Erfolg, dem Gelingen, der Selbstverwirklichung liegen.

Diese sieben Vorteile machen die systematische Analyse zum wirkungsvollsten Hilfsmittel bei der Verwirklichung von Vorhaben.

Die systematische Analyse in der Praxis

Nun, sind Sie überzeugt? Also dann an die Arbeit! Beginnen Sie damit, daß Sie genau, so genau wie überhaupt möglich, Ihr Hauptziel definieren, den tieferen Sinn Ihres ganzen Vorhabens und den Aufwand an Zeit und Energie, den Sie ihm widmen wollen.

Einer meiner Freunde, wissenschaftlich ausgebildet, hat mir kürzlich anvertraut:

"Vor meiner letzten Unternehmensgründung habe ich allein auf diesen Abschnitt an die drei Wochen gewendet: Ich bin all meinen Motivationen, Bedürfnissen, Wünschen und Erwartungen auf den Grund gegangen. Eine schöne Beschäftigung, die sich obendrein als ausgezeich-

nete Investition erwies, um dann die folgenden Etappen leicht, schnell und unbeschwert zurückzulegen."

Geschafft? Dann der zweite Schritt: Gliedern Sie Ihr Vorhaben, teilen Sie es in so viele Teilvorhaben, Aufgaben, Teilaufgaben auf wie nur irgend möglich.

Im Idealfall sollte jedes Teilglied eine Einheit sein, die leicht zu begreifen und zu verwirklichen ist und höchstens einen Tag zu ihrer Bewältigung erfordert.

Ein Beispiel: Sie haben ein Geschäftslokal gefunden, in dem Sie Ihr künftiges Unternehmen betreiben können, Sie haben das notwendige Geld dafür, ein verwertbares Produkt, das Vertriebsnetz usw., und Sie brauchen Ihre Firma nur noch ins Handelsregister eintragen zu lassen.

Schreiben Sie sich jetzt, ganz egal in welcher Reihenfolge, alles auf, was zu tun ist.

Also beispielsweise (wobei wir einmal annehmen, daß es um ein genehmigungspflichtiges Gewerbe geht und Sie eine Gesellschaft mit beschränkter Haftung [GmbH] gründen):

O Anruf beim Gewerbeamt der Stadt wegen Information über den Ablauf, Zuständigkeiten

O Anruf wegen der erforderlichen Unterlagen, diese beschaffen oder erstellen

O Zur Bank gehen, polizeiliches Führungszeugnis beschaffen

O Zur Industrie- und Handelskammer (IHK) gehen

O Dienstzeiten beim Registergericht?

O Gebühren in welcher Höhe?

O Geld bei der Bank abheben

25 - Die systematische Analyse in der Praxis

O   Kopie des Mietvertrags, Stadtplan besorgen

O   Zur Post gehen wegen Telefonanschluß, Gesellschaftsvertrag entwerfen und kopieren.

Nun, haben Sie schon etwas gemerkt? Wenn Sie zur Bank gehen, um dort Geld abzuheben und sich einen Beleg über die Einzahlung des Stammkapitals zu besorgen, warum sollten Sie nicht bei der Gelegenheit sich gleich um notwendige Fotokopien kümmern?

Oder wie wäre es, wenn Sie sich gleich an einen Experten wenden (zum Beispiel einen Steuerberater, den Sie ohnehin brauchen werden), der Ihnen auch diese Dinge abnimmt?

Fahren wir fort.

Die dritte Etappe: Gliederung der Aufgaben. Dazu nehmen Sie sich jetzt ein anderes Blatt und notieren sich darauf den ersten Schritt, den Sie tun müssen - den Anruf beim Gewerbeamt. Machen Sie das nach untenstehendem Schema in Form eines rechteckigen Kästchens:

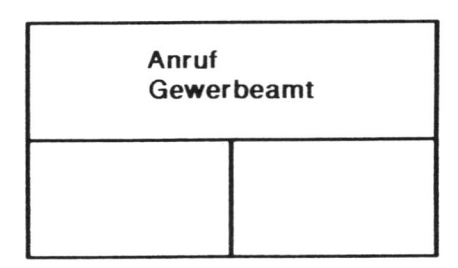

Anruf Gewerbeamt	

Dann streichen Sie "Anruf beim Gewerbeamt" aus der Aufgabenliste Ihres ersten Blattes.
Als nächstes kommt dann der Anruf wegen der erforderlichen Unterlagen (Sie wissen dann: beim Registergericht).

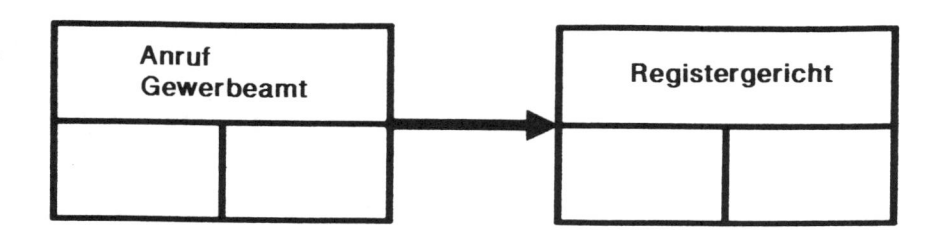

25 - Die systematische Analyse in der Praxis

```
┌─────────────┬──┐         ┌──────────────────┐
│   Anruf     │  │         │  Registergericht │
│ Gewerbeamt  │  │────────▶│                  │
├─────────┬───┤  │         ├────────┬─────────┤
│         │   │  │         │        │         │
└─────────┴───┴──┘         └────────┴─────────┘
```

Die Schritte folgen einander; man spricht dabei von einem sequentiellen Ablauf.

Jetzt können Sie "Anruf wegen der erforderlichen Unterlagen..." in Ihrer ersten Liste streichen.

Beim Registergericht werden Sie einige Dinge gleichzeitig erfragen:

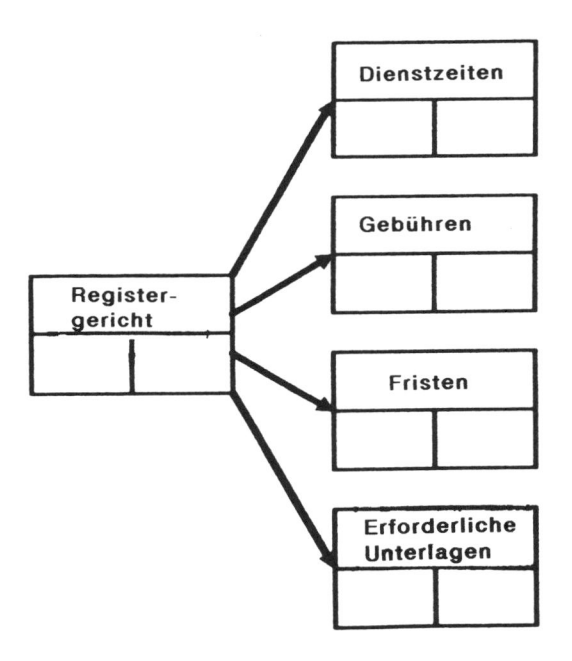

```
                              ┌──────────────┐
                              │ Dienstzeiten │
                           ┌─▶├──────┬───────┤
                           │  │      │       │
                           │  └──────┴───────┘
                           │  ┌──────────────┐
                           │  │   Gebühren   │
         ┌───────────┐     │─▶├──────┬───────┤
         │ Register- │     │  │      │       │
         │ gericht   │─────┤  └──────┴───────┘
         ├─────┬─────┤     │  ┌──────────────┐
         │     │     │     │  │   Fristen    │
         └─────┴─────┘     │─▶├──────┬───────┤
                           │  │      │       │
                           │  └──────┴───────┘
                           │  ┌──────────────┐
                           │  │ Erforderliche│
                           │  │ Unterlagen   │
                           └─▶├──────┬───────┤
                              │      │       │
                              └──────┴───────┘
```

Diese Punkte können sie also auf Ihrer ersten Liste streichen. Und so geht das dann weiter, und es ergibt sich schließlich folgendes Bild:

25 - Die systematische Analyse in der Praxis

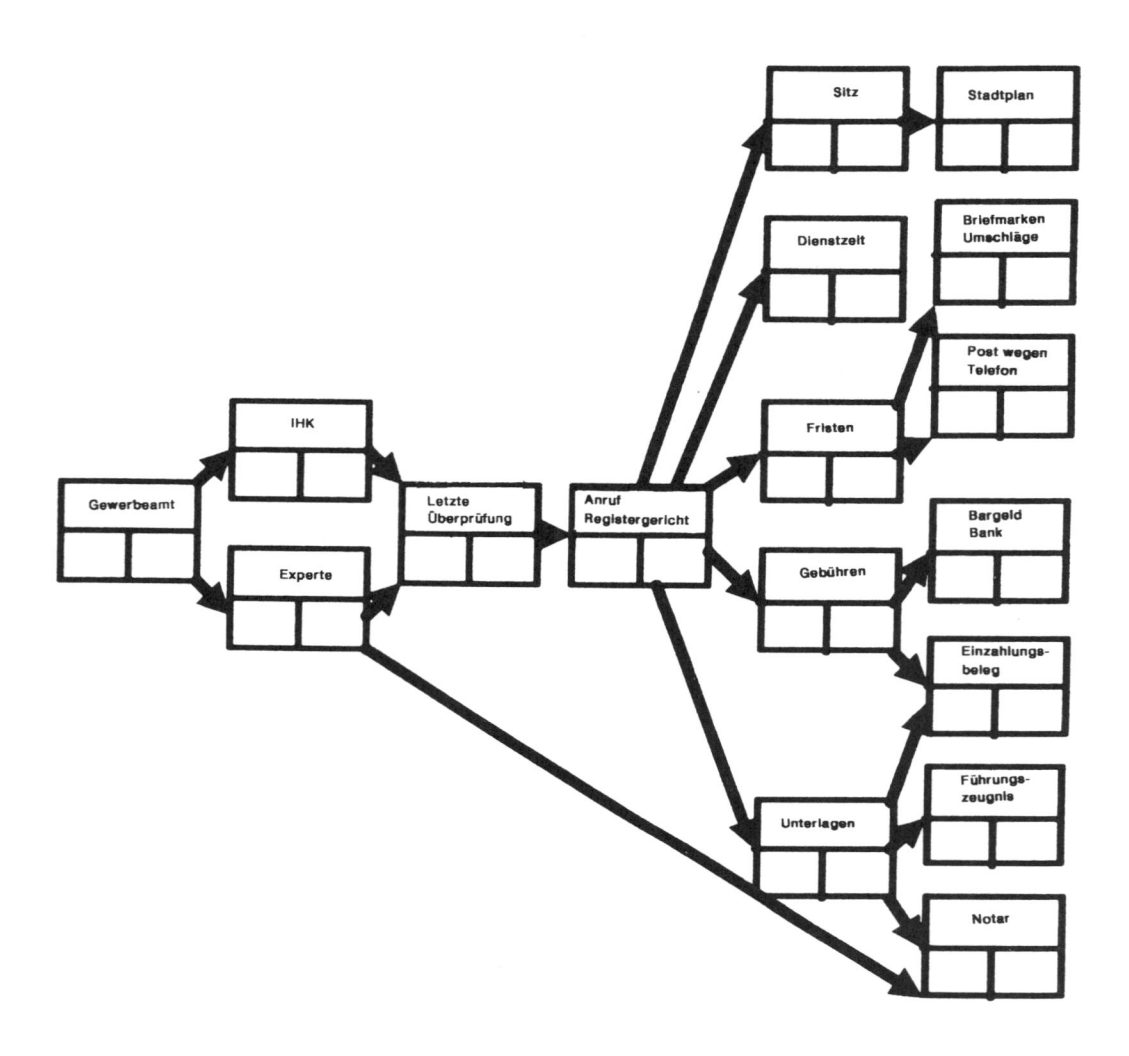

[Diagramm: Netzwerk von Aufgabenkästen mit Pfeilen, ausgehend von "Gewerbeamt" über "IHK"/"Experte", "Letzte Überprüfung", "Anruf Registergericht" zu "Sitz"/"Stadtplan", "Dienstzeit", "Briefmarken Umschläge", "Post wegen Telefon", "Fristen", "Gebühren"/"Bargeld Bank", "Einzahlungsbeleg", "Unterlagen"/"Führungszeugnis", "Notar"]

Fällt Ihnen etwas auf? Sie mußten neue Aufgaben eintragen, die Sie vergessen hatten (z.B. Notarbesuch wegen Beurkundung des Gesellschaftsvertrages), die Ihnen aber einfielen, als Sie die Zeichnung anlegten.

Gleiches gilt für zunächst sequentiell scheinende Aufgaben, die aber parallel erledigt werden können, woraus sich für Sie eine wertvolle Zeitersparnis ergibt (Bank, Fotokopien, Briefmarken, Umschläge). Und Sie konnten nun sämtliche Aufgaben von Ihrer ersten Liste streichen.

Wenn Sie fertig sind, sind Sie auch vorbereitet - Ihre Firmeneintragung wird innerhalb weniger Stunden erledigt sein ... Was aber, wenn Sie sich nicht so vorbereitet hätten?

Jener Freund, von dem ich Ihnen berichtet habe, erzählte mir, die Beamtin am Handelsregister habe ihn beglückwünscht und ihm erzählt, der Rekord für eine solche Eintragung liege bei zwölf Vorsprachen - jemand, der sich nicht entsprechend vorbereitet habe, habe elfmal wieder weggeschickt werden müssen, weil etwas noch nicht in Ordnung gewesen sei ...

Wünschen wir ihm viel Glück für seine späteren Geschäfte! Denn wenn er schon so viel Zeit braucht, um seine Firma anzumelden, wie wird es ihm erst ergehen, wenn er seinen Laden "auf Trab halten" muß ...

Das systematische Durchziehen Ihrer Vorhaben

Sie werden sich jetzt wohl fragen, warum ich Sie jeweils Kästchen mit zwei Abteilungen unten zeichnen ließ?

Sehr einfach: in unserem Beispiel sind die Aufgaben unkompliziert und rasch zu erledigen, mit Ausnahme der Beschaffung eines Führungszeugnisses ist wohl alles innerhalb eines Tages zu erledigen.

Wenn jedoch jede Aufgabe für sich allein einen Tag in Anspruch nimmt oder gar mehrere, dann sollte man mit Rücksicht auf die anderen Arbeiten jeweils das "früheste Datum" und das "späteste Datum" kennen.

Dann können Sie einen Terminplan aufstellen, der Ihnen auch Tricks erlaubt, um Geld oder Zeit zu sparen, indem Sie zum Beispiel eine Aufgabe delegieren, eine andere einem Zulieferer übertragen.

Damit verfügen Sie nicht nur über ein strategisches Hilfsmittel, sondern auch über ein Werkzeug zur optimalen Nutzung Ihrer Zeit und Ihres Etats.

Manche Manager gehen übrigens noch weiter und arbeiten mit Kästchen, die noch mehr Einzelfelder haben, wo sie zum Beispiel die Gesamtkosten und/oder die Kosten pro Stunde, pro Tag eintragen ...

Ihre "Aufgabenkästchen" sind angefüllt mit Streichungen, Ergänzungen, Korrekturen und zeigen dann etwa, daß hier ein paar hundert Mark des Etats eingetauscht wurden gegen einen Zeitgewinn von einem Tag, dort eine zweitägige Verzögerung dagegen eine finanzielle Entlastung von zweitausend Mark brachte und anderes mehr.

Suchen Sie die Ideallinie!

Ein letzter "Trick" noch zur optimalen Nutzung Ihres Schemas: Suchen Sie die Ideallinie, den jeweils besten Weg. Wenn Sie bei der ersten Aufgabe links beginnen und sich bis zur letzten rechts durcharbeiten, dann ist das zeitlich gesehen der kürzeste Weg, den Sie zur Bewältigung Ihrer Aufgabe einschlagen können.

Und auf jeder Etappe dieses Weges sollten Sie die Fristen zu verkürzen suchen - das ist Systematik, und entlang dieses Weges werden sich die besten Chancen dafür ergeben. Sie sehen, wie wertvoll diese kleinen Rechtecke werden können mit ihren Anfangs- und Enddaten ...

Sie können Ihr Schema auch weiter verfeinern, indem Sie all Ihre Mitarbeiter, Zulieferer und Subunternehmer auffordern, Sie wissen zu lassen, wo sie in ihrem Bereich etwas tun können (Fristen, mögliche Beschleunigung, zu welchem Preis) und versuchen, auf jeder Etappe so viel wie nur möglich zu delegieren, womit Sie sich zunehmend auf die Überwachung beschränken: Sie können dabei immer nur gewinnen!

Dabei werden Sie einen zusätzlichen Vorteil erkennen, der sich schlecht beziffern läßt, dessen Kraft Sie aber ganz gewiß spüren werden: die Motivation des Teams!

Was macht denn den Unterschied aus zwischen einem Befehl, der auszuführen, und einer Mission, die zu erfüllen ist im Rahmen eines bedeutenden Vorhabens, das ein ganzes Team von Könnern auf den Plan ruft und Berge versetzten wird?

Der Unterschied liegt darin, daß im letzteren Fall der Mitarbeiter den Stellenwert, die Bedeutung, den Anteil und die Wichtigkeit seiner Arbeit erfaßt, im ersteren dagegen nur wie eine Figur auf dem Schachbrett ist, jemand, der die Arbeit tut, die man von ihm verlangt, ohne Fragen zu stellen, und damit basta ...

Sie dürfen davon überzeugt sein, daß die Motivation eines Teams oft entscheidet über Erfolg oder Mißerfolg.

Und wie steht's mit Ihnen persönlich bei der ganzen Sache?

Sie werden in aller Ruhe Ihren Weg gehen und nicht aufhören, Siege zu erringen, Eroberungen zu machen, Schlachten zu gewinnen und Erfolge einzuheimsen. Jedesmal sollten Sie sich daran freuen und sich belohnen, und es wird sich ein ganz starkes Gefühl in Ihnen entwickeln: Jeder Tag bringt Sie unaufhaltsam Ihrem Ziel näher.

Schließlich können Sie das ganz konkret auf Ihrem Schema verfolgen, und Sie spüren, daß Sie gewinnen werden, daß Sie schließlich das große Ziel erreichen werden, nach dem Sie schon so lange streben ...

Nehmen Sie sich die Zeit, über das anstehende Problem gründlich nachzudenken, und organisieren Sie sich selbst ganz systematisch!

Persönliche Anmerkungen:

Kapitel 26

Wie Sie Ihre schlechten Gewohnheiten überwinden

Drei Arten, fast unweigerlich ineffektiv zu sein

Es gibt drei Typen von ewigen Verlierern.

Das sind der Perfektionist, das Arbeitstier und derjenige, der ständig in irgendeiner Krise steckt (vergleichen Sie dazu das dritte Kapitel, Seite 36).

Gehören Sie zumindest zeitweise zu einer dieser Gruppen?

Dann ist das folgende Kapitel ganz besonders Ihnen gewidmet ...

Sind Sie niemals mit sich selbst zufrieden?

Um das festzustellen und zu lernen, sich aus dieser Schlinge zu ziehen, sollten Sie aufmerksam die folgenden Fragen durchlesen:

O Beunruhigt es Sie, was andere wohl von Ihnen denken mögen?
    O Ja   O Nein

Schieben Sie wichtige Telefongespräche immer wieder auf aus Furcht, eine negative Antwort zu bekommen?
    O Ja   O Nein

Beschäftigen Sie sich immer wieder mit einer Arbeit, damit Sie endlich zu Ihrer Befriedigung ausfällt?
    O   Ja   O   Nein

Brauchen Sie eine Ewigkeit, um selbst die kleinste Arbeit zu erledigen?
    O   Ja   O   Nein

Glauben Sie dann, sobald sie endlich erledigt ist, daß sie noch immer nicht ganz Ihren Vorstellungen entspricht?
    O   Ja   O   Nein

Fühlen Sie sich nur dann wohl in Ihrer Haut, wenn Sie mit Ihrer Arbeit zufrieden sind, und sind Sie sonst deprimiert?
    O   Ja   O   Nein

Ist der Maßstab für Ihr Selbstwertgefühl Ihre Arbeitsleistung?
    O   Ja   O   Nein

Haben Sie mehr als einmal mit Ja geantwortet?
Dann sind Sie, Sie müssen das glauben, ein Perfektionist!

Warum wollen Sie denn stets besser sein als die anderen?

Ist Ihnen überhaupt der Einfluß einer solchen Haltung auf Ihre Kreativität bewußt? Sie schafft Spannungen zwischen Ihnen und Ihren Kollegen. Sie führt zu enormen Zeitverlusten. Und die geringfügigeren Auswirkungen sind nicht zu zählen ...

Lohnt sich das denn?

Perfektionisten sind im allgemeinen Leute, die ständig in einem Zustand sehr unerfreulicher Spannung leben - und auch diejenigen, mit denen sie zusammenarbeiten, in einen solchen Zustand versetzen.

Und ganz im Gegenteil zu dem, was man annehmen könnte - und was vor allem jene annehmen, die diese Eigenschaften haben -, ist Perfektionismus keineswegs eine Stärke, sondern eine Schwäche, ein Fehler.

Die Perfektionisten arbeiten vielleicht viel mehr als die anderen und beschäftigen sich mit Details, welche die anderen vernachlässigen. Sie wollen niemals delegieren und ziehen es vor, alles selbst zu machen, weil sie sich sicher sind, daß nur sie ganz allein eine Arbeit richtig machen können.

Aber alles in allem sind Ihre Ergebnisse niemals überragend.

In Wahrheit sind sie oft sogar schlechter als jene, die ein Mensch erbringt, der zwar durchaus Anforderungen an sich stellt, aber ausgeglichener und realistischer ist.

Die meisten Perfektionisten vergessen die Maxime von Peter Drucker: sie machen eher die Dinge _richtig_, als die _richtigen_ Dinge zu machen.

Und sie denken nicht an das Pareto-Prinzip, das wir ja schon kennengelernt haben. Sie haben nicht im Auge, daß 20 Prozent der Anstrengung 80 Prozent des Erfolges bewirken.

Befreien Sie sich ein für allemal!

Was können Sie, zusätzlich zu den Vorschlägen im dritten Kapitel, tun, um sich von dieser Manie zu befreien, die Ihre Energie und Ihre Moral untergräbt?

Hier einige Empfehlungen, die hilfreich sein können:

O Sehen Sie ein, daß die Bewertung "unterdurchschnittlich" durch einen Perfektionisten in Wirklichkeit in den Augen der anderen einem "absolut akzeptabel" entspricht!

O Nach dem Pareto-Prinzip ist es unvermeidlich, daß 20 Prozent der Anstrengung 80 Prozent der Ergebnisse bewirken!

Fragen Sie sich also, wo liegt das Minimum an Arbeit, mit dem die gleichen Resultate zu erbringen sind?

26 - Sind Sie ein Arbeitstier?

O   Richten Sie den Zeitaufwand für eine Arbeit am Ziel aus, das mit dieser Arbeit erreicht werden soll.

Ein Beispiel dafür: eine rein informative Aktennotiz lohnt nicht drei Stunden Aufwand für ihre Formulierung.

O   Lernen Sie zu delegieren!

Fragen Sie sich nicht, ob die anderen die Arbeit genau so gut machen können wie Sie, sondern einfach, <u>ob sie sie gut machen können!</u>

O   Betrachten Sie die Dinge aus der richtigen Perspektive!

Die Frage in diesem Zusammenhang muß lauten:

"Wird das in hundertfünfzig Jahren noch irgendwie von Bedeutung sein?"

O   Haben Sie keine Angst davor, Fehler zu machen!

Erinnern Sie sich an die Maxime der Geschäftsführung von IBM: "Lernt aus euren Fehlern!"

Und wiederholen Sie sich schließlich Tag für Tag:
"Das Bessere ist der Feind des Guten!"

Perfektionisten zeichen sich oft noch durch eine andere Charaktereigenschaft - um nicht zu sagen Schwäche - aus, die direkte Folge ihrer ungezügelten Leidenschaft ist, alles ganz perfekt zu machen, unbekümmert um die Zahl von Arbeitsstunden, die sie darauf verwenden müssen: Sie sind Arbeitstiere!

Sind Sie ein Arbeitstier?

Erkennen Sie sich in der nachfolgenden Beschreibung?

O   Sie arbeiten gerne sehr viel.

26 - Sind Sie ein Arbeitstier?

O   Sie leben nur für Ihre Arbeit.

O   Sie legen sich gerne auf sehr ehrgeizige Ziele fest.

O   Sie können Untätigkeit nicht ertragen.

O   Sie quellen von Energie über.

O   Routine wird Ihnen sehr schnell lästig.

O   Herausforderungen und Wettbewerb stärken Sie.

O   Sie versuchen stets, mehr als eine Sache gleichzeitig zu erledigen.

O   Sie haben Schwierigkeiten damit, Berufs- und Privatleben miteinander in Übereinklang zu bringen.

O   Sie nehmen den beruflichen Streß mit nach Hause.

O   Sie haben Schuldgefühle, wenn Sie sich einmal entspannen oder Ihren Arbeitsrhythmus etwas verlangsamen.

O   Sie nehmen stets mehr Arbeit an, als Sie eigentlich verkraften können.

O   Sie sind oft im Verzug mit Ihrer Arbeit.

O   Sie sind übermäßig gestreßt.

O   Sie fordern zuviel von sich selbst.

O   Sie nehmen sich oft Arbeit mit nach Hause.

Sie haben auf die meisten Fragen mit Ja geantwortet?

Dann sind Sie ein Arbeitstier ...

Die Arbeit ist einfach Ihre Leidenschaft.

Leider aber müssen wir sagen, und das ist durch Untersuchungen bestätigt worden, daß all das Ihre Chancen für den Erfolg eher vermindert und jedenfalls in keiner Weise besagt, daß Sie mehr Erfolg haben als jemand, der erheblich weniger arbeitet als Sie!

Paradox und ungerecht?

Darauf kommt es leider nicht an. Jedenfalls ist es eine Gefahr, nicht geringer als der Perfektionismus. Und es ist eine recht verborgene Gefährdung, die ihren Ursprung oft schon in der Kindheit hat.

Wie oft haben unsere Eltern, unsere Lehrer uns gesagt, daß man hart arbeiten müsse, um Erfolg zu haben?

Wie oft haben uns dagegen andere Leute gesagt, wesentlich sei es vor allem, mit Verstand zu arbeiten? Die Amerikaner haben dafür die knappe Formulierung gefunden: "Don't work harder, work smarter!"

Augenscheinlich gibt es eine Vielzahl unterschiedlicher Arbeitstiere, man ist versucht zu sagen, so viele, wie es unterschiedliche Menschen gibt. Aber wenn man den Dingen auf den Grund geht, kann man feststellen, daß trotz äußerer Unterschiede alle zwei Hauptkategorien zugeordnet werden können.

Zu welcher der beiden Gruppen gehören Sie wohl?

"Ich allein kann es schaffen!"

In der ersten Kategorie (der übrigens die meisten Kandidaten für einen Herzinfarkt angehören) finden sich jene, die nicht delegieren wollen! Ihnen ist es unmöglich, "Nein" zu sagen (denn eine leise Stimme in ihrem Inneren sagt ihnen stets: "Sei nicht unfreundlich").

Derjenige, der zu dieser Gruppe gehört, lädt sich Arbeit um Arbeit auf und macht schließlich die Arbeit von einem jeden, selbst die seiner Untergebenen, in die er offenkundig keinerlei Vertrauen setzt! Glücklicherweise ist sein Fall nicht völlig hoffnungslos, vorausgesetzt, er will sich heilen lassen ...

Zählen Sie zu den Betroffenen? Hier die Heilungsrezepte:

1. Setzen Sie sich erst einmal hin und tun Sie gar nichts, ehe Sie festgelegt haben, wer was tun muß.

2. Beschäftigen Sie sich nur mit den wichtigen Dingen und lassen Sie die anderen liegen.

3. Fassen Sie Ihre Telefongespräche zusammen.

Widerstehen Sie der Versuchung, zu jeder Zeit und ohne triftigen Grund zu telefonieren.

Das Arbeitstier vom zweiten Typ

Wie sieht nun der zweite Typ des Arbeitstiers aus?

Das ist der, der sich der ständigen Verschleppung überläßt und sein Büro ertrinken läßt in Stapeln von Papierkram!

Außerdem ist er völlig unfähig, irgendeinen Terminplan einzuhalten!

Ähneln Sie diesem Typ? Immerhin vielleicht ein bißchen?

Diesem Problem können Sie wie folgt zu Leibe rücken:

1. Bleiben Sie sitzen und arbeiten Sie weiter, auch wenn eine Ablenkung auftritt.

2. Setzen Sie sich Endtermine für jeden Arbeitsabschnitt Ihrer Arbeit und nicht für die Arbeit insgesamt.

3. Zwingen Sie sich, die Fristen für jeden dieser Arbeitsabschnitte einzuhalten.

4. Delegieren Sie so viel wie nur irgend möglich vom Routine-Papierkrieg, indem Sie mit den am wenigsten wichtigen Aufgaben beginnen.

5. Sorgen Sie für eine "stille Stunde" jeden Tag, und halten Sie sich daran!

6. Machen Sie sich einen Stundenplan für 80 Prozent der Arbeiten, die Sie zu bewältigen haben, und weigern Sie sich, ihn zu ändern, ausgenommen einen absolut dringlichen Fall.

Lernen Sie, sich Grenzen zu setzen!

Man geht davon aus, daß für einen leitenden Angestellten auf mittlerer Ebene die Arbeitswoche fünfzig Stunden nicht überschreiten sollte.

Wenn es für Sie unmöglich ist, weniger als siebzig oder auch nur sechzig Stunden zu arbeiten, müssen Sie nachdrücklich Ihre Arbeitsweise überprüfen.

Und Sie selbst - wie viele Stunden arbeiten Sie denn nun im Augenblick tatsächlich pro Woche?

Die Stundenzahl

Wie viele Stunden aber könnten Sie einsparen, wenn Sie dazu gezwungen wären? _____

Oder stellen wir die Frage anders:

Glauben Sie nicht, daß Sie gleichviel leisten könnten, wenn Sie zehn Stunden weniger arbeiten würden? Oder zwanzig? _____

Übung

Schreiben Sie im folgenden die Möglichkeiten auf, die Ihnen einfallen, um Ihre wöchentliche Arbeitszeit zu vermindern. Denken Sie sich dabei wenigstens fünf Möglichkeiten aus.

Möglichkeit 1: ....
....

26 - Lernen Sie, die "wirklichen Ursachen" einer Krise zu erkennen!

....

Möglichkeit 2:
....
....
....

Möglichkeit 3:
....
....
....

Möglichkeit 4:
....
....
....

Möglichkeit 5:
....
....
....

Lernen Sie, die "wirklichen Ursachen" einer Krise zu erkennen!

Selbst der vorausschauendste Manager wird sich von Zeit zu Zeit vor einer Krisensituation sehen.

Der beste Weg, einer Krise vorzubeugen, ist, auf die Vorzeichen zu achten, die im allgemeinen vor jeder Krise auftreten.

Eine Krise, der man "rechtzeitig begegnet", ist viel leichter aufzufangen. In gewissem Maße ist es dann schon fast keine Krise mehr. Wenn Sie erst einmal die üblichen Ursachen für Krisen kennen, werden Sie schon sehr viel besser gewappnet sein, um ihnen zu begegnen.

Was sind die vier Hauptursachen für Krisen?

Hier sind sie:

1. Schlechte Planung:

Sie achten nicht auf die Alarmzeichen, die Probleme ankündigen,

Ihr Terminkalender ist überfrachtet,

Sie versäumen es, für mehr als ein paar Tage im voraus zu planen, usw.

2. Fristen werden nicht ausreichend wichtig genommen.

3. Unterschwellige Liebe für "Feuerwehreinsätze", für die "Retterrolle"?

Gehören Sie vielleicht zu jenen, die gerne "unter Druck arbeiten"? Oder zu jenen, die die Herausforderung genießen, die eine Krise mit sich bringt?

Dann rufen Sie sich zur Ordnung, denn Sie selbst sind der Anlaß für solche Situationen!

4. Die Augen vor den Tatsachen verschließen!

Wenn man in einer Krisensituation sich die Augen zuhält, kann das die Lage nur noch verschlimmern.

Schauen Sie den Dingen ins Auge und sorgen Sie für Abhilfe!

Wie man in einer Krise wieder die Oberhand gewinnt

Sicher haben auch Sie schon einmal einen jener Tage erlebt, an denen aber auch wirklich alles schiefgeht!

Solche Krisensituationen treten leider viel häufiger auf, als man sich das wünscht: Verzögerungen der Arbeit, eine Dringlichkeitsmeldung des Chefs, schlechte Zeitplanung - alles kommt zusammen ...

Man könnte sagen, daß sich hier wirklich das Gesetz von Murphy vollkommen bestätigt, das da lautet:

> **Wenn es irgendeine Chance dafür gibt, daß es schiefgeht, dann geht es auch schief!**

Hatten nicht auch schon Sie gelegentlich diesen Eindruck?

Es gibt jedoch effektive Möglichkeiten, Panik in solchen Situationen zu vermeiden.

Zwölf wirkungsvolle Wege, Krisen zu meistern:

1. Nehmen Sie sich unbeirrt fünf Minuten Zeit, um sich abzusondern und Ihren Kopf zusammenzunehmen!

2. Gehen Sie die Liste der zu bewältigenden Aufgaben durch und der Fristen, die dabei zu beachten sind!

3. Überprüfen Sie die Endtermine bestimmter Arbeiten, um sich von Dringlichkeiten freizumachen - Sie brauchen Zeit? Also müssen Sie sich welche beschaffen! Finden Sie sie um jeden Preis! Es ist immer irgendwie möglich!

Verschieben Sie, wenn nötig, die Endtermine, indem Sie sich mit einem Verantwortlichen darüber abstimmen!

Teilen Sie das vor allem den Betroffenen mit! Sie haben dafür oft mehr Verständnis, als Sie erwartet haben.

4. Wenden Sie "selektive Verzögerung" an!

Besser, als sich völlig auszulaugen, indem Sie unnützerweise an diesem Tag zwei Stunden länger arbeiten, ist es, ein paar Tage lang jeweils 25 Minuten länger zu arbeiten.

5. Suchen Sie nach Alternativen!

6. Ernennen Sie einen Vertreter!

7. Bewerten Sie Ihre Prioritäten neu!

8. Schätzen Sie Ihre Konzentration hoch ein, und verbessern Sie sie!

9. Verkürzen Sie Ihre Pausen!

10. Wenden Sie sich an Leute, die Sie entlasten können oder könnten!

11. Fordern Sie "Ausgleich" für geleistete Hilfe ein!

Scheuen Sie sich nicht, Kollegen, denen Sie in solchen Situationen Hilfe geleistet haben, dazu aufzufordern, Ihnen gegenüber nun ein gleiches zu tun.

Vergewissern Sie sich jedoch, daß ein wirklicher Dringlichkeitsfall vorliegt! Natürlich müssen Sie bereit sein, im gleichen Fall auch selbst wieder einzuspringen.

12. Bereiten Sie sich auf neue Krisen vor!

Nehmen Sie sich, wenn Ihr Tagesablauf beendet ist, die Zeit, sich darüber Rechenschaft abzulegen, was da abgelaufen ist, und dafür, sich Gedanken darüber zu machen, wie sich Wiederholungen vermeiden lassen.

Die Kunst, Krisen vorzubeugen

Es gibt einige effektive Möglichkeiten, einer Krise vorzubeugen. Dazu gehören die folgenden drei:

1. Haben Sie immer eine vorbereitete Liste von möglichen Sofortmaßnahmen zur Hand.

2. Benennen Sie verschiedene Zuständige für Teilbereiche einer möglichen Krise.

3. Bereiten Sie Alternativen vor.

Zu Ihrer Unterstützung führen wir hier fünfzehn Hilfsmittel auf, mit denen man dem Auftreten und der Entwicklung von Problemen und damit Krisen begegnen kann. Lesen Sie sich sorgfältig die verschiedenen Vorschläge durch und kreuzen Sie sich jene an, die Sie persönlich in die Tat umsetzen werden:

O 1. Versuchen Sie, Probleme vorauszuahnen, die auftreten können. Versuchen Sie gleichermaßen, sich Wege vorzustellen, wie man ihnen begegnen oder sie lösen kann.

O 2. Bemühen Sie sich, Pläne für Ihre Zukunft, Projekte und Ziele im Kopf zu haben. Das relativiert bestimmte Probleme, die sich auf dem Wege ergeben.

O 3. Sehen Sie in Ihrem Terminkalender Kontrollen aller wesentlicher Entwicklungsphasen Ihrer Vorhaben vor.

O 4. Räumen Sie sich die notwendige Zeit dafür ein, Ihre Vorhaben in guter und angemessener Form durchzuziehen.

O 5. Lernen Sie es, den Problemen offen ins Auge zu schauen, sobald sie auftreten. Je länger Sie warten, desto stärker entwickelt sich ein Problem.

O 6. Betreiben Sie auf keinen Fall "Vogel-Strauß-Politik". Wenn Sie jedoch überhaupt nichts gegen ein Problem unternehmen können, versuchen Sie, es völlig zu verdrängen.

O 7. Stellen Sie sich auf die großen Entwicklungslinien ein und bereiten Sie sich auf Veränderungen vor.

O 8. Nehmen Sie sich stets die Zeit zu ruhiger Überlegung, auch in einer Krisensituation, bewahren Sie einen kühlen Kopf und versuchen Sie, die Tatsachen objektiv zu bewerten.

O 9. Umreißen Sie das Problem schriftlich.

26 - Wie verhält man sich gegenüber einer Schwierigkeit?

o   10. Versuchen Sie, die Bedeutung des Problems richtig zu bewerten, um festzustellen, ob es auch wirklich eine Änderung Ihrer Prioritäten verdient.

o   11. Benachrichtigen Sie Ihre Vorgesetzten vom Auftreten dieses Problems.

o   12. Benachrichtigen Sie gegebenenfalls Ihre Mitarbeiter vom Auftreten dieses Problems.

o   13. Versuchen Sie sich daran zu erinnern, ob Sie nicht schon einmal in der Vergangenheit ein ähnliches Problem lösen mußten. Wenn Sie dabei Erfolg hatten, dann versuchen Sie die Lösung auf die gleiche Weise unter Anpassung an die neuen Gegebenheiten. Wenn sie keinen Erfolg hatten, sollten Sie daraus entsprechende Lehren ziehen und Ihren Fehler nicht wiederholen.

o   14. Sobald eine Lösung gefunden wurde, sei es durch Beratung oder Analyse, sollten Sie einen Angriffsplan für die Lösung solcher Probleme aufstellen: wer, was, wie, wann?

o   15. Bewerten Sie sorgfältig die Ergebnisse dieses Plans und nutzen Sie sie, um dem Auftreten anderer Probleme zu begegnen!

Nun sind Sie also vorbereitet darauf, einer Krise zu begegnen und die Schwierigkeiten anzugehen, die dadurch hervorgerufen werden. Wie müssen Sie sich nun verhalten? Hier eine Checkliste für Sie in fünf Fragen:

Wie verhält man sich gegenüber einer Schwierigkeit?

Statt daß Sie in einer schwierigen Situation dieser ausweichen und so tun, als gäbe es sie nicht, sollten Sie sie angehen - aber positiv, ohne Panik und Angst. Hier zwei Schlüsselfragen, die Ihnen selbstbewußte und kreative Überlegung sichern:

26 - Wie verhält man sich gegenüber einer Schwierigkeit?

1. Was macht mir in einer solchen Situation Angst?
....
....
....
....
....
....
....

2. An welche schon einmal vorgekommene Situationen erinnert mich die jetzige?
....
....
....
....
....
....
....
....
....

Es ist wichtig, die entsprechenden Faktoren gut herauszuarbeiten und die entscheidenden Aspekte dabei hervorzuheben. Lesen Sie Ihre Antworten nochmals durch und prägen Sie sich deren Kern ein. Vor allem darf man die negativen Aspekte nicht herunterspielen oder unterdrücken, denn dadurch verschwinden sie ja nicht, sondern werden eher noch verstärkt. Je genauer man eine Schwierigkeit kennt, desto besser läßt sie sich bekämpfen.

Untersuchen wir erneut die Situation:

3. Welches Risiko gehe ich ein, wenn ich sie angehe?
....
....
....
....
....
....
....
....
....

26 - Wie verhält man sich gegenüber einer Schwierigkeit?

4. Ist das eine stimulierende Herausforderung für mich?
    O Ja   O Nein

Wenn ja, inwiefern?
....
....
....
....
....
....
....
....

Wenn nein, warum nicht?
....
....
....
....
....
....
....
....

5. Wenn ich versage, wie werde ich mich aus der Affäre ziehen?
....
....
....
....
....
....

    Es ist erforderlich, daß Sie angesichts einer gegebenen Situation alle Aspekte nüchtern und gründlich bedenken und dabei auch ein mögliches Mißlingen nicht ausschließen.

    Es ist notwendig, daß Sie stets bereit sind, alle Konsequenzen aus Ihrer Entscheidung zu tragen und dies ganz bewußt. Das gilt auch für den Fall, daß Sie vielleicht im Augenblick gar nichts unternehmen, aber nicht etwa aus Angst, sondern nach kühler Abschätzung des Sachverhalts.

Der ideale Tagesablauf, um produktiv zu sein

Zum Abschluß sollten Sie sich intensiv die untenstehende Checkliste anschauen. Sie führt die optimalen Bedingungen für einen effektiven und produktiven Tagesablauf auf, während dessen Krisen zwar auch nicht "völlig unmöglich" sind, aber doch weniger wahrscheinlich.

Und wenn es dazu kommt, sind Sie darauf vorbereitet, mit ihnen fertig zu werden. Es sind dann eigentlich schon gar keine Krisen mehr, sondern unerwartete Herausforderungen, die Ihnen Gelegenheit geben, die Zuverlässigkeit Ihrer Planung und Zeitorganisation unter Beweis zu stellen.

Wenn die meisten Punkte der Liste unten auf Sie zutreffen, dann zeigt das, daß Sie schon in hohem Maße "organisiert" sind. Sie haben Ihre Zeiteinteilung bereits fest im Griff. Und Ihre eigenen Tage ähneln schon sehr weitgehend diesem Idealtag. Wenn es noch ein paar Abweichungen gibt, prägen Sie sich gut ein, welche Punkte es zu verbessern gilt.

Halten Sie sich vor Augen, daß die Beschreibung dieses idealen Tageslaufs keineswegs "pure Einbildung" ist, sondern sich am wirklichen Tagesablauf von Menschen orientiert, die ihre Zeit beherrschen. Die folgende Schilderung eines solche Tages sollte auch für Sie zum Ideal werden!

Checkliste für einen idealen Tagesablauf

o   Beim Aufstehen sind Sie frisch, entspannt und positiv eingestellt!

o   Bei Arbeitsbeginn ist der Stundenplan für Ihren Tag bereits fertig!

o   Sie treffen sich kurz mit Untergebenen, Kollegen und Vorgesetzten, um sich über deren Fragen oder Aufträge zu informieren.

26 - Checkliste für einen idealen Tagesablauf

O   Als nächstes nehmen Sie sich Ihre "stille Stunde".

O   Störungen und Unterbrechungen meistern Sie rasch und effektiv.

O   Pausen nutzen Sie voll durch bewußte Entspannung unter strikter Einhaltung Ihres Terminkalenders.

O   Sie nehmen eine leichte, aber nahrhafte Mahlzeit zu sich.

O   Mit dem Ziel einer Verminderung der Papierflut sortieren Sie Ihre Post vor.

O   Sitzungen sind gut vorbereitet und laufen straff gelenkt ab. Ihre Besprechungen sind gut geplant.

O   Bevor Sie nach Hause gehen, machen Sie den Tagesplan für den kommenden Tag.

O   Zu Hause nutzen Sie dann Ihre freie Zeit voll mit Ihren Freunden oder Ihrer Familie, wobei sie auf strikte Trennung von Privat- und Berufsleben achten.

Im vorliegenden Kapitel haben wir uns damit beschäftigt, wie Sie sich von der Rolle des ewigen Verlierers befreien können.

Im folgenden Kapitel werden Sie dann - auf eine Art, die Sie vielleicht überraschen wird - sehen, daß das Ziel des Zeitmanagements keineswegs ist, Sie von all Ihren Schwächen zu befreien. Keine Rede davon!

Don't work harder, work smarter!

Kapitel 27

Ihre Fehler sind
Ihre besten Freunde!

"Wie schön ist es, gar nichts zu tun ..."

Wir haben es bereits gesagt - Ziel unseres Zeitmanagementsytems ist es nicht, aus Ihnen eine Maschine zu machen.

Ganz im Gegenteil.

Sie dürfen nicht zum Sklaven Ihrer Zeiteinteilung werden! Ihre Zeiteinteilung muß vielmehr Ihnen dienen, Ihr Leben verändern, damit Sie mehr Freizeit haben, kreativer sein können und sich besser selbst verwirklichen können.

Gleicherweise müssen Sie sich bewußt machen, daß Ihre Firma für Sie da sein sollte - und nicht umgekehrt!

Und Sie müssen auch stets und ständig "auf Empfang bleiben" gegenüber Ihrem inneren Rhythmus, Ihren Intuitionen, Ihren Wünschen.

Gleiches aber gilt auch im Hinblick auf Ihre Fehler, Ihre Schwächen, Ihre Unkenntnis in manchen Bereichen und Ihre Irrtümer.

Natürlich wirkt sich eine effektive Zeitorganisation auf die ganze Persönlichkeit aus. Aber das Zeitmanagementsystem erhebt nicht den Anspruch, aus Ihnen ein "perfektes Wesen" zu machen - ganz abgesehen von der Frage, ob es das überhaupt gibt ... und ob es wünschenswert und angenehm wäre.

Ganz im Gegenteil - dank unserem Zeitmanagementsystems werden Sie selbst mit Ihren Fehlern besser zurechtkommen.

Und die Unkenntnis in manchen Dingen? - Sie werden lernen, auch damit zu leben, ganz wie Henry Ford, der stolz darauf war, daß er stets nur auf einen Knopf zu drücken brauchte, damit ein Experte ihm das sagte, was er gerade wissen wollte.

Halten Sie es wie er!

Dank Ihrer Unkenntnis können Sie delegieren und um Rat fragen, und diese beiden Aktivitäten sind unerläßlich für eine vernünftige Nutzung der Zeit; leider fallen sie den Perfektionisten und Arbeitstieren schwer.

Jeden Tag ein Fest

Ohne mich gleich zu meinen Fehlern zu beglückwünschen, ziehe ich doch auch Nutzen daraus und bemühe mich, aus meinen Fehlern zu lernen. Ich zwinge mich, auf meinen inneren Rhythmus zu achten, denn ich weiß aus Erfahrung, daß die Grundbedingung meiner Existenz mein inneres Gleichgewicht ist und daß alles bekämpft werden muß, was dieses gefährdet.

Daher bemühe ich mich immer, wenn ich mich überlastet fühle und von allen Seiten bedrängt von der Last der Verpflichtungen, Abstand zu gewinnen; ich weiß dann, daß es Zeit ist, mich "auszuklinken". Das sei nicht möglich, sagen Sie - Ihr Chef hätte dafür nicht das mindeste Verständnis?

Zunächst einmal sage ich mir: Wenn ich mich überschwemmen lasse, wenn mein Tag nur noch aus Spannung, Ärger und Widerwärtigkeiten besteht - wo liegt dann sein Sinn? Und dann halte ich mir stets vor

Augen, daß eine solche Situation nur das Ergebnis einer schlechten Organisation, einer schlechten Zeiteinteilung sein kann. Kurz, es ist Zeit, Abstand zu gewinnen, Maßnahmen zu ergreifen, zu handeln! Vielleicht bin ich an einem kritischen Punkt meiner Entwicklung angekommen; um die nächste Stufe zu erklimmen und mich meinem Ziel weiter zu nähern, ist es heute vielleicht nötig, meine Strategie neu auszurichten, bestimmte Aktivitäten aufzugeben usw. ...

Ich vergesse nie, daß ich einmal auf meinem Grabstein stehen haben möchte:

> **Hier ruht ein Mann, der sich bemühte, über jeden Tag seines Lebens froh zu sein.**

Und wie steht es mit Ihnen - würden Sie einen solchen Grabspruch verdienen?

Wenn Sie noch heute abend sterben würden - könnten Sie sagen, daß Sie an diesem letzten Tag Ihres Lebens glücklich waren?

Wer sagt Ihnen denn übrigens, daß Sie nicht vielleicht wirklich, ohne das zu wissen, gerade das letzte Jahr, den letzten Monat, den letzten Tag Ihres Lebens durchleben? Man denkt nicht gerne daran, nicht wahr?

Als ich es früher nötig hatte, mich sehr stark zu motivieren, hat mich dieser Gedanke förmlich elektrisiert. Und wenn dann die Sonne wieder aufging über der Erde, breitete sich ein frohes und zuversichtliches Lächeln über mein Gesicht und ich sagte mir: ich bin noch da, bin wieder da! Und Sie - meinen Sie nicht auch, daß Sie noch heute damit anfangen sollten, Ihre Zeit so zu organisieren, daß jeder Tag für Sie zu einer Eroberung wird, einem Erfolg, einem Fest?

Kleine Paradoxe mit großem Nutzen

Pierre Nicolas führt in seinem Werk über Zeitplanung einige

"paradoxe Prinzipien für effektiveres Handeln" auf.

Nehmen Sie sie aufmerksam zur Kenntnis.

Welche Prinzipien wenden Sie zur Zeit auf Ihre Leben an oder würden Sie gerne anwenden?

Wir wirken sie sich auf Ihre Überlegungen zur Zeitplanung aus?

Zitieren wir nun kurz diese vier paradoxen Prinzipien:

"Ich räume mir das 'Recht auf Irrtum' ein."

"Ich wiederhole mir ganz regelmäßig: 'Du mußt nicht alles wissen, sondern nur wissen, wo du das finden kannst, was du brauchst.'"

"Ich versäume keine Gelegenheit, nichts zu tun, und gönne mir das regelmäßig."

Über letzteren Punkt verbreitet er sich geradezu meisterhaft:

"Ich bin weder ein Genie noch blöde, aber habe eine Menge Fehler; ich bin sozusagen ein 'Betrieb', also eine Organisation, deren Ziel es ist, positive sichere und zuverlässige Ergebnisse zu erbringen gegenüber einer Gruppe von Menschen, die im Durchschnitt diese Eigenschaften nicht für sich in Anspruch nehmen können.

Meine Schwächen ändern sich nicht: <u>das ist also die Basis, auf die ich bauen kann.</u>

Ich treffe also meine Vorkehrungen und gehe dabei von meinem Unvermögen aus, ich schreibe und stelle dabei mein mangelhaftes Gedächtnis in Rechnung; und wenn es darum geht, 'mich selbst zu organisieren', muß ich meine bekannte Trägheit berücksichtigen!"

Ihre Fehler sind Ihr wahrer Reichtum!

Sie sehen also, daß es möglich ist, seine Schwächen ins Positive

27 - Ihre Fehler sind Ihr wahrer Reichtum!

zu kehren, aus seinen Mängeln und Fehlern Trümpfe zu machen und sie als Stärken zu nutzen.

Das Geheimnis dabei ist die Ehrlichkeit. - Zunächst einmal heißt das, mit sich selbst ehrlich zu sein. Seine Schwächen, seine Mängel, seine Widersprüche anzuerkennen.

In der Tat - wenn Sie einen Augenblick nachdenken, wer ist dann, Ihrer Meinung nach, der Typ, dem man den Erfolg zutrauen kann:

1. Jener, der es vorzieht, alles selbst zu machen, den Rat ablehnt und nicht bereit ist, irgendeine Schwäche, irgendeinen Fehler zuzugeben?

Oder vielleicht doch eher:

2. Jener, der seine Grenzen sieht (ohne daß er deswegen gleich in die Falle der Selbstherabsetzung tappt) und, während er seine starken Seiten fördert, all das delegiert, wofür er keine Begabung hat?

Man sagt, daß ein gut definiertes Problem bereits halb gelöst ist. Wenn man das auf die obigen beiden Fragen bezieht, ist die Antwort klar. Trotzdem aber stemmen wir uns oft dagegen, unsere Schwächen zuzugeben und unsere Fehler in Betracht zu ziehen.

Die folgende Checkliste versetzt Sie in die Lage, Schwächen und Fehler genauer zu bestimmen und Wege zu erkennen, um sie in den Griff zu bekommen.

1. Bringen Sie es fertig, zu Ihren Fehlern zu stehen?
2. Fühlen Sie sich aufgrund eines Fehlers schuldig?

Können Sie sich an eine Gelegenheit erinnern, bei der Sie - weil Ihnen ein Fehler passiert war und Sie deshalb Schuldgefühle hatten - sich geweigert haben, eine Entscheidung zu treffen?

Notieren Sie die Einzelheiten dieser Situation und machen Sie sich intensiv Gedanken darüber:

27 - Ihre Fehler sind Ihr wahrer Reichtum!

....
....
....

3. Fühlen Sie sich in der Lage, Ihre Fehler zu analysieren, um daraus Gewinn zu ziehen?

Notieren Sie auf den folgenden Zeilen zwei Beispiele für Fehler oder Irrtümer, die dann zu Verbesserungen in Ihrem Verhältnis der Arbeit gegenüber führten:

Beispiel 1:
....
....
....
....
....
....
....

Beispiel 2:
....
....
....
....
....
....
....

Was sind im Berufsleben die häufigsten Fehler, deren Vermeidung oder Ausschaltung eine Steigerung der Effektivität und Produktivität bringen würde?

Schreiben Sie die Ihrer Meinung nach häufigsten auf und machen Sie Vermeidungs-/Ausschaltungsvorschläge:

Fehler Nr. 1:
....
....
....
....

27 - Ihre Fehler sind Ihr wahrer Reichtum!

....
....

Fehler Nr. 2:
....
....
....
....

Fehler Nr. 3:
....
....
....
....

4. Überprüfen Sie Ihre Entscheidungen im Lichte neuer Informationen?

Wenn nicht, geben Sie anschließend ein Beispiel für eine falsche Entscheidung, die richtig hätte ausfallen können, wenn Sie das so gehandhabt hätten:
....
....
....
....
....

5. Haben Sie das Bedürfnis, alles zu wissen?

Wenn ja, dann notieren Sie untenstehend die Zeit, die Sie mit Lektüre jeder Art verbringen:
....

Stellen Sie sich die Frage (und schreiben Sie die Antwort auf), wozu die Stunden sonst hätten verwendet werden können.

6. Wenn das nicht zu Ihren Schwächen zählt - wissen Sie denn, wo Sie die benötigten Informationen finden können?

27 - Ihre Fehler sind Ihr wahrer Reichtum!

Notieren Sie mögliche Quellen der Information und die Häufigkeit, mit der Sie sie nutzen!

Quelle   Häufigkeit

....
....
....
....
....
....
....
....
....

7. Haben oder erstellen Sie eine Prioritätenliste für Ihre Lektüre, die sich an Ihren Arbeitsprioritäten orientiert?

8. Gestatten Sie sich, auch einmal gar nichts zu tun?

9. Fühlen Sie sich schuldig, wenn Sie wirklich einmal nichts tun?

10. Verschaffen Sie sich auch Gelegenheiten, einmal nichts zu tun?

11. Widmen Sie solche Zeiten dem schöpferischen Nachdenken?

12. Kennen Sie jene Fehler, die Ihnen eine Verbesserung erlauben könnten?

Nennen Sie zwei davon und halten Sie fest, inwiefern sie Ihnen helfen können, Reife und Erfahrung zu gewinnen:

Fehler Nr. 1:
....

Fehler Nr. 2:
....

13. Welche Entscheidungen werden Sie, in der Reihenfolge der Priorität, nach der Durchsicht dieses Fragebogens treffen, um Ihre Gewohnheiten im Berufs- wie im Privatleben zu verbessern:

27 - Ihre Fehler Sind Ihr wahrer Reichtum!

....
....
....
....
....
....
....

14. Halten Sie sich daran!

Wollen Sie nun weitere effektive Techniken der Spitzenmanager kennenlernen? Ich zeige Ihnen jede Menge davon auf den folgenden Seiten - folgen Sie mir also zum nächsten Kapitel ...

Nutzen Sie <u>Ihre Schwächen</u> und die Motivation,
die davon ausgeht, um noch mehr
Zeit zu gewinnen!

Persönliche Anmerkungen:

Kapitel 28

Schlüssel für die Konzentration

Im vorangegangenen Kapitel haben wir erfahren, daß man lernen muß, mit einigen unserer Schwächen und Fehler zu leben. Es ist notwendig, daß wir sie bei unserer Zeiteinteilung berücksichtigen, wenn wir glücklich und effektiv sein wollen. Noch besser aber ist es, wenn man seine Schwächen richtig und sinnvoll nutzt, um zum Erfolg zu kommen.

Dennoch gibt es gewisse Mängel, die nur schwer zu ertragen sind - und das nicht nur für die anderen!

Einer davon ist die Zerstreutheit, die auch einer der lästigsten Zeitfresser ist. Wir hätten uns damit ja schon in den vorhergehenden Kapiteln beschäftigen können, wo es um bestimmte Methoden ging, aber weil die Gründe dafür meist psychologischer Natur sind, haben wir uns das für diesen Abschnitt aufgespart.

Die Probleme eines Zerstreuten

Ist es Ihnen nicht auch schon oft passiert, daß Sie zehn Minuten nach Ihren Schlüsseln suchten, während diese - woran Sie nicht dachten - einfach noch im Türschloß steckten?

Oder wie war das noch mit dem Namen dieses neuen wichtigen Kunden, der Ihnen einfach nicht einfällt, obwohl Sie ihn doch direkt auf der Zunge haben?

Und wie war das doch noch mit diesem Bericht, den Sie und Ihre Sekretärin eine halbe Stunde lang gesucht haben, bis Ihnen klar wurde, daß Sie ihn noch gar nicht diktiert hatten?

Das sind nur einige wenige Beispiele für Zerstreutheit. Es gibt davon natürlich noch sehr viel mehr.

Was an der Zerstreutheit besonders lästig ist, ist nicht nur die Tatsache, daß - und das ist der Hauptgrund dafür, warum man versuchen muß, sie loszuwerden - man damit sehr viel Zeit verliert, sondern daß sie im allgemeinen auch ein Anlaß für Streß ist.

Sind Sie eigentlich zerstreut?

Nachfolgend ein Test, um das festzustellen.

Test

1. Vergessen Sie, wo Sie Ihr Auto geparkt haben?

    O Häufig   O Gelegentlich   O Nie

2. Ändern Sie die Ordnung der Dinge?

    O Häufig   O Gelegentlich   O Nie

3. Vergessen Sie Jahrestage, Gesprächstermine und ähnliche Anlässe?

    O Häufig   O Gelegentlich   O Nie

4. Kommt es vor, daß Sie in ein Einkaufszentrum gehen, dort mehrere Stunden verbringen, und dann doch heimkommen, ohne das mitzubringen, weswegen Sie eigentlich hingegangen sind?

    O Häufig   O Gelegentlich   O Nie

28 - Die Probleme eines Zerstreuten

5. Vergessen Sie den Grund eines Anrufs bei einem Freund oder einem Kunden?

   O Häufig   O Gelegentlich   O Nie

6. Kommt es vor, daß Ihnen - gerade wenn Sie den Hörer aufgelegt haben - einfällt, daß Sie vergessen haben, Ihrem Gesprächspartner etwas Wichtiges zu sagen?

   O Häufig   O Gelegentlich   O Nie

7. Machen Sie etwas und denken dabei an etwas ganz anderes?

   O Häufig   O Gelegentlich   O Nie

8. Ist es schon vorgekommen, daß Sie vor Ihrem Auto oder Ihrer Wohnung stehen und nicht hinein können?

   O Häufig   O Gelegentlich   O Nie

9. Kommt es vor, daß Sie gerade das Haus verlassen haben und dann feststellen, daß Sie etwas Wichtiges vergessen haben?

   O Häufig   O Gelegentlich   O Nie

10. Legen Sie die Dinge an den falschen Ort? Etwa Schlüssel in den Kühlschrank und die Butter auf die Heizung?

    O Häufig   O Gelegentlich   O Nie

11. Verpassen Sie den Starttermin/Abfahrtstermin Ihres Flugzeuges/Zuges?

    O Häufig   O Gelegentlich   O Nie

28 - Die Probleme eines Zerstreuten

12. Lassen Sie oft Ihre Schlüssel im Schloß stecken oder vergessen Sie es, einen Reißverschluß zu schließen?

   O   Häufig   O   Gelegentlich   O   Nie

13. Kommt es vor, daß Sie etwas zum zweiten Mal machen, weil Sie vergessen haben, daß Sie es ja bereits erledigten?

   O   Häufig   O   Gelegentlich   O   Nie

14. Vergessen Sie Dinge, die auf Ihrem Tagesplan standen?

   O   Häufig   O   Gelegentlich   O   Nie

15. Kommt es vor, daß Sie so in Ihre Gedanken versunken sind, daß Sie einfach weiterfahren oder weiterlaufen?

   O   Häufig   O   Gelegentlich   O   Nie

16. Kommt es vor, daß Sie Ihre Tür auf- oder zuschließen wollen, obwohl Sie das gerade schon getan haben?

   O   Häufig   O   Gelegentlich   O   Nie

17. Kommt es vor, daß Sie beim Gehen ausrutschen oder über irgend etwas stolpern?

   O   Häufig   O   Gelegentlich   O   Nie

Falls Sie mehr als fünfmal die Kästchen "Häufig" oder "Gelegentlich" angekreuzt haben, werden die folgenden Empfehlungen hilfreich für Sie sein.

Hilfreiche Ratschläge zur Überwindung Ihrer Zerstreutheit

Zerstreutheit hat mancherlei Ursachen, die oft sehr tiefsitzend, unterschwellig und versteckt sein können.

Es kann Überlastung schuld sein oder Ärger oder mangelnde Motivation, Angst vor Irrtümern oder Fehlern oder das zwanghafte Bestreben zu gefallen, was bewirkt, daß wir unfähig sind, uns zu konzentrieren auf das, was wir gerade tun.

Glücklicherweise ist Zerstreutheit kein unheilbares Leiden!

Ich kann Ihnen ein paar Tips geben, wie sich ihre Auswirkungen ausschalten oder doch beschränken lassen, und einige Ratschläge, wie Sie zumindest etwas dagegen unternehmen, sie vielleicht sogar kurieren können.

1. Versuchen Sie, jedem Ding einen festen Platz zu geben. Legen Sie niemals etwas einfach irgendwohin, oder doch jedenfalls so selten wie möglich.

2. Legen Sie Unterlagen für Dinge, die unbedingt erledigt werden müssen, mit einem entsprechenden Merkzettel stets an einen Platz, der gut in Ihrem Blickwinkel liegt. Noch besser: Verbinden Sie derartiges mit Dingen, die Sie gar nicht vergessen können.

Ein Beispiel dafür: Wenn ich einen außerordentlich wichtigen Brief aufgeben muß, dann lege ich ihn zu meinen Autoschlüsseln. Ich weiß, daß ich ohne meine Schlüssel nicht wegfahren kann, und daher werde ich auch den Brief nicht vergessen.

Wenn ich noch nicht sicher bin, ob ich wegfahren muß, lege ich beides vor die Eingangs- oder Wohnzimmertüre - wenn ich dann darüber stolpere, muß ich ja wohl daran denken.

3. Zwingen Sie sich durch betonte Konzentration dazu, sich stärker dessen bewußt zu sein, was Sie gerade tun. Fragen sie sich, ob Sie nicht überlastet sind. Man legt sich darüber oft trotz aller Symptome keine Rechenschaft ab.

4. Machen Sie sich Checklisten. Das ist ohne jeden Zweifel die beste Methode, um nichts zu vergessen (leider aber auch die am seltensten angewandte).

Im vorliegenden Lehrgang finden Sie eine ganze Menge solcher Checklisten. Zögern Sie aber nicht, sich weitere selbst nach Ihren Bedürfnissen anzulegen.

5. Schreiben Sie sich systematisch alles auf (oder halten Sie es auf andere Weise fest), was Sie nicht vergessen wollen.

6. Denken Sie auch an Kurse zur Gedächtnisschulung oder an Bücher, die entsprechende Methoden zur Verbesserung der Gedächtnisleistung lehren - das kann ganz außerordentlich hilfreich für Sie sein.

Zum Schluß dieses Abschnitts ein letzter Rat, vielleicht der wichtigste: Streben Sie danach, in der Gegenwart zu leben.

Nur Sie nämlich steht zu Ihrer Verfügung.

Die Vergangenheit kehrt nicht wieder,
die Zukunft ist ungewiß -
was zählt, ist die Gegenwart!

Sich Sorgen zu machen, bringt die Dinge nicht vorwärts!

Verweilen Sie einen Augenblick und denken Sie nach. Es lohnt sich, glauben Sie mir. Haben die vielen Sorgen, die Sie sich um alles und jedes machen und die Sie oft so sehr bedrängen, jemals irgendwie dazu beigetragen, eines Ihrer Probleme zu lösen? Haben sie jemals, und sei es auch in noch so bescheidenem Ausmaß, bewirkt, daß auch nur ein einziger Vorgang irgendwann einmal rascher abgeschlossen war?

28 - Sich Sorgen zu machen, bringt die Dinge nicht vorwärts!

Die Antwort ist wohl eindeutig: Nein.

Trotzdem aber - wie oft doch lassen wir uns bedrängen von der Flut der Ängste, Bekümmernissen, Sorgen, die uns unter manchen Umständen förmlich zu ersticken droht. Ich empfehle Ihnen nun keineswegs, sorglos zu sein. Aber was ich sage, ist: <u>Sorgen sind immer fruchtlos</u>.

Was es braucht, ist vielmehr, ruhig und energisch nach Lösungen zu suchen. Das ist es, was einen Vorgang weiterbringt.

Analysieren Sie sorgfältig die Sorgen, die Sie drücken. Gewöhnlich nehmen Sie die Form eines unaufhörlichen inneren Monologs an:

"Ich frage mich, ob diesem Kunden unser neues Produkt gefallen wird ..."

(Kann denn Ihre Sorge darüber, ob jenem Kunden, der gerade ganz am andern Ende der Stadt Ihr neues Produkt in den Händen hält, dieses auch gefällt, irgendeinen Einfluß auf seine Bewertung haben?

Nein!

Trotzdem aber hören Sie nicht auf, sich Sorgen deshalb zu machen ...)

"Ich fürchte wirklich, daß der Chef Lust haben wird, mich hinauszuschmeißen, wenn ich ihm erst meinen Bericht über die katastrophal schlechten Verkäufe vorgelegt habe!"

(Wird ihm vielleicht Ihr Bericht besser gefallen, nur weil diese Angst an Ihnen nagt?)

"Ich frage mich tatsächlich, wann endlich dieser Scheck eingeht, auf den ich nun schon seit zwei Wochen warte!"

(Hat denn Ihre ungeduldige Besorgnis irgendeinen Einfluß darauf, ob dieser Scheck früher oder später eingeht?)

Analysieren Sie mit klarem Blick die Situation!

Zwingen Sie sich zu der Einsicht, wie nutzlos wirklich solche Ängste sind (einmal abgesehen davon, daß sie in gewissen Fällen ein Alarmsignal sein können, das dringliche und radikale Maßnahmen auslöst).

Was notwendig ist, sind Maßnahmen, um die Situation zu klären! Das ist alles - und sonst nichts!

Was zum Beispiel diesen Scheck angeht, der immer noch nicht gekommen ist - warum denn nicht sofort denjenigen anrufen, der ihn versprochen hat?

Oft kann Offenheit einen entwaffnenden Effekt haben. Sagen Sie ihm doch zum Beispiel ganz ehrlich, daß Sie im Augenblick etwas in der Klemme und daher auf dieses Geld wirklich angewiesen sind.

Sie werden dann vielleicht erstaunt feststellen, daß er die Angelegenheit prompt regelt.

Oder fragen Sie den Betreffenden, wann genau er Ihnen denn nun diesen Scheck schicken wird - an welchem Tag spätestens?

Sobald Sie einmal wissen, daß Sie zu einem bestimmten Datum den Scheck haben werden, können Sie aufhören, sich darüber Sorgen zu machen - denn Sie haben ja jetzt Gewißheit!

Wenn andererseits der Aussteller nicht absolut zuverlässig ist und Sie mit ihm in der Vergangenheit schon gelegentlich Schwierigkeiten hatten, sollten Sie sich sofort eine Ersatzlösung überlegen für den Fall, daß der Scheck nicht eingeht. Denken Sie zum Beispiel an die Einschaltung eines Inkassobüros, das sich gegen eine gewisse Gebühr um die Eintreibung Ihrer Forderung kümmert.

Oder könnten Sie sich nicht vielleicht an einen anderen Kunden wenden, der Ihnen ebenfalls noch Geld schuldet? Oder einmal mit einem Freund oder auch Ihrer Bank telefonieren? Sie könnten zum Beispiel die Ausstellung eines Wechsels vorsehen, bei dem Sie das Geld, das sich die Bank dann später bei Ihrem Kunden holt, unter Abzug einer gewissen Provision sofort zur Verfügung haben.

Und wenn eine einzige derartige Vorsorgelösung Ihre Sorgen immer noch nicht vertreiben kann, dann denken Sie sich eine weitere aus!

Denken Sie dabei immer an die äußerste Lösung.

Fragen Sie sich, was Sie tun würden, wenn wirklich das Allerschlimmste passiert. Finden Sie auf diese Weise eine "Spitzen-Notlösung"!

Die allermeisten Sorgen bestätigen sich niemals!

Diese Überzeugung aus Erfahrung hat schon der berühmte Dale Carnegie ausgesprochen. Als ich das entdeckt habe, war ich etwas erstaunt. Aber da ich gerne systematisch vorgehe und auch über eine gewisse Skepsis verfüge, die ich für recht vernünftig halte, habe ich mich mit einer kleinen Untersuchung beschäftigt.

Ich bin alle Anlässe durchgegangen, bei denen ich mir im Laufe des vergangenen Monats Sorgen gemacht hatte. Und ich mußte (was mich beschämte) feststellen, daß ich mir in neun von zehn Fällen völlig überflüssigerweise Sorgen gemacht hatte!

Denn entweder war das, was ich befürchtet hatte, gar nicht eingetreten, oder es hatte nicht die schlimmen Auswirkungen gehabt, die ich mir vorgestellt hatte!

Sorgen sind also fruchtlos und unnütz; obendrein aber können sie <u>schädlich</u> sein!

Lassen Sie Ihre Sorgen wie durch Zauber verschwinden!

Im folgenden eine "Anti-Sorgen-Technik", die sich auf jede irgendwie beängstigende Situation anwenden läßt. Sie umfaßt nur drei Schritte von geradezu kindlicher Einfachheit:

28 - Was gilt es zu tun, um "ein Problem gut zu definieren"?

1. Machen Sie sich zunächst an eine Analyse der Situation, ohne dabei etwas auszulassen.
Stellen Sie dann fest, welches die schlimmsten Folgen sein könnten, die sich ergeben könnten.

2. Entschließen Sie sich, diese schlimmsten Folgen auf sich zu nehmen, wenn sie jemals eintreten sollten!

3. Verwenden Sie von diesem Augenblick an all Ihre Energie und all Ihre Zeit auf die Suche nach einer vernünftigen Lösung, die die widrigen Auswirkungen Ihres Fehlers abmildern könnte.

4. Handeln Sie!

5. Gehen Sie zu etwas anderem über, damit Sie auf andere Gedanken kommen.

Halten Sie sich stets die bekannte Formulierung von Charles Kettering vor Augen:

"Ein gut definiertes Problem ist schon zur Hälfte gelöst!"

Was gilt es zu tun, um "ein Problem gut zu definieren"?

Hier dazu die Methode von Dale Carnegie. Sie ist einfach und hat Millionen von Amerikanern bei der Lösung Ihrer Probleme geholfen.

O   Nehmen Sie sich zwei Blatt Papier.

O   Schreiben Sie auf eines davon:
    "Was genau macht mir zu schaffen?"

O   Beschreiben Sie so eindringlich wie nur möglich all Ihre Eindrücke und Empfindungen dazu.

O   Auf das zweite Blatt schreiben Sie:
    "Was kann ich tun, um da herauszukommen?"

O   Listen Sie alle Lösungen auf, die Ihnen in den Sinn kommen.

O   Beschreiben Sie die Lösungen Schritt für Schritt.

O   Fassen Sie schließlich einen Entschluß.

Wenn Ihre Entscheidung gefällt ist, sollten Sie sich an den Rat von William James halten:

"Sobald man einmal eine Entscheidung getroffen hat und es dann darum geht, sie in die Tat umzusetzen, muß man entschlossen jeden Zweifel im Hinblick auf das Endergebnis unterdrücken!"

Also - halten Sie sich daran!

Und vergessen Sie auch nie die Maxime von Alexis Carrel: "Männer der Wirtschaft, die ihre Sorgen nicht überwinden können, sterben früh!"

"Leben und Glück sind eine Frage der Einstellung"

Alle Schriftsteller, alle Psychologen, alle Philosophen sind sich darin einig:

"Life and happiness is a state of mind!" (Leben und Glück sind eine Frage der Einstellung!)

Wenn Sie positive Gedanken hegen, wenn Sie in sich dynamisches Denken fördern und Gedanken an Wohlstand und Glück, dann werden Sie auch günstige Umstände auf sich ziehen und alle Ihre Ziele erreichen.

Ihr Leben wird so werden, wie es schon immer hätte sein sollen - ein Spiel. Sie werden dessen Regeln kennen und sie zu Ihrem Vorteil anwenden, wie jene es tun, die in der Spitzengruppe der Gewinner stehen.

Erfolg und meisterhafter Umgang der Zeit gehen Hand in Hand mit einer dauerhaften und gründlichen Wandlung des eigenen Ich.

Wenn Sie Ihr Wissen um sich selbst vertiefen, werden Sie auch feststellen können, daß es zwei Typen von Menschen gibt - die einen scheinen für den Erfolg bestimmt zu sein, die anderen für den Mißerfolg.

Der Unterschied wird weithin bestimmt durch das, was die Psychologen Selbsteinschätzung oder Selbstbild nennen - das Bild, das sich der einzelne von seiner eigenen Persönlichkeit macht.

Das mysteriöse Bild von sich selbst

Wie entsteht dieses "geistige Selbstporträt"?

Es ergibt sich, kurz gesagt, als Produkt all Ihrer Erfahrungen, Ihrer Erfolge und Mißerfolge in der Vergangenheit und aus der Summe aller Gedanken, die Sie sich im Laufe Ihres Lebens gemacht haben.

So sind manche Menschen in ihrem Inneren überzeugt davon, daß sie es niemals schaffen können, zum Direktor des Unternehmens aufzusteigen, in dem sie beschäftigt sind. Das ist Teil ihrer Selbsteinschätzung.

Das Ergebnis? Sie werden nicht Direktor - und das einfach schon deshalb, weil - so merkwürdig das auf den ersten Blick scheinen mag - der Lauf der Dinge sich unweigerlich an dem Bild orientiert, das wir uns von uns selbst machen.

Der Philosoph William James drückt das so aus:

> "Man führt sein Leben so, wie man sich das im Geiste vorstellt."

Eine der besten Methoden (und obendrein eine der schnellsten und einfachsten), um sein Selbstbild zu verändern, ist Auto-Suggestion.

Ich habe sie persönlich schon Hunderten von Leuten empfohlen, und alle, die sie angewandt haben, konnten eine rasche Wandlung verzeichnen, die sie selbst am meisten erstaunte.

Ändern Sie Ihre innere Einstellung!

Gehen Sie diesen ganzen Lehrgang noch einmal durch. Unterstreichen Sie dabei Kernsätze, denen Sie folgen, an denen Sie Ihr Verhalten und Ihr Denken ausrichten wollen. Indem Sie sie sich im stillen wiederholen oder sie immer wieder lesen, werden Sie in zunehmendem Maße positiv.

Und zugleich werden Sie feststellen, wie negativ eingestellt Sie bisher waren!

Ihr Sinn für Zeiteinteilung wird sich ändern. Alle die inneren Sperren werden nach und nach verschwinden, die Sie bisher daran gehindert haben, den Ratschlägen zu folgen, die Sie erhielten, obwohl Sie verstandesmäßig von ihrer Richtigkeit überzeugt waren.

Sie werden sie jetzt von innen heraus verstehen und sie zum Bestandteil Ihres Lebens machen.

Sie werden verstehen, warum Sie zum Aufschieben neigten.

Oft liegt das daran, daß Sie ein negatives Bild von sich selbst hatten. Weil es Ihnen an Selbstvertrauen mangelt. Weil Sie den Mißerfolg fürchteten. Alles Dinge, die nichts sind als negative Programmierung, von der Sie sich im Handumdrehen befreien werden!

Sie werden auch verstehen, warum Sie Perfektionist waren.

Warum Sie ein Arbeitstier waren, das niemals einhalten konnte, um sein Leben zu genießen. Und Sie werden verstehen, warum es Ihnen bisher nicht gelingen konnte, Ihre Ziele zu erreichen.

Und Sie werden anfangen, in Ihrem Leben die positive Haltung der Zeitorganisation unmittelbar in die Praxis umzusetzen.

Was können Sie von sofort an tun?

Zögern Sie nicht damit, die notwendigen Schritte zu unternehmen, um sich die Haltung des positiven Denkens anzueignen!

Beginnen Sie sofort damit, indem sie auf den folgenden Zeilen Ihre Möglichkeiten notieren, um dahin zu gelangen:

Was wollen Sie noch heute abend unternehmen?
....
....
....
....
....
....

Was wollen Sie morgen nach dem Aufstehen machen, um Ihren Tag dynamischer zu gestalten und ihn besser in Übereinstimmung zu bringen mit den Lehren, die wir im vorstehenden aufgelistet haben?
....
....
....
....
....
....

Machen Sie aus Ihren Abenden die starken Stunden des Tages!

Ein Abend zu Hause artet oft dazu aus, daß man die Probleme des Tages noch einmal durchkaut oder widerstrebend an das denkt, was am folgenden Tag auf einen zukommt - kurz, zu einem Schmoren im Negativismus!

Werfen Sie das Ruder herum, richten Sie den Kurs auf das Positive! Welche Wege sehen Sie im Licht des bisher Gesagten, die Sie gehen wollen, um aus Ihren Abenden starke Stunden zu machen?

Notieren Sie auf den folgenden Zeilen fünf Möglichkeiten, die Ihnen einfallen, um in diesem Sinne diese freien Stunden angenehm zu gestalten (Familie? Ausgehen? Kino, Theater, Konzert?)!

Möglichkeit 1:
....
....
....
....

28 - Machen Sie aus Ihren Abenden die starken Stunden des Tages!

....
....

Möglichkeit 2:
....
....
....
....

Möglichkeit 3:
....
....
....
....

Möglichkeit 4:
....
....
....
....

Möglichkeit 5:
....
....
....
....

Sie haben jetzt alles Notwendige in der Hand, um aus dem positiven Denken Ihre Lebenseinstellung zu machen!

Jetzt ist es an Ihnen, Nutzen daraus zu ziehen.

"Die einzigen Grenzen für das, was wir
morgen schaffen können, sind unsere
Zweifel von heute!"

Zum Abschluß

Ihr wertvollster Besitz

Sie werden unaufhaltsam älter ...

Die Zeit, die wir haben, ist begrenzt ...

Immer dann, wenn ungebetene Besucher Ihnen die Zeit stehlen, wenn sie keinen vernünftigen Gebrauch von Ihrer Zeit machen, wenn Sie zögern, alle Techniken des Zeitmanagementsystems zu nutzen, sollten Sie an die folgende Geschichte denken, die ich in dem Buch "Zeit ist Geld ... und Vergnügen!" gefunden habe:

"Es war einmal ein alter Fischer, der auf einer einsamen Insel vor der irischen Küste lebte und eines Tages am Strand ein glitzerndes Ding fand, wie er es noch niemals vorher gesehen hatte - einen Spiegel.

Er schaute aufmerksam hinein und rief dann verblüfft aus: 'Lieber Gott - mein Vater!'

Er trug den Spiegel heimlich nach Hause, versteckte ihn auf dem Speicher und stieg jede Nacht, wenn er sich von seiner Frau unbeobachtet glaubte, dort hinauf, um ihn zu betrachten.

Seine Frau bemerkte das natürlich doch, war beunruhigt über das seltsame Verhalten ihres Mannes und wartete nur, bis dieser zum Fischen weit hinausfuhr, um auf den Speicher zu steigen und dort zu stöbern.

Sie fand schließlich das merkwürdige Ding, war aber sofort beruhigt:

'Na Gott sei Dank, das ist ja nur eine alte Frau!'"

Nutzen Sie jede Sekunde, die verstreicht!

Wir alle ähneln ein wenig den beiden naiven Menschen in der vorstehenden Geschichte. Sehr oft nehmen wir einfach wahr, daß wir älter werden. Oder vielmehr, wir machen uns nicht bewußt, daß die Zeit vergeht, und das sogar sehr schnell.

Durch unser Zeitmanagementsystem haben Sie inzwischen gelernt, effektiv mit Ihrer Zeit umzugehen, damit Sie mehr Freiheit genießen können, mehr vom Leben haben, ganz einfach Zeit haben.

Und ist nicht im Grunde genau das das Wichtigste?

Je besser sie den Umgang mit Ihrer Zeit beherrschen, desto mehr freie Zeit werden Sie haben und desto mehr werden Sie jede Sekunde genießen können, die verstreicht ...

Die Kunst, sich regelmäßig die richtigen Fragen zu stellen

Während der letzten Jahre hatte ich reichlich Gelegenheit, über die Organisation der Zeit nachzudenken.

Diese Beschäftigung mit der Zeit erfordert übrigens ständig neue Anpassung. Es geht hier nicht um eine Fähigkeit, die man ein für allemal erwerben könnte und bei der es dann bleibt.

Was man jedoch erwirbt, ist die richtige Einstellung gegenüber der Organisation der Zeit. Diese Einstellung bringt es mit sich, daß man regelmäßig die Effektivität seiner Methoden überprüft.

Dazu gehört es, daß man sich die richtigen Fragen stellt, nämlich:

Zum Abschluß - Die Kunst, sich regelmäßig die richtigen Fragen zu stellen

O   Wieviel ist jede Stunde meiner Arbeitszeit wert?

O   Wie könnte ich heute besseren Gebrauch von meiner Zeit machen? Mache ich übrigens zur Zeit den bestmöglichen Gebrauch von meiner Zeit?

O   Delegiere ich ausreichend? Die richtigen Aufgaben? An die richtigen Leute?

O   Bin ich der Herr meiner Zeiteinteilung - oder etwa Ihr Sklave?

Ich habe mir angewöhnt, mir jedes Jahr, gewöhnlich im Januar - das ist der günstigste Monat, um Bilanz zu ziehen und neue Entschlüsse zu fassen - eine Reihe von Schlüsselfragen vorzulegen. Dabei handelt es sich um zehn Fragen - aber ich werde Ihnen nicht sagen, wie sie lauten, denn für jeden sind wieder andere wichtig, und Sie müssen selbst herausfinden, welche für Sie entscheidend sind.

Ich antworte auf diese Fragen so ehrlich wie möglich.

Und ich schreibe mir meine Antworten auf. Das ist der beste Weg, um nichts zu vergessen - und mich zu verpflichten, und sei es auch nur mir selbst gegenüber ...

Ich schreibe mir auch meine Entschlüsse vom letzten Jahr auf und vergleiche, ob ich sie eingehalten und verwirklicht habe.

Nur wenige Menschen machen sich die Mühe, so etwas zu tun. Ich kann Ihnen aber versichern, daß ich ganz enorme Fortschritte gemacht habe, seit ich mir dieses Vorgehen angewöhnte, das mich nicht mehr als einen Nachmittag pro Jahr kostet - wie wenig ist das im Vergleich zu dem Nutzen, den ich daraus ziehe!

Wie soll man denn allein schon feststellen, wie und in welche Richtung man sich entwickelt, wenn man nicht regelmäßig seine Fortschritte bewertet? Außerdem besteht leicht die Gefahr, daß man auf der Stelle tritt oder sich treiben läßt, wenn man keine solchen Bewertungen und Überprüfungen vornimmt. Ihr Fortschritt hängt auch von der genauen Festlegung Ihrer persönlichen Ziele ab.

Zum Abschluß dieses Lehrgangs schlage ich Ihnen eine sehr wichtige Übung vor. Sie hatten ja inzwischen Gelegenheit, ein paar Stunden lang über die Einteilung Ihrer Zeit nachzudenken.

Schreiben Sie nun also hier die zehn Fragen auf, die Sie sich künftig jedes Jahr stellen wollen:

**Meine zehn persönlichen Fragen in bezug
auf die Einteilung meiner Zeit:**

1. ....
....

2. ....
....

3. ....
....

4. ....
....

5. ....
....

6. ....
....

7. ....
....

8. ....
....

9. ....
....

Zum Abschluß - Die Kunst, sich regelmäßig die richtigen Fragen zu stellen

10. ....
....

Allein die Tatsache, daß Sie genau diese zehn Fragen gewählt haben und nicht irgendwelche anderen, ist außerordentlich kennzeichnend. Denn es ist ja kein Zufall, daß es gerade diese zehn Fragen sind. (Und ich habe aus gutem Grund, nämlich um Sie nicht zu beeinflussen, Ihnen meine eigenen Fragen nicht genannt.)

Die Wahl dieser zehn Fragen (Sie hätten ja Hunderte von völlig anderen wählen können) macht Ihre Hauptinteressen deutlich, Ihre Schwächen, Ihre Stärken, die Sie noch verbessern wollen, und schließlich Ihre Ziele für das kommende Jahr.

Nachdem Sie sich nun entscheidende Fragen gestellt haben, sollten Sie sich zehn Ziele notieren, die Sie im Laufe des kommenden Jahres erreichen wollen (neue Ziele oder Verbesserungen).

Übung

Meine zehn Ziele für das kommende Jahr in bezug auf meine Zeiteinteilung

1. ....
....

2. ....
....

3. ....
....

4. ....
....

5. ....
....

Zum Abschluß - Wie lautet Ihre persönliche Philosophie für den Umgang mit der Zeit?

6. ....
   ....

7. ....
   ....

8. ....
   ....

9. ....
   ....

10. ....
    ....

Wie lautet Ihre persönliche Philosophie für den Umgang mit der Zeit?

Sie haben sich nun mit der kompletten Methode des Zeitmanagmentsystems vertraut gemacht.

Bravo!

Selbst wenn Sie jetzt unmittelbar gar nichts weiter tun würden, wenn Sie nicht die Absicht hätten, das systematisch in die Praxis umzusetzen, was Sie soeben gelernt haben, haben Sie sich verbessert.

Und das aus verschieden Gründen.

Erstens einmal, weil Sie sich der Fehler und Irrtümer bewußt geworden sind, die Sie - und die allermeisten Menschen rund um Sie - begehen!

Es genügt ja oft schon, sich eines Fehlers bewußt zu werden, um ihn zu korrigieren. Und wenn das auch kein ausreichender Schritt ist, so ist es doch jedenfalls ein notwendiger ...

Außerdem aber haben Sie eine Menge von "Tricks" und von Geheimnissen kennengelernt.

Zum Abschluß - Wie lautet Ihre persönliche Philosophie für den Umgang mit der Zeit?

Nun schlage ich Ihnen eine weitere Übung vor.

Wenn Sie Ihre Philosophie über den Umgang mit der Zeit in 25 Punkte zusammenfassen sollten, wie würden Sie das machen?

Um sich diese Aufgabe zu erleichtern, sollten Sie sich vorstellen, daß Sie einem guten Freund oder Ihrem Sohn die Hauptpunkte Ihrer Philosophie vom Umgang mit der Zeit "hinterlassen" wollen.

Das ist wichtig, das ist sogar sehr wichtig. Denn Sie haben ja inzwischen begriffen, daß nur der sein Leben meistern kann, der auch den Umgang mit seiner Zeit meistert.

Ihre persönliche Philosophie für den Umgang mit der Zeit:

1. ....
2. ....
3. ....
4. ....
5. ....
6. ....
7. ....
8. ....
9. ....
10. ....
11. ....
12. ....
13. ....
14. ....
15. ....
16. ....
17. ....

18. ....
19. ....
20. ....
21. ....
22. ....
23. ....
24. ....
25. ....

Mein Grundgedanke zum Umgang mit der Zeit - oder die Aufschrift, die ich mir auf meinem Grabstein wünschen würde:

....
....

Glückwunsch!

Das war eine reife Leistung - ein starkes Stück Gedankenarbeit!

Meine 55 persönlichen Prinzipien

Sicher darf ich Ihnen jetzt noch meine 55 persönlichen Geheimnisse oder Prinzipien im Umgang mit der Zeit verraten, die das Ergebnis von über zwanzig Jahren Erfahrung und Nachdenken und von Gesprächen mit Spitzenmanagern sind.

Viele haben Eingang gefunden in den vorliegenden Lehrgang. Andere wieder sind mehr persönlicher Art. Ich habe sie bisher vor niemandem enthüllt. Jetzt aber stehen sie Ihnen zur Verfügung:

    1. **Ich verwerte "tote Zeit": Aufenthalte in einem Wartesaal, Wegezeiten usw.**

Der Schlüssel dazu: Seinen Tagesablauf klar vor sich sehen, das wahrscheinliche Auftreten solcher "toten Zeiten" voraussehen, und stets irgendeine leichte Arbeit dabeihaben: Post, etwas zum Schreiben oder zum Lesen.

2. Ich habe eine Vorstellung davon, was eine Stunde meiner Zeit wert ist.

Ich berechne das jedes Jahr neu und bewerte danach stets, inwieweit es empfehlenswert ist, die Arbeit durch jemand anderen erledigen zu lassen.

3. Bei der Arbeit achte ich darauf, daß der Zeitaufwand dafür nicht in einem unangemessenen Verhältnis zu dem steht, was es mir einbringt - an Geld oder Vergnügen!

Mögliche Gefahr dabei: Wenn man nicht sorgfältig Arbeit, Familienleben und Freizeit auseinanderhält, wird man leicht zum "Arbeitstier"!

4. Ich denke daran, daß das Leben kurz ist und man nichts von seinem Besitz bei seinem Tod mit sich nehmen kann.

Daher mache ich es mir hier und jetzt angenehm und nicht morgen!

5. Bei einer Besprechung weise ich meinen Gesprächspartner gleich anfangs darauf hin, wieviel Zeit ich für ihn habe.

6. Ich mache mir nicht nur eine Tages- und eine Monatsliste für die Dinge, die zu erledigen sind, sondern hebe mir diese Listen auf und analysiere sie später nüchtern.

7. In meinem Verzeichnis sind die Telefonnummern nach den Gruppen "Haus", "Hotels/Restaurants", "Gesundheit" gesondert und nicht rein alphabetisch geordnet. (Dieses Verzeichnis ist im Computer gespeichert, und ich lasse alle drei Monate von den wichtigsten Adressen/Nummern einen Ausdruck auf Aufklebeetiketten in alphabetischer Folge fertigen.)

8. Ich sage mir stets, daß die üblicherweise für die Bewältigung einer Aufgabe angesetzte Zeit eine "mentale Begrenzung" ist, die in Frage gestellt werden kann.

9. Ich denke über den Rahmen aufgenommener Ideen hinaus.

10. Ich schreibe kurz: Briefe von drei Zeilen, Mitteilungen in einem Satz.

Ich fühle mich vor allem nicht verpflichtet, mehr zu schreiben.

11. Ich erledige meine Post täglich (durch Beantworten, Delegieren, Wegwerfen), damit sie sich nicht anhäuft.

12. Ich mache mir von wichtigen Passagen in Büchern, Zeitschriften, Dokumenten Fotokopien und sammle sie nach Themen in entsprechenden Ordnern/Heftern.

13. Ich habe einen sehr großen Papierkorb - und keinerlei Respekt vor der Gewichtigkeit dessen, was ich wegwerfe.

Ein Buch, eine Jahresübersicht, eine dickleibige Unterlage werden weggeworfen, wenn sie überflüssig geworden sind.

14. Ich habe eine Uhr, die Laut gibt, ein Laptop, das nicht größer ist als ein Papierbogen, ein Fax, ein Telefon mit Nummernspeicher, einen abfragbaren Anrufbeantworter, ein Minidiktiergerät - kurz, alle technischen Spielzeuge, immer vorausgesetzt, sie sind wirklich nützlich und erweisen sich rasch als unersetzlich.

15. Ich nehme täglich ein Gramm Vitamin C zu mir.

Ich esse leicht.
Ich vermeide "tote" Nahrung.
Ich lege jede Woche einen Fastentag ein.

16. Ich mache systematisch einen Bogen um negative Menschen, um "Problem-Menschen", die mir Kopfschmerzen verursachen.

Ich bemühe mich andererseits um positive, dynamisierende, stimulierende, erfrischende und originelle Kontakte.

17. Mehrmals täglich gestatte ich mir Erholung, Entspannung, Freude als Selbstbelohnung für die Erreichung von Zielen.

18. Ich verlange von Leuten, die mir <u>Probleme</u> unterbreiten, zugleich auch <u>Lösungsvorschläge</u>.

19. Ehe ich ja sage, frage ich mich, ob ich auch wirklich Lust dazu habe.

20. Vor größeren Veränderungen in meinem Leben habe ich keine Angst, getreu der Maxime:

"If you don't like it, change it!"
("Wenn Ihnen etwas nicht gefällt, dann ändern Sie es!")

21. Ich bin aufrichtig und fange damit bei mir selbst an: Ich akzeptiere, soweit es irgend geht, meine Schwächen, Mängel, Fehler und Irrtümer.

Damit gewinne ich sehr viel Zeit!

22. Ich nutze die Zeit "gegen den Strom": Ich fahre möglichst in verkehrsarmen Zeiten, ich schreibe, wenn ich nicht schlafen kann, usw.

23. Ich habe stets Checklisten für alles Mögliche zur Hand.

24. Ich habe stets Koffer für jede mögliche Reise vorbereitet.

25. Ich wende mich stets an die besten Spezialisten.

Wenn sie wirklich gut sind, ersparen sie mir eine Mengen Ausgaben.

26. Ich sage meinen Angestellten, daß sie selbst das Geld einbringen müssen, was ihr Gehalt verschlingt - und daß ich durch sie mehr verdienen will, als sie mich kosten.

27. Ich lege jedes Ding wieder an seinen Platz.

28. Ich leere meinen Papierkorb jeden Abend - und ich bringe meine Sorgen zu Papier, was auch eine Art von Leeren des Papierkorbs ist.

29. Ich führe Hefte, in denen ich alles notiere, was sich auf eine Angelegenheit beziehen kann. (Ein solches Heft ist losen Blättern stets vorzuziehen, weil es leichter zu handhaben ist.)

Ich beschrifte dabei stets nur die rechte Seite - die linke lasse ich frei für spätere Notizen.

30. Soweit wie irgend möglich plane ich auch zu erwartende Schwierigkeiten mit ein und versuche mich darauf vorzubereiten. Ich stelle auch die Möglichkeit eines Mißerfolgs in Rechnung und plane meine Reaktionen darauf wie bei einem Schachspiel.

31. Wenn ein Fehler gemacht wurde, suche ich nach dem Grund und sorge dafür, daß er sich nicht wiederholt.

32. Ich mache häufig Urlaub.

Das zwingt mich, eine Arbeit entweder zu beenden oder sie zu delegieren, ehe ich verreise.

Das bringt mich auf neue Ideen.

Es erlaubt mir, all meine Energie wiederzugewinnen.

Es führt zu neuen Anstößen und Anregungen, einer anderen Sicht der Dinge usw.

33. Meine Firma ist für mich da - nicht umgekehrt.

Die Zeiteinteilung soll mir dienen und mir Spaß machen.

Ich bin nicht ihr Sklave.

Ich höre auf meinen inneren Rhythmus, meine Intuition, meine Wünsche.

34. Was nicht unerläßlich ist, ist unnötig.

Diese Devise setze ich immer wieder ein, wenn die Verpflichtungen, die unerledigten Aufgaben usw. mich zu erdrücken drohen.

Die Schönheit einer Blume oder einer Frau, der Duft eines Kuchens, der Zauber einer Landschaft sind für mich unentbehrlich, um wahrhaft zu leben.

Ich weiß, was für mein gutes Funktionieren wirklich unerläßlich ist.

35. Welcher Spruch soll auf meinem Grabstein stehen?

Ich mache jeden Tag einen Schritt in diese Richtung. Ich strebe danach, jeden Tag sterben zu können in der Gewißheit, daß ich mit meinem Leben zufrieden sein kann.

36. Ich schalte soweit wie nur irgend möglich Sorgen aus, die vor allem nur Zeit verschlingen.

Ich vertraue auf mein Unterbewußtsein.

37. Statt mich mit jemandem zu treffen, telefoniere ich oder schicke ein Telex/Fax.
Statt zu schreiben, telefoniere ich.
Ich spreche die Dinge aus, statt sie für mich zu behalten. Ehe ich in einen Laden oder sonstwohin gehe, rufe ich an, um zu erfahren, ob das, was ich brauche, auch da ist, ob es bei dem Besprechungstermin bleibt usw.

38. Für Aktennotizen usw. verwende ich:

● dicke Punkte,
2. Ziffern,
GROSSBUCHSTABEN,
Unterstreichungen,
setze die Empfänger ein -
und veranlasse den Versand von Kopien.

39. Ich abonniere Zeitschriften und Informationsdienste.
Die interessanten Seiten reiße ich heraus, den Rest werfe ich weg.

40. Ich nehme mir die Zeit, mich gründlich zu waschen - welch ein Vergnügen! - Ich nehme mir die Zeit für ein gutes Frühstück - welch ein Vergnügen!

Auf diese Weise beginne ich den Tag voller Freude.

41. Ich belohne mich mit Geschenken!

42. Ich beschränke meine Bedürfnisse auf das Vergnügen, das ich beziehen werde aus dem, was ich tue, gebe, erbitte und empfange.

"Alles was nicht unerläßlich ist - ist unnötig!"

43. Ich beschränke die Verpflichtung auf den Inhalt eines gegebenen Versprechens.

44. Ich mache mich frei von der Abhängigkeit von der Einschätzung durch andere.

45. Ich weiß zu unterscheiden zwischen dem Wesentlichen und dem Nebensächlichen.

46. Ich fasse die Dinge zusammen, die zu erledigen sind.

Ich versuche in bezug auf die Einteilung und Nutzung meiner Zeit so einfallsreich wie möglich zu sein.

47. Ich arbeite mit Abkürzungen, wenn ich etwas aufschreibe, wie zum Beispiel:

+ für und,

o für nicht,

v für viel/viele,

Z für Zeit,

≠ für unterschiedlich,

zVs für zur Verfügung stellen usw.

48. Bei einer Bergwanderung sind für mich die Pausen ebenso wichtig wie das Wandern selbst.

Wenn ich einen Berg besteige, genieße ich auf dem Gipfel voll und ganz den Ausblick.

Solche positiven Erlebnisse präge ich tief in mein Gedächtnis ein.

Sie sind die Reserven für das innere Gleichgewicht.

49. Ich lausche auf meinen Körper, respektiere ihn, spreche mit ihm und schließe Verträge mit ihm.

50. Ich schließe Verträge
- mit mir selbst,
- mit anderen
über all das, was sich wiederholen kann und das ich - oder der andere - ändern möchte.

51. Ich wende in starkem Umfang das Pareto-Prinzip an: 80 % der Resultate werden durch 20 % der Arbeit erbracht.

52. Ich trainiere jeden Tag, um meine Konzentrationsfähigkeit und deren Dauer zu erhöhen.

Ich weiß, daß es möglich ist, sich bei entsprechender Übung ohne jede Unterbrechung für drei Stunden völlig zu konzentrieren, und besonders Geübte schaffen auch noch mehr.

Eine von "Executime", einem amerikanischen Informationsdienst, durchgeführte Untersuchung hat ergeben, daß Manager im Durchschnitt zehn Minuten brauchen, um sich in einen Vorgang einzuarbeiten, sich dann zwanzig Minuten konzentriert damit beschäftigen und sich anschließend zehn Minuten Entspannung gönnen. Von den vierzig Minuten, die sie insgesamt aufwenden, ist also die Hälfte unproduktiv.

Ich bemühe mich, immer eine Minute mehr herauszuholen gegenüber dem, was ich ohne diese Einsicht getan hätte. (Mein persönlicher Rekord steht bei etwa vier Stunden absoluter Konzentration, aber sehr oft schaffe ich immerhin mehr als zweieinhalb Stunden.)

53. **Ich wende so oft wie nur möglich die Regel an:**

> "Alles, was nicht unerläßlich ist, ist unnötig!"

54. Ich kümmere mich so wenig wie möglich um Werturteile anderer, getreu der Devise: "Mögen die Hunde bellen, die Karawane zieht weiter." (Wenn ich in Übereinstimmung mit mir selbst bin, können die Kritiker ruhig "bellen" - ich setze gelassen meinen Weg fort.)

55. Ich überprüfe stets die Quelle der Information, wenn man mir ein Problem schildert (Wieviel Zeit habe ich damit schon gewonnen!).

Jährliche Checkliste

Damit Sie sich auch sicher sein können, Fortschritte zu machen, sollten Sie sich angewöhnen, Ihre Fortschritte regelmäßig zu überprüfen und zu bewerten.

Am besten ist es, wenigstens im ersten Jahr, das jeden Monat zu machen.

Als Hilfe dafür kann die folgende Checkliste dienen, die die entscheidenden Aspekte des Zeitmanagementsystems abdeckt. Machen Sie sich davon zwölf Fotokopien für die zwölf Monate des kommenden Jahres, des Jahres 1 Ihres neuen Lebens.

Wenn Sie beim Ausfüllen feststellen, daß Sie immer wieder mit den gleichen Schwierigkeiten zu kämpfen haben, sollten Sie die Kapitel noch einmal durchgehen, die sich damit beschäftigen.

Denken Sie immer daran, daß Sie mit Aufrichtigkeit, Mut und Hartnäckigkeit all Ihre Schwierigkeiten in den Griff bekommen werden. Und dann werden Sie die Organisation Ihrer Zeit beherrschen.

O 1. Haben Sie unterschiedliche Aufgaben während Ihres Arbeitstages vorgesehen, um sich jeweils neu zu dynamisieren?

O 2. Begrenzen Sie freiwillig die Zahl Ihrer Arbeitsstunden pro Woche und halten Sie sich dann daran?

O 3. Arbeiten Sie, soweit Ihre Mittagspause Ihnen das erlaubt, so oft wie möglich mit "versetzter Arbeitszeit" - gehen Sie also einmal früher, einmal später zum Mittagessen?

O 4. Kommen Sie rechtzeitig zu Ihren Verabredungen? Richten Sie Ihre Arbeitszeit nicht nach derartigen Verabredungen, sondern eher nach Ihrem offiziellen Arbeitschluß?

O 5. Liegen auf Ihrem Schreibtisch stets nur die Unterlagen für eine Aufgabe, nämlich die, an der Sie gerade arbeiten?

O 6. Zögern Sie, zusätzliche Informationen in einer bestimmten Sache zu verlangen?

O 7. Haben Sie regelmäßige Kontakte mit Ihrem Personal vorgesehen?

Zum Abschluß - Jährliche Checkliste

O 8. Vermitteln Sie Ihren Angestellten eine Ausbildung, die sie in die Lage versetzt, leicht und effektiv neue Aufgaben zu bewältigen?

O 9. Sehen Sie Veränderungen voraus, stellen Sie sich darauf ein und bereiten Sie sich auf Folgen vor?

O 10. Vermeiden Sie es, das Schwergewicht auf Konflikte zwischen Personen zu legen, berücksichtigen Sie diese aber in Ihren Zielsetzungen?

O 11. Nehmen Sie sich Zeit, um Ihre Aktivitäten besser zu planen und Ihre Ziele zu bestimmen?

O 12. Haben Sie die Tageszeit bestimmt, zu der Sie am produktivsten sind?

O 13. Haben Sie jede Ablenkung während dieser Tageszeit ausgeschaltet?

O 14. Haben Sie die vorrangigen Aufgaben in diese Tageszeit verlegt?

O 15. Erledigen Sie in dieser Zeit schwierige oder unangenehme Aufgaben oder solche, die starke Konzentration erfordern?

O 16. Verlegen Sie die einfacheren Aufgaben in andere Abschnitte des Tages?

O 17. Widmen Sie den nebensächlichen, nicht vordringlichen Aufgaben nur ein Minimum an Aufmerksamkeit?

O 18. Vermeiden Sie jede unnütze Aktivität?

O 19. Vermeiden Sie das Aufschieben von Entscheidungen?

O 20. Schätzen Sie realistisch den Zeitaufwand für zu erledigende Aufgaben ab ("Frühestens ..."/"Spätestens bis ...")?

Zum Abschluß - Jährliche Checkliste

O 21. Machen Sie sich täglich eine Liste der zu erledigenden Arbeiten?

O 22. Gliedern Sie Ihre Aufgaben in Teilabschnitte?

O 23. Legen Sie Details für jeden dieser Teilabschnitte fest?

O 24. Schließen Sie jeweils eine Arbeit ab, ehe Sie sich der nächsten zuwenden?

O 25. Delegieren Sie so viele Aufgaben wie möglich?

O 26. Delegieren Sie Berichte so weit wie möglich - oder versuchen Sie sie ganz zu vermeiden?

O 27. Beschränken Sie Ihre Gespräche auf das Wesentliche?

O 28. Steuern Sie Ihre Arbeit mit dem Ziel, Ergebnisse innerhalb angemessener Fristen zu erbringen?

O 29. Geben Sie Ihren Mitarbeitern präzise Anweisungen?

O 30. Bemühen Sie sich um Verbesserung des Kommunikationsflusses?

Unterziehen Sie diese Liste einer regelmäßigen Überprüfung und ergänzen Sie sie gegebenenfalls durch eigene Schwerpunkte:

....
....
....
....
....
....
....
....
....
....
....
....

Das Leben und die Gegenwart genießen

Sie verfügen nun über die Werkzeuge und Hilfsmittel, mehr Zeit zu haben.

Und wie sollten Sie sie nutzen?

Teilen Sie Ihre Zeit angemessen auf zwischen Ihrer Arbeit, Ihrer Familie und Ihrer Erholung und Entspannung. Auf diese Weise werden Sie Ihr <u>inneres Gleichgewicht</u> bewahren, die Quelle des Selbstvertrauens und der persönlichen Entfaltung.

Nehmen Sie sich Zeit für Ihre Gesundheit, halten Sie sich fit: Sie werden sich viel wohler in Ihrer Haut fühlen und außerdem Ihr Leben verlängern.

Freude und Glück sind auch Kinder der Zeit. Sie brauchen menschlichen Kontakt, Freunde, Zweisamkeit mit einem geliebten Wesen, Gedankenaustausch und Liebe, um glücklich zu sein. All dies gedeiht nur durch Zeit.

Schon Horaz mahnte: "Das Leben ist kurz!" Deshalb müsse man sich eilen, es zu genießen: "Carpe diem!" - "Nutze den Tag!" Möge das Zeitmanagement-System Ihnen dabei helfen, Ihr Glück nicht weiter "aufzuschieben" - das wünscht Ihnen herzlichst

Ihr

Christian H. Godefroy

Ziehe Gewinn aus dem heutigen Tag!

Anhang

Muster und Checklisten

Checkliste zur Änderung der Einstellung

Ändern Sie auf Dauer Ihre Einstellung,
um zu besserem Umgang mit der Zeit zu kommen.

O 1. <u>Überwachen Sie sich selbst</u>: Führen Sie in regelmäßigem Abstand ein "Gespräch mit sich selbst", überprüfen Sie dabei Ihre Fortschritte, Stärken und Schwächen und vor allem die Punkte, in denen Sie umgehend Abhilfe schaffen müssen. Setzen Sie sich neue Ziele, ausgerichtet und befristet auf Ihr nächstes "Gespräch" dieser Art.

O 2. <u>Überwachen Sie die anderen</u>: Ermitteln Sie jene, die Ihnen Zeitverlust verursachen, Sie behindern in Ihrem Bemühen um richtigen Umgang mit der Zeit oder bestimmte Anstrengungen Ihrerseits "verwässern". Unternehmen Sie ihnen gegenüber ganz konkrete Schritte. Treffen Sie sich nötigenfalls mit ihnen, um die Probleme definitiv auszuräumen.

O 3. <u>Erweitern Sie Ihre Kenntnisse</u>: Richtiger Gebrauch der Zeit ist eine Kunst, die Wachsamkeit und Umsicht verlangt. Dazu gehört es, sein Wissen ständig aufzufrischen. Lesen Sie diesen Lehrgang immer wieder durch, halten Sie neue Erkenntnisse, die Ihnen kommen, schriftlich fest; Lesen Sie Bücher über Zeitmanagement oder persönliche Entwicklung, um ständig Ihre Kenntnisse zu erweitern; nehmen Sie an Seminaren oder Lehrgängen zu diesem Thema teil.

O 4. <u>Helfen Sie den anderen</u>: Helfen Sie diskret und möglichst nur unter vier Augen anderen, ihre schlechten Gewohnheiten im Umgang mit der Zeit abzulegen, bringen Sie ihnen die von Ihnen bevorzugten Techniken bei, empfehlen Sie ihnen Bücher, Lehrgänge, die hilfreich sein können.

Einerseits ist das nicht schwer, Sie leisten einen Dienst und ihr Gesprächspartner wird Ihnen dankbar sein dafür; andererseits aber ziehen Sie selbst Gewinn aus dem nun gemeinsamen Bemühen um eine bessere Nutzung der Zeit, und wenn Sie beide zum gleichen Team gehören, steigern Sie damit Ihre Chance, dessen Führer zu werden und es zum Erfolg zu führen.

O 5. <u>Bewahren Sie Augenmaß</u>: Gehen Sie schrittweise und in vernünftigem Rahmen vor, statt Ihre Zeiteinteilung und Ihre Arbeitsweise völlig umzukrempeln. Gehen Sie jedoch stetig und deutlich vorwärts; üben Sie sich dabei in Geduld und wenden Sie neue Techniken oder Gewohnheiten erst dann an, wenn Sie die wichtigsten Grundtechniken absolut beherrschen und praktizieren. Auf diese Weise können Sie Schritt für Schritt die jeweiligen Ergebnisse Ihrer einzelnen Anstrengungen und Fortschritte bemessen.

Prioritätenliste

Zeitraum:............. von:............ bis:...............

Ziele:
....
....
....
....
....
....

Prioritäten für diesen Zeitraum

Vorauss. Dauer	Aufgabenstellung	Prior.	Zuständ.	Frist

Langfristige Ziele oder Vorsätze

Name: .... Datum: ....

**Tragen Sie hier Ihre Ziele und Vorsätze
in der Reihenfolge der Priorität ein**

Ziel/Vorsatz Nr. 1:
....
....
....

Notwendige Schritte zur Verwirklichung:
....
....
....
....

Endtermin für deren Verwirklichung: ....

Ziel/Vorsatz Nr. 2:
....
....
....

Notwendige Schritte zur Verwirklichung:
....
....
....
....

Endtermin für deren Verwirklichung: ....

Ziel/Vorsatz Nr. 3:
....
....
....

Anhang - Langfristige Ziele oder Vorsätze

Notwendige Schritte zur Verwirklichung:
....
....
....

Endtermin für deren Verwirklichung: ....

Ziel/Vorsatz Nr. 4:
....
....
....

Notwendige Schritte zur Verwirklichung:
....
....
....

Endtermin für deren Verwirklichung: ....

Ziel/Vorsatz Nr. 5:
....
....
....

Notwendige Schritte zur Verwirklichung:
....
....
....

Endtermin für deren Erledigung: ....

Ziel/Vorsatz Nr. 6:
....
....
....

Notwendige Schritte zur Verwirklichung:
....
....
....

Endtermin für deren Verwirklichung: ....

Jahresziele oder -vorsätze

Name: .... Datum: ....

**Tragen Sie hier Ihre Ziele und Vorsätze
in der Reihenfolge der Priorität ein**

Ziel/Vorsatz Nr. 1:
....
....
....

Notwendige Schritte zur Verwirklichung:
....
....
....

Endtermin für deren Verwirklichung: ....

Ziel/Vorsatz Nr. 2:
....
....
....

Notwendige Schritte zur Verwirklichung:
....
....
....

Endtermin für deren Verwirklichung: ....

Ziel/Vorsatz Nr. 3:
....
....
....

Notwendige Schritte zur Verwirklichung:
....
....
....

Endtermin für deren Verwirklichung: ....

Anhang - Jahresziele oder -vorsätze

Ziel/Vorsatz Nr. 4:
....
....
....

Notwendige Schritte zur Verwirklichung:
....
....
....

Endtermin für deren Verwirklichung: ....

Ziel/Vorsatz Nr. 5:
....
....
....

Notwendige Schritte zur Verwirklichung:
....
....
....

Endtermin für deren Verwirklichung: ....

Ziel/Vorsatz Nr. 6:
....
....
....

Notwendige Schritte zur Verwirklichung:
....
....
....

Endtermin für deren Verwirklichung: ....

Quartalsziele oder -vorsätze

Name: .... Datum: ....

**Tragen Sie hier Ihre Ziele und Vorsätze
in der Reihenfolge der Priorität ein**

Ziel/Vorsatz Nr. 1:
....
....

Notwendige Schritte zur Verwirklichung:
....
....
....

Endtermin für deren Verwirklichung: ....

Ziel/Vorsatz Nr. 2:
....
....

Notwendige Schritte zur Verwirklichung:
....
....
....

Endtermin für deren Verwirklichung: ....

Ziel/Vorsatz Nr. 3:
....
....

Notwendige Schritte zur Verwirklichung:
....
....
....

Endtermin für deren Verwirklichung: ....

Anhang - Quartalsziele und -vorsätze

Ziel/Vorsatz Nr. 4:
....
....

Notwendige Schritte zur Verwirklichung:
....
....
....

Endtermin für deren Verwirklichung: ....

Ziel/Vorsatz Nr. 5:
....
....

Notwendige Schritte zur Verwirklichung:
....
....
....

Endtermin für deren Verwirklichung: ....

Ziel/Vorsatz Nr. 6:
....
....

Notwendige Schritte zur Verwirklichung:
....
....
....

Endtermin für deren Verwirklichung: ....

Monatsziele oder -vorsätze

Name: .... Datum: ....

**Tragen Sie hier Ihre Ziele und Vorsätze
in der Reihenfolge der Priorität ein**

Ziel/Vorsatz Nr. 1:
....
....

Notwendige Schritte zur Verwirklichung:
....
....
....

Endtermin für deren Verwirklichung: ....

Ziel/Vorsatz Nr. 2:
....
....

Notwendige Schritte zur Verwirklichung:
....
....
....

Endtermin für deren Verwirklichung: ....

Ziel/Vorsatz Nr. 3:
....
....

Notwendige Schritte zur Verwirklichung:
....
....
....

Endtermin für deren Verwirklichung: ....

Anhang - Monatsziele oder -vorsätze

Ziel/Vorsatz Nr. 4:
....
....

Notwendige Schritte zur Verwirklichung:
....
....
....

Endtermin für deren Verwirklichung: ....

Ziel/Vorsatz Nr. 5:
....
....
....

Notwendige Schritte zur Verwirklichung:
....
....
....

Endtermin für deren Verwirklichung: ....

Ziel/Vorsatz Nr. 6:
....
....

Notwendige Schritte zur Verwirklichung:
....
....
....

Endtermin für deren Verwirklichung: ....

Wochenziele oder -vorsätze

Name: Datum:

       Tragen Sie hier Ihre Ziele und Vorsätze
            in der Reihenfolge der Priorität ein

Ziel/Vorsatz Nr. 1:
....
....

Notwendige Schritte zur Verwirklichung:
....
....
....

Endtermin für deren Verwirklichung: ....

Ziel/Vorsatz Nr. 2:
....
....

Notwendige Schritte zur Verwirklichung:
....
....
....

Endtermin für deren Verwirklichung: ....

Ziel/Vorsatz Nr. 3:
....
....

Notwendige Schritte zur Verwirklichung:
....
....
....

Endtermin für deren Verwirklichung: ....

Anhang - Wochenziele und -vorsätze

Ziel/Vorsatz Nr. 4:
....
....

Notwendige Schritte zur Verwirklichung:
....
....
....

Endtermin für deren Verwirklichung: ....

Ziel/Vorsatz Nr. 5:
....
....

Notwendige Schritte zur Verwirklichung:
....
....
....

Endtermin für deren Verwirklichung: ....

Ziel/Vorsatz Nr. 6:
....
....

Notwendige Schritte zur Verwirklichung:
....
....
....

Endtermin für deren Verwirklichung: ....

Anhang - Lösungsblatt

Lösungsblatt

Problem:

Ursachen:

O   intern
....
....
....
....

O   extern
....
....
....
....

Meine Lösungsvorschläge:

Lösung 1:
....
....
....
....

Lösung 2:
....
....
....
....

Lösung 3:
....
....
....
....

(Fortsetzung Lösungsblatt)

Fristen für die Problemlösung:

Ziel: Wochenanzahl
....

Starttermin für die vorgesehenen Maßnahmen:
....

Kontrolltermine:
1: .... 19 ....
2: .... 19 ....
3: .... 19 ....
4: .... 19 ....

Beurteilung: Wie/inwieweit wurde das Ziel erreicht?

....
....
....
....
....
....
....
....
....
....
....
....
....
....
....
....
....
....
....
....

Vorschlag: Sprechen Sie mit Kollegen oder Managern anderer Firmen darüber, wie diese das Problem gelöst hätten.

Projektdurchführung

Projekt:

Schritt	Frist Termin	Zuständig Hilfsmittel
Genaue Zielsetzung		
Terminplan		
Gliederung in Einzelaufgaben		
Reihenfolge der Erledigung		
Einzel-Endtermine/Prüftermine		
Aufgabenverteilung		
Abwicklung		

....
....
....
....
....
....
....
....
....
....
....
....
....
....
....

Ihr Maß an Übereinstimmung

Sich Prioritäten zu setzten bedeutet, seine Gedanken auszurichten auf das Maß an Übereinstimmung, den "Deckungsgrad" zwischen <u>dem, was wir sein wollen</u> und <u>dem, was wir tun</u>. Arbeiten Sie dazu zunächst so ehrlich wie möglich die folgenden Prioritäten heraus; seien Sie dabei präzise und knapp.

1. Ihre Lebensprioritäten

1. ....
2. ....
3. ....

2. Ihre beruflichen Prioritäten

1. ....
2. ....
3. ....

3. Sinn und Zweck Ihrer Stellung

1. ....
2. ....
3. ....

4. Die drei Prioritäten Ihrer Stellung

1. ....
2. ....
3. ....

In einem zweiten Schritt sollten wir dann gemeinsam zu ergründen versuchen, was es in Ihren Antworten an Übereinstimmungen, an Widersprüchen und an Abweichungen gibt.

Anhang - Ihr Maß an Übereinstimmung

Es ist wichtig, sich Prioritäten zu setzten, nicht gleichzeitig mehreren Dingen nachjagen zu wollen, was nur zu einer Verzettelung führt, und sich keine widersprüchlichen Ziele zu setzten, was ein deutliches Zeichen für mangelnde Übereinstimmung wäre.

Denkanstöße

1. Es fällt Ihnen auf, daß gewisse Antworten nicht zueinander passen? Sehen sie einen Weg, Ihre Prioritäten besser aufeinander abzustimmen? Wenn ja, welchen?

....
....
....
....
....
....
....
....
....
....
....
....
....
....
....
....
....
....
....
....
....
....
....
....
....
....
....
....

2. Sie sind auf gewisse Widersprüche gestoßen? Sind diese echt oder nur scheinbar? Könnten Sie neue Formulierungen finden, um diese Widersprüche auszuräumen?

....
....
....
....
....
....
....
....

Wenn jedoch diese Widersprüche echt und wesentlich sind, sollten Sie nicht versuchen, Sie jetzt auszuräumen. Behalten Sie sie gut im Gedächtnis und versuchen Sie lieber, dafür mittel- bis langfristig eine Lösung unter Einbeziehung in eine weitere Perspektive zu finden.

Gewöhnen Sie sich auch an, in regelmäßigen Abständen Ihre Ziele zu überprüfen, um sie Ihrer Weiterentwicklung anzupassen.

O   Allgemeine Beurteilung

Wie schätzen Sie Ihr Maß an Übereinstimmung ein?

O   Hoch

O   Mittel

O   Gering

Welche Wege zur Abhilfe sehen Sie?

....
....
....
....
....
....
....
....

Machen Sie diese Übung in drei Monaten erneut, wenn Sie den vorliegenden Lehrgang gut verarbeitet und damit begonnen haben, ihn in die Praxis umzusetzen.

Leitfaden zu idealer Zeiteinteilung

Im folgenden eine von meinem Freund Luis Robert, der Organisationsberater war, erfolgreich angewandte Technik.

Der Grundgedanke dabei ist, von der Gliederung größerer Zeiträume bis zur Tageseinteilung zu kommen.

1. Das Jahr

O Günstigste Wochen für Urlaub vormerken, Feiertage für verlängertes Wochenende, Feiertage "mit Überbrückung" usw.

O Günstigste Zeiten für Weiterbildung, Reisen, Besuche usw. bestimmen.

O Beste Zeiten für bestimmte Arbeiten und Vorhaben festlegen.

2. Der Monat

O Zahl der arbeitsfreien Tage festlegen.

O Zahl der Arbeitstage für die absolut notwendigen Dinge bestimmen.

O Tage festlegen, an denen Sie Sitzungen und Versammlungen oder wichtige Besprechungen haben und damit "festgenagelt" sind.

3. Die Woche

O Ruhetage festlegen.

O Gesamtzahl der Arbeitsstunden bestimmen.

O Arbeitstage für wichtige Aufgaben festlegen.

O Tage starker Aktivität vorsehen.

4. Der Tag

O Arbeitsstunden festlegen.

O Zeitaufwand für Wege bestimmen.

O Zahl der "Familienstunden" festlegen.

O Zahl der "Stunden für sich selbst" bestimmen.

O Arbeitsablauf/Tageseinteilung festlegen, also etwa:

   - 2 Stunden Studium von Unterlagen

   - 1 Stunde Verhandlung

   - 1 Stunde Planung

   - 3 Stunden Lenkung/Verwaltung.

Stichwortverzeichnis

A

Abbildung 339
Ablage 333, 349
Ablagedatum 348
Ablagesystem 25, 45, 343
Ablauffrist 140, 348
Ablenkung 192, 458
Absage 306
Absatzsteigerung 260
Abschlußdatum 348
Abschweifung 224, 272
Abwimmeln 283
Achtung 290
Adrenalinstoß 164
Agent 319
Aktennotiz 29, 176, 210
Aktenschrank 339
Aktentasche 312
Alarmbereitschaft 152
Alarmsignal 432
Alarmzeichen 406
Alkohol 310
Alltagsaktivität 320
Alltagsproblem 248
Angebot 216
Angestellte 13

Angriffsplan 45
Angst 154, 156
Anpassungsfähigkeit 185
Anregung 452
Anruf-Umschaltung 294
Anruf-Weiterschaltung 295
Anrufbeantworter 213, 279, 280
Anrufer 284
Anrufmerkzettel 282
Anschauungsmaterial 303
Ansprechpartner 280
Anstoß 452
Anti-Sorgen-Technik 433
Antriebs-Botschaften 36
Antwort, vorformulierte 341
Anwalt 348
Anwaltskanzlei 289
Anweisung 196, 211
Anwendung 216
APPLE 218
Arbeitsanweisung 251
Arbeitsaufwand 19, 53
Arbeitsbereich 233
Arbeitsessen 307
Arbeitsleben 8

Arbeitsmethode 183, 362
Arbeitsmittel 178
Arbeitsmoral 362
Arbeitsplan 109
Arbeitsqualität 256
Arbeitsrhythmus 401
Arbeitsstätte 312
Arbeitstier 37, 400
Arbeitsumfeld 201
Arbeitsweise 19
Arbeitszeit 55
Archiv 210
Argument 351
Armut 86
Artikel 172
Assistent 272
Atmosphäre 202
Aufgaben 4, 389
Aufgabenkästchen 394
Aufgabenliste 183
Auflistung 110
Aufmerksamkeit 7
Aufnahmefähigkeit 170
Aufrichtigkeit 457
Aufschiebesucht 147, 149
Aufschub 159, 353
Ausbildung 458
Ausdruck 292
Ausflüchte 159
Ausgeglichenheit 80
Ausgleich 27, 408
Aushängeschild 283
Ausreden 158
Ausschußbeschluß 186
Außendienst 104
Aussprache 292
Ausstattung 209, 361
Auto 314
Autobus 314
Autorität 182
Autosuggestion 102, 436
Autotelefon 313

B

Back up 220
Bahn 329
Bahnhof 290
Beauftragen 265
Bedürfnisse 215
Beförderungsmittel 319
Befriedigung 29
Begabung 419
Begleitheft 219
Behördengang 385
Belege 330
Belegschaftsaktien 55
Belohnung 147, 320
Bericht 76, 177, 184
Berichtsheft 284
Berufsleben 89
Berufsrisiko 369
Besichtigungstour 322
Besprechung 223, 290, 300, 449
Bestimmtheit 285
Besucher 303
Besuchersperre 152
Betonung 292
Betriebsamkeit 37
Bewerber 151, 298
Bewerbungsbrief 151
Bewertungsmaßstab 146
Bibliothek 195
Bilanz 215, 331, 443
Biorhythmus 127
Bittsteller 304
Blockade 358
Botschaften 36, 263
Brainstorming 236
Brief 321
Briefpartner 211
Buch 172
Buchstabe 170
Büro 1
Büroklammer 344

C

Charakter 400
Chauffeur 314
Checkliste 237, 324, 338, 430
Chef 199
Choke 161, 162
Cliquenbildung 186
Computer 214
Computeranwendung 103

D

Datenbank 221, 286
Deckblatt 306
Defätist 372
Delegieren 185, 246, 253, 263, 302
Demotivierung 384
Denkmal 243
Desktop-publishing 221
Detail 210, 272
Detailprobleme 31
Dienstanzug 314
Differenzen 183
Diktat 213
Diktiergerät 204, 212
Direktwerbung 216
Diskussion 190, 257
Diskussionergebnis 230
Diskussionsleiter 227
Distanz 80
Disziplin 24, 89
Dokument 335, 450
Dringlichkeit 20, 113
Dringlichkeitsfall 132, 152
Dringlichkeitsmeldung 406
Droge 88
Durcheinander 202

E

Echtzeit 71
EDV-System 220
Effektivität 44, 81, 83, 202, 442
Effektivitätsgrad 120
Effizienz 6, 81, 83
Ehrlichkeit 358
Eichbaum 135
Eier 323
Eigeninitiative 302
Einarbeitungszeit 68
Eindeutigkeit 186
Einfall 162
Einkaufsplanung 187
Einkünfte 59
Einleitung 272
Einnahme 361
Einstellung 442
Einwand 158
Einzelaufgabe 104
Einzelplan 110
Emotionalität 369
Empfängerkreis 337
Empfehlung 311
Endtermin 138, 140, 145
Enegiereservoir 138
Energie 131, 162
Energieaufwand 278, 298
Energieverbrauch 54
Entscheidung 18, 182, 351
Entscheidungsbefugnis 20
Entscheidungshilfe 374
Entscheidungsprozess 375
Entschlüsselung 265
Enttäuschung 152
Erfahrung 239
Erfolg 9, 154, 155
Erfolgsmeldung 383
Erfolgsprozentsatz 351
Erläuterung 272
Erledigungsfrist 143

Ersatzlösung 257, 432
Erschöpfung 64, 122
Essen 63
Essenspause 153
Examen 151
Exklusiv-Chauffeur 314
Extravaganz 280
Extremfall 136

F

Fachausdruck 177
Fachbuch 167
Fachchinesisch 177
Fachkauderwelsch 177
Fachliteratur 176
Fachmann 259
Fachzeitschrift 307
Fähigkeiten 17
Fahrzeug 313
Familie 63, 187
Familienleben 9, 64
Fastentag 450
Feedback 256, 268
Fehlbesetzung 257
Fehlschlag 257
Fernabfrage 214
Fernkopierer 211, 279, 280, 296
Fernseher 48
Fernsehprogramm 65
Festplatte 219
Feuerwehreinsatz 18, 185, 406
Filter 285
Firmengründung 216
Flügel 164
Fluggesellschaften 323
Flugplatz 290
Flugschein 324
Folgekapitel 174

Folgerichtigkeit 101
Folgerung 174
Formatierung 220
Formblatt 286
Formulierung 268
Fotokopie 336, 450
Fotokopiergerät 221
Fragenkatalog 228
Freiberufler 75
Freiheit 10
Freiraum 284
Freizeit 3, 14, 59, 415
Fremdsprache 64
Freunde 460
Frühstück 309
Frustration 11, 312
Führerschein 324
Führungskraft 275
Furcht 247

G

Gastgeber 321
Gebührenzähler 289
Gedächtnis 198, 455
Gedächtnisleistung 430
Gedächtnisschulung 430
Gedanke 202
Gedankenaustausch 460
Geduld 269
Geflügel 323
Gefühlsleben 265
Gegenwart 430
Geheimnis, Direktoren 4
Geheimwaffe 108
Geldverlust 95, 261, 265
Generalversammlung 151
Geschäftsabschluß 68
Geschäftsessen 307
Geschäftsfrühstück 309
Geschäftsführer 100
Geschäftsgeheimnis 260

Geschäftslokal 389
Geschäftsunterlagen, gesetzlich vorgeschriebene 345
Geschäftsunterlagen, vertrauliche 345
Geschenk 454
Gespräch 29
Gesprächspartner 132, 272
Gestikulieren 293
Gesundheit 137
Gewerbeamt 38
Gewinn- und Verlustrechnung 215
Gewinnbeteiligung 55
Gewinner 7
Gewinnsteigerung 54
Gewohnheit 35
Gleichgewicht 316, 416
Glück 10
Golf 64
Grafik 339
Grafikkarte 219
Großbetrieb 4
Gründlichkeit 18
Gutachten 68

H

Halt!-Methode 281
Handbewegung 292
Handelsregister 389
Handlungsspielraum 212
Handzeichen 341
Hängemäppchen 335
Hängeregistratur 348
Hardware 217
Hartnäckigkeit 457
Hauptaussage 174
Hauptbüro 295
Hauptziel 104, 388
Hefter 335
Heizung 63
Hierarchie 61
Hilfe 408

Hilfeangebot 18
Hilfsprogramm 218
Hindernis 384
Höchstteilnehmerzahl 233
Höflichkeit 285, 304
Honorarforderung 259
Horizont 320

I

IBM 218
Idealtag 413
Idee 161
Ideensammlung 237
Imperium 246
Industrie- und Handelskammer 389
Ineffektivität 186
Informatik 103
Informationen 20, 183, 211, 374
Informationsdienste 31, 335, 454
Informationsmitteilung 226
Informationszeitalter 166
Inhaltsverzeichnis 174
Initialen 341
Inkassobüro 432
Inkompetenz 5
Intelligenz 89
Interessenkonflikt 224
Interkontinentalflüge 322
Intuition 143, 368, 374
Investition 214
Irrtum 415

J

Jahresabschlußbilanz 84
Jahresgehalt 55
Jahresübersicht 450
Jet lag 322

K

Kabinettssitzung 166
Kaffee 161
Kaffeepause 153
Kaltblütigkeit 115
Kassetten 210
Kassettenrekorder 234
Katastrophe 353
Kautionszahlung 324
Kennedy, John F. 165
Kernpunkt 272
Kettenreaktion 160
Kindheit 38
Kino 30
Klangfarbe 292
Klausel 210
Kleidung 63
Klon 218
Kollege 242
Kollegenteam 278
Kollektivhirn 239
Kommentar 211
Kommunikation 94, 263
Kommunikation 209
Kommunikations-Journal 272
Kommunikationsschwierigkeiten 183
Kommunikationsvermögen 265
Kommunikator 267
Kompatibel 218
Kompetenz 242, 361
Konferenzraum 233
Konfiguration 219
Konflikt 458
Konfliktbewältigung 185
Kongreß 55, 323
Kontakt 308, 460
Kontaktaufnahme 214
Kontrollbereich 121
Kontrolle 249
Kontrollzettel 276
Konzentration 116, 276, 408

Konzentrationsfähigkeit 129
Konzert 30
Körperpflege 63
Korrekturmaßnahme 268
Korrespondenz 76, 123, 212, 336
Kosten 362
Kraftquellen X
Krankheit 64
Kreativität 60, 202
Kreditkarte 310, 324
Krisenmanagement 18, 185
Krisensituation 28, 138, 406
Krisenzeiten 183
Kugelschreiber 161
Kunde 309
Kundendienst 217, 219
Kundenliste 215
Kurzbrief 347
Kürzel 341
Kurzschriftprotokoll 235

L

Lächeln 293
Langweiler 295
Lap-top 329
Laufwerk 219
Laufzettel 343
Lebensgebäude 99
Lebenslauf 151
Lebensnotwendigkeit 63
Lebensqualität 314
Lebensstil 97, 152
Lebensunterhalt 63
Lebensziele 101
Leistungsfähigkeit 127
Leistungskurve 127, 371
Lektüre 351
Lesegeschwindigkeit 168, 336
Lesen 165
Leseperioden 176
Lesestoff 172, 173
Lesetechnik 168

Stichwortverzeichnis

Liebe 460
Lieblingshobby 30
Lieferant 309
Linkshänder 203
Liste, schwarze 284
Liste, rote 284
Literaturagent 317
Lohnauszahlung 68
Lohnnebenkosten 13, 55
Lösung 435
Lösungsvorschlag 196, 451
Lückenfüller 306, 312

M

Machtbefugnis 249
Mahlzeiten 187
Manager 11, 183
Manie 399
Marketing 344
Markierungen 178
Märtyrer 245
Meister der Kürze 337
Meisterdenker 243
Mentaler Rahmen 70
Merkzettel 279
Mietwagen 324
Migräne 64
Mikrocomputer 214, 217, 286
Milch 323
Mißbrauch 134
Mißerfolg 153, 452
Mißverständnis 211, 265, 272
Mitarbeiter 23, 280
Mitschnitt 235
Mitsprechen 170
Mittagessen 30
Mitteilungsblatt 335
Möbelpacker 203
Modem 219
Monatsliste 449
Monolog 431
Motivation 185

Motivationstechnik 252
Motivator 36, 153
Mut 457

N

Nachbau 218
Nachbesserung 144
Nachdenken 197, 422
Nachlässigkeit 46, 286
Nachrichten 279
Nachschub 280
Nachteile 164
Nahrung 63
Nebensächliches 454
Negativismus 439
Nervenbelastung 278
Nervensäge 295
Neutralität 369
Notar 348
Notiz 272
Notizblock 306
Notizbuch, elektronisches 209
Notlösung 433
Nummernspeicher 294
Nutzeffekt 115

O

Oase 316
Ohropax 322
Optimismus 202, 384
Ordner 335
Ordnungssystem 183
Organisation 89, 442
Organisationsberater 266

P

Papierflut 333
Papierkorb 333, 450
Papierkram 331, 333
Papiermenge 336
Pareto-Prinzip 22, 80, 90
Parkinson 71
Partitur 201
Pause 408
Perfektion 51
Perfektionismus 18, 92, 144, 186
Perfektionist 358, 398
Peripheriegeräte 217
Personalcomputer 216
Personalfluktuation 88
Pessimist 372
Philosoph 435
Platzreservierung 310
Politiker 267
Post 340, 450
Postkorb 179
Prämien 55
Präsident 165
Präzision 221
Presseausschnitte 344
Prinzipien 190
Prioritäten 18, 99, 113, 357, 378
Prioritätenliste 124, 180
Prioritätsklasse 173
Privatleben 8, 89, 275
Privatlehrer 141
Privatsekretär 211
Problem 215
Problem-Menschen 451
Procrastination 149
Produktion 54
Produktionsleiter 62
Produktivität 14, 278, 361
Produktivitätssteigerung 54
Programm 216
Programmbibliothek 219

Protokoll 234
Psyche 201
Psychologe 201, 435
Puffer-Arbeit 173
Pünktlichkeit 163, 304

Q

Quittung 330

R

Rechenmaschine 59
Rechenschaft 298
Recht auf Irrtum 418
Rechtfertigung 158
Rechtshänder 203
Redaktionsschluß 138
Reflex 198
Register 345
Reichtum 86
Reichweite 203
Reihenfolge 305
Reise 320
Reise-Checkliste 325
Reisebüro 323
Reisekosten 55
Rentabilität 115, 225
Repräsentation 55
Respekt 339
Ressentiment 197
Restaurant 1, 310
Resümee 330
Retterrolle 406
Rettung 152
Rhythmus, innerer 453
Rhythmus 415
Risiko 18, 384
Rotationssystem 278
Routinearbeit 68
Routinedetails 185
Routinekorrespondenz 128

Rückdelegierung 257
Rückendeckung 254
Ruhe 245
Rumpelkammer 201

S

Sachbezüge 55
Safe 345
Schachgroßmeister 353
Schachspiel 452
Schaltuhr 289
Schaufenster 283
Schildkröte 166, 167
Schilfrohr 135
Schlaf 63
Schlafwagen 329
Schlüsselfrage 443
Schlußfolgerung 272, 378
Schlußtermin 145
Schnell-Lese-Kurs 168
Schnell-Lesen 169
Schreibgeschwindigkeit 76
Schreibtisch 30, 201
Schriftsteller 75, 161, 435
Schriftstück 172, 335
Schuldgefühl 25, 401
Schuldursache 266
Schulung 23
Schwäche 415
Schweigen 315
Seitenleser 166
Sekretärin 4, 122
Selbst-Unterbrechung 190
Selbstanalyse 129
Selbstbeeinflussung 102
Selbstbelohnung 384, 451
Selbstbewußtsein 198
Selbstherabsetzung 419
Selbstklebeetiketten 286
Selbstschulung 116
Selbstvertrauen 155, 357, 384
Selbstverwirklichung 11

Selbstwertgefühl 158, 163, 398
Seminare 55
Serviceleistung 295
Sicherheit 362
Sicherheitszuschlag 69
Signalton 280
Sitzungen 223
Sitzungsleiter 232
Sitzungszimmer 195
Skepsis 433
Skifahren 64
Sklave 195, 296, 443
Software 219, 221
Sorgen 431
Sortierkörbchen 349
Spaziergang 304
Speicherkapazität 217
Sperren 356
Spesenabrechnung 330
Spesenbeleg 311
Spezialist 259
Spezialpapier 280
Spitzenleistung 243
Sprachkenntnisse 140
Sprecher 211
Sprechgeschwindigkeit 170
Sprechrhythmus 292
Sprechweise 292
Stagnation 247
Stammkapital 390
Statistiken 62, 189, 215
Stellenangebot 352
Stellenbesetzung 137
Stellungnahme 76, 211
Steuerberater 348
Stichworte 344
Stimme 292
Störung 25, 190
Strategie 116, 289
Streß X, 401
Stundenplan 123, 404
Stundensatz 55
Super-Manager 108

T

Tagesablauf 100, 191
Tagesgetriebe 316
Tagesliste 449
Tagesordnung 231
Tagespensum 122
Tagesplan 110, 161, 282
Tageszeit 458
Taschendiktiergerät 313
Taschenrekorder 209
Taxi 311
Taxifahrer 264, 314
Teamgeist 223
Techniker 284
Technologie, neue 209
Teilaufgaben 389
Teilvorhaben 389
Telefax 222, 279, 302
Telefon 21, 203, 209
Telefon-Rendezvous 289
Telefonanruf 152, 192
Telefongespräch 184, 274
Telefonieren 302
Telefonkabel 203
Telefonkonferenz 227, 293, 302,
Telefonlautsprecher 293
Telefonnummern 449
Tendenz 301
Termin 4
Terminbestätigung 311
Terminfestlegung 159
Terminkalender 17, 22, 160, 298,
Terminpflock 295
Terminplan 393, 403
Terminüberschreitung 121
Texter 75
Textverarbeitung 217
Textverarbeitung 221
Tischrechner 204
Tischuhr 204
Tod 449
Tonbandgerät 234

Tonfall 292
Tote Zeit 448
Transaktionsanalyse 36
Transmissionsriemen 112
Träume 152, 192
Tryptophan 323
Tyrann 9

U

Überlastung 18, 121, 429
Übernachtung 324
Überstunden 143
Übung 447
Uhr 161, 172
Umfeld 233
Umsicht 461
Unentschlossenheit 187
Unfähigkeit 198
Unkenntnis 415
Unsicherheit 183, 247
Unterbewußtsein 37, 158, 368,
Unterbrechungen 25, 190
Unterbrechungs-Journal 191
Untergebene 143, 249
Unterlagen 201
Unternehmen 4
Unternehmensgründung 388
Unterscheidungsvermögen 301
Unterstützung 197
Unvorhergesehenes 120
Unvorhersehbares 322, 387
Unwägbarkeiten 69
Urlaub 3, 452
Urlaubsgeld 55
Utilities 221

V

Verantwortlichkeiten 4, 20, 249
Verantwortung 182
Verbesserung 93

Verbesserungsmaßnahme 376
Verbündete 193, 302
Verfassung 134
Vergeßlichkeit 366
Verhaltensweise 153
Verhandlung 265
Verkaufsleiter 100
Verkehr 313
Verkehrsmittel, öffentliche 311
Verkleistern 188
Verlag 4
Verleger 75
Verlustgeschäft 62
Verschleppung 370
Verschwendung 362
Versicherung 55
Verspätung 306
Verteilerkörbchen 333
Verteilerliste 231, 338
Verträglichkeit 219
Vertrautheit 177
Vertriebsnetz 389
Verwirklichung 44, 162
Verzettelung 123
Verzögerung 121, 122, 159
Verzögerungstaktik 115
Visitenkarte 283
Voranmeldung 193
Vorbehalte 156
Vorbereitung 132
Vorbild 47
Vordruck 347
Vorschlags-Sammelmappe 211
Vorschlagshefter 226
Vorsorgelösung 433
Vorstandsvorsitzender 11, 100
Vortragsredner 151

W

Wachsamkeit 461
Wählautomat 285
Wandlung, innere 381

Wartezeit 70, 312
Weckruf 295
Wegezeit 448
Wegwerfen 335
Weißes Haus 273
Weltraum 266
Werbefeldzug 260
Werbetext 76, 92
Wertgegenstand 178
Wertsteigerung 298
Wichtigkeit 20, 113
Wiedergabegerät 213
Wiederholung 272
Wirklichkeit 160
Wirtschaft 267
Wirtschaftslage 94
Wochenendkurs 385
Wochenplan 110, 112, 161
Wochensitzung 307
Wohnung 63, 312
Wortgruppe 170, 171
Wunsch 415

Z

Zauberschlüssel 141
Zeichnung 339
Zeilenlimit 340
Zeitaufwand 24, 272
Zeitbedarf 198
Zeitdruck 272
Zeiteinteilung 13, 95, 352, 443
Zeitfresser 63, 181, 274
Zeitgewinn 209
Zeitmanagement 28, 136
Zeitmanagement-System 10, 298
Zeitnot 14
Zeitplanungsschulung 13
Zeitraster 120
Zeitschätzung 120, 311
Zeitschriften 31, 450
Zeitungsartikel 180
Zeitungslektüre 167

Stichwortverzeichnis

Zeitverkürzung 80
Zeitverlust 113, 265
Zeitverschiebung 322
Zeitverschwendung 236
Zeitvorgabe 79
Zen-Möch 315
Zentraleinheit 219
Zersplitterung 372
Zerstreutheit 286, 425
Ziel 155, 232
Zielsetzung 305, 336, 378
Zielvorgaben 8
Ziffern 204
Zubehör 209

Zuhören 186, 267
Zukunftsplanung 60
Zukunftsvorstellungen 267
Zulieferer 386
Zündschlüssel 162
Zurückblättern 171
Zusammenfassung 174
Zweifel 156
Zweisamkeit 460
Zweitbüro 295
Zwischenbericht 256
Zwischenfall 274
Zwischenziel 383

Inhaltsverzeichnis

Einleitung

Inhaltsübersicht V

Wie man es schafft, mehr Zeit zu haben IX

Kapitel 1

Die Zeit beherrschen, der Schlüssel zum Erfolg 1

Warum sind Sie oft überlastet? 2
Das Geheimnis der beiden Direktoren 4
Wie sichern die amerikanischen Senatoren ihre Wiederwahl? 6
Warum brauchen Sie das Zeitmanagement-System? 8
Ziehen Sie den Erfolg auf sich! 9
Befreien Sie sich! 10
Sie haben den ersten Schritt zu einem neuen Leben gemacht 11
Sie verplempern 97 Prozent Ihrer Zeit! 12
Und die Freizeit? 14
Der Mensch in Zeitnot - ein Paradoxon 14
Nehmen Sie sich die Zeit, die Sie brauchen - um Zeit zu
gewinnen! 15

Kapitel 2

Teilen Sie Ihre Zeit besser ein! 17

Wie gehen Sie mit Ihrer Zeit um? 17
Ein Trick, um rasch und leicht zu Antworten zu kommen 27
Einige Fragen zur Vorbereitung 28
Meine Schwächen im Umgang mit der Zeit 32
Meine Stärken im Umgang mit der Zeit 33
Umgang mit der Zeit als Spiegel der Persönlichkeit 34

Kapitel 3

Gute Gewohnheiten, um Zeit zu gewinnen 35

Die Macht der Gewohnheit - eine starke Hilfe 35
Innere Befehle, die Sie antreiben 36
Das Arbeitstier 37
Woher kommen solche Botschaften? 38
Wie löst man sich von Antriebs-Befehlen? 39
Was sind Ihre schlechten Gewohnheiten? 44
Suchen Sie sich ein Vorbild! 47
Zeit für alles haben 48

Kapitel 4

Der finanzielle Wert Ihrer Zeit 53

Was ist eine Stunde Ihrer Zeit tatsächlich wert? 53
Ein Brief für hundert Mark 54
Berechnen Sie in zwölf Schritten Ihren Stundensatz 55
Seien Sie sich der Höhe Ihres Stundensatzes bewußt 56

Was kostet Sie ein unnützes Telefongespräch? 57
Ein vernünftiger und realistischer Ansatz für die
Nutzung Ihrer Zeit 59
Überprüfen Sie regelmäßig die Höhe Ihres Stundensatzes 62
Wieviel Stunden am Tag leben Sie eigentlich? 63
Nur vier Stunden täglich für das wirkliche Leben 64
Die teuerste Zeitverschwendung der Welt 65
Wählen Sie die Freiheit 66

Kapitel 5

Machen Sie aus jeder Sekunde das Beste 67

Erhöhen Sie den Wert Ihrer aufgewendeten Zeit 67
Nach welchen Grundsätzen schätzen Sie Ihren Zeitaufwand ab? 67
Entdecken Sie die "mentale Zeit" 69
Achten Sie auf Parkinson! 71
Sind Sie, ohne es zu wissen, wie Parkinsons Gräfin? 72
Wie Sie Ihre Leistung verdoppeln 74
Schreiben Sie in einem Zug, ohne Zögern und ohne Korrektur 75
Verdoppeln und verdreifachen Sie Ihre Produktivität! 76
Wenn Sie nur noch zwanzig Wochenstunden hätten 77
1. Denken Sie stets an das Gesetz von Parkinson! 79
2. Denken Sie auch an das Pareto-Prinzip! 80

Kapitel 6

Das Geheimnis der Produktivität 83

Sind Sie effektiv oder effizient? 83
Eine interessante Geschichte um Dollars 84
Verlieren Sie nicht die Ziele aus den Augen! 86
Das Geheimnis des Erfolgs 86
Das Geheimnis des effizienten Kartenspielers 87

Die Arbeit kann eine sehr gefährliche Droge sein 88
Merzen Sie alles aus, was nicht wirklich lohnend ist 88
Das Geheimnis von Pareto 90
Nutzen Sie systematisch das Pareto-Prinzip! 91
Die Falle des Perfektionismus 92
Ein Trick, um dem Hang zur "Verbesserung" zu widerstehen 93
Wie verfährt man am besten? 94

Kapitel 7

Wie man seine Ideen verwirklicht 97

Wählen Sie Ihren Lebensstil 97
Sie müssen wissen, was Sie wirklich wollen 98
Was wollen Sie in fünf Jahren sein? 99
Legen Sie Ihre Ziele schriftlich nieder 101
Lassen Sie Ihre Träume Wirklichkeit werden 102
Das Leben respektiert unsere inneren Überzeugungen 102
Setzen Sie Ihre Ziele in Aufgaben um, die Sie bewältigen wollen 103
Werden Sie aktiv, ohne zu zögern! 104
Eine Frage, um ganz sicher Erfolg zu haben 104
Sie müssen eine Auswahl treffen! 106
Bestimmen Sie gemeinsam Ihre Aufgaben neu! 106

Kapitel 8

Entdecken Sie die Geheimwaffe der bedeutendsten Manager 109

Wie das geht? Probieren Sie es aus! 109
Worin besteht ein strategischer Plan? 110
Maximieren Sie Ihren strategischen Plan! 111
Von der Strategie zum Tagesablauf 112
Legen Sie Ihre Prioritäten fest! 112
Welche Reihenfolge der Prioritäten? 113
Denken Sie an die Rentabilität! 115
Eine kleine List, um rasch das Hauptproblem zu finden 115

Vom Umgang mit Prioritäten 116
Letzte Ratschläge für die Planung 117
Wie man effektiver wird 120

Kapitel 9

Nutzen Sie Ihre innere Uhr 127

Zu welcher Tageszeit sind Sie besonders aktiv? 127
Bestimmen Sie Ihre ganz persönliche Kurve der
Leistungsfähigkeit! 128
Rechnen Sie auch mit den anderen! 130
Vom richtigen Umgang mit Ihrer Energie 131
Das Geheimnis der "großen Form" 132
Höchstnutzen von Pausen 133
Was zeigt Ihnen Ihre Überlastung an? 134
Lernen Sie, sich zu bremsen! 136
Ihre Gesundheit als Quelle für Zeitgewinn 137
Gesundheitsprobleme bedeuten Zeitverlust 137

Kapitel 10

Wie Sie es schaffen, alle Ihre Vorhaben durchzuziehen 139

Der Ausgangspunkt 140
Fehler, die man vermeiden muß 141
Drei nützliche Tricks 145

Kapitel 11

Leiden Sie unter "Aufschiebesucht"? 149

Wie macht man Schluß mit der Aufschieberei? 150
Ein wahrhaft teuflischer Kreislauf 151
Also ein energisches "Stop!" der Aufschiebesucht! 152
Angst vor dem Mißerfolg 153

Angst vor dem Erfolg 154
Sind Sie wirklich motiviert? 155
Sind Sie ein Meister der Ausreden? 158
Ein Ziel ohne Termin verliert 80 Prozent seines Werts 159
Vorsicht vor Kettenreaktionen! 160
Ziehen Sie den Choke! 161
Zwei fast unfehlbare Tricks 163
Stellen Sie sich die Folgen einer möglichen Verzögerung vor! .. 163
Stimmen Sie sich geistig ein! 164

Kapitel 12

Doppelt so schnell lesen 165

Lesen wie John F. Kennedy 165
Lesen Sie so schnell wie die besten Manager! 166
Sind Sie eine Schildkröte, was Lesen betrifft? 166
Lernen Sie das Schnell-Lesen! 168
Durch schnelleres Lesen schneller zum Erfolg 169
Verdoppeln Sie Ihre Aufnahmefähigkeit! 169
Lösen Sie sich aus den Schlingen des traditionellen Lesens! ... 170
Eine Übung zum schnelleren Lesen 171
Vermeiden Sie es, zu lesen 172
Sichten und gliedern Sie Ihren Lesestoff! 173
Begrenzen Sie Ihre Lesezeit! 175
Behandeln Sie das Lesen wie eine Verabredung! 176
Verlieren Sie keine Zeit! 176
Verlangen Sie Aktennotizen von höchstens einer Seite! 176
Teilen Sie Ihren Lesestoff auf! 177
Keine Angst vor "Fachchinesisch" 177
Wann lesen? 178
Nutzen Sie den Rat von Experten 178
Vermeiden Sie die Überfüllung Ihres Postkorbs! 179

Teil II

Test: Faktoren für Zeitverluste 182
Test: "Zeitfresser" 184

Kapitel 13

Der größte - und verborgenste - "Zeitfresser" 189

Gehören Sie zu den Leuten, die man leicht stören kann? 190
Führen Sie ein "Unterbrechungs-Journal"! 191
Empfangen Sie keinen Besucher ohne Voranmeldung! 193
Werden Sie nicht zum Sklaven Ihrer Untergebenen! 195
Lernen Sie, nein zu sagen! 196
Nehmen Sie sich Zeit zum Nachdenken 197
Nein zu sagen, ist wirtschaftlich 197
Was tun, wenn Ihr Chef Sie stört? 198

Kapitel 14

Gestalten Sie Ihr Arbeitsumfeld richtig! 201

Woran erinnert Ihr Schreibtisch? 201
Alles in Reichweite haben 203
Haben Sie ausreichend Platz? 204
Meine kleinen Schliche, um Zeit zu gewinnen 207

Kapitel 15

Verstehen Sie, die neuen Technologien zu nutzen? 209

Kommunikation mit elektronischer Geschwindigkeit 209
Nutzen Sie Ihren Taschenrekorder richtig! 209
Reduzieren Sie die Zeit für Ihre Post auf ein Viertel! 211

Wie man mit dem Diktiergerät umgeht 212
Machen Sie Ihren Telefonanrufbeantworter zur zweiten
Sekretärin! 213
Sollten Sie sich einen Computer kaufen? 214
Textverarbeitung oder Mikrocomputer? 217
Welche Wahl für Ihren Mikrocomputer? 218
Stellen Sie Vergleiche an! 219
Fragen Sie Leute, die sich auskennen! 220
Soll man sich einen Fernkopierer anschaffen? 221

Kapitel 16

Machen Sie Ihre Sitzungen zu Werkzeugen des Erfolgs! 223

Leiden Sie an "Sitzungssucht"? 223
Was kostet eine Sitzung tatsächlich? 224
Sie können daraus Nutzen ziehen! 225
Haben Sie an eine Alternative gedacht? 226
Nie auf eine Tagesordnung verzichten! 231
Wie sich eine superproduktive Sitzung organisieren läßt 232
Erweisen Sie sich als aktiver Teilnehmer! 233
Sitzungen fest im Griff behalten! 234
Nutzen Sie das "Brainstorming" richtig? 236
Nutzen Sie den "Ideenschwall"! 239
Machen Sie es wie Henry Ford! 240
Nutzen Sie das Wissen der Leute um Sie! 241
Wie schafft man sich ein eigenes "Kollektivhirn"? 241
Wenden Sie die Grundsätze für Spitzenleistungen an! 243

Kapitel 17

Wie man Erfolg hat, indem man anderen zum Erfolg verhilft 245

Erfolge hat man nie allein 245
Sie delegieren nicht genug! 246
Delegieren Sie, um Stagnation zu vermeiden! 247

Wie man sich traut, mehr zu delegieren 247
Stellen Sie Ihre Delegierungsmethode auf die Leute ab! 252
Warum delegieren? 253
Wie man eine Aufgabe richtig an einen Mitarbeiter delegiert ... 255
Wie man in einem Arbeitsteam delegiert 256
Zehn praktische Ratschläge 257
Wie man einen Spezialisten heranzieht 259
Ein letztes Zögern: Delegieren oder nicht delegieren? 260

Kapitel 18

Machen Sie Ihre Kommunikation effektiver! 263

Lernen Sie zu "entschlüsseln"! 264
Wie macht man's richtig? 265
Ein kostspieliger Fehler in der Kommunikation 266
Gute Kommunikation heißt vor allem Zuhören! 267
Verlieren Sie, ohne es zu wissen, dreizehn Wochen pro Jahr? ... 269
Eine der goldenen Regeln der Kommunikation 272

Kapitel 19

Legen Sie Hunderte von Kilometern in wenigen Sekunden zurück! . 273

Rennen Sie los, sobald man Ihnen klingelt? 273
Unterbinden Sie den gewohnheitsmäßigen Reflex! 274
Erstaunliche Statistiken über das Telefon 275
Wie steht es mit Ihren Telefongewohnheiten? 275
Wer soll sich am Telefon melden? 278
Delegieren Sie Ihre Anrufe! 280
Die "Halt!"-Methode 281
Abschließende Empfehlungen 282
Zur effektiveren Nutzung Ihres Telefons 284
Bereiten Sie Ihre Anrufe vor! 286
Die Dauer Ihrer Telefongespräche 289
Wie bringt man ein Telefongespräch zu Ende? 290

Der Einstieg in ein Telefongespräch 291
Wie man am Telefon richtig spricht 292
Sie rufen an, und man bittet Sie, zu warten? 293

Kapitel 20

Besprechungen - und wie man sie erfolgreich gestaltet **297**

Die Menschen sind es, die den Erfolg eines Unternehmens
ausmachen 297
Zur Bewertung und Wertsteigerung Ihrer Besprechungen 298
Schränken Sie die Zahl Ihrer Besprechungen ein! 300
Entwickeln Sie gute Reflexe! 302
Vereinbarung von Besprechungen 302
Bereiten Sie sich sorgfältig vor! 305
Die wichtigsten Punkte gleich am Anfang behandeln! 305
Denken Sie an "Lückenfüller" 306
Was ist von "Arbeitsessen" zu halten? 307
Geschäftsessen können teuer zu stehen kommen 308
Welche Alternativen gibt es dafür? 309
Checkliste für Besprechungen 311
Nutzen Sie auch Ihre Wege! 312
Eigener Wagen oder Zug? 314
Im eigenen Wagen, aber mit Chauffeur? 314
"Machen wir langsam, wir haben's eilig!" 315

Kapitel 21

Reisen effektiver gestalten **317**

Die Launen der Londoner Taxis 317
Fast eine Stunde zu spät! 318
Reisen oder nicht reisen? 319
Sorgfältige Planung ist unerläßlich 321
Planen Sie auch das Unvorhersehbare mit ein! 322
Wie kann man den Auswirkungen des "Jet lag" begegnen? 322

Suchen Sie sich ein leistungsfähiges Reisebüro! 323
Buchen Sie Ihr Hotel zugleich mit dem Flug! 323
Einen Mietwagen nehmen oder Taxi fahren? 324
Unbeschwert reisen 324
Geben Sie Ihre Reiseroute bekannt! 328
Planen Sie Verspätungen und Verzögerungen mit ein! 328
Reisen Sie mit Ihrem tragbaren Büro! 329
Zug oder Flugzeug? 329
Wieviel haben Sie ausgegeben? 330
Ziehen Sie eine Bilanz Ihrer Reise! 331

Kapitel 22

Wie man es vermeidet, im "Papierkram" zu ersticken 333

Kleine Abhandlung über den Papierkorb 333
80 % der Papiere bringen Ihnen niemals Nutzen! 333
Richtiger Umgang mit der Papierflut 334
Weitere Ratschläge zu größerer Effektivität 336
Vierzehn Ratschläge, um den Papierkrieg zu gewinnen 337
Erhöhen Sie Ihre Produktivität durch Ihr Ablagesystem! 343

Kapitel 23

Entscheiden Sie schneller - und richtig! 351

Erhöhen Sie Ihren Erfolgprozentsatz! 351
Sechs Wochen jährlich für das Fällen von Entscheidungen? 352
Sollte man rasch entscheiden? 353
Geschwindigkeit ist nicht der wichtigste Maßstab 354
Ihr Erfolg hängt von Ihrer Fähigkeit ab,
richtig zu entscheiden! 355
Bauen Sie Ihre Sperren ab! 356
Die zehn Hauptsperren gegen das Fällen einer Entscheidung 357
Das beste Mittel gegen Sperren 360
Hören Sie auf damit, die Dinge im Kopf hin und her zu wenden! . 360

Kapitel 24

Die Geheimnisse der großen Entscheider 365

Geheimnisse, Tricks und persönliche Techniken 365
Die Intuition kann viele Fehler vermeiden helfen 373
Wenn Sie trotz alledem in der Sackgasse landen 378
Und hier die beste Entscheidung 379
Der Führer für die großen Entscheider 379

Teil III

Wie man endgültig auf dem Weg zum Erfolg bleibt 381

Kapitel 25

Lassen Sie sich von der wissenschaftlichen Methode leiten! 383

Anlauf nehmen vor einer starken Steigung 383
Wie man sich selbst belohnt 384
Analysieren Sie streng systematisch Ihre Vorhaben! 385
Die systematische Analyse in der Praxis 388
Das systematische Durchziehen Ihrer Vorhaben 393
Suchen Sie die Ideallinie! 394
Und wie steht's mit Ihnen persönlich bei der ganzen Sache? 395

Kapitel 26

Wie Sie Ihre schlechten Gewohnheiten überwinden 397

Sind Sie niemals mit sich selbst zufrieden? 397
Warum wollen Sie denn stets besser sein als die anderen? 398
Befreien Sie sich ein für allemal! 399

Sind Sie ein Arbeitstier? 400
"Ich allein kann es schaffen!" 402
Das Arbeitstier vom zweiten Typ 403
Lernen Sie, sich Grenzen zu setzen! 404
Die Stundenzahl 404
Lernen Sie, die "wirklichen Ursachen" einer Krise
zu erkennen 405
Wie man in einer Krise wieder die Oberhand gewinnt 406
Die Kunst, Krisen vorzubeugen 408
Wie verhält man sich gegenüber einer Schwierigkeit? 410
Der ideale Tagesablauf, um produktiv zu sein 413
Checkliste für einen idealen Tagesablauf 413

Kapitel 27

Ihre Fehler sind Ihre besten Freunde! 415

"Wie schön es ist, gar nichts zu tun" 415
Jeden Tag ein Fest 416
Kleine Paradoxe mit großem Nutzen 417
Ihre Fehler sind Ihr wahrer Reichtum! 418

Kapitel 28

Schlüssel für die Konzentration 425

Die Probleme eines Zerstreuten 425
Hilfreiche Ratschläge zur Überwindung Ihrer Zerstreutheit ... 429
Sich Sorgen zu machen, bringt die Dinge nicht vorwärts! 430
Analysieren Sie <u>mit klarem Blick</u> die Situation! 432
Die allermeisten Sorgen bestätigen sich niemals! 433
Lassen Sie Ihre Sorgen wie durch Zauber verschwinden! 433
Was gilt es zu tun, um "ein Problem gut zu definieren"? 434
"Leben und Glück sind eine Frage der Einstellung" 435
Das mysteriöse Bild von sich selbst 436
Ändern Sie Ihre innere Einstellung! 437

Was können Sie von sofort an tun? 438
Machen Sie aus Ihren Abenden die starken Stunden des Tages! ... 439

Zum Abschluß

Ihr wertvollster Besitz 441

Nutzen Sie jede Sekunde, die verstreicht! 442
Die Kunst, sich regelmäßig die richtigen Fragen zu stellen 442
Wie lautet Ihre persönliche Philosophie für den
Umgang mit der Zeit? 446
Meine 55 persönlichen Prinzipien 448
Jährliche Checkliste 456
Das Leben und die Gegenwart genießen 460

Anhang

Muster und Checklisten 461

Checkliste zur Änderung der Einstellung 461
Prioritätenliste 463
Langfristige Ziele oder Vorsätze 464
Jahresziele oder -vorsätze 466
Quartalsziele oder -vorsätze 468
Monatsziele oder -vorsätze 470
Wochenziele oder -vorsätze 472
Lösungsblatt 474
Projektdurchführung 476
Ihr Maß an Übereinstimmung 477
Leitfaden zu idealer Zeiteinteilung 481

Stichwortverzeichnis 483

Inhaltsverzeichnis 495

Persönliche Anmerkungen:

Persönliche Anmerkungen:

Persönliche Anmerkungen: